中國大歷史

卷三

秦汉

任德山 毛双民 编著

WPC 世界图书出版公司

广州·上海·西安·北京

图书在版编目（CIP）数据

中国大历史. 卷三, 秦汉 / 任德山, 毛双民编著. --
广州 : 世界图书出版广东有限公司, 2020.3（2022.5重印）
ISBN 978-7-5192-7353-8

Ⅰ. ①中… Ⅱ. ①任… ②毛… Ⅲ. ①中国历史－秦
汉时代－通俗读物 Ⅳ. ①K209

中国版本图书馆CIP数据核字(2020)第036054号

书　　名	中国大历史
	ZHONGGUO DA LISHI
编 著 者	任德山　毛双民
责任编辑	梁少玲　卢雁君
装帧设计	李腾月
出版发行	世界图书出版有限公司　世界图书出版广东有限公司
地　　址	广州市海珠区新港西路大江冲25号
邮　　编	510300
电　　话	（020）84452179
网　　址	http://www.gdst.com.cn/
邮　　箱	wpc_gdst@163.com
经　　销	新华书店
印　　刷	鑫艺佳利（天津）印刷有限公司
开　　本	710 mm×1 020 mm　1/16
印　　张	171.75
字　　数	2 748千字
版　　次	2020年3月第1版　2022年5月第2次印刷
国际书号	ISBN 978-7-5192-7353-8
定　　价	398.00元（全八册）

前　言

在人类古文明中，中华文明是唯一的从未中断过的文明。在悠久的岁月中，中华民族共同开发了祖国的河山，创造了波澜壮阔的历史和独具风采的文化。历史承载着文化，文化辉映着历史，这是我们必须极为珍惜的宝贵财富。

历史不仅记录了过去，更重要的是深刻影响着现在和未来。今天生活在祖国土地上的人们就是中华民族先民的后裔，是同一种文明按照自身的规律演进、发展、延绵、繁盛，以至于今。中华文明自始即具有本土性、多元性，展现出独特的风采。

中华民族具有巨大的凝聚力和包容性，其演变不是多元文明互相灭绝，而是互相整合。在长期的生息往来中，民族融合、文化交流，共同创造了灿烂的文明。中华文明还具有善于吸收域外异质文明的特点，对外来文化的消化和吸收，促进了中华文明的发展。

现在学习中国优秀传统文化蔚然成风，季羡林先生在生命的最后时光里为我们题写了"学习中国史，提倡大国学"这一寓意深刻的题词。国学是会通之学、根本之学，只有回到中华民族通史的丰厚土地上，我们才能真正理解和学好国学的百花万术。科学教育需要以通识为基础，方能有广阔的见识，有更大的发展。而通识总是在历史的坐标上才能对准真人真事，给我们以智慧的启迪。历史的辉煌鼓舞着我们要时刻焕发生机与自信，历史上的困难则提醒着我们永远要自强不息，安不忘危。

当人们溯历史的长河而上，通览各种知识和文化的产生、嬗变，体会文明的进程时，不仅会对创造了这些文明的先人们充满了温情与敬意，还会激发起自我创新文明的热情。

好的大历史要使人们对中华民族的历史有更为真实、全面的了解。中国史籍极为丰富，史学发达，近百年来更有长足进步。本部大历史运用了迄今为止中国史学公认成果，就是要保证历史的真实性。不仅所有的记录都出自正史，而且凡是可考的文物和历史人物都配有精美的图片以作诠释，细节的真实让读者读史时如亲临其境。

好的通史还要让人能一览上下五千年的全貌。本部大历史有民族的繁衍、文明的起源、帝国的更迭，历史事件与人物的成就；从政治、经济、文化到社会生活，做一全景式的展开，犹如一幅由远及近的画卷。中国文明曾经有光照世界的荣耀，也曾经历过苦难；有过科技创新和知识大量释出，走向"全球化"的开放，也曾闭关锁国、故步自封。这一切都给我们以警示。

本部大历史尽量做到叙事博洽和浅显，把中国历史的巨大图卷细心描绘，以使读者阅读时兴趣盎然。编著者像一个认真而充满爱心的讲解员，把读者带到历史大厦里边，深情地告诉大家："这就是我们不能忘记的过去，这里面有我们不可不知的遗产。"

任德山

普及中国历史，传承优秀文化

—学习季羡林先生为《中国大历史》题词感言

2009 年初，我受李克先生之托，到 301 医院请季羡林先生为即将出版的八卷本《中国大历史》题词，98 岁高龄的季老欣然命笔："普及中国史，提倡大国学。"这应该是季老百年生命历程中为出版物的最后题词，也是他始终关注历史文化知识普及、晚年再三强调的重要学术主张。季老认为，我们的"国学"应该是长期以来由多民族共同创造的涵盖广博、内容丰富的文化学术，而绝非乾嘉时期学者心目中以"汉学""宋学"为中心的"儒学"的代名词。也就是说，今天我们所要振兴的"国学"，绝非昔日"尊孔读经"的代名词或翻版，而是还中华民族历史的全貌，真正继承和发扬由生活在神州大地上的各民族共同创造的传统学术文化。因此，在八卷本《中国大历史》正式出版之后，我曾经写过一篇短文刊登在《光明日报》上，提出："季老再次重申应提倡'大国学'，值得引起出版、学术、教育界的关注。"

听八卷本《中国大历史》的策划者李克先生介绍，此书出版发行近三年来，多次重印，累计销售了 20 万册，受到了广大读者的欢迎。在书籍品种快速增长而总印数几乎停滞不前的情况下，这是十分可喜的。但是李克先生和他的团队并不满足于此，又邀请一些著名的历史学家对此书提出审改意见，认真地进行修订，使其精益求精，日臻完善，于是有了今天的《中国大历史》。

最近，《中共中央关于深化文化体制改革，推动社会主义文化大发展大繁荣若干重大问题的决定》强调要"建设优秀传统文化传承体系",指出:"优秀传统文化凝聚着中华民族自强不息的精神追求和历久弥新的精神财富,是发展社会主义先进文化的深厚基础,是建设中华民族共有精神家园的重要支撑。"中华大地是五十六个兄弟民族的共同家园,中国历史是各民族共生、共存、共发展的历史,中国传统文化是各民族共同创造的辉煌灿烂的多元一体文化,是共同拥有的精神财富——这就是"大国学"的基石。所以季老强调"'国学'就是中国的学问,传统文化就是国学","现在对传统文化的理解歧义很大。按我的观点,国学应该是'大国学'的范围,不是狭义的国学","国内各地域文化和五十六个民族的文化,就都包括在'国学'的范围之内"。今天,我们要建设优秀文化传承体系,就应该全面认识祖国传统文化,汲取历史的经验教训,跳出狭隘的"儒家""国学"的旧框架,以海涵神州的宽广胸怀,用放眼世界的远大眼光,努力探寻文化传承的规律。

要全面、正确地认识我们的传统文化,就必须普及准确的中国历史文化知识。而传播、普及文化知识的任务,主要靠学校、家庭和大众传媒来承担,其中历史文化精品读物担负重任,不可或缺。因此,注重史料的真实、严谨,注重新资料的开掘运用,注重立足现实、温故知新,注重文字通畅、图文并茂,达到学术性、可读性、现实性 的统一,就成为这本《中国大历史》努力追求的目标。效果如何,有待广大读者来评判,而努力本身,则是值得我们肯定和鼓励的。

*本文作者系中华书局编审,中国敦煌吐鲁番学会副会长兼秘书长,浙江大学、中国人民大学国学院兼职教授,敦煌研究院兼职研究员。

春及中國史

提倡 大同王

李长林
山水

本书特点

◎ 以权威严谨的学术成果为基础，强调生动的历史细节，将历史娓娓道来。从中华民族源起直至清朝结束，将一部五千年历史化作现代、生动的表述，让尘封的历史重新焕发神采。鲜活的历史化作了真实的故事，潜伏其中的规律与真相昭然若揭。摆脱枯燥抽象的术语，赋予历史以激动人心的魅力。

◎ 立足现实重读历史，揭示民族兴衰荣辱中的智慧与经验。历史对于读者最大的功能在于鉴古知今。预知未来是最大的智慧，而这种大智慧就寓于历史之中。西方史学家说："历史是现在与过去之间永无止境的问答交流。"我们从来没有像今天这样感到世界在迅速缩小，未来充满挑战，要瞻望未来，历史的智慧就越来越重要。本书力求总结出具有时代性的历史观和历史智慧，"以供社会之需"。

◎ 这是一部百科全书式的中国大历史，完全不同于过去通史单一的朝代更迭的政经内容。本书全面系统地讲述了中华民族创造的政治文明、经济成就、礼乐文明、军事智慧，以及汉字、中医药、艺术、四大发明等科技文明。阅读本书，犹如参观最新展陈、最全内容和最详实讲解的中国历史博物馆。

◎ 这是一部具有审美情趣的《中国大历史》。大史学家夏曾佑先生说："历史必资图画。"本书独创的图史体系，搜集了超过五千幅古代珍品书画作品和文物照片，让丰富的人物图、文物图、军事图和图片说明组成了一部前所未有的图说中国史，使读者读起来赏心悦目，余味无穷。

目　　录

·西 汉

严格说来，要到秦汉才是中国历史上正式有统一政府。秦以前的中国，只可说是一种封建的统一。只有到秦汉，中央方面才有一个更像样的统一政府，而其所辖的各地方，也已经不是封建性的诸侯列国并存，而是紧密隶属于中央的郡县制度的行政区分了。因此讲中国传统政治，可以径从秦汉讲起，以前暂略不论。秦代只是汉代之开始，汉代大体是秦代之延续。

——钱穆

秦汉文明历程

前221年，秦王嬴政吞并六国，统一天下，自称始皇帝，从而使诸侯国长期割据动乱的局面结束。然而频繁的徭役、兵役，繁重的苛捐杂税，严酷的刑罚，使人们生活于水深火热之中。终于在秦二世时，爆发了陈胜、吴广领导的农民起义，拉开了反秦的序幕。后经过项羽和刘邦的楚汉争霸，最终以刘邦取胜而告终。前202年，刘邦建立汉朝。史称"西汉"，建都长安。刘邦建立的西汉王朝，各种制度基本上沿袭秦朝。汉武帝时期西汉王朝发展到鼎盛。之后，逐渐走向衰落，8年，王莽废汉自立，改国号为"新"，西汉灭亡。25年，在农民起义中发家的刘秀称帝，史称"东汉"。东汉末年，随着封建庄园经济的发展，地主豪强势力的扩张，分裂因素不断滋生。外戚、宦官交替专权，统治日趋腐朽。终于在184年，在黄巾起义的打击下瓦解了。至220年间，东汉皇权名存实亡。

秦 朝（前221年—前206年）
西 汉（前206年—25年）
王莽（9年-23年）和更始帝（23年-25年）
东 汉（25年—220年）

前221年，秦王嬴政统一六国，自称始皇帝，建立起统一的中央集权国家。废分封、置郡县。统一文字、货币、度量衡。

●千古一帝

前198年，汉朝与匈奴签订"和亲条约"，并以宫女冒充宗室公主嫁给单于。

前206年，刘邦率军入咸阳，秦王子婴投降，秦朝灭亡。

前210年，秦始皇出巡，途中患重病，崩于沙丘平台。赵高、李斯合谋更改遗诏，立胡亥为太子，令扶苏、蒙恬自杀，史称"沙丘之谋"。

前214年，秦始皇建筑西起临洮、东至辽东的万里长城，以防匈奴侵扰。

●兵马俑坑

●张骞出使西域

前138年，张骞应募任使者，出使西域。

前134年，董仲舒建议"罢黜百家，独尊儒术"，为汉武帝所采纳。

●昭君出塞

前33年，王昭君出塞，嫁于呼韩邪单于，汉匈关系缓和。

前115年，大农丞桑弘羊提出试行"均输令"和"平准令"。

秦		西汉

前220　　前200　　　　　　前150　　　　　　前100　　　　　前50

前154年，吴王刘濞率领七个诸侯国起兵叛乱，史称"七国之乱"。大将周亚夫平定七国之乱。

前140年，汉武帝刘彻即位。

前87年，在位整整五十四年的汉武帝病逝，葬于茂陵。

前51年，汉宣帝召萧望之、刘向、韦玄成等人在石渠阁召开了盛大的儒家经学会议，讨论"五经"异同。

前209年，陈胜、吴广在大泽乡起义。不久，刘邦起兵于沛，项梁起兵于会稽郡。

前127年，武帝颁布"推恩令"。

前106年，武帝正式颁行刺史制度。

●汉高祖

前109年，汉武帝为滇国王颁发了"滇王之印"。

前212年，坑杀儒生四百六十余人于咸阳。

●坑儒焚书图

前202年，刘邦在长达四年的楚汉战争中战胜项羽，称帝，改国号为"汉"，史称西汉。

●滇王印

前219年，秦始皇泰山封禅。

前124年，汉武帝采纳董仲舒的建议，在京城设立"太学"，办学事宜由丞相公孙弘主持，以儒家五经为课程，教师则由儒学博士担任。

●汉宫春晓图：汉宫春晓图是我国的十大传世名画之一。画面以豪华盛大的皇家园林殿宇为背景，重在表现宫中娥妃的日常生活。画面中人物众多，个个衣着鲜丽，姿态各异。她们或歌舞，或对镜，或戏婴……既无所事事忙忙碌碌的，显示出画家敏锐的观察力与精湛的写实功力。

●胡汉交战画像石：汉代时，北方的胡人十分猖獗，经常犯边。图中所反映的便是汉朝官兵与胡兵战斗的场面。双方短兵相接，很是激烈。

●打下东汉江山的二十八位勋将（局部）：年画描绘的是帮助刘秀打下江山的二十八位勋将，包括邓禹、耿弇、冯异、姚期等，二十八人正好对应天上的二十八星宿，故称《东汉二十八宿全图》。

5年，王莽立两岁的刘婴为帝，历史上称其为孺子婴。王莽摄政，从此当上了"摄皇帝"。

8年，王莽称帝，改国号为"新"，废刘婴为安定公，西汉灭亡。

60年，为表彰为东汉建国立下汗马功劳的大臣们，汉明帝命人"画二十八将于云台"。

31年，南阳太守杜诗发明了"水排"，从而大大促进了冶铁手工业的发展。

69年，王景率士卒治理黄河，其后几百年间，黄河顺畅无大患。

91年，窦宪大破北单于，北单于遁逃，其国遂亡。和帝任命班超为西域都护，由其负责西域各国的管理。

97年，班超派遣甘英出使大秦，甘英的使者团一直前行到西海（即波斯湾）才返回西域。

166年，第一次党锢之祸。

220年十月，曹丕称帝，废汉献帝为山阳公，改国号为魏，建都洛阳，曹丕即为魏文帝。东汉至此灭亡。

●魏文帝曹丕：延康元年（220年），曹丕逼迫汉献帝禅位，改国号为大魏，自立为帝，改元黄初，将都城由许昌迁至洛阳。即位后，曹丕设立中书省，定令妇人不得预政，后族之家不得当辅政之任，推行九品中正制，表现了他在政治上的卓越才能。

| 西汉 | 东汉 |

| 元年 | 50 | 100 | 150 | 200 |

25年，刘秀称帝于鄗，改元建武，定都洛阳，国号汉，史称东汉。刘秀即为汉光武帝。

48年，匈奴日逐王比被南边八部拥立为单于，并归附东汉，称南匈奴。马援奉命远征武陵、五溪蛮夷。

68年，汉明帝下令在京都洛阳建造白马寺。

●白马驮经图：相传，一天夜里，汉明帝梦见了佛，于是派大臣蔡愔、王遵等前去西域求佛法。永平十年（67年），蔡愔等会同ội叶摩腾和竺法兰两位印度高僧，用白马驮着佛经、佛像，返回京城洛阳。汉明帝盛情地接待了他们，并在洛阳建造了一座佛教寺院——白马寺。

57年，倭奴国到洛阳朝贡，汉赐其印绶。二月，光武帝刘秀病逝，葬于原陵，庙号世祖，谥号"光武"。

132年，张衡发明并制造出了地动仪。

184年，黄巾起义爆发。

105年，蔡伦改进造纸术。

189年，灵帝死，皇子辩嗣位，是为汉少帝。董卓废少帝，立陈留王刘协，是为汉献帝。

200年，曹操破袁绍于官渡。

207年，曹操已经降服乌桓，统一了整个北方地区。

●汉光武帝

秦 朝

千古一帝 大一统帝国 急政暴政

　　"秦王扫六合，虎视何雄哉！"前221年，秦王嬴政吞并六国，结束了长期诸侯割据一方的政治局面，建立了一个以咸阳为国都、地域广阔的国家。其疆域东至东海，西至陇西，南至岭南，北至河套、阴山、辽东。

　　秦始皇即位后，兼采传说中三皇五帝的尊号，自称始皇帝。他还规定皇帝自称曰"朕"。为了显示皇权的至高无上，他还取消了帝王死后臣子以其行为来定号的谥法制度。

　　秦始皇以秦国官制为基础，把官制加以调整和扩充，建立起一套新的政府机构。在这个机构中，中央设丞相、太尉、御史大夫。丞相有左右二员，掌管政事。太尉掌管军事，不常置。御史大夫是丞相的副贰，掌管图籍秘书，监察百官。丞相、太尉、御史大夫以下，分别是掌管具体政务的诸卿，其中有郎中令、中尉、廷尉、奉常、太仆等。丞相、太尉、御史大夫与诸卿议论政务，最终由皇帝裁决。在地方上，秦始皇采用李斯的建议，废除诸侯分封制，全面推行郡县制度，把全国分为三十六个郡，以后又陆续增设至四十个郡。郡置郡守、郡尉和监御史。郡下设县，县置县令（长）、县尉、县丞。县下设乡，乡下有亭、里等，共同构成了一套严密的地方行政机构。这些郡县完全由中央和皇帝掌控，是中央政府辖下的地方行政单位。

秦始皇消灭六国后，为了巩固统一，又对全国的文字、货币、度量衡等进行了统一。在统一文字方面，秦始皇下令以秦国的"小篆"作为规范化文字，推行全国。文字的统一，对国家政治、经济、文化的发展有着特别重要的意义。在统一货币方面，他规定以原秦币为基础，分为二等，黄金为上币，铜钱为下币，并规定铜钱圆形方孔。货币的统一，给货物贸易带来了方便，也促进了经济的发展。在统一度量衡方面，他以原秦国的度量衡制为基础，颁布全国统一的度量衡制度及标准器。度量衡的统一，也起到了促进经济发展的作用。同时秦始皇还规定了"车同轨""行同伦"的政策，不仅方便了交通运输，更使人们的思想行为得到了规范。

为了巩固统治，秦始皇还颁布了严苛残酷的法律，对农民实行什伍编制。为了压制异端思想，秦始皇又接受丞相李斯的建议，将除《秦记》、医药、卜筮、农书之外的文献典籍一律烧毁，并将非议朝政的四百六十多名方士、儒生活埋，史称"焚书坑儒"。

秦始皇自以为功过三皇五帝，为了体现其至高无上与独尊的地位，他动用大量人力、物力、财力修造骊山陵和阿房宫。频繁的劳役使民众苦不堪言，繁重的修造工程造成民众的大量伤亡，再加上严酷的刑罚，沉重的苛捐杂税，更使得人们如同生活在水深火热之中。秦始皇死后，其子胡亥在赵高和李斯的合谋下登上皇帝位，即为秦二世。秦二世时政治更加黑暗，刑罚更为苛刻，使得秦王朝的灭亡加速。

前 209 年，陈胜、吴广首先领导农民起义，此后各地起义军不断涌现，并以刘邦和项羽领导的起义军最为强大。各地起义军群起，使得秦二世寝食难安，惶惶不可终日。赵高害怕秦二世罪责自己，于是先下手把秦二世杀了。秦二世被弑后，赵高又立子婴为王。不久，子婴又杀了赵高。后刘邦领导的起义军攻破咸阳，子婴投降，至此秦王朝灭亡。

秦朝的横征暴敛，导致其迅速灭亡。秦朝灭亡后，反秦大军中又出现了分裂。项羽与刘邦之间展开了争夺天下的楚汉之争，最终汉胜楚败，分裂的局面又走向统一。

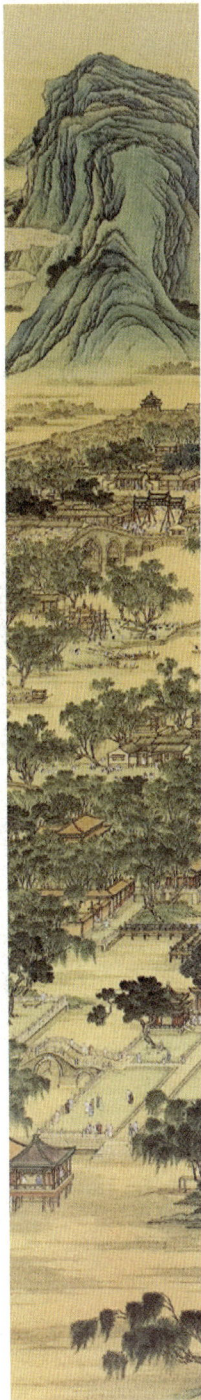

新丰图

秦始皇：千古一帝

焚书坑儒："文字狱"的先河

阿房宫图轴：五步一楼，十步一阁

蓬莱仙境图：神话中的神山之一

秦朝世系：秦始皇嬴政 >> 秦二世胡亥 >> 秦王子婴

秦朝大事一览表

时 间	事 件
前221年	秦王嬴政统一六国，自称始皇帝，建立起统一的中央集权制国家。 废分封、置郡县。 统一文字、货币、度量衡。
前219年	秦始皇前往泰山封禅。
前215年	秦始皇派大将蒙恬率军三十万攻打匈奴。
前214年	秦始皇建筑西起临洮、东至辽东的万里长城，以防止匈奴的侵扰。
前213年	秦始皇接受李斯的建议，下令焚书。
前212年	坑杀术士、儒生四百六十余人于咸阳。
前210年	秦始皇出巡，途中患重病，崩于沙丘平台。 赵高、李斯合谋更改遗诏，立胡亥为太子，令扶苏、蒙恬自杀，史称"沙丘之谋"。
前209年	陈胜、吴广在大泽乡起义。
前208年	赵高杀李斯。
前207年	赵高杀秦二世胡亥，立子婴为秦王。
前206年	刘邦率军入咸阳，秦王子婴投降，秦朝灭亡。

千古一帝

　　秦始皇是建立中国统一封建王朝的第一人。他姓嬴，名政，以赵为氏，一说为吕不韦之子。因为在赵国出生，嬴政又被称为赵政。秦始皇十三岁继承王位，三十九岁统一中国，建立秦朝，自称始皇帝。秦始皇是中国历史上功过最受争议、气势最为霸道的帝王。他自认为功劳超过了三皇五帝，以睥睨天下之势，把"皇帝"的烙印深深地印在了中国封建社会两千多年的历史长河中。

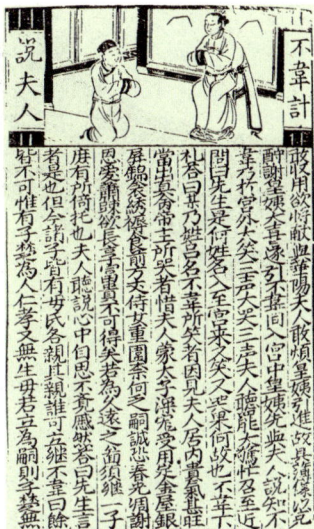

吕不韦计说夫人

吕不韦是阳翟（今河南禹州）的大商人，他在赵都邯郸见到入质于赵的秦国公子子楚（即异人）时，认为其"奇货可居"，遂予重金资助，并游说秦国太子安国君宠姬华阳夫人，立子楚为嗣。后安国君继位为孝文王，子楚被立为太子。后子楚即位，任吕不韦为丞相，封文信侯，食河南洛阳十万户。

身世之谜

秦始皇是中国历史上著名的帝王，是秦朝的建立者。他姓嬴，名政，是战国时期秦庄襄王的儿子，母亲名叫赵姬。据《史记》记载，赵姬原本是富商吕不韦的小妾。当时庄襄王作为秦国的人质住在赵国，那时他的名字还叫作异人，因姓嬴，又叫嬴异人。他对美貌非凡、能歌善舞的赵姬一见倾心。擅长察言观色的吕不韦敏锐地感受到这个异人（庄襄王）"奇货可居"，很快就与异人交上朋友，并献上美人赵姬。为了让异人将来能登上王位，他一掷千金。先送给异人五百金，让异人在赵国结交天下朋友。又拿出五百金购买奇珍异宝，然后亲自带到秦国以讨好太子安国君和其夫人华阳夫人。华阳夫人没有儿子，吕不韦经由华阳夫人的弟弟和姐姐见到了华阳夫人，并劝她收异人为义子。事后吕不韦并没有松懈，而是继续向华阳夫人的姐姐游说，让她对华阳夫人说，如果安国君能立异人为嗣，可使华阳夫人避免在年老时失宠。华阳夫人听后认为很有道理，就亲自接见异人。因为华阳夫人出生在楚国的一个贵族家庭，吕不韦采取"乡情攻势"，事先教异人身着楚服，说楚国的语言，加上异人本身的应对自如，华阳夫人深为感动，收其为义子，并令异人改名为"子楚"。又说服了安国君立子楚为嗣。如此一来，异人变成了安国君的继承人，在秦国的地位迅速提高。

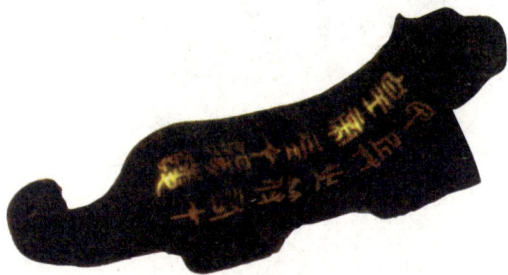

阳陵虎符

虎符是我国古代帝王授予臣属兵权、调动军队的凭证，多以青铜铸造，因其状呈虎形，故称。据考证，虎符均由左右两半组成，其右半由中央保存，左半则发给统领军队的将领。调动军队时，由帝王派出的使臣将符相合，方能调兵。图上虎符上的铭文为："甲兵之符，右才（在）皇帝，左才（在）阳陵。"

前 259 年，赵姬生下了嬴政。嬴政出生后，世人纷纷谣传其是吕不韦的儿子。由于身世不明，嬴政从小受了不少窝囊气，他性格中冷酷、苛刻、寡恩的一面正是这时形成的。《史记·秦始皇本纪》中记载："秦王为人，蜂准，长目，挚鸟膺，豺声，少恩而虎狼心，居约易出人下，得志亦轻食人。……诚使秦王得志于天下，天下皆为虏矣。"也就是说，他未发达时可以忍受别人激烈的言语，一旦跃居高位，便会翻脸无情。

安国君即秦孝文王死时，嬴政才九岁，异人作为太子也结束了自己的人质生涯，回到秦国光明正大地登上王位，是为秦庄襄王。嬴政也被立为太子。对于当初帮助自己争夺王位的商人吕不韦，庄襄王没有忘记其大恩，封他为丞相。

不过庄襄王仅仅在位三年就死了。前 247 年，年仅十三岁的嬴政继位。由于嬴政年纪尚小，所有国家大事均由其母后赵姬和相国吕不韦处理。

有一种说法是吕不韦之所以让嬴政称呼自己为"仲父"，是因为他认为嬴政是自己的儿子。直到嬴政成年之前，他几乎没有任何权力，所有的事都要听从"仲父"的安排。庄襄王去世后，已身为太后的赵姬依然与吕不韦私通，后来又与宦官嫪毐勾结在一起，形成一派新的势力。对于这些，嬴政心知肚明，但他不仅没阻止，还要给这些人加官进爵，他心里的苦闷可想而知。但嬴政究竟是不是吕不韦的儿子，直到现在依然是个谜。

登上王位

前 251 年，秦昭王死，太子安国君先服丧一年。前 250 年，安国君即位，也就是秦孝文王，华阳夫人被立为王后，子楚为太子。孝文王在位仅仅三天

正史史料

　　秦始皇帝者，秦庄襄王子也。庄襄王为秦质子于赵，见吕不韦姬，悦而取之，生始皇。以秦昭王四十八年正月生于邯郸。及生，名为政，姓赵氏。年十三岁，庄襄王死，政代立为秦王。

——《史记·秦始皇本纪》

便死了，子楚即位，也就是秦庄襄王，任命吕不韦为相国，封文信侯。庄襄王在位三年就去世了。

前247年，十三岁的嬴政登上了秦王的宝座。由于年少，国家大政由相国吕不韦把持。

吕不韦帮助嬴政清除了很多政治上的潜在威胁，包括嬴政的弟弟成蛟。吕不韦不仅独揽大权，还与太后（赵姬）私通。随着嬴政日渐长大，吕不韦的行为有所收敛，并献假太监嫪毐"侍候"太后，结果太后和嫪毐生下两子。假太监嫪毐亦以王父自居，自称"假父"，封长信侯，领有山阳、太原等地，网罗党羽，在雍城长年经营，建立了庞大的势力。

当时曾经割据一方的诸侯经过多年的争斗，一些小诸侯国已被大诸侯国所吞并。地处西部地区的秦国，由于秦孝公任用商鞅实行变法，再加上优越的地理位置和统治者颇具才能，因此已经成为势力最强的国家之一。可以说到嬴政继位时，秦国在政治、军事、经济等方面都已具备了统一六国的条件。

前238年，二十二岁的嬴政在雍城蕲年宫举行冠礼。嫪毐动用玉玺发动叛乱，攻向蕲年宫。嬴政早已布置好了三千精兵，打败了叛军。嫪毐转而攻打咸阳宫，那里也早有嬴政的军队，嫪毐最终被捕获。嬴政将嫪毐五马分尸，曝尸示众，夷灭三族，嫪毐和赵太后所生的两个私生子被杀害。赵太后也被嬴政关入了雍城的萯阳宫。

不久嬴政又以失职为由免除了吕不韦的相职，把吕不韦放逐到巴蜀之地。两年后嬴政又派人给吕不韦送去书信，信中对吕不韦大加责问。吕不韦被迫服毒自尽。从此嬴政彻底扫清了对自己政权的威胁，成为了秦国名副其实的君王。

秦始皇

秦始皇，姓嬴，名政，自称"始皇帝"，出生于赵国。在我国历史上首次完成了中国的大一统，被后人称为"千古一帝"。

扫灭六国

嬴政举行冠礼后，开始亲理朝政。他除掉嫪毐，罢免吕不韦。当年他听从秦国贵族所言，下了《逐客书》要逐出六国食客，但被李斯的《谏逐客书》所阻。此后嬴政招揽人才，励精图治，准备统一天下。其手下能人众多，文臣有尉缭子、李斯，武将有王翦、王贲、蒙武和蒙恬，除此之外还有善于从事间谍活动的姚贾和顿弱。

前230年至前221年，嬴政采取远交近攻战略，开始兼并六国。先后于秦王政十七年（前230年）灭韩、十九年（前228年）灭赵、二十二年（前225年）灭魏、二十四年（前223年）灭楚、二十五年（前222年）灭燕、二十六年（前221年）灭齐，终于建立了中国历史上第一个统一的、多民族的、中央集权的封建国家——秦帝国。

秦王嬴政首先决定攻取赵国，因为在六国之中赵国的实力最强，是秦王嬴政统一天下的最大障碍。但是赵国并没有那么不堪一击，秦国军队多次进攻赵国均被击退。在进攻赵国的同时，秦国对韩国采取扶植亲秦势力以从内部逐步瓦解的策略。前231年，韩国南阳郡"假守"（即代理郡守）腾，向秦国献出他所管辖之地。腾被秦王嬴政任命为内史，后又派他领兵进攻韩国。腾对韩国军队的情况一清二楚，所以进攻较为顺利，于秦王政十七年（前230年）擒获韩王安，韩国就此灭亡。

双翼神兽

双翼神兽出土于陕西西安北郊秦墓。此神兽头部前倾，前足伏地，后足蹬踞，两翼飞张，长尾高翘，造型神奇诡厉。古人常用此作为随葬品，用以辟邪。

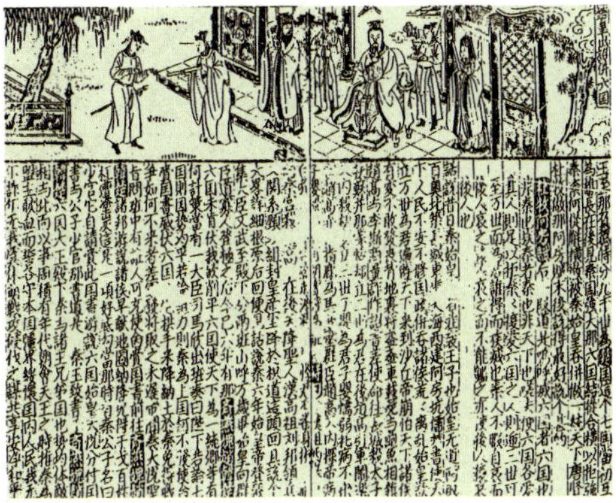

秦始皇出诏并六国

前 230 年至前 221 年，秦王嬴政灭掉韩、赵、魏、楚、燕、齐六国，完成了中国的大一统。之后他废分封置郡县，统一文字、货币、度量衡，加强中央集权制的统治，使全国上下形成了“车同轨，书同文”的局面，同时他的一些政策也为其后各朝代谋求统一奠定了基础。

前 229 年，秦国利用赵国发生天灾的机会，又派王翦率军进攻赵国。赵国派李牧、司马尚率军抵抗秦军，双方相持了一年。在这生死关头，秦国使出离间计：王翦用重金买通了赵王的权臣郭开，要他四处散布李牧、司马尚企图反叛的言语。赵王轻信流言，派人去撤换李牧。李牧在国难当头的形势下没有从命，赵王暗中派人处死了李牧、司马尚。赵王处死李牧，无疑为秦军亡赵除去了主要障碍。此后秦军如泄洪之水横扫赵军。秦王政十九年（前 228 年），秦军攻下赵国都城邯郸不久，出逃的赵王迁献出本国地图降秦，但是赵国公子嘉却带着随从逃入代郡（今河北蔚县）称王。秦军一直到前 222 年攻占燕国之后才将他俘虏。

秦军攻打魏国筹划已久。前 231 年，魏景湣王迫于秦国的强大压力，主动向秦国进献出丽邑地方，以求缓兵。此时秦王嬴政正调动兵马准备向赵国发动进攻，不想分散兵力攻打魏国，于是就接受了所献之地，这使得魏国得以残存数年。秦王政二十二年（前 225 年），就在秦军主力南下攻打楚国的时候，秦王嬴政派将领王贲，领兵围攻魏都大梁（今河南开封）。魏军紧关城门，只守不出。由于大梁城防异常坚固，秦军强攻无果。最后王贲采用水攻，派大批士兵去挖掘渠道，引黄河、鸿沟的水灌入大梁。三个月之后，大梁的城墙全被浸坍。魏王假投降，魏国就此灭亡。

在灭亡赵国的过程中，秦国大军已兵到燕国边境。燕国君臣胆战心惊，眼见秦国军队就要向自己杀来，却无力应对。燕国太子丹想用刺杀秦王的办

荆轲刺秦王

前228年，秦国大将王翦占领了赵国都城邯郸，一直向北进军，兵临燕国边境。燕太子丹即请荆轲以燕国使者的身份，带了副手秦舞阳，并携带秦叛将樊於期的头颅和燕国督亢一带的地图，以投降归顺之名，出使秦国，以期相机刺杀秦王。秦王不知有诈，在咸阳宫隆重地接见了他们。"图穷匕首见"，荆轲操匕首拼力向秦王刺去，却不想被秦王逃脱。荆轲被秦王左右的侍卫上前杀死，刺杀以失败告终。

法来化解危局，就派荆轲前往秦国以献上厚礼来接近秦王进行刺杀，时值前227年。刺杀行动以失败告终，但是秦王嬴政差点被荆轲刺伤，于是秦王对燕国十分愤恨，立即增兵大举进攻。前226年，秦军攻下燕都蓟（今北京），燕王喜与太子丹逃往辽东郡。秦将李信率领秦军数千人，紧追太子丹至衍水。太子丹因潜伏于水中得以逃脱。后来燕王喜为求得休战，保住燕国不亡，就派人将太子丹处死，将其首级献给秦王嬴政。燕王喜逃往辽东以后，秦军就把主力调往南方，去攻打楚国。秦王政二十五年（前222年），王贲奉命攻打燕国在辽东的残余势力，擒获燕王喜，燕国灭亡。

处于南方的楚国，土地辽阔，物产丰富，号称拥有百万兵卒。但是楚国的内政总是生于贵族之间无休止的争权夺利之中，这种状况延续到战国末期时更加严重。前228年，楚幽王死亡，统治集团内部再次发生了夺权斗争。幽王的同母弟犹，即位为哀王。仅过了两个多月，就被他哥哥负刍的门徒杀掉了。负刍成为了楚王，楚王室摇摇欲坠。就在楚国发生内乱的时候，前226年，秦王嬴政不失时机地抽调秦军，南下进攻楚国，攻城略地，夺取了楚国大小城池十余个。前224年，秦国与楚国的决战前夕，秦王嬴政先派将领李信率军二十万攻楚，被楚军击败。后又派大将王翦率军六十万攻楚。王翦进入楚境后，并未立刻进攻。他总结了李信兵败的教训，采取屯兵操练、守城不出、麻痹敌人、以逸待劳的战略。这样一年多时间过去了，秦军对楚地渐渐适应，斗志高昂，体力充沛。而楚国部队士气不足，缺乏斗志，加上粮草不足，准备东归。当楚军撤走之时，王翦就抓住时机全军出击，一举打

漆壶彩绘牛马图
此为木胎漆绘，出土于湖北云梦睡虎地四十四号秦墓。壶高22.8厘米，腹宽24.2厘米，通体髹黑漆，颈部与圈足上各绘红漆一道。中部用红、褐漆彩绘，一面画《奔马飞鸟图》，另一面绘一牛。鸟的翱翔，烘托了骏马奔腾如飞之意。在画法上鸟、马、牛都用褐漆平涂，以红漆单线勾勒，使得形象异常逼真，表现出秦朝高超的漆绘艺术。

败了楚军的主力，然后乘胜率兵南下，深入楚国腹地，杀死了楚军统帅项燕。接着秦军攻占了楚国都城寿春（今安徽寿县），俘虏了楚王负刍。秦王政二十四年（前223年），楚国灭亡。

齐国是六国中最后一个被秦国消灭的国家。秦王政二十六年（前221年），嬴政命令王贲攻打齐国。当时的齐王建奉行其母亲的"谨事秦"的政策，不修战备，不思进取，更无治理好国家的能力。齐王建十六年（前249年），他的母亲君王后去世，后胜任丞相。秦国迅速展开收买丞相后胜的谋略，向后胜赠送了大量的钱财。后胜得了秦国大量的钱财后，就派大批宾客相继到秦国去。他们到秦国后，秦王又赠送给他们大量的金银珠宝，让他们回齐国充当内应。这批人从秦国回到齐国后，为亲秦积极地制造舆论。他们说齐王建应去朝秦，以表示归顺之心，又说秦齐是姻亲，用不着与秦国备战对抗，也用不着帮助其他诸侯国攻打秦国。就在这个时候，王贲率军攻齐，几乎如入无人之境，大军长驱直入，攻下临淄，齐王建向秦投降，齐国灭亡。

齐国的灭亡，使秦国走完了消灭群雄、统一六国的最后征程，结束了诸侯长期割据的局面，建立了一个以咸阳为中心、疆域广阔的国家。这个国家的疆域，东至东海，西至陇西，南至岭南，北至河套、阴山、辽东。秦王嬴政兼采传说中三皇五帝的尊号，宣布自己是这个国家的第一个皇帝，即"始皇帝"，并希望后世万代承袭，递称二世、三世皇帝。

集权统治

秦始皇吞并六国后，天下归一，规定封建国家的最高统治者称皇帝。为了巩固和加强统治，维护自己至高无上的统治权，他采用李斯的主张，废除诸侯分封制。在全国实行郡县制，将国家的政治、经济、军事等一切大权都集中在皇帝一人手中。确立中央和地方的行政机构，在中央设置丞相、御史大夫、太尉等官职。丞相、御史大夫、太尉官职不相互隶属，一切政事由皇帝最终裁决。在地方推行郡县制度，全国划分为三十六个郡，后陆续增设至四十个郡，郡下设县。这样，皇帝就把统治全国各地的权力全部集中在了自己的手中。另外，为了维护集权统治，秦朝还制定了严酷的法律；统一了文字、货币、度量衡，同时还规定了要"车同轨""行同伦"；为了扩大疆域，巩固和稳定边疆，秦朝又北击匈奴，南服百越。

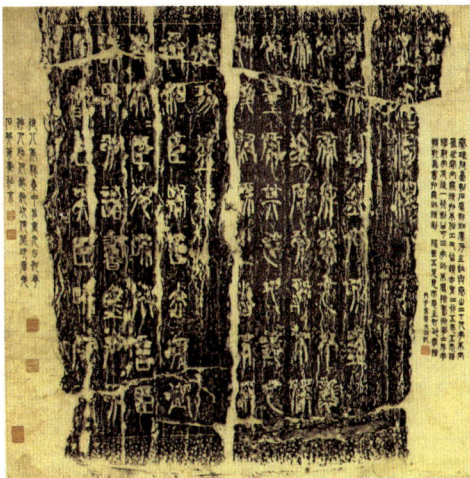

琅邪台刻石
此碑为秦始皇二十八年（前 219 年）巡行天下
时，南登琅邪所立。书体是典型的小篆，以曲
线为主，笔书粗细如一，尽显雍容典雅之风。

皇帝独裁

秦实现统一后，秦帝国空前强大，秦王的称号已不足以彰显其威力。

于是秦王嬴政向文武百官征集名号，最终把传说中三皇五帝的尊称合而为一，号称皇帝。由于他是首位皇帝，所以叫"始皇帝"，并希望"二世、三世至于万世，传之无穷"。皇帝是封建国家的最高统帅，拥有至高无上的统治权。从秦始皇开始，历代的封建君主都沿用了皇帝这个称号。他为显示自己独特的至尊地位，自称为"朕"，"命为制，令为诏"，"印"称"玺"。又废除子议父、臣议君的"谥法"，制定了尊君抑臣的朝仪和等级森严的舆服制度。

秦始皇创造了"皇帝"这一独特的尊称。秦朝的皇帝统治时间虽然短暂，但"皇帝"这一名号却为历代封建君主所袭用，从此就成了独裁专制中央集权封建国家中最高统治者专用的尊称。

为了宣扬皇帝至高无上的权威，扩大政治影响，镇抚六国旧贵族的残余势力，巩固新建的秦王朝，秦始皇在统一中国后，曾先后五次大规模巡游天下，主要是到华中、华东、华北等六国旧属地。沿途他以皇帝的名义祭祀名山大川，表示自己受命于天，理应统治全中国。他还在巡游的地方刻石以纪念功绩，努力制造巩固专制主义中央集权国家的舆论。实际上这支庞大的巡游队伍本身，就是最形象、最有力的宣传队。它把皇帝的威严、官府的声势、朝廷的政令制度，最生动鲜明地传至沿途各地，给沿途地方官吏以至广大民众留下了最深刻的印象。在地域辽阔、交通闭塞、民众多为文盲的古代中国，这是贯彻中央集

名家评史

许多史书对人物的评价是靠不住的。历代王朝，统治时间长的，评价者都是本朝的人，对他们本朝的皇帝，多半是歌功颂德；统治时间短的，那朝代的皇帝就很容易被贬为"暴君"，因为评论者是另一个朝代的人了。秦始皇在历史上有贡献，但是吃了秦朝年代太短的亏。

——鲁迅

权的有力措施，其作用远远超过若干道诏书和刻石。秦始皇巡游时带上主要的文武官员，沿途照常批阅公文，处理政务。

秦始皇五次巡游，其中前219年的东巡，尤为史家所津津乐道，这就是著名的泰山封禅。泰山，海拔1500多米，在古人眼里，是东方的第一名山，故称之为东岳。人们认为帝王如果真正受命于天，必须亲临泰山顶上目睹上天降给的符瑞。因此帝王们都把到泰山上筑土为坛祭天，报天之功，即"封"，然后到泰山下的梁父山祭地，报地之功，即"禅"，作为终生向往的一件大事。但从周代以来，帝王们虽向而往之，但都终慑于天威，不敢随意从事。秦始皇统一六国后，认为自己的功劳盖过了五帝，因此来泰山脚下，行封禅之礼，以表明自己的皇权是受命于天。

于是秦始皇亲登泰山之顶，隆重地举行了封禅大典。封禅大典后，秦始皇又令随从在山顶刻字留念，其内容是对秦始皇的一些颂词，表示秦要申明法令，用法律的权威来保护刚刚建立起来的秦王朝的各项制度。泰山刻石共一百四十四个字，相传为李斯所书，现仅残存十字。"封"山刻石后，秦始皇及其随从从山后下山，来到梁父山举行了"禅"礼。

为了防止民众反抗，秦始皇下令迁全国各地富豪十二万户到都城咸阳，置于中央政府的直接管辖之下。还将一部分贵族富豪迁居他乡，如把楚国贵族迁居到河北，赵国富豪迁居到四川。又下令收缴全国各地的兵器，运至咸阳加以销毁，铸成十二个铜人，放置在宫中，以壮国威。

设三公九卿，废分封置郡县

秦始皇自称始皇帝后，即着手改革中央和地方的官僚机构。改革以后的

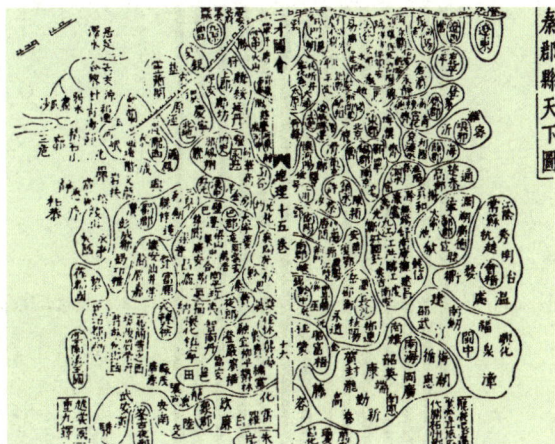

秦郡县天下图

秦始皇统一六国后，采纳李斯的建议，废除分封制，改行郡县制，把全国分成三十六个郡，郡下设县。郡县主要官吏均由中央任免，加强了中央的集权制的统治。

中央官僚机构实行将、相分职，政务和政事分离。具体来说，就是在中央设立负责政务的丞相、太尉、御史大夫。丞相为百官之首，其职责是协助皇帝处理全国的政务，丞相使用的相印为玉制，上面的印钮为金制，所以称"金印"。官员上朝时官印要放在袋中用一丝带系于腰间，丞相用的是紫色丝带，所以称之为"金印紫绶"。秦朝的丞相为左、右两位，右丞相的地位低于左丞相。太尉辅助皇帝参理武事，同样也是"金印紫绶"。御史大夫负责监察工作，同时又要辅助丞相处理政务，为"银印紫绶"。

丞相、太尉、御史大夫，称为"三公"。三公虽有分职，但相互牵制。如丞相虽为百官之首，但其仅管理民事，军事由太尉管理。太尉虽然主管军事，但并不直接掌控军队，也没有发兵权，发兵权归皇帝享有。御史大夫虽然地位低于丞相和太尉，但由于他负责监察百官，同时又负责协助丞相处理政务，所以对丞相和太尉都有所牵制。三公互相牵制的结果，使军政大权都归皇帝一人掌握。

在三公之下，设有分管一些具体事务的官员，称之为"九卿"，其中主要有：管理宗庙礼仪的奉常，管理宫殿掖门户的郎中令，管理皇宫守卫的卫尉，管理皇室车马的太仆，管理山海池泽之税的少府，管理宗室亲属事务的宗正，管理全国司法的廷尉，管理谷食钱货的治粟内史，管理民族事务的典客，九卿都有自己的办事机构和属僚。

三公和九卿都可以参加商议国家政事和决策。商议中间，群臣都可以各抒己见，由皇帝最终裁决，颁布诏令，下发执行。

此外秦王朝还在中央机构设立了由学识渊博、见闻识广的人担任的博士官，充当皇帝的参谋或顾问，也参加议政。秦始皇时有博士七十人。秦王朝

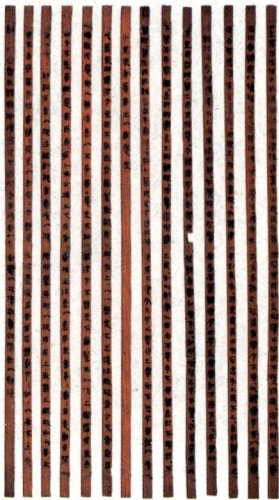

云梦睡虎地秦简

在湖北云梦县睡虎地秦墓中出土的竹简，共一千一百多支（另有残片八十支）。这些竹简绝大部分保存完好，虽不是《秦律》的全部，却是我国已发现的最古老的法律条文。它涉及商鞅变法后的秦国以及秦朝社会生活的各个方面。它的发现为研究这一时期的历史提供了极其重要的资料。同时，它的出现也震惊了书法界，使现代书法家们眼界大开，为研究书法史提供了真正的秦隶资料。

博士官是诸家并立，以儒家为主。

废分封置郡县，是中国政治制度史上一次重大的变革。在地方设置郡县，是秦王朝的首创。秦王朝最初把全国分为三十六个郡，后又征服百越，增设闽中、南海、桂林、象郡四郡，全国共四十个郡。

严酷秦法

战国时期，《秦律》是秦国最早的成文法，它是商鞅根据李悝的《法经》，"改法为律"而成的。自秦孝公时起，《秦律》经过多次增补、修改，到秦统一中国后，这部律法已较为完整。《秦律》早已佚失，它的具体内容，史书中只有简单的记载。1975年，在湖北云梦睡虎地出土的秦代竹简，内容大部分是秦的法律及文书，为了解和研究《秦律》提供了宝贵的实物资料。

从云梦秦简中，可以清楚地看出，维护封建地主阶级利益，巩固土地所有制，是《秦律》的主要内容之一。在秦简律文中，也反映出秦王朝对农民的残酷压榨。这些律文规定是十分严苛的，主要是为了防止和镇压农民的反抗，以保护封建地主阶级享有的政治特权和经济利益。

从秦简中还可以看出，秦王朝酷刑种类繁多，并且十分残忍。仅刑法的名称就有赀、笞、迁（流放）、耐（剃去须鬓）、髡（剃去头发）、黥（在脸上刺字）、劓（割鼻子）、刖（断足）、斩左趾（砍左脚）、宫或腐（男子阉割、女子幽闭）、戮、磔（分裂肢体）、弃市等。《秦律》中有不少条文是针对"隶臣"的，可见由犯罪而沦为奴隶的人为数不少。

统一文字、货币、度量衡，规定车同轨、行同伦——

秦始皇统一六国后，在文字、经济、道德行为等方面进行了一些变革。

秦王朝统一以前，诸国文字并不统一，差异较大，这给政令的实施和经济、文化的交流带来诸多不便。因此秦始皇在统一六国的当年便下令"书同文字"，即用简化的秦文"小篆"作为标准文字推行全国，废除其他六国文字。并由丞相李斯和赵高等人编写小篆字书，规定作为学童必读的书本。另一方面，由于战国以来王权加强，官府事务繁杂，公文数量日渐增多。虽是经过初步简化的小篆也不易书写，因而不能适应实际的需要，这样后来在实践中便产生了更易写的字体，即所谓的"秦隶"。这种书体较早流行于民间，1975年湖北云梦出土的竹简，字体就是用毛笔书写的秦隶。据说在秦统一中国后，有一个叫程邈的人总结了群众的创造，向秦始皇奏上"隶书"新字体，得到秦始皇的称赞，被作为秦书八体之一。到了汉代，隶书大为流行，这就是今天通用的楷书的前身。中国地域广阔、人口众多，各地区的方言差异很大。有了统一的文字作为书面语言，对于加强各地联系、巩固国家统一，意义十分重大。

文字统一后，秦始皇又废止了各诸侯国形制、轻重、大小不一的货币，以黄金为上币，以秦国旧行的圆形方孔铜钱为下币，文曰半两，重如其文。

同时，秦始皇还统一了全国的度量衡，制定了标准的度量衡器，并用法律规定了度量衡器误差的允许限度。

秦半两钱
前221年，秦始皇统一全国后，规定以铜制圆形方孔的半两钱为全国通行的货币，面铸篆书文"半两"二字，是我国最早的统一货币。

秦诏版文
秦始皇统一全国后，为了统一度量衡，颁布诏书曰："廿六年，皇帝尽并兼天下诸侯，黔首大安，立号为皇帝。乃诏丞相状、绾法度量，则不壹、歉疑者，皆明壹之。"诏书大多凿刻于铜器上，如始皇诏椭量、始皇诏方升、始皇诏权等。

秦铜量器

此为当年秦统一量器的标准器具。为便于国家征收粮帛、物资及土木工程计算，前221年，秦始皇统一了度量衡，并在量器的外壁刻有秦始皇二十六年（前221年）统一度量衡的四十字诏书。

文字、货币、度量衡的统一，为经济、文化的发展提供了便利条件，促进了统一国家的发展。

另外，秦始皇还规定了要"车同轨""行同伦"。

"车同轨"即交通工具方面的改革，"车同轨"的结果促进了经济的发展。"车同轨"的工作主要集中于"驰道"的修筑和水路的疏浚。秦朝的驰道以京城咸阳为中心，东至燕齐，南达吴楚，北极九原，交通十分便捷。驰道统一为宽五十步（六尺为一步），用铁锤筑土坚实。驰道中央宽三丈，是皇帝专用道路，种松树标明路线。专路两旁，民众自由行走。驰道的修成，有助于经济发展，并给民众的出行带来了很大的便利。水路工程最著名的当数分湘江为南北二渠。北渠向北流经湘江，南渠流经兴安县城，向西与桂江上游大溶江合流。南渠所经都是地势较高的地方，秦始皇派人开凿渠道，长六十里，渠中设若干个斗门，南北来往船只可以通过斗门上进和下降。大船自湘江上溯，通过北渠，再进南渠，运输上了节省人力。如此灵巧的工程，称灵渠确是名副其实了。这样陆上驰道和水上河渠，构成了相当发达的水陆交通网，大大有助于运输的往来和经济的发展。

"行同伦"就是指端正社会世俗风气，规范人伦关系行为。在这方面，秦始皇也给予相当的重视。比如秦始皇二十八年（前219年），秦始皇来到泰山脚下。这里原是齐国属地，号称"礼仪之邦"。始皇就令人在泰山上刻石，记下"男女礼顺，慎遵职事，昭隔内外，靡不清净，施于后嗣"（意谓男女之间界限分明，以礼相待，女治内，男治外，各尽其责，从而给后代树立好的榜样），予以表彰。而秦始皇三十七年（前210年）在会稽刻石上留的铭文，则对当地人伦关系中的不正之风，大加鞭笞，以杀奸夫无罪的条文来扶正吴越地区男女之间的不正之风。

用统一的政策来规范世人，大大加强和巩固了国家的统一，同时对经济和教育的发展、政令的推广、人伦关系行为的规范，亦有着积极的作用。

大权

国家度量衡的标准器物。作为重量衡器的标准，具有极高的历史价值。权即砝码。此权形制在秦权中较为罕见，为底略大的八棱体，腹空，上面中有横梁，横梁两旁有"大驷"二字，侧面刻有秦始皇二十六年（前221年）统一度量衡的四十字诏书以及秦二世诏。此权重2300克，依九斤计算，应为当时九斤的砝码。

北击匈奴

　　匈奴人以游牧为生，随水草迁徙各地，没有固定的居所，食肉衣皮，没有农耕和城邑，善于骑射。匈奴人没有自己的文字，尊重勇猛无比的青壮年而轻视年老无力的人。他们的生活习俗和社会风俗同中原民族的差异很大，和原住北方的戎狄族也不尽相同。匈奴人生性剽悍，崇拜英雄，有很强的集体主义和献身精神，只要他们的首领单于发号施令，部下都会纵马披发，携带弓箭飞驰奔杀。匈奴人个个能弯弓射箭，人人善骑术并习进攻，他们把以农耕生产为主、物产丰富的中原地区作为侵扰的对象。战国后期，匈奴人乘中原诸侯各国之间忙于战事之机，纵马南下，攻占河套地区（今内蒙和宁夏境内贺兰山以东、狼山和大青山南的黄河沿岸地区）。秦王朝统一六国后，匈奴人所占领的河套地区就像一把匕首插在背上一样，成为秦始皇的忧患之地。同时当时社会上也流传一句话："最终致使秦灭亡的是胡。"因此匈奴人直接威胁到秦始皇的统治，使他心中忧虑万分。

　　始皇三十二年（前215年），秦始皇亲临北部边境巡察，布置对匈奴的反击。回到都城咸阳后，就派他的长子扶苏为监军，派大将蒙恬率军三十万攻打匈奴。蒙恬大将的三十万大军锐不可当，一举攻占了河套地区。第二年大军又渡过黄河，攻占了被匈奴控制的高阙（今内蒙古杭锦后旗东北）、阴山（今内蒙古狼山）、北假（今内蒙古河套以北、阴山以南、大青山以西地区）。这一场场胜利，使蒙恬大将名震匈奴。收回失地后，秦在这一地区新设置九原郡（今内蒙古包头西），并设置了四十四个县。秦始皇三十六年（前211年），秦始皇又迁徙内地居民三万多户到北河、梅中一带屯垦。这次大规模的移民，不仅对防御匈奴的再次侵扰十分有利，同时也促进了边境地区的开发、发展和民族间的学习、交流。

斗兽纹镜

商鞅鼓励耕战以来，使得秦人逐渐变得好战喜功，越发彪悍。图中镜的背面刻的是两个武士操剑蒙盾，与两只豹搏斗的图案装饰纹。人物道劲有力，体现了秦人的好战之气。

　　为了更好、更有效地抵御匈奴的侵袭，秦始皇修筑了闻名于世的万里长城。秦长城是在原有诸侯国修建长城的基础上加以连接和延伸。长城的修筑，要追溯到战国时代，当时秦、赵、燕三国老百姓常常受到匈奴、东胡、林胡等游牧民族南下的侵扰。这些游牧民族精于骑术，善射弓箭，来去迅速，加上这三个国家之间忙于战事，无力反击兵马迅速、运动性极强的游牧民族，于是在自己的北部边境地方各自修筑长城，并派军队驻守，以抵御游牧民族的掠夺。秦始皇修筑的长城在相当长的一段时间里有效地抵御了北方游牧民族的南下侵扰，对保护秦王朝统治地区的社会经济和人民生命财产安全，起了十分重要的作用。

南服百越

　　我国南部和东南部是越族人民生活居住的地区，居住在这些地区的越族被称为"百越"，分布在今江西、福建、浙江、广东、广西及湖南南部地区，各自为政，互不隶属。

　　秦始皇攻占楚国之后，很快降服了生活在浙江一带的越族，设置了会稽郡。接着于前221年，降服了生活在今温州一带的东越民众和闽越地区（今属福建），并设置了闽中郡。接着秦始皇命尉屠睢率军五十万，分五路南下，对生活在今广西、广东地区的西越和南越进行大规模的战争，遭到越族民众的顽强抵抗，相持长达三年。

　　秦始皇为了更好地支援前线的军队，就命监御史史禄在今广西兴安县北开凿一条水渠，名为灵渠。这条灵渠连接了湘江和桂江支流漓江之间的交通，从而解决了从陆路运输粮饷的难题，这才将西越和南越两地越族军队打败，但其仍存残余力量。

前214年，越族乘秦军没有防备，打败秦军，杀死了尉屠睢。秦始皇又派军队增援前线，终于降服了越族，在南海、桂林、象设置了三个郡。次年秦始皇派五十万民众迁徙到五岭戍守，与越人居住一处，从而促进了民族融合和这一地区社会经济文化的发展。

秦始皇统一南方和东南两个地区，客观上促进了民族融合和社会经济发展。如秦在统一过程中，派遣内地民众数十万到南方去戍守，把中原先进的生产技术和工具带到了南方，促进了当地农业和经济的发展。

秦始皇在征服百越的过程中，也打开了通往南方和东南沿海地区的道路，特别是灵渠的修通，使长江水系同珠江水系相连，这就促进了中原地区同南方、西南地区的经济与文化交流。

秦始皇经过北击匈奴、南服百越后，秦朝疆域空前广阔，东至东海，西至临洮，"南至北向户，北据河为塞，并阴山至辽东"，成为当时世界上最为强大的封建帝国。在这个辽阔地区内居住着的各族人民，由于处于统一国家的领域内，各地区、各民族相互之间在经济、文化方面的联系进一步增强，促进了生产的发展和文明的提高，有利于维护国家的稳定和统一。

行暴政祸国殃民

秦统一中国后，虽然采取了一些措施促进了社会的发展，但是秦朝的残暴统治和繁重的徭役，也给广大民众带来了巨大的灾难，使得被压迫的农民阶级与统治阶级之间的矛盾日益激化。

为了统一全国民众的思想，秦始皇焚书坑儒；为了求得长生不老药，他派人四处寻找，耗费了大量的人力、物力和财力；为了享有奢华的生活，他又在咸阳大兴土木，建造阿房宫；为了死后有好的归宿，他又在骊山大造陵墓。繁重的徭役和兵役，给人民带来了沉重的负担。

历史细读

"博士"最初为官名，最早见于两千多年前的战国时期，负责编撰著述，保管文献档案，掌通古今，传授学问，培养人才。秦始皇时有七十人担任博士。汉朝沿袭秦置。到汉武帝时，还设置了五经博士，博士成为专门传授儒家经学的官职。汉初，《易》《书》《诗》《礼》《春秋》每经设置一名博士，故称五经博士。

焚书坑儒

春秋战国以来，儒家、墨家、道家、法家等各门学派百家争鸣，不同的学说也在广泛流行。秦始皇统一天下后，心里自然很得意，前213年，他在都城咸阳举行宴会。齐国人淳于越对于废分封非常不满。他是个思想保守的读书人，当着众人的面，他不仅反对秦始皇设立郡县制，还批评李斯等大臣阿谀逢迎，他说："殷、周之王千余岁，封子弟功臣，自为枝辅。……事不师古而能长久者，非所闻也。"丞相李斯当场进行批驳道："今诸生不师今而学古，以非当世，惑乱黔首，……入则心非，出则巷议，夸主以为名，异取以为高，率群下以造谤。"

二人唇枪舌剑地当廷争论了一番，谁也不能说服对方。散会后李斯对秦始皇建议说："如今各种学说众多，老百姓难免会被它们误导。既然已经统一了文字、货币，人们的思想也应该统一，如果任其发展，最终肯定会难以控制。不如将除《秦记》、医药、卜筮、农书之外的文献典籍一律烧毁，杜绝六国旧人利用它们反对新王朝的机会。"

秦始皇觉得有理，便接受了这个提议，下令：

一、史书除《秦记》以外，六国史书一律烧掉。

二、《诗》《书》百家语除博士官收藏的以外，其他人的藏书都集中到郡，由郡守、尉监督烧掉。

三、偶语《诗》《书》者弃市，以古非今者族，吏见知不举者与同罪，令下三十日不烧，黥为城旦。

四、医药、卜筮、种树等书不在禁列。

五、若有学法令者，以吏为师。

焚书坑儒

前213年，秦始皇接受李斯的建议，下令焚书，使得许多古代典籍付之一炬，其中六国史籍的损毁尤其严重，引起诸多儒生的不满，最终导致坑儒事件。秦始皇焚书坑儒的目的，本来是为了禁绝一切异端思想，维护统一的集权政治，反对以古非今。但其并未收到预期的效果，反而成了他残酷暴戾的证据，遭后人唾骂。

就这样，在全国范围内发起了一场大规模的焚书运动。此举一出，天下哗然，一些儒生和方士大为不满，他们纷纷议论，说秦始皇"乐以刑杀为威"等等。

秦始皇听到这些议论，勃然大怒，就派官员彻查此事，对违犯者杀无赦。

官员们经过调查，发现有四百六十多个儒生和方士散布过这些诽谤朝政的话。接着秦始皇下令将他们全部活埋，这就是历史上有名的"焚书坑儒"事件。

对秦始皇来说，此举无疑是为了"杀一儆百"，封住那些儒生的口，但这件事做得实在有些过火。他的大儿子扶苏看不下去了，上书说："天下初定，远方黔首未集，诸生皆诵法孔子。今上皆重法绳之，臣恐天下不安，唯上察之。"

秦始皇一向喜爱这个长子，但这么直率的批评，让秦始皇觉得面子上挂不住，一气之下就把扶苏发配到边关，让他和大将蒙恬一起修长城去了。

不过史书对这段历史的记录并不相同，绝大部分只对焚书做了详细的说明，对坑儒的描述则非常笼统，而且出现了歧义。有的说秦始皇只坑过一次儒，有的则说坑过两次。

西汉司马迁的《史记》、宋代司马光的《资治通鉴》，都说秦始皇的坑儒只有一次，即前212年，在咸阳活埋了四百六十多个辱骂秦始皇的方士和儒生。

正史史料

三十五年，除道，道九原抵云阳，堑山堙谷，直通之。于是始皇以为咸阳人多，先王之宫廷小，吾闻周文王都丰，武王都镐，丰镐之间，帝王之都也。乃营作朝官渭南上林苑中。先作前殿阿房，东西五百步，南北五十丈，上可以坐万人，下可以建五丈旗。周驰为阁道，自殿下直抵南山。

——《史记·秦始皇本纪》

但《史记·儒林列传》唐张守节在《正义》中则是这样记载的："秦既焚书，恐天下不从所改更法，而诸生到者拜为郎。前后七百人，乃密种瓜于骊山陵谷中温处。瓜实成，诏博士诸生说之，人言不同，乃令就视。为伏机，诸生贤儒皆至焉，方相难不决，因发机，从上填之以土，皆压，终乃无声。"

也就是说，在第一次的坑儒事件结束之后，广大的儒生不仅没有噤若寒蝉，减少对朝政的议论，反而更加强烈地反对秦始皇了。由于有了第一次公开、大规模的坑儒，引起了很多人的不满，因此第二次他采取了更隐秘、更残忍的方法，让被害者在不知不觉中突然死去。

如果这种说法成立的话，那么秦始皇坑儒的人数就不仅仅只有四百六十多人了，而是一千一百六十多个。但直到现在，这依然是个未解之谜。

不过不管是一次还是两次，"焚书坑儒"都是秦始皇对不同政见人士的残酷镇压。一把大火将中华民族千余年的文化结晶付之一炬，极大地摧残了中国的古代文化，同时也扼杀了百家争鸣的活跃局面，开了"文字狱"的先河。

虽然那些提出反对意见的儒生思想比较保守，但秦始皇采取的行动是野蛮而残酷的，给后世造成了很坏的影响。从一开始，这个事件就是愚昧的，它的目的是为了维护封建王朝的统治，推行愚民政策，但结果却事与愿违。因为防民之口，甚于防川，"坑灰未冷山东乱，刘项原来不读书"，没几年就爆发了陈胜、吴广起义。

求长生不老药

秦始皇自从坐上皇帝的宝座后，就非常害怕死亡，为了求得长生不老的仙药，四处打听术士，并将他们召集到咸阳，为其炼制仙丹。

蓬莱仙境

蓬莱，又称"蓬壶"，隶属山东烟台，神话中渤海仙人居住的三座神山之一。传说战国末期的齐宣王、燕昭王，以及后来的秦始皇、汉武帝都曾劳民伤财地派人去寻找蓬莱仙境，却没有一个人真正到达过，不是说三神山隐于水下，便是说因大风所阻，半途而返。可见所谓仙山，不过是方士们的无稽之谈。

但是这世上哪有不死药呢？眼看着时间一天天过去了，术士们百般推脱，秦始皇明白自己上当受骗了，这时恰好发生了儒生散布反对言论的事件，于是他顺水推舟，将这些炼药不成的术士也一并活埋了。

不过秦始皇并未死心，他曾多次出巡，除了视察长城的修筑情况、了解民情之外，还有一件他念念不忘的大事，那就是寻找三神山，求取长生不老药。

秦始皇第二次东巡，是在前219年。这一年秦始皇在泰山举行了封禅大典，回来时路过渤海南岸的黄县（今山东龙口），听说这里有一个名叫徐市（又叫徐福）的方士非常厉害，秦始皇便召见了他。

徐市说："渤海中有三座神山，分别叫蓬莱、方丈和瀛洲。山里住着很多仙人，他们手上就有一种可以让人长生不老的奇药。如果皇上愿意提供船只、珠宝，我愿意冒险出海，为您寻求仙药。"

秦始皇正盼着不老药，听他这么一说，于是高兴地批准了他的请求。就这样，徐市带着人马浩浩荡荡地出发了。

秦始皇望眼欲穿，终于把徐市等回来了，徐市说："臣在海中遇到海神，告诉他想求取仙药，没想到海神觉得礼物太少，只能进去参观。臣在蓬莱仙山见到了灵芝生成的宫阙，里面的仙人个个光彩照人，臣问他们：'需要什么礼物才能得到仙药？'海神说：'必须用三千童男童女作为献礼。'"

一心想长生不老的秦始皇对这番话毫不怀疑，他马上命人在全国搜寻童男童女，让徐市将他们带回去祭海神，可怜这些孩子就这样葬身海底，而失去儿女的百姓无不怨声载道。

前218年春天，秦始皇再次东巡，距离上次还不到一年时间，但这次徐市入海却没有回来，他只得先返回了咸阳。前210年，秦始皇再次东巡。这一次徐市亲自从家乡赶来面见皇帝，从他最初入海求仙到现在，已经过了十年时间，其间耗费了大量的人力和财力，但他始终没有拿出不死药。

为了逃避惩罚，徐市只好禀报说："虽然长生不老药就在蓬莱仙山，但海神派了大蛟守护，一般人无法靠近，希望您增派一些弓箭能手同去。"

秦始皇一口答应，为了给徐市扫清道路，他甚至派人带上捕鱼工具，入海捕捉大蛟。徐市一行人乘船从琅邪港出发，一路并没有什么发现，直到临近芝罘才看见一条大鱼，他们杀死了大鱼。在巡游的路上，秦始皇病死于沙丘平台（今河北平乡），他到死也没能吃上仙丹。徐市担心即位的皇帝追究此事，便带领着剩下的人乘船逃跑了。

徐市乘船到底去了何处，《史记》中并没有记载，成为历史上的一个千古之谜。后世便有了种种推测，有人说徐市乘船东渡日本，有人说徐市乘船到了台湾或琉球，甚至还有人说徐市乘船到了美洲，但这些说法都找不到可靠的历史文献来证明。因此有关徐市去处，至今仍是一个谜。

为了求得长生不老仙丹，秦始皇耗费了巨大的财力、人力和物力，还使许多无辜的人葬身海底，加深了人民的苦难。

阿房起，始皇亡

"六王毕，四海一，蜀山兀，阿房出"。秦始皇在消灭六国、统一全国以后，自以为功德超过了三皇五帝。他为了体现帝王所享有天下最奢华的生活和至高无上的权威，在都城咸阳大兴土木，修建陵墓和宫殿，也就是历史上著名的骊山陵墓和阿房宫。

秦始皇将陵墓的地址选在今陕西临潼县城东。书中记载："上崇山坟，其高五十余丈，周回五里有余。"

骊山陵从前247年就开始修建，直到前208年才完工，共费时三十九年。在历史文献中，《史记·秦始皇本纪》首次记载了秦始皇陵地宫情况："穿三泉，下铜而致椁，宫观百官奇器珍怪徙藏满之。令匠作机弩矢，有所穿近者辄射之。以水银为百川江河大海，机相灌输，上具天文，下具地理。以人鱼膏为烛，度不灭者久之。"

由此可见，秦始皇陵完全是按照地下王国构想的。它藏品丰富，规模宏大，而且是世界上结构最奇特的帝王陵墓之一。不夸张地说，它就是一座豪华的地下宫殿，生动再现了秦代灿烂的文化和科学技术。

可是为了这座陵墓，老百姓却付出了巨大的代价。修建时秦始皇征发了几十万人长年累月地干活。修建完毕后，为了防止泄密，所有参加劳动的工匠都被活埋在陵墓里。埋葬秦始皇时，秦二世胡亥下令："宫内没有子女的宫女全部殉葬。"

这项工程还在进行中，秦始皇又下令修建阿房宫。在灭六国时，每消灭一个国家，他就仿照其国的宫殿样式在咸阳盖起同样的宫殿。统一天下后，秦始皇自认为功盖三皇五帝，在他眼里，咸阳宫实在太狭小简陋了，配不上自己的气派，因此他要建造一座规模更大的宫殿。

这一次他看中的是渭南平原。这里地势开阔，河流密布。早在西周初期，周朝的文王和武王就已经在此修建了丰、镐二京，现在秦始皇也看中了这块风水宝地。

阿房宫的主体建筑就在丰镐遗址不远的东北处。按照秦始皇的总体规划，阿房宫是从位于古城村聚家庄一带的阿房前殿开始，五步一楼，十步一阁，向东有阁楼延伸到骊山，向南则通往终南山巅，向北有道路联接咸阳宫。这

阿房宫

此图为清代画家袁耀根据唐朝诗人杜牧的《阿房宫赋》写意，拟画的阿房宫
胜景。图中层峦耸翠，曲水萦环，重楼叠阁，各抱地势，尽显阿房宫气势的
恢宏。

朱雀

朱雀，亦称"朱鸟"。战国以及秦汉时代，人们把朱雀当成是守卫南方的神禽，能够护送人们升天成仙。

个计划气势磅礴，如果全部实现，阿房宫将"复压三百余里，隔离天日"，是任何一个帝王的宫殿都望尘莫及的。

但是直到秦始皇逝世，阿房宫也仅仅只修建了一部分，这部分有宫城环护，俗称"阿城"。所有石料均运自北山，木材则来源于四川和荆楚。阿城的北门安装了磁铁，如果有少数民族觐见时身披铠甲，怀藏利刃，进门就会被发现，因此这道门也叫"却胡门"。

秦始皇死后，秦二世胡亥先修完骊山陵墓，接着便对阿房宫进行大规模扩建。他的倒行逆施加速了秦朝的灭亡。项羽入关后，阿房宫和其他宫殿一起被烧得精光。

不管是秦始皇陵还是阿房宫，都是人民血汗和智慧的结晶。为了修建它们，秦始皇曾役使了七十万人，以至于最后男子人数不够用，只得让女人来担负运输工作。据统计，服徭役的人数居然不少于全国总人口的百分之十五。

当时就有童谣唱道："阿房阿房，亡始皇。"果然不出所料，阿房宫还未修完，秦始皇就死亡了。

二世而亡

　　秦二世胡亥是一个昏庸无道的君主，其残暴程度与秦始皇的统治相比有过之而无不及。他在统治时期滥杀无辜、横征暴敛、加重刑罚，给民众再次带来了巨大的灾难。为了巩固其统治地位，他不仅处死蒙恬、冯去疾等大臣，而且杀害了他的兄弟姐妹，以致天下人心浮动。在埋葬秦始皇时，他下令把后宫无子女的宫女全部殉葬。又怕修陵工匠泄露陵墓内的秘密，便把工匠全部活埋。秦二世豢养了大量的狗马禽兽，供其玩乐游猎之用。因咸阳缺少粮草，他便令各郡县官吏逼迫民众将粮草送往咸阳。运输粮草的民众，要自带食物，不得吃咸阳三百里以内的粮食，将百姓推向了死亡的境地。

　　秦始皇时的刑罚已非常严苛：一人犯法，夷灭三族；一家犯法，邻里连坐。到秦二世胡亥时，刑罚更加严苛，以"杀人众者为忠臣"，各级官吏都是执行这种刑法的刽子手。在被压迫阶级同统治阶级的矛盾不断激化的同时，统治阶级内部的斗争也越来越尖锐，酝酿已久的反秦农民起义终于爆发了。

秦始皇陵一号兵马俑坑

秦始皇从即位时起就开始建造自己的陵园，举世闻名的秦始皇兵马俑坑就是秦始皇陵的陪葬坑。此图即为一号兵马俑坑东端的全景，是 1974 年农民打井时发现的。前边三列面朝东的横队，共有武士俑 204 件，是军阵的前锋。后边紧跟着是三十八路纵队，战车与步兵相间排列，是军阵的主体。军阵的左右两侧和最后各有一列分别面南、面北和面西的横队，是军阵的两翼和后卫。整齐严肃的军阵布局，生动地再现了秦军的威武雄壮。

胡亥登基

胡亥，即秦二世，嬴姓，名胡亥，是秦始皇第十八子，公子扶苏的弟弟，从中车府令赵高学习狱法。在秦始皇出游南方病死沙丘宫平台后，秘不发丧，在赵高与李斯的帮助下，杀死兄弟姐妹二十余人，并逼死扶苏而当上秦朝的二世皇帝。其在位时间为前 210 年至前 207 年。

沙丘之谋

前 210 年，秦始皇病死，胡亥继位。胡亥是秦始皇的小儿子，按理说皇帝的位置怎么也轮不到他，他最终之所以能当上皇帝，与一个人息息相关，这个人就是宦官赵高。

由于赵高"通于狱法"，与"喜刑名之学"的秦始皇不谋而合，因此受到重用。但自古以来，善泳者溺于水，明法者则多犯法，赵高也是这么一个人。他自恃有才而恣意妄为，结果被大臣蒙毅（将军蒙恬的弟弟）抓了个正着，按律当斩。秦始皇觉得他是个人才，不忍心杀死他，便赦免了他的罪行，还让他担任中车府令，并兼管符玺大权，为自己起草诏书。

没有多久，他又任命赵高做儿子胡亥的老师，专门教授法律。赵高心胸狭窄，善于弄权，对曾经处置过自己的蒙氏兄弟怀恨在心，总想找机会报复。有这么一个人当老师，胡亥受到的影响自然很大。

胡亥出生于皇家，自幼娇生惯养，又是最小的儿子，难免有些任性、贪

李斯诈诏杀扶苏蒙恬

前210年，秦始皇病死沙丘平台后，担任中车府令的宦官赵高、丞相李斯等人伪造了一份秦始皇的诏书，令公子扶苏和大将蒙恬自杀。扶苏接到赵高假造的诏书后，悲伤过度，没有分辨诏书真假，就自杀了。蒙恬也被迫服毒自尽。之后赵高等人拥立胡亥即位，是为秦二世。

图享乐。而且他常年住在宫中，耳濡目染的都是权力之争，再加上赵高的"教诲"，胡亥养成了贪婪残忍、昏庸无能的性格。

前210年，赵高终于等来了机会，胡亥也稀里糊涂地跟着他发迹了。这一年秦始皇再度东巡，他带着丞相李斯、宠爱的小儿子胡亥和中车府令赵高开始了最后一次出巡。

回程时天气炎热，队伍到达沙丘时，秦始皇突然患了重病。或许他预感到自己躲不过这一劫，就叫来赵高，让他写一封诏书给在北部边境驻守的长子扶苏。不久秦始皇就病死于沙丘平台。但老奸巨猾的赵高并没有按时发出诏书，反而将其扣留在手中，因为他早已打好了自己的算盘。

走出宫殿后，赵高立刻找到胡亥，他意味深长地说："皇上已经不行了，他没有给你的其他兄弟下诏，唯独写了诏书给你的哥哥扶苏。用不了多久，他就是新皇帝了，而你没有寸土之地，以后打算怎么办呢？"

胡亥没听懂他的意思，傻乎乎地回答道："父亲这个决定没什么呀，我自小就知道，明君了解臣子，明父了解儿子，既然父亲做出了这个决定，那也我没什么可说的。"

眼看胡亥碌碌无为，丝毫没有夺权的野心，赵高忍不住继续说："不然。当臣子和让别人称臣完全不同，前者受制于人，后者却能够制人，怎么可能一样呢？如今生杀大权都掌握在我和丞相手中，只要你说句话，我们肯定会帮助你图谋这个江山。"

胡亥不敢相信地说："废兄而立弟，是为不义；不奉父诏而畏死，是为不

彩绘双耳长漆盒

此盒为湖北云梦睡虎地九号秦墓出土。盒为椭圆形，两端有耳，由盒身与盖扣合而成，内涂朱漆，外髹黑漆。盖顶、外壁和外底有"咸亭""亭"字烙印三处，表明其出产地当为秦代都城咸阳。

孝。而且我能力不够，这么做无异于夺人之功，千万不可行！如果我当了皇帝，天下人肯定不服气，到时候说不定连江山都保不住了。"

赵高冷笑道："我只知道，汤、武杀其主，天下人都称其为义举，没听人说他们不忠；卫君杀其父，孔子还专门写书称赞他，谁敢说他不孝！如果你顾小而忘大，将来必定后患无穷，后悔你自己今天的决定。只要你下定决心，鬼神都会避开，胜利就在眼前啊！我劝你还是听我的话。"

胡亥叹了口气："可是父亲还在人世你就图谋这种事，恐怕不会什么好处。更何况丞相也在，他是万万不会同意的！"

赵高胸有成竹地说："所谓时机都是自己谋划的，只要你愿意，其他的就交给我来办。"

经过赵高的一番诱惑，胡亥终于动摇了，最后他表示，愿意听从老师的安排。

说服胡亥之后，赵高又找到李斯。一开始，他并未说明来意，而是拐弯抹角地问："和蒙恬相比，你的才能、谋略、功劳，还有太子扶苏的信任程度如何？"

李斯老老实实地回答："我不及蒙恬。"

赵高又说："那么一旦扶苏即位，必定会任命蒙恬为丞相，到时候你会是什么处境应该能想到吧！"

听到这话，李斯低下头没有言语。赵高看出他动了心思，于是趁热打铁地说："胡亥这孩子心思单纯，性格温顺，不像扶苏那么精明强干，如果他当了皇帝，你的地位和现在所拥有的一切都不会失去。"

正所谓"人为财死，鸟为食亡"，再加上丞相李斯一向迷恋权力，因此他和赵高一拍即合，决定伪造一封诏书："立胡亥为太子。太子扶苏因为不能回京，对皇帝怀恨在心，是为不孝。蒙恬身为臣子，驻守边疆十几年，不仅没立战功，反而多次上书非议朝政，而且不规劝太子的无良行为，是为对皇帝不忠。扶苏不孝、蒙恬不忠，命其自刎，以谢皇恩。"

扶苏接到诏书，虽然不敢相信自己的耳朵，但他没有丝毫怀疑，举起宝剑就准备自杀。

大将蒙恬怀疑有诈，赶紧拦住他说："你应该回京向皇上申诉，如果真是他的意思，再自刎也不晚。"

正史史料

二世曰："善。"乃行诛大臣及诸公子，以罪过连
逮少近官三郎，无得立者，而六公子戮死于杜。公子
将闾昆弟三人囚于内宫，议其罪独后。二世使使令将
闾曰："公子不臣，罪当死，吏致法焉。"

——《史记·秦始皇本纪》

但扶苏却说："既然父亲让我死，我还有什么理由申诉呢？"说完流着眼泪自尽了。

蒙恬却据理力争，怎么也不肯自裁，使者无奈，便将他关进阳周（今陕西子长北）的大牢。

扶苏死后，赵高等人觉得铲除了最大的政敌，因此一回到咸阳，就立刻宣布胡亥继位。胡亥时年二十一岁。立下大功的赵高当然不会放过为自己加官晋爵的机会，在他的指使下，胡亥封他为郎中令。从此朝政大权被赵高一手掌握。

杀兄弟屠忠良

胡亥登上皇位时年方二十一，正是风华正茂的年纪。他效仿父亲的衣着，穿戴一样的皇冠、皇袍，蓄起胡须。不过即使他尽量让自己看上去像自己父亲的样子，但是他心里却非常清楚，自己不是块当皇帝的料。

没几天赵高便对胡亥说："虽然您坐上了皇位，但是您你那些哥哥都是公子，个个都有地位，当初肯定图谋过这个天下。如今您年纪最小，反而当了皇帝，他们肯定都不服气，还是尽早处理他们为好。"

在谋夺帝位的过程中，胡亥已经深刻体会到"胜者为王，败者为寇"的道理，眼看已经大功告成，他当然不愿意被人夺走皇位。即便是自己的亲兄弟，如果他们威胁到自己的地位，也不能轻易放过。而且第一步已经迈出去，迈第二步就自然得多了。

据专家考证，秦始皇共有儿女三十三个，但史书中有名有姓的只有长子扶苏、幼子胡亥、公子高和公子将闾四人。对于这些人最后的下场，史书中是这样记载的：六公子戮死于杜；公子十二人僇死咸阳市；十公主矺死于杜；公子将闾昆弟三人被杀；公子高欲避祸，要求陪葬始皇帝陵。

在赵高的指使下，胡亥下达了一个又一个屠杀命令。第一次，是在咸阳市

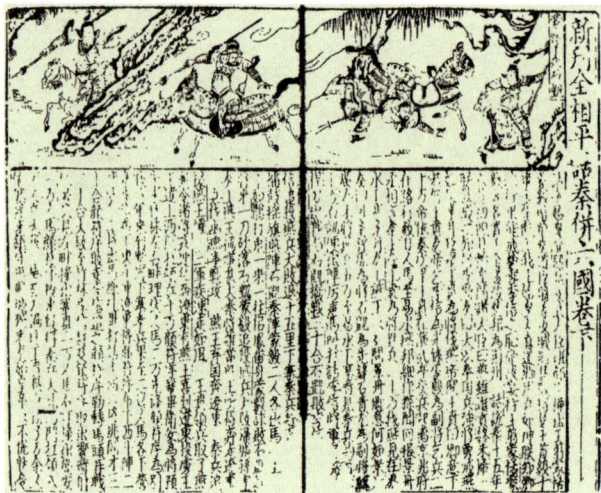

蒙恬杀死石凯
该图描绘了蒙恬在攻打燕国时击杀燕将石凯的场景。蒙恬战功卓越，又对秦朝忠心耿耿，却死在宦官赵高以及由他拥立的胡亥手上。他和公子扶苏的死，预示着秦国离灭亡已经不远了。

（当时最繁华的商业城市）处死十二个兄长。第二次在杜邮（今陕西咸阳东）同时杀死六个兄弟和十个姐妹。只见刑场上鲜血淋漓，惨叫声不绝于耳，闻讯赶来看热闹的百姓实在受不了，都惧怕地跑开了。

公子将闾三兄弟平日小心谨慎，处事稳重，赵高、胡亥找了半天，也没找到可以陷害他们的理由，只好先将他们禁闭起来。等到其他兄弟姐妹都被杀死之后，赵高也不想找什么借口了，直接派人去命三兄弟自尽。

将闾对来使说："我们按照要求深居简出，恪尽职守，从来没有违反过宫中的礼节和制度，为什么突然让我们自裁呢？"

使者面无表情地回答说："这个我就不知道了，皇帝下了命令，我只能按章行事。你们还是快点动手，皇上等着我复命呢！"

三人终于恍然大悟，皇帝无非是为了保住自己的地位，担心他们谋反，就算继续求情，他也不会改变主意。他们相对而泣，最后无奈地喝下了毒药。

到了这种时候，剩下的公子高终于变得"聪明"起来，他看着兄弟姐妹们一个个惨死，总有一天厄运会落到自己头上，逃跑肯定是不行的，那样会导致家人被诛。他辗转反侧了好几天，最后决定牺牲自己的性命来保全家人。他上书给胡亥说："臣不才，愿意为父亲殉葬，希望你看在兄弟的情分上饶了我的家人。"

这个决定让胡亥很高兴，不用自己动手就除掉一个眼中钉，因此他爽快地答应了公子高的请求，兴奋之余，还赏赐了十万钱。至此胡亥所有的兄弟姐妹都死光了，公子高是唯一一个死得名声好听一点的。

铜车马

此为秦俑二号坑所出土的铜车马，名为安车，也称辒凉车。车马模拟实物，比例约为二分之一。车为双轮单辕，驾四马。车厢的顶部为椭圆形车盖。车厢的小窗户上有挡板，将挡板打开，会露出许多小孔，这样就可以自动调节车厢内的温度。

自 1974 年发现秦始皇兵马俑之后，考古队又于 1976 年在秦陵东侧上焦村发现了十七座陵墓。根据工作人员的清理，这些陵墓内埋葬的人有男有女，他们身首异处，肢体分离，有的头骨上插着箭头，有的下骨左右扭错，这些都是非正常死亡的标志。陵墓内的陪葬品既丰富又精致，绝不是普通百姓所能拥有的。再加上陵墓位置靠近秦始皇陵，因此人们猜测，这些人多半是被杀死的公子和公主。

胡亥不仅杀害了自己的兄弟姐妹，还在赵高的怂恿下，杀害了大批忠良。

一直以来，赵高都对蒙氏兄弟心怀怨恨，一来是因为他们当初得罪过自己，二来是他们的地位会对自己产生威胁，因此赵高念念不忘除掉他们。

当初秦始皇最后一次巡游时，上卿蒙毅曾随行在身边，后来赵高嫌他碍手碍脚，便找了个"替始皇出祷山川"的借口将他支走了。

秦始皇死后返回咸阳时，蒙毅也准备和队伍一起走，但没想到的是，赵高命人将他抓起来囚禁在了代郡（今河北蔚县）。

胡亥登基后，想到蒙氏兄弟文韬武略，一个能镇守边防、抗击匈奴，一个足智多谋，便打算释放他们，继续为自己效力。但是赵高担心他们对自己构成威胁，于是对胡亥说："先帝当初本来是要立您做太子的，但蒙毅三番五次地阻挠，结果导致先帝改变了主意。"

听了他的话，胡亥信以为真，他火冒三丈地说："既然如此，就让他去陪伴先帝吧！"

于是下诏将蒙毅杀害。接着又派人来到阳周的监狱，对蒙恬说："君之过多矣，而卿弟毅有大罪，法及内史。"

蒙恬气愤地说："自我先人至今，为朝廷出生入死已有三代。虽然我被关在这里，但我手下统领着三十万大军，足以推翻朝廷，不过我从小接受的教育是应该守义而死，我之所以没有叛变，是不想辱没先人，不敢忘记先帝

双兽纹瓦当

瓦当在秦汉时就已经普遍使用。它可以蔽护房檐，延长建筑物寿命，同时亦可以起到装饰作用。秦代早期的瓦当，多采用动物纹作为装饰。此瓦当印有双兽两头，一左一右，两身对向，却只有一颈，形象新颖生动。

的大恩。昔日周成王即位时年幼无知，周公旦为了天下大业，曾经断指立誓'忠心为主'，并每天背着他上朝。后来成王长大，却听信谣言要杀掉周公旦。周公旦只得逃往楚国。当成王醒悟过来后，杀了那些妖言惑众的人并请回了周公旦。因为这件事，所以《周书》上说：'君王办事要反复考虑。'我蒙氏家族对朝廷忠心耿耿，从无二心，却落得满门抄斩的下场，这一定是有奸臣挑拨。周成王犯错之后能够改过自新，最终换来昌盛的局面；而夏桀杀关龙逢、商纣杀比干后不改过，最终国破人亡。所以我认为，圣君做事一定要反复考虑，哪怕犯了错误，只要能够改正就是百姓的福气。我说这些并不是想免去死罪，我早就做好了死谏的准备，希望你能将这些话转达给皇上，让他为天下万民着想。"

使者无奈地说："我只是奉诏而来，将军的良言我不敢传报。"

蒙恬叹息道："我哪里得罪了上天？竟然落得无罪而被处死的下场！"

想了想，他又说："我这一生，修长城、挖沟渠至少有一万多里，可能无意中挖断了地脉，这也许就是我的罪过吧！"

说完，蒙恬毫不犹豫地服药自杀了。

就这样，赵高和胡亥除掉了所有对自己不利的人。胡亥高兴了几天，但没多久他又担心起来，因为大臣官员们对这些行为议论纷纷，言谈中流露出很多不满。

胡亥问赵高说："自从杀了诸多公子和蒙氏兄弟，大臣们不服，普通官员也议论纷纷，为之奈何？"

赵高说："臣一直想提醒皇上，但又不敢说，先帝的大臣多半是天下的累世贵族，他们的功劳相传久矣。如今我出身低贱，承蒙皇上您抬举，才能主管国家大事。那些大臣虽然表面上对我很尊重，其实心里非常不满，除非皇上能治他们的罪，将其一一铲除，否则无法振威天下。"胡亥连连点头说："你说得对。"

为了杀一儆百，胡亥大开杀戒。这一次他的目标是右丞相冯去疾和将军冯劫，二人为了免遭羞辱，毅然选择了自尽。

在赵高的建议下，胡亥于前209年初，也就是即位的第二年，效法父亲秦始皇巡游天下。他从南边的会稽（今江苏苏州），一直巡游到北边的辽东（今辽宁辽阳）。一路上他不问青红皂白，连连下令诛杀官员，结果当地的人

正史史料

陈胜者，阳城人也，字涉。吴广者，阳夏人也，字叔。陈涉少时，尝与人佣耕，辍耕之垄上，怅恨久之，曰："苟富贵，无相忘。"庸者笑而应曰："若为庸耕，何富贵也？"陈涉太息曰："嗟乎，燕雀安知鸿鹄之志哉！"

——《史记·陈涉世家》

都惶恐不安。而这一切，仅仅源于赵高的一句话："你应该趁这次巡游树立自己的威信，只要那些官员不听话，就杀了他。"

就这样赵高利用没有头脑的胡亥，大大扩张了自己的权势，只要官员一死，他就安插一个自己的亲信。这些人都是他提拔上来的，他们和赵高一样，出身低贱，自然对他死心塌地。赵高的兄弟赵成做了中车府令，女婿则做了咸阳的县令。至于朝中其他要职，也遍布着赵高的党羽。

在胡亥巡游的过程中，所有的地方官员无不惊恐万分，不知道厄运哪天就会降临到自己的头上。一时间，全国人人自危，陷入一片白色恐怖之中。

揭竿而起

虽然秦始皇统一了中国，但老百姓并没有得到休养生息的机会。为了一统天下，秦始皇四处征战。而且在兼并战争过程中，还仿照六国宫殿的建筑风格，在咸阳重新建造各国宫殿多达二百处。没多久又开始为自己兴建豪华的陵墓和规模宏大的阿房宫，再加上修筑长城、驰道（为了皇帝巡游而修筑的宽广大道）等，耗费了大量的人力、物力和财力，老百姓根本无暇顾及农业生产，社会经济生活受到了严重破坏。最后造成"男子疾耕不足于粮馈，女子纺绩不足于盖形"的局面，老百姓对此怨声载道。

秦始皇死后，秦二世胡亥不仅没有收敛暴政，反而更加厉害。他信任善于玩弄权术的赵高，诛杀有功的大臣和自己的亲兄弟，将朝廷搞得乌烟瘴气，统治阶级的内部矛盾也日益尖锐，尤其是扶苏的死，更是激起了众怒。但稀里糊涂的胡亥丝毫没有察觉到这些隐患，他征调民众继续修建阿房宫和始皇陵，每日寻欢作乐。一次胡亥居然征集了五万人到咸阳，目的就是为了"令教射狗马禽兽"。

《史记·滑稽列传》记载："一天胡亥觉得咸阳的城墙颜色不好看，于是说：'如果将城墙重新油漆一遍就好了。'宫里的滑稽演员优旃说：'皇上的主意太好了！虽然又要花钱，但这么一来，城墙就变得好看了。而且油漆很光滑，就算来了贼寇，想必他们也爬不上去。'胡亥被他的话逗笑了，'漆城工程'总算作罢。"

但是对于老百姓，法律则特别严苛，最后居然导致"刑者相伴于道，而死人日成积于市"的局面。《史记》中记载的死刑有戮、斩首、活埋、弃市、腰斩、车裂、溺死、夷族等，共有十几种。至于普通的处罚更是数不胜数，比如割鼻子、断足、笞打，等等。虽然笞打是对一般犯人的惩罚，但被打死或打残的人也不在少数。在如此严酷的统治下，老百姓怎么可能安居乐业呢？

前 209 年，胡亥下令征发一批徭役到渔阳（今北京密云）。但是大雨连绵不断，当这批人冒雨赶到大泽乡（今安徽宿州）时，前面的道路被洪水冲毁了，队伍无法前行，每个人都焦灼不安。因为按照规定，如果耽误了时间，所有的人都会被斩首。

这时，队伍中的两个屯长——陈胜和吴广挺身而出。

陈胜，字涉，阳城（今河南方城）人。吴广，字叔，阳夏（今河南太康）人。他们二人仔细分析了大家的处境，然后说："如今被大雨阻隔，耽误了期限，即使赶到了也是死路一条，不如起来反抗，干一场大事业，就算不成功，左右也不过是个死。"

吴广点头称是说："没错，咱们老百姓受到的暴政实在太多，已经到了忍无可忍的地步了。但是咱们以什么理由造反呢？"

陈胜说："我听说当今皇帝胡亥是始皇帝的小儿子，他根本没有继承皇位的资格，因为当初立的太子是扶苏。扶苏因为反对父亲的暴政，结果被打发到北边去了。几个月前，始皇突然病死沙丘，赵高、李斯等人却宣布胡亥是新皇帝，然后处死了公子扶苏。虽然咱们不清楚宫闱之变到底是怎么回事，但扶苏的贤明有目共睹，百姓并不知道他已经死了。另外楚国名将项燕一向为楚国人敬仰，很多人以为他逃跑了，可实际上他早被杀了。我们不如以这两个人为的名义倡导天下，响应者肯定很多。"

这一番分析有理有据，吴广也认为很有道理。不过他们俩人都身份低微，想要号令天下，很难让人信服，想到这里，二人便找到算命先生求助。

第二天，他们将写有红字的布放入鱼腹，再命属下买回来烹煮。属下割开鱼肚子一看，布上写着"陈胜王"三个大字。

晚上士兵们又看到住处附近燃起了大火，并传来"大楚兴，陈胜王"的声音，仔细一听，好像是狐狸发出来的一样。当时的老百姓本来就很迷信，他们深信狐狸有灵性，绝对不会骗人。因此经过这一番安排，陈胜在他们心中的地位提高了很多。

跪射武士俑
此为陕西临潼秦始皇陵东侧一号兵马俑坑所出土。此俑身着战褐，外披铠甲，右膝着地，左膝弯曲下蹲，右手握弓，左手向右作扶持姿势。俑的面部表情严肃，动作机警，将当时弓弩手的形象生动地体现了出来。

由于大雨一直下个不停，带领士兵的两个将尉只有喝酒解闷。这时吴广走过来，故意说要逃跑，将尉一听果然震怒，他拿起鞭子就向吴广挥过来，吴广眼快手疾，夺过他的宝剑一剑将其杀死，陈胜也杀死了另一名将尉。

接着他们将九百个人召集起来，慷慨激昂地说："我们遇到大雨，看样子肯定会延期，而延期是要被砍头的，你们的父母兄弟也要被杀。我们乃堂堂男子汉，既然要死，就要死得壮烈些，那些王侯将相难道是天生的吗？"

这番鼓动性很强的话果然收到了效果，大家振臂高呼："受命！"

就这样陈胜、吴广以扶苏和项燕的名义发动了起义，陈胜自封为将军，吴广为都尉。由于项燕是楚国大将，大泽乡是他当初活动的地方，大部分士兵又都是楚国人，因此为了顺应民心，他们打出"大楚"的旗号。

这支不足千人的队伍虽然缺少足够的粮食和兵器，但是他们的目标明确，就是"伐无道，诛暴秦"，而且组织严密、战斗力强，因此一路上所向披靡，迅速攻下大泽乡。首战告捷后，军队更加壮大，接着又攻克了蕲县（今安徽宿州南）。当他们来到陈城（今河南淮阳）时，已经拥有了几万名步兵、几千名骑兵、六七百辆兵车。

当大泽乡起义的烽火迅速呈现燎原之势时，原先战败的六国贵族也开始蠢蠢欲动了。这些人被降为普通人后非常不甘心，但如果他们要造反，作为原先的剥削阶层，老百姓们不可能支持他们，因此他们顶多是搞一些暗杀活

木篦彩绘角抵图

此为湖北江陵凤凰山出土。木篦顶部呈半圆形，正面和背面均绘人物图像。此图中三个男子皆赤裸上身。右边二人跨步扬臂正要进行摔跤，左边一人直立前伸双手，似乎是这场比赛的裁判。画面形象生动，明快有力，再现了我国早期高超的绘画水平。

动。当农民的起义运动如火如荼时，他们便怀着不同的动机投奔了陈胜。

至于各地出现的小规模农民起义，则更是数不胜数。《汉书·严朱吾丘主父徐严终王贾传下》中记载："及秦皇帝崩，天下大畔。陈胜、吴广举陈，武臣、张耳举赵，项梁举吴，田儋举齐，景驹举郢，周市举魏，韩广举燕，穿山通谷，豪士并起，不可胜载也。然本皆非公侯之后，非长官之吏，无尺寸之势，起闾巷，杖棘矜，应时而动，不谋而俱起，不约而同会，壤长地进，至乎伯王，时教使然也。"

起义军进入陈城后，陈胜便召集当地的三老豪杰商量下一步的行动。三老豪杰纷纷说："将军披坚执锐，伐无道，诛暴秦，我们愿拥立将军。"

但是魏国名士陈馀和张耳不赞成陈胜立即称王，他们提出应从六国后代中选人，否则难以服人。陈胜没有听他们的话，最终自立为"楚王"，国号"张楚"，暗含着张大楚国之意，同时任命吴广为假王。

陈胜、吴广领导农民起义后，地方官员派人来到咸阳，将这个消息如实禀报给了胡亥。二世居然不肯相信，他勃然大怒，免去使者的官职，并将其关进大牢。

当另一个使者再次带来同样的消息时，胡亥这才召集大臣们商议此事。

大臣们议论说："既然百姓造反，应该立刻发兵镇压。"

听了这句话，胡亥很不高兴。叔孙通见龙颜不悦，深知皇帝不想承认有人造反的事实。于是他说："你们都说错了，现在国家太平，哪里还有什么人敢造反呢？只不过是一群鸡鸣狗盗之徒，只要地方官员下令，就能将他们一网打尽。这等区区小事怎么还要劳烦皇上亲自过问呢？"

胡亥听说只是强盗，果然心花怒放。这时他又问大臣："到底是造反还是强盗？"有的说是"造反"，有的说是"强盗"。最后胡亥将所有说"造反"的大臣都关进了大牢，而赐叔孙通二十匹帛，并升其为博士。

谁知叔孙通早已看出了他的残暴无能，一出宫殿，同僚不解地问他："先生一向仗义执言，今天怎么拍起马屁来了？"

叔孙通说："如果不这么说，我恐怕会送掉性命。"没几天他便投奔了义军。

不过正当各地农民起义进行得如火如荼时，原先投奔陈胜的一些豪杰、名士却纷纷拥兵自重，割地称雄。陈胜称"楚王"后还不到三个月，先后有人自立为赵、燕、齐、魏等王。到了前208年，项梁（项燕的儿子）拥立芈心为楚怀王，又立韩成为韩王。自此六国全部复辟，这些人为了争夺城池而相互残杀，从而给了秦军以喘息的机会。

在陈城站稳脚跟后，陈胜派周文向西攻打咸阳。一路上周文的队伍不断扩大，到达函谷关时已有几十万人马。但是由于义军缺乏战斗经验，最后战败，周文自杀。

周文的主力军覆灭之后，围攻荥阳的吴广便完全暴露在秦军面前。在这种危急关头，必须改变作战策略才能出奇制胜。但是吴广的部下田臧却采用了一个卑鄙的手段。

他假造陈胜之命将吴广暗杀，同时捏造了一个罪名证明吴广该死，然后将吴广的首级献给陈胜过目。就这样大泽乡起义的领袖没有死在战场上，却毁于自己人的屠刀之下。

对于田臧这种擅自杀害主将夺权的行为，本来应该严罚才是，但陈胜担心大敌当前，再杀掉田臧会涣散军心，因此他反而封田臧为上将，出兵迎战秦军。

不过田臧这个人要阴谋诡计很在行，带兵打仗却一塌糊涂。刚和秦军一对阵，田臧就兵败被杀了，剩下的士兵惊慌失措，四处逃窜。这一仗下来，义军死伤过半，损失惨重。

无独有偶，吴广死后，陈胜也遭遇了同样的下场。自立为王后，陈胜逐渐有些傲慢轻敌起来。对于有过者不罚，有功者不赏，至于那些和自己有私怨的人，则往往任意报复。

前208年，秦军破荥阳之围后，便向义军的首府陈城攻来，而这时由于义军接连打了几次败仗，陈城的兵力已严重不足。

陈胜坚守了一个多月，眼看就要进入寒冬腊月，城内粮草不继，外面的救兵又没有音信，无奈之下，陈胜只好退守下城父（今安徽蒙城西北）。

没想到他还未在下城父站稳脚跟，就被最信任的车夫庄贾所杀害。接着庄贾将下城父拱手献给了秦军。

虽然陈胜的部将吕臣很快就收复了陈城，处死了庄贾，但是陈胜和吴广建立的张楚政权已不复存在。在不到一年的时间里，这场中国历史上爆发的第一次农民起义就被消灭了。不过其他的起义军依然前仆后继，抗击胡亥的暴政。

李斯自食其果

赵高唆使胡亥除掉公子、大臣之后，便将目光锁定在曾经的盟友丞相李斯身上。当日"沙丘之变"是二人为了各自利益的暂时联手，而赵高凭借这一功劳居为郎中令。赵高平时利用职权滥杀无辜，大臣们表面上不说，但私底下都对他怨声载道。这时李斯又上了一个《劝行督责书》，规劝皇帝用重刑治天下，对那些犯罪的官员，不管高低贵贱，一律刑法伺候。赵高心想，如果有人上殿对皇帝揭穿自己的伎俩，丞相李斯绝不会袖手旁观，他一定会从中发难，到时候自己肯定逃不脱刑罚，因此他决定先下手为强。

于是他对胡亥说："您作为万民之主，自称为'朕'，理应高高在上，让大臣们只闻其声，不见其容才对。当年先帝威震四方，虽然每天和大臣们见面，但他们都不敢随便乱说。如今您刚刚继位两年，很多事情未必非常了解，万一和大臣们议事时言语不当，肯定会让他们轻视。虽然他们当面不敢说什么，背后肯定会妄加评论，这不是玷污了皇上的英名吗？依我看您今后不必上朝，如果有大臣求见，就让我和其他几个熟悉法令的官吏通报，经过商议后再做裁决。这么一来，大臣们见皇上处事有方，自然不敢妄加菲薄了，老百姓也会称赞您是一代圣主。"

胡亥一听，这个主意甚好，不必早朝处理那些烦心事。因此他乐得安逸，整日呆在宫中寻欢作乐，一切大事统统交给赵高全权处理。

游说成功之后，赵高便开始进行下一步的行动，就是离间李斯和胡亥的关系，并借机陷害李斯。

原来陈胜、吴广起义时，李斯的长子李由负责镇守荥阳，但他没有挡住义军西进的队伍。赵高抓住这一点，打算大做文章，诬陷李由和陈胜是邻县的同乡，因此不肯积极镇压。而李斯身为丞相，虽然手握大权，但似乎很不满足，心怀图谋，想自立为王。

不过因为胡亥对李斯提出的《劝行督责书》颇为满意，所以想让自己的计划顺利实施，必须先挑拨他们之间的关系。

这天赵高来到丞相府拜访李斯，一番寒暄之

泰山刻石
前 219 年，秦始皇东巡登上泰山，举行封禅大典，丞相李斯等颂秦德而立碑于泰山之巅。

后，赵高便提到起义军的事。他说："当今关东大乱，群盗多如牛毛，六国旧臣纷纷自立，城池连连失守，形势非常紧张，可是皇上依然每天沉溺于歌舞声色之中。如今战事吃紧，原本应该增调人手去剿灭叛军，但皇上却不闻不问，只顾修筑工程浩大的阿房宫。大敌当前而不思进取，我实在是心急如焚。本想劝谏皇上，无奈位卑言轻。而您身为丞相，过问此事名正言顺，总不能在这个关键时刻而不进谏吧？"

银盆

山东淄博临淄区大武乡窝托村出土。这是目前所知的唯一一件秦代银器。盆为直口、平沿、折腹，底微内凹，外腹阴刻三组龙凤纹，内底阴刻三条盘龙，线条流畅，是一件精美的艺术品。

听了这番高谈阔论，李斯以为赵高是真的担心国家社稷，于是就说："我对此事也考虑了很久，但是皇上深居宫阁，根本不上朝，就算我想劝谏，也没有机会呀。"

眼看李斯一步步走进自己设下的陷阱，赵高不动声色地说道："如果您真的想直言进谏，这倒不难，我愿意效劳，只要打听到皇上空闲的时候，就立刻来通报。"

李斯一听，当即应允。

过了几天，赵高看胡亥正兴高采烈地欣赏歌舞，便派人通报李斯说："皇上今天有空，请速来进谏。"

李斯赶紧换上朝服驱车来到宫门外，请求面见圣上。而胡亥此时正在兴头上，听到通报，他面色一沉，不高兴地说："真扫兴，有什么要紧事？跟他说我正忙，改天再来。"

李斯吃了个闭门羹，又受到训斥，以为是赵高的消息不准，完全没想到这是个圈套。

接下来赵高又耍了好几次同样的手段，李斯的进谏每次都被驳回。如此折腾了三四次，胡亥便认为李斯是故意来败兴的，他生气地说："平时没事的时候他不来，一旦我欣赏歌舞的时候，他就来了，这不是欺负我年轻不懂事吗？"

看到自己的诡计见效了，赵高自然不会放过机会，他说："皇上先别生气，我看这事没那么简单。沙丘矫诏之时，丞相也曾参与其中，他自以为有功，本想皇上会割地封王，谁知您已继位两年，他的心愿一直没有实现。不过有些事皇上不问，臣也不敢乱说。"

胡亥见赵高欲言又止，反而来了兴致，他追问道："什么事？快说吧！"

赵高于是说："我听说丞相的长子、三川郡守李由已经私自谋反了，强盗陈胜等人和他是邻县子弟，所以他们攻打荥阳时，李由不肯出击。我还听说，

斩李斯父子
秦始皇死后，李斯为保全自己的利益，附和赵高伪造遗诏，立少子胡亥为帝。赵高篡权后又施展阴谋，诬陷李斯谋反。前208年，李斯在咸阳街头被腰斩于市，并被灭三族。

这些强盗与丞相一直有书信往来，说什么将来攻打咸阳时里应外合，以后共执江山等等。只不过没有人追查此事，因此无凭无据，我也不敢禀告皇上。还有丞相权倾朝野，儿子皆娶了公主。女儿则嫁给公子。如此显赫的地位必定会危及您的声威，请皇上三思。"

这番谗言将胡亥吓出了一身冷汗，不过事关重大，他也不敢草率行事，于是命人去核实李由是否与强盗暗中联系，如果证据确凿，一定要重重处罚。而赵高也早已买通了当地官员，他们串通一气，一起陷害李斯父子。

这时李斯才明白自己上了赵高的当。他当然不肯束手就擒，于是上书揭发了赵高的罪行。他写道："现在有的大臣专擅刑赏大权，这很危险。当年司城子罕做宋国丞相时掌握着生杀大权，曾劫杀其君；齐简公的大臣田常位高权重，最后杀了宰予和简公，窃取了齐国。如今赵高的奸邪之心就像子罕、田氏一样，如果皇上不早日防范，恐怕他就要图谋不轨了。"

虽然这些话句句切中要害，但胡亥自幼亲近赵高，早已先入为主，认为李斯多心。他还将李斯的话私下告诉了赵高。赵高一听，立刻惊恐地跪在地上说："望皇上明察！丞相本来就企图篡权，只不过是忌讳我赵高一人。如果我死了，丞相就会像田常那样窃国。依臣之见，丞相是把我赵高看成宰予，将皇上您当作齐简公啦！"

李斯不知道胡亥已将自己的话告诉了赵高，于是又邀右丞相冯去疾和将军冯劫再次进谏。但此时的胡亥已经被赵高所蒙蔽，他相信李斯是为了篡位夺权，因此下令将三人关进监狱。

冯去疾和冯劫见胡亥昏庸至极，明白秦朝气数已尽，便慨然自杀。但李斯不肯轻易送命，还请求胡亥彻查此事。

没想到的是，胡亥安排赵高来审理此案，赵高自然求之不得。他指使狱卒对李斯严刑拷打，让其招供谋反之事。位居三公的李斯哪里受过这种酷刑，再加上他年岁已高，最后逼不得已，只好承认了"谋反"之罪。

这时的李斯虽已招供，但是依然心存侥幸，他认为自己并没有反叛之心，而且有功于秦。当年被秦始皇治罪时，曾依靠一篇《谏逐客书》而力挽狂澜，如果将自己的冤情告知皇上，说不定能够得到赦免。

可惜李斯"聪明一世，糊涂一时"，胡亥怎么能与秦始皇相提并论呢？秦始皇虽然暴虐，但毕竟雄才大略，胡亥却被赵高牵着鼻子走。而且赵高耳目众多，他精心炮制的文章还没送到胡亥跟前，就落入了赵高手中，他冷笑一声说："阶下之囚，安得上书！"

赵高见李斯不死心，怕他会翻供，于是又指使心腹装扮成胡亥派来的官员，对他进行轮番审讯。李斯信以为真，于是推翻原来的供词，说出实情。但这些"官员"对他再次严刑拷打，不许其翻供。就这样反复十余次，李斯终于不敢再改口翻供了。等到胡亥真的派御史来审讯时，李斯以为又和以前一样，是赵高安排的人，徒受皮肉之苦也不能鸣冤，因此不敢改口翻供。

胡亥见李斯承认了"谋反"之罪，高兴地对赵高说："若非赵君，差一点被丞相所卖，真是好险啊！"

这时派去调查李由的使臣回来告诉赵高："李由已经被项梁杀死了。"

赵高大喜，这一下死无对证了。于是他捏造出李由意图造反的信件，上报给胡亥。胡亥闻言大怒，下令将李斯具五刑，腰斩于市，并诛灭三族（父族、母族和妻族）。

行刑那天，围观者人山人海，谁也没想到，曾经红极一时的丞相竟然会落得如此下场。

李斯走在队伍的最前面，后面是他的次子，再后面是其父母、妻子。

这时的李斯已经须发皆白，他看着儿子哽咽地说："吾欲与汝复牵黄犬，俱出上蔡东门逐狡兔，岂可得乎？"

说完父子二人抱头痛哭。后人有诗曰："上蔡东门狡兔肥，李斯何事忘南归？功成不解谋身退，直待云阳血染衣。"

很快行刑的时辰到了，刽子手并列两旁，监刑官下令执行五刑：先在脸上刺字，然后涂墨，这叫"黥刑"；割掉鼻子叫"劓刑"；砍掉左右脚叫"刖刑"；接着施以"腰斩"；最后是"醢刑"，即剁成肉酱。这种死法是当时最残忍的"施五刑"，等到五刑完毕，李斯早已魂归西天了。

正史史料

臣为丞相，治民三十余年矣。逮秦地之狭隘。先王之时秦地不过千里，兵数十万。臣尽薄材，谨奉法令，阴行谋臣，资之金玉，使游说诸侯，阴修甲兵，饰政教，官斗士，尊功臣，盛其爵禄，故终以胁韩弱魏，破燕、赵，夷齐、楚，卒兼六国，虏其王，立秦为天子。

——《史记·李斯列传》

其余亲属也一一被诛杀，只见刑场之上鬼哭狼嚎，围观者无不惊恐万分。

对于李斯的死，有人感慨，有人却认为他是罪有应得："李斯矫诏杀扶苏和蒙恬，才让胡亥坐上皇位，他为了自己的荣华富贵，却断送了大秦江山。"

权臣赵高

赵高在帮助胡亥登上皇位后，将丞相李斯害死，当上了丞相。为了能够独揽大权，通过指鹿为马的闹剧，排除异己。后又派人杀死秦二世，不久后被秦王子婴所杀。

指鹿为马

李斯死后，赵高自认为除掉了心腹大患，而且胡亥深居宫中，对外面的事毫不知情，因此他一跃成为丞相，独揽大权，谋取了"一人之下，万人之上"的地位。

虽然赵高大权在握，但他依然很害怕大臣们联合起来反对自己。为了试探这些人的真实态度，他精心安排了一场指鹿为马的闹剧。

前207年，赵高乘胡亥会见群臣之时，当众命人牵来一只鹿，对胡亥说："臣为皇上精心挑选了一匹宝马。"

胡亥一向喜欢斗狗赛马，听到这话，马上高兴地说："丞相送来的定是好马。"

说完他定睛一看，眼前并不是宝马，而是一只鹿，他笑着说："丞相，你弄错了，这不是马，是只鹿。"

武府温酒炉

此炉出土于陕西咸阳塔儿坡。其上部为椭圆形耳杯，耳杯两侧有执耳如翼，前后各置一个铺首衔环耳。下部为椭方形炉，炉的四蹄足短矮。通体素面无纹饰，杯一侧耳下及炉腹外均刻铭文"脩武府"三字。这是迄今发现的最早的有耳杯的温酒炉。

赵高扫视了一眼旁边的群臣，坚持说："这就是一匹马，皇上您再仔细看看。"

胡亥走到鹿身边看了好一会儿，觉得不敢相信自己的眼睛，于是迷惑不解地问左右："到底是鹿还是马？"

大臣们因为害怕赵高的权势，又不清楚他葫芦里到底卖的是什么药，有的人便随声附和道："是马。"有的不愿意助纣为虐，又想明哲保身，于是沉默不语。有的则直言不讳地说："这明明就是一只鹿吗。"但大部分人都说是"马"，胡亥看他们都这么说，还以为自己真的病了，于是召太医进宫治疗。

太医诊脉后说："皇上曾于春秋之时在郊外祭祀，当时是否没有好好持斋？"

胡亥点点头，太医又说："这就对了，您就是因为斋戒不诚才出现这种情况的。最好是再次虔诚祭祀，才能消灾免祸。"

胡亥信以为真，于是来到上林苑老老实实地斋戒、祭祀。

赵高支开胡亥后，立刻派了几个心腹将在皇上面前说是"鹿"的大臣诱出宫杀掉了。对于那些说假话、阿谀奉承的人，则收罗到自己门下。从此朝廷内外更加惧怕赵高，所有的人都小心翼翼，生怕一不小心就送掉性命。

这样一个昏君和奸臣搭配在一起，如果不丢掉江山，岂不是一桩天大的怪事。胡亥的昏庸令赵高更加有恃无恐，对于"一人之下，万人之上"的位置也渐渐不满意起来，甚至企图胡亥取而代之。

同年起义军首领项羽和秦军在巨鹿（今河北巨鹿）展开大战。起初义军将领宋义被秦军的气焰所吓倒，在原地停留了四十多天不敢前进，项羽痛斥他的怯懦行为，然后处死了他。

接着项羽率军带了三天的粮食渡过漳水，过河后项羽下令将船全部凿毁，表示出不夺取胜利就不再返回的决心。项羽的决心和勇气极大地鼓舞了将士们，他们以迅雷不及掩耳之势直奔巨鹿，截断了秦军的粮道。

经过多次激烈的战斗，秦军将士被杀的杀，跑的跑。在这种沉重打击下，秦军大将章邯走投无路，只好率部众二十万人在洹水南的殷墟（今河南安阳）投降了项羽。至此秦军的主力土崩瓦解了。

这就是历史上著名的"巨鹿之战"。项羽以少胜多，令无数后人为之景仰。这也是秦末义军取得的一次最伟大的胜利。巨鹿之战的胜利扭转了整个战争局势。

但是这个消息传不到胡亥耳朵里，当咸阳城内人心惶惶时，他依然在宫中花天酒地。大臣们虽然了解实情，但没有人敢多说一句话。因为赵高正做着篡位称帝的美梦，如果有人跟他做对，项上人头可能随时不保。

不过当赵高在攀向皇权的路上又进一步时，秦朝的灭亡也随之更近了一步。唐人周昙曾写过一首名为《秦门胡亥》的诗："鹿马何难辨是非，宁劳卜筮问安危。权臣为乱多如此，亡国时君不自知。"

赵高杀二世

前 207 年，沛公刘邦率领大军势如破竹，直捣武关（今陕西丹凤东南），距离秦都不过几百里。他先礼后兵，派出使者来和赵高谈判。这时赵高担心胡亥怪罪自己，于是和女婿咸阳令阎乐、弟弟郎中令赵成商议，决定先下手为强，用胡亥的人头和起义军谈判。

赵高说："皇上荒淫无道，只知道享乐，结果导致海内皆叛。如今事情紧急，却加罪于我们。我们岂能束手就擒？除非先发制人，杀掉二世，立公子子婴即位。子婴的仁厚有口皆碑，可令百姓臣服，这样说不定能转危为安。等解了眼前的危机，咱们再做打算。"

阎乐迟疑地问："宫中戒备森严，恐怕不容易进去。"赵高说："你可诈称有贼带兵入宫。"

接着赵高又命赵成为内应，让阎乐里应外合，选好心腹抓紧行动。二人领命，各自回去准备。

赵高看阎乐迟疑的样子，暗自思虑："阎乐虽然是自己的女婿，但毕竟是外姓之人。"为了防止中途有变，他派人将阎乐的母亲接到府内作为人质。一切安排就绪后，阎乐便带着人马直抵望夷宫大门。此时的望夷宫内依然是歌舞音乐不绝于耳，一派天下太平的气象。

守卫大门的士兵见阎乐带着军队手持兵刃冲过来，立刻阻拦，阎乐一挥

乐府钟

此钟出土于陕西临潼秦始皇陵。钟上刻有铭文"乐府"二字，是迄今我国考古史上发现的唯一一件能够证明秦代已有"乐府"的稀世之宝。其造型及花纹均有特色，错金与错银分开，黄白相映，充分显示了我国秦代高超的青铜冶铸水平和工艺水平。同时，乐府钟也是研究古代音乐史的珍贵资料。

手，属下就将门卫绑了起来，他大声呵斥道："有贼人入宫，你们为何不拦住他们？"

门卫分辩说："四周警备森严，日夜都有人巡逻，哪有盗贼会入宫呢？"

阎乐说："盗贼已经进入宫中了，你还敢狡辩。"说完手起刀落，砍下门卫的头。接着他下令："从现在起，只要有人拦阻就杀掉他们。"

一时间侍卫、宦官大惊失色，他们有的试图阻拦，但很快就被杀掉了。其他人一见，只得纷纷逃命。嫔妃、宫女也吓得连声尖叫，四处逃窜。金碧辉煌的望夷宫内顷刻间尸横遍地、血流成河。

此时胡亥正在休息，他听到外面的呼喊声，急忙坐起来，突然"噗"的一声，一支箭射了过来，正中床前的壁柱。原来赵成已和阎乐碰头，正四处寻找二世胡亥。

胡亥大怒，命左右侍卫护驾，但这些人都被吓存了胆，纷纷逃走了，只有一名宦官还站在身边。

胡亥问道："你知道事情有变，为何不早告诉我呢？"

宦官苦笑着说："正因为臣什么都不说才活到今天，如果我将这些告诉皇上，恐怕早就被杀掉了！"

胡亥无言以对，只得呆坐在床前。这时阎乐已经冲到胡亥面前，他厉声喝道："你荒淫无道，滥杀无辜，反叛的人多如牛毛，实在是罪不可赦。如今山东的'强盗'已兵临城下，你还是自找出路吧。"

胡亥问："可否让我见见丞相？"阎乐回答说："不可。"胡亥又问："我愿意退位，就做个郡王行吗？"阎乐回答说："不可。"胡亥便说："我愿做万户侯。"阎乐回答说："不可。"眼看无计可施，胡亥只得哀求道："我愿意和妻子做个普通老百姓，请你放我一条生路。"阎乐不耐烦地喝道："我只是奉丞相之命为天下除害，你还是少说几句。说得再多，我也不敢报知丞相。"

胡亥自知难逃死路，最后拔剑自刎了，时年二十四岁。接着赵高按照原先的计划，立子婴为秦王。谁知子婴并不买账，不久他就设计杀了赵高。后来子婴投降刘邦，秦朝就此灭亡。

胡亥在位仅仅三年。如果说秦始皇任用赵高是引狼入室，那么胡亥重用他则加快了秦朝灭亡的脚步。《史记·秦始皇本纪》中说："胡亥极愚，骊山未毕，复作阿房，以遂前策。……诛斯、去疾，任用赵高，痛哉言乎！人头畜鸣。……俗传秦始皇起罪恶，胡亥极，得其理矣！"

而且赵高刺杀皇帝，开了宦官专权逞凶的先例。从此自汉朝至明清，宦官干政成为中国历史上的大害。

虽然秦始皇期望皇帝的大位能够"至于万世，传之无穷"，但他万万没有想到，自己苦心经营的天下只存在了十五年。儿子胡亥是秦朝的第二个皇帝，也是最后一个。

更凄惨的是，胡亥被杀后不得入秦陵，是以黔首，即百姓的礼节安葬的。他的墓地在杜南（今陕西西安西南）的宜春苑。这里荒草迷离，人烟稀少，只有墓碑告诉后人，这里是秦朝末代皇帝的坟墓。对此司马相如曾作赋说："持身不谨兮，亡国失势；信谗不误兮，宗庙灭绝。"一句话，咎由自取！

秦始皇嬴政和二世胡亥都没有后来的皇帝所享有的谥号和庙号。因为秦朝的治国思想是法家，实行中央集权制，为了维护皇帝的绝对权威，大臣是不许议论评价皇帝的。直到汉朝后变为儒家思想，谥号和庙号才开始出现。

秦朝的遗产

　　秦朝留给后人的众多遗产中，最生动、最直接、最能反映帝国强大的实物，莫过于举世闻名的秦长城和栩栩如生的兵马俑。秦长城十分雄伟、壮观，它是人类建筑工程的奇迹之一。长城的修筑有效地防御了匈奴的侵扰，对巩固其统治，维护国家安定和人民生命财产的安全，有着十分重要的作用。而秦始皇时代的兵马俑却生动形象地表现了秦始皇所统率的精锐强大的军队。俑的形象生动逼真，造型各异，形态各不相同，显现出秦朝匠人高超精湛的技艺。这些都成为留给后人的一笔非常宝贵的物质文化遗产。

十二字瓦当

此瓦当出土于陕西咸阳故城。上面分三竖列刻有"维天降灵、延元万年、天下康宁"十二个字。字体是秦朝的标准小篆，表达了秦始皇"天命神授"及"千秋万岁"的思想。

龙纹空心砖

陕西西安东郊出土。其正面、上侧和右侧三面均有图像。正面及上侧面中央饰二龙穿璧纹，上下两边附有凤鸟和灵芝。右侧饰游龙一条。龙凤的形象庄严神秘，飞扬流动，气势雄浑，显示出秦代辉煌的艺术成就。

秦长城

　　匈奴是中国北方边境上的古老民族，他们以强悍和骑射著称，分布在蒙古的大草原上，过着四海为家的游牧生活。

　　从战国末年以来，匈奴时常南下侵袭，抢夺人马和财物，严重地威胁沿边各国百姓的财产和生命安全，因此北面的各诸侯国纷纷修建了长城，以防御匈奴南下的侵扰。

　　前215年，匈奴再次南下，忍无可忍的秦始皇派大将军蒙恬率领三十万兵马，夺回河套一带的大部分地区，将他们打得落花流水。但是这样并非长久之计，每发动一场战争，势必要投入大量的人力物力，如果一旦吃了败仗，就是劳民伤财，于是秦始皇将内地人民迁往北部边境居住，派大将镇守。

　　接着他下令，征调几十万人，在秦、燕、赵原先修筑长城的基础上，进行修补、连接，再向东西延伸，西起甘肃临洮，东至辽东，最终连成一条长达五千余公里的防御线，这就是著名的万里长城。

　　如今秦长城虽只然剩下部分遗迹，但它作为人类建筑史上的奇迹在当时确实起到了防御匈奴南侵、保障中原人民经济文化发展的积极作用。万里长城蕴含着我国古代劳动人民的血汗，是智慧的结晶。而到了现代，它仍然以其蜿蜒起伏的雄姿，向世界展示了中华民族悠久的历史，象征着我国辉煌灿烂的古代文明。

秦兵马俑坑

秦兵马俑坑是秦始皇陵的陪葬坑，位于秦陵陵园东侧 1500 米处，目前已发现三座，坐西向东呈品字形排列，其中共出土了约七千个秦代陶俑及大量的战马、战车和武器，代表了秦代雕塑艺术的最高成就。坑内的兵马俑大小与真人相近，神采各异，由弩步车马四个兵种和将军俑组成，他们结成方阵，威武雄壮，再现了秦军风采，为世界所罕见，被誉为"世界第八大奇迹"。

秦陵兵马俑

1974 年春天，陕西临潼的农民在打井中，无意中从两米多深的地里挖出一些陶俑的碎片。消息传开后，人们议论纷纷，从而引起考古部门的高度重视，他们派来专业勘探人员。从此尘封于地下两千多年的文化宝库与世人见面了，这就是闻名海内外的秦兵马俑。

经过五年的开发和建设，1979 年，规模宏大的秦兵马俑博物馆开放了。

秦兵马俑一号坑位于地下五米的地方，整整齐齐地排列着上千个武士俑，它们和真人一般大小。身体呈现古铜色，排列成三列向东的队伍。每列有武士俑七十个，仿佛是军阵的前锋。后面紧接着是步兵和战车，看上去是军队中的主体。左右两侧各有武士俑一百八十余个，仿佛军阵的两翼。西端有三列横队，两列面东，一列面西，如同军队后卫。

兵马俑身上还有多处文字。据专家研究，一些是陶匠的名字，一些标明了俑的出处，还有一些文字则有待破解。

兵马俑背影
此将军俑出土于秦始皇陵一号坑。通过此将军俑的背面，我们可以了解当时军官的发髻与装束。

将军俑
出土于陕西临潼秦始皇陵东侧二号兵马俑坑。此俑头戴燕尾长冠，身着两层战袍，披细密甲，显得雄姿英发，气概绝伦。出土时，立于战军之后，似为军队的指挥官。

这些武士俑身穿铠甲，手里拿着青铜兵器。几十匹战马似昂首嘶鸣，好像马上就要出征。整个军队处于整装待发的状态。从如此威武雄壮的气势中我们可以看出，秦始皇为完成统一大业而展现出的军威。

除了武士俑之外，其他坑内还有和真马一样大小的陶马三十二匹，每四匹为一组，拖着木质战车。武士们手中的兵器也各式各样，有刀、矛、剑、戟和弓箭。令人惊讶的是，还有荆轲刺秦王时，秦王砍伤荆轲的一把利剑，虽然历经了两千多年的侵蚀，这把宝剑依然十分锋利。

看到如此壮观的景象，人们不禁要问秦始皇为什么要建造兵马俑呢？

原来这些兵马俑都是秦始皇为自己的皇陵设置的陪葬品。据《史记》记载，秦始皇十三岁即位，即位后不久，就开始在骊山修建陵墓，直到他五十岁去世安葬时，陵墓尚未竣工。秦二世时，又继续修建了两年，前后历时近四十年。

一般来说，皇帝都少不了为自己安排陪葬用品。根据研究人员的发现，秦始皇陵四周分布着大大小小约四百多个陪葬坑，里面包含有各式宫殿和奇异珍宝，兵马俑就是其中之一。

在挖掘过程中，考古人员又发现了第二个兵马俑坑，于是他们将其命名为二号坑，最初发现的那个称为一号坑。没过几年，三号坑和四号坑也相继被发现。

这些被挖掘出来的武士俑整体风格浑厚简练，如果仔细观察，会发现他们的脸型、发型和体态、神韵均不相同，由此可以看出他们来自不同的地区或不同民族，其脸上的表情将人物性格表现得栩栩如生。

这些兵马俑具有极高的艺术价值，可以说是以现实生活为基础创作的。手法细腻明快，布局井然有序，气势辉煌，生动地再现了当年护卫皇城的御林军的形象。

过去有人认为，中国古代雕塑是从南北朝随佛教传入的，但兵马俑的出现否定了这种观点。它有力证实了秦代的雕塑已经十分成熟，在中国雕塑史上具有重要作用。而那些兵器则说明，秦朝时期的冶金技术已达到相当高的水平，大大超过同时代的西方国家，堪称世界冶金史上的奇迹。

毫无疑问，如果没有 1974 年的偶然发现，这些完美的杰作将依旧沉睡于地下。如今它们不仅为研究秦代历史、铸造技术和古代车马提供了宝贵的实物资料，还被赞誉为"世界第八大奇迹"。

1987 年 12 月，秦兵马俑被列为世界文化遗产。国内外游人纷纷慕名而来，其巨大的规模、磅礴的气势、高超的技术都让世人惊叹不已。

这些具有鲜明个性和强烈时代特征的兵马俑，充分展现了中国古代劳动人民巧夺天工的艺术才能。不仅为华夏灿烂的文化增添了光彩，也在世界艺术史上留下了光辉的一页。

西 汉

国力强盛　尊崇儒学　抗击匈奴

　　秦朝被推翻以后，项羽和刘邦进行了长达四年之久的楚汉之争。最终刘邦在垓下之战中打败了项羽，于前 202 年称帝，改国号为汉，定都长安。刘邦即为汉高祖。

　　汉高祖刘邦吸取了秦朝灭亡的教训，对内采取与民休息、清静无为的黄老政策，注重恢复和发展农业生产，轻徭薄赋，减轻农民负担。同时为了巩固统治，刘邦又大力打击功臣，封刘氏宗亲为王。

　　刘邦死后，其子刘盈即位，吕后开始临朝听政。吕后遵刘邦遗嘱继萧何后任曹参为相。曹参继续沿用萧何时的政策，达到了"政不出房户，天下晏然"的效果。

　　吕后死后，陈平、周勃等大臣一举铲除了吕家势力，拥立代王刘恒继位，即汉文帝。文帝在位期间，继续推行轻徭薄赋、与民休息的政策，逐步消除了多年战争给社会带来的巨大破坏。文帝之后的景帝，继续推行清静无为的黄老政策，重农抑商。文帝、景帝时期，人民安居乐业，经济发展迅速，史称"文景之治"。

　　景帝之后，汉武帝刘彻即位。汉武帝在位期间，采取了一系列改革措施。在政治上，他采纳主父偃的建议，施行推恩令，加强集权统治。在经济上，将铸币、盐铁收归国家专营，创立均输、平准政策，稳定物价，加强国家在经济中的主导地位。在文化上，他采纳董仲舒提出的"罢黜百家，独尊儒术"的建议，使儒学成为了统治阶级的正统思想。在军事上，任用卫青、霍去病等人抗击匈奴，使得匈奴遭受到了沉重的打击，实力大为削弱。在外交上，两次派张骞出使西域，开辟了丝绸之路，打通了东西方贸易的通道，促进了东西方经济文化的交流。

武帝之后的昭、宣二帝，继续推行休养生息的政策，采取整顿吏治、轻徭薄赋、劝民农桑等措施，使得"天下殷富，百姓康乐"，国家经济得以明显恢复和发展，汉朝再度出现盛世，史称"昭宣中兴"。

汉宣帝之后，西汉王朝逐渐走向衰落。竟宁元年（前33年），汉元帝刘奭去世，皇太子刘骜继位，是为汉成帝。成帝整天沉迷于酒色，不理朝政，尤其宠爱赵氏姐妹，致使皇权旁落，外戚王氏开始登上西汉的政治舞台。当时国家的赋税徭役日益加重，统治阶级"多蓄奴婢，田宅无限"，造成大批农民破产，流离失所。元寿二年（前1年），汉哀帝去世。太皇太后王政君任其侄儿王莽担任大司马，并迎接中山王刘衎即位，是为汉平帝。五年后，平帝死，王莽又迎立刘婴即位，自己当上了"摄皇帝"。8年，王莽代汉称帝，改国号为"新"，废刘婴为安定公，西汉灭亡。

王莽称帝后，进行了一系列社会改革，但他的改革并没有缓解已经激化的社会矛盾，反而引起了天下更大的动乱，各地农民起义和西汉宗室旧臣反对"新"朝的斗争不断发生。地皇四年（23年），王莽政权在绿林军的打击下灭亡。天下又进入另一轮的争夺当中。

相对秦朝而言，西汉在天文、数学、医学等方面均取得了一定的进步。早在《淮南子》一书中，就有"日中有踆乌"的记载。踆乌，即太阳黑子的形象。成书于西汉末的《九章算术》在世界数学史上首次阐述了负数以及加减运算法则。马王堆三号汉墓出土的帛书中有关于脉法、灸经的记载。同时，还载有对内、外、妇产、小儿、五官等科五十多种疾病的治疗方法，可以称得上是我国现存最古老的医方。

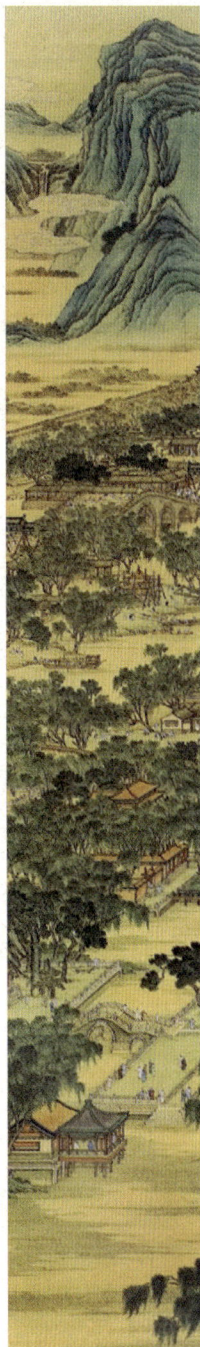

新丰图

伏生授经：尊崇儒术

张骞出使西域：开辟丝绸之路

苏武牧羊：抗击匈奴

折槛：直言进谏

西汉世系：汉高帝刘邦 >> 惠帝刘盈 >> 高后（吕雉）>> 文帝刘恒 >> 景帝刘启 >>
武帝刘彻 >> 昭帝刘弗陵 >> 宣帝刘询 >> 元帝刘奭 >> 成帝刘骜 >> 哀帝刘欣 >>
平帝刘衍 >> 孺子刘婴（王莽摄政）>>〔新〕王莽 >> 更始帝（刘玄）

西汉大事索引

时 间	事 件
前 202 年	刘邦在长达四年的楚汉战争中战胜项羽，称帝，改国号为"汉"，史称西汉。
前 200 年	刘邦率军攻打匈奴，结果被围困在白登山。
前 198 年	汉朝与匈奴签订"和亲条约"，并以宫女冒充宗室公主嫁给单于。
前 195 年	刘邦逝世，庙号太祖，谥号为高皇帝，葬于长陵。
前 188 年	惠帝卒，葬于安陵。
前 180 年	执掌朝政的吕太后病逝。
前 167 年	汉文帝正式下令废除肉刑。
前 154 年	吴王刘濞率领七个诸侯国起兵叛乱，史称"七国之乱"。大将周亚夫率兵平定七国之乱。
前 141 年	汉武帝刘彻即位。
前 138 年	张骞应募任使者，出使西域。
前 136 年	汉武帝设立五经博士。
前 134 年	董仲舒建议"罢黜百家，独尊儒术"，为汉武帝所采纳。
前 129 年	汉武帝任卫青为车骑将军，攻打匈奴。
前 128 年	武帝再次派卫青抗击匈奴，第二年经过苦战，收复了河南地区，并在此设朔方郡。
前 127 年	武帝颁布"推恩令"。
前 124 年	汉武帝采纳董仲舒的建议，在京城设立"太学"，办学事宜由丞相公孙弘主持。以儒家五经为课程，教师则由儒学博士担任。
前 121 年	汉武帝任命霍去病为"骠骑将军"攻打匈奴，获胜。通过这次战役汉朝控制了河西地区，截断了匈奴与羌人的联系，打开了内地通往西域的道路。
前 119 年	汉武帝颁布"名田令"。 汉武帝推行"算缗"。 张骞第二次奉命出使西域。
前 117 年	汉武帝下令在全国实行盐铁官营。 颁布"告缗令"，并任命杨可负责。
前 115 年	大农丞桑弘羊提出试行"均输令"。
前 113 年	汉武帝下令将开采权和铸币权收归中央，禁止郡国铸钱，并指定由"上林三官"负责铸钱。

时 间	事 件
前 112 年	汉武帝派兵十万，水陆并进，征讨吕嘉。
前 110 年	汉武帝派兵攻入东越。 汉武帝到泰山封禅。
前 109 年	汉武帝为滇国王颁发了"滇王之印"。
前 108 年	汉武帝派兵征讨姑师和楼兰。 汉武帝在卫氏政权的基础上设置乐浪、临屯、玄菟、真番为汉属四郡。
前 106 年	汉武帝正式颁行刺史制度。
前 104 年	汉武帝派李广利出兵攻打大宛。 司马迁、孙卿等人完成著名的《太初历》。
前 99 年	齐、楚、燕、赵等地均爆发了不同规模的农民起义，后被平息。
前 89 年	汉武帝设置司隶校尉。
前 87 年	在位整整五十四年的汉武帝病逝，葬于茂陵。
前 81 年	汉昭帝召开"盐铁之议"。
前 74 年	汉昭帝病逝，葬于平陵。
前 68 年	汉宣帝派侍郎郑吉到渠犁屯田。
前 59 年	匈奴日逐王先贤掸率众投降，汉宣帝封其为"归德侯"。 汉宣帝封郑吉为安远侯。
前 56 年	匈奴左大将军王定投降，汉宣帝封其为信成侯。
前 51 年	汉宣帝召集萧望之、刘向、韦玄成等人在石渠阁召开了盛大的儒家经学会议，讨论"五经"异同。
前 33 年	王昭君出塞，嫁于呼韩邪单于，汉匈关系缓和。
前 16 年	汉成帝封王莽为新都侯、骑都尉、光禄大夫侍中。
前 8 年	王莽继王凤、王音、王商、王根四位伯、叔之后出任大司马。
6 年	汉平帝死亡，年仅十四岁。王莽立两岁的刘婴为帝，历史上称其为孺子婴。
7 年	东郡太守翟义立刘信为帝，向全国发出檄文，声讨王莽毒死汉平帝，阴谋夺取刘家天下，号召天下民众诛杀王莽。
8 年	王莽称帝，改国号为"新"，废刘婴为安定公。
10 年	王莽下诏实行五均六筦。
23 年	王莽政权在绿林军的打击下彻底灭亡。

楚汉争霸

　　秦朝末年，项羽、刘邦领导农民发动起义，反抗秦朝的残暴统治。经过多年的征战，项羽、刘邦大军推翻了秦王朝。项羽自立为西楚霸王，分封土地于天下王侯达十多人，其中刘邦被封为汉王，都南郑。但刘邦志在天下，并不甘心屈居于项羽之下。在张良、萧何、韩信等人的辅佐下，经过四年血战，终于在前202年战胜项羽，称帝，国号汉，定都长安。

正史史料

（沛公）还军霸上。萧何尽收秦丞相府图籍文书。十一月，召诸县豪杰曰："父老苦秦苛法久矣，诽谤者族，偶语者弃市。吾与诸侯约，先入关者王之，吾当王关中。与父老约法三章耳：杀人者死，伤人及盗抵罪。余悉除去秦法。……待诸侯至而定要束耳。"

——《汉书·高帝纪上》

入关约法

陈胜、吴广起义之后，另一支力量强大的队伍也随之崛起，这就是楚国贵族后代项梁和其侄儿项羽。他们在吴中（今江苏苏州吴中区）起兵，很快就发展到近万人。

陈胜被车夫庄贾杀害后，项梁便拥立楚怀王的孙子为楚王，定都盱眙（今江苏盱眙），并与秦军首领章邯展开激战。项梁打了几次胜仗后，变得骄横狂妄，听不进别人的意见，结果被得到援兵的章邯偷袭，兵败被杀。项梁死后，章邯觉得楚国不会再构成大的威胁，便开始进攻赵国，赵国于是向楚国求救。

楚王和众将商议后决定兵分两路增援赵国：一路由项羽直接北上救援，最后引发了巨鹿之战；另一路则由刘邦率领，进入关中牵制秦军。他们还约定："谁先入关中，谁就做天下之王。"

起初刘邦的进攻并不太顺利，但经过几次战役，秦军节节败退。最后刘邦终于兵临城下，来到咸阳附近的霸上（今陕西西安城东）。

而这时听闻刘邦的人马已经攻破了距咸阳不远的武关（今陕西丹凤东南），秦二世胡亥吓得惊慌失措。他连忙派赵高发兵抵抗，没想到赵高怕胡亥怪罪自己，竟派心腹把胡亥给逼死了。

接着赵高立子婴为秦王。子婴知道赵高早就想自己当皇帝，只是碍于大臣们的反对，才立的自己。到了朝见家庙那天，子婴推说身体不舒服，不愿意参加登基大典，心急火燎的赵高只好亲自去催。等他一进门，已经布好的伏兵立刻冲出来，把他杀死了。

子婴杀了赵高之后，派出五万兵马驻守峣关（今陕西蓝田东南）。张良建议刘邦："派兵在峣关附近的山头插上旗子，作为疑兵。另派人马绕过峣关正

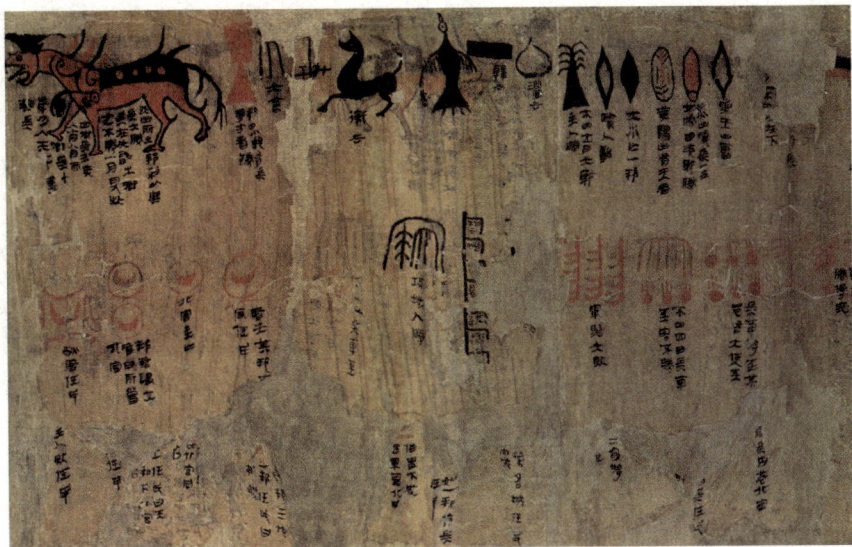

帛书云气占图

此图为《天文气象杂占》的一部分。《天文气象杂占》主要从星、彗、云、气等方面占验吉凶，原是一个整幅，包括完整或破缺的共约三百条。每条上面是图，下面是名称、解释和占文。第一列和第二列开头的一段，画成动物、植物或各种器物，均代表云的形状。

面，从东南方向进攻。"

刘邦听从了张良的计策，终于消灭了这支秦军。当他率领军队来到霸上后，子婴知道没有了退路，只好带着玉玺、兵符和节杖，带领大臣们投降了刘邦。

刘邦手下的部将主张把子婴杀掉，但刘邦说："楚怀王派我攻打咸阳，就因为相信我能够宽厚待人。再说人家已经投降了，再杀掉他不好。"最后他收了玉玺，将子婴软禁了起来。就这样秦始皇建立起来的强大王朝仅仅维持了十五年，就在各地起义军的打击下土崩瓦解、烟消云散了。

刘邦的军队进了咸阳，将士们冲进皇宫，纷纷抢夺仓库里的金银财宝，只有萧何跑到秦朝的丞相府，把有关户口、地图等档案收集保管了起来。刘邦原本就是个好色之徒，他看见皇宫内"帷帐、狗马、重宝、妇女以千数"，不禁想留在这里享享清福。这时部将樊哙闯进来说："沛公，您是想要打天下，还是想当个富翁？正是这些东西使秦朝灭亡了，您还要它们干什么呢？"刘邦不听，固执地说："让我歇几天再说。"

樊哙无奈，只好把谋士张良叫过来。张良说："夫秦为无道，故沛公得至此。夫为天下除残贼，宜缟素为资。今始入秦，即安其乐，此所谓'助桀为虐'。且'忠言逆耳利于行，毒药苦口利于病'，愿沛公听樊哙言。"刘邦一听

鸿门宴图

此图据郭沫若考证为《鸿门宴》故事。画面以山峦为背景，右边两人是军中伙夫，正在准备餐饮。炉左席地而坐，相向对饮的二人分别是刘邦和项羽。靠近刘邦，面左拱手而立者是项伯。身着紫色长衣，腰挎宝剑而面有忧色者为张良。衣着赭衣白裤，双手拥戟，年纪较老，怒目而视者为范增。张目露齿，左手叉腰，右手举剑，做跨步起舞姿态者为项庄。画面以鲜明的人物形象将《鸿门宴》扣人心弦的紧张气氛淋漓尽致地表现了出来。

羞愧不已，当即撤军，返回霸上。接着他按照张良的指点，与当地的名士约法三章："杀人者死，伤人及盗抵罪，余悉除去秦法。"

老百姓早就受够了秦朝的严酷法律，刘邦的这一决定无疑大快人心，百姓们纷纷拿出酒肉来慰劳军队。刘邦听说后，便派人对他们好言相劝，说："我们粮仓里不缺粮食，大伙儿就别费心了，还是把东西都拿回去吧！"

因此刘邦的军队给关中百姓留下了良好的印象，百姓们都说："真希望沛公能够留在关中做王。"

鸿门宴

经过巨鹿一番大战，秦军将领章邯终于投降了。这时。项羽也领兵直奔关中而来。等到了函谷关，他发现刘邦不仅已平定了关中，还派人守住了各个战略要地，项羽不禁产生了怀疑。

他的谋士范增说："刘邦居山东时贪财好色，现在到了咸阳，居然不取财物和美女，看来野心不小。如果你不认真防备他，将来肯定会败在他手上。而且他只有十万人马，我军则有精兵四十万，只要进攻，他绝不是我们的对手，不如趁机除掉他。"

这时刘邦的属下曹无伤对刘邦非常不满，为了得到更高的官位，他偷偷派人对项羽说："沛公刘邦想称王关中，然后将秦朝财物全部纳入私囊。"

项羽一听，顿时火冒三丈，立即命令英布领兵四十万攻下函谷关。然后直奔咸阳，驻扎戏下（今陕西西安临潼区东北），准备于次日攻打刘邦。

从兵力上来看，这时的刘邦根本无法与项羽抗衡。不想项羽的叔叔项伯救了刘邦。

项伯和张良的关系很好，他看项羽准备马上进攻，便连夜潜入刘邦的大营，劝说张良立刻逃走，以免被杀。

张良大惊，但他不愿一个人逃走，反而迅速将消息透露给了刘邦。刘邦惊慌失措地问道："这可如何是好？"张良说："眼下当务之急是立刻去见项伯，向他表示您并没有和项羽争夺王位的野心，请他从中周旋。"

于是刘邦设盛宴款待项伯，还和他定为亲家。刘邦好言好语地解释道："自从入关以来，我将吏民登记造册，把仓库封存起来，不敢占有半分财物，就是为了等着将军。派兵把守函谷关也是为了防止强盗入侵，并非想阻止将军入关。我和将士们日夜盼望着你们早点到来，怎么会有造反之心呢？请您回去务必向将军解释清楚，以免误会。"

项伯看刘邦这么诚恳，便一口答应了下来，他说："你明天到营帐来，向将军当面说明情况，他应该不会怪罪于你的。"当天夜里，项伯返回军营对项羽说："沛公先行入关为我们扫清了障碍，是有功之人。而且据我观察，他并没有造反的心思，我们不应该猜疑他。"项羽一听信以为真，便打消了进攻刘邦的念头。

第二天刘邦带着樊哙、张良和一百名精兵如约来到项羽的军营，当面给项羽赔礼道歉。

在酒宴上，双方你来我往，杀机不断。项庄在席间以舞剑为名想趁机刺杀刘邦，但没有成功，这就是成语"项庄舞剑，意在沛公"的由来。

鸿门宴后，项羽领兵进入咸阳，杀死被软禁的秦王子婴，还一把火烧光

正史史料

夏四月，项羽围汉荥阳，汉王请和，割荥阳以西者为汉。亚父劝项羽急攻荥阳，汉王患之。陈平反间既行，羽果疑亚父。亚父大怒而去，发病死。

——《汉书·高帝纪上》

了阿房宫。另外他还纵容士兵们烧杀抢掠，老百姓怨声载道。接着项羽自封为"西楚霸王"，掌握军权。楚王被尊为"义帝"。他还封了十多个诸侯王，封刘邦为"汉王"，国都南郑（今陕西汉中南郑区），巴蜀、汉中共四十一县均为刘邦的领地。

不过为了削弱刘邦的实力，项羽只给了他三万军队，虽然后来有人追随他到了南郑，但总兵力也没达到十万。为了消除项羽的猜疑，同时防备其他王侯袭击汉中，刘邦接受了张良的建议，烧毁了通向汉中的栈道。

霸王别姬

到达南郑之后，刘邦便萌生了与项羽一争天下的念头。原因是将士们水土不服，日夜思念家乡，牢骚满腹，再加上封在齐国的田荣嫌分封不公，率先起兵反叛，这给了刘邦一个进攻的绝好机会。

这时项羽的部将韩信投奔了刘邦。经过丞相萧何的大力推荐，刘邦封韩信为大将军。韩信随即提出："我们的大部分将士都是山东人（指函谷关以东地区），现在他们归家的心愿强烈，正好可以利用这一点东进，事不宜迟。"

于是前206年，刘邦让萧何负责管理后方，自己则和韩信率兵从陈仓（今陕西宝鸡）偷渡，一举攻克了关中，楚汉战争正式爆发。

刘邦占领洛阳后继续挥师东进，很快又攻下了彭城。项羽原本打算平定齐、赵后再收拾刘邦，现在见他来势汹汹，便率领三万精兵迅速赶回。刚打了胜仗的刘邦喜不自胜，他大摆酒宴庆祝胜利，没想到项羽在清晨突然发动袭击，仅用了一天工夫，汉军就被打得节节败退。在撤退途中，又被项羽消灭了十几万人。等到了灵璧（今安徽宿州西北）东边的睢水，刘邦又丧失了十几万人马，漂浮的尸体居然堵塞了睢水。

刘邦带着几十名骑兵奋力逃脱，他的父亲和妻子吕雉都被项羽抓去了。眼看着刘邦兵败如山倒，原来跟随他的诸侯纷纷舍他而去。刘邦退到荥阳后，得到萧何派来的援兵，再加上韩信也来会合，于是汉军又重整旗鼓，在荥阳

韩信九里山十面埋伏

前 202 年，汉王刘邦率本部人马，追击向彭城撤退的项羽。追到阳夏南时，刘邦下令暂停追击，派使者命韩信、彭越与自己在固陵会师，联合追击项羽。韩信三十万兵马自齐南下，切断项羽向彭城的退路。彭越率数万兵马与刘邦在固陵会师，担任主攻。刘贾与英布自寿春率兵北进，切断项羽的南逃之路。五六十万汉军将楚军重重包围在垓下，使得楚军寸步难行。

南边打败了项羽，两军陷入对峙状态。

不久项羽的大将英布投靠了刘邦。但项羽毕竟不是一般人物，他派兵切断了汉军的运粮通道，最终将荥阳团团包围。走投无路的刘邦无奈，只好向项羽求和，提出："以荥阳为分界线，荥阳以西为汉，从此互不侵扰。"

项羽想答应，但谋士范增坚决反对，他说："现在正是消灭汉军的好时机，一旦错过这个机会，无异于放虎归山，后患无穷。"

眼看着范增从中作梗，陈平便想出一个离间计。

当项羽派使者劝刘邦投降时，刘邦先摆出盛情招待的样子，送去各种精美食品，见了使者后故意说："我们还以为是亚父（指范增）的使者来了，没想到是项王的使者。"

说完刘邦命人撤掉精美食物，换上粗劣的饭菜。使者一见大为震怒，回去便一五一十地禀报了项羽。项羽不知有诈，从此不再相信范增，怀疑他背着自己和刘邦私下交往。

范增猜到是刘邦的诡计，他对项羽说："现在天下局势已定，我也派不上用场了，不如回家做个平民百姓。"说完负气离开了。不过他还没有回到彭

霸王别姬

前 202 年，项羽被刘邦的大军包围在垓下，虞姬不愿成为项羽的拖累而拔剑自刎。这动人的一幕被后人演绎为《霸王别姬》的故事。此图描绘的便是《霸王别姬》的情景。

城，就在半路病死了。范增走后，项羽继续进攻荥阳。刘邦的大将纪信自告奋勇地替刘邦向项羽"假投降"，以拖延时间，让刘邦趁机逃脱。

果不其然，项羽的大部分军队被纪信所吸引，最后没有抓住刘邦。项羽一气之下，便放火烧死了纪信。

接着双方在荥阳东北部的广武山僵持不下。就这样过了几个月，项羽越来越烦躁，因为打持久战对他不利。为了迫使刘邦投降，尽早结束战斗，项羽将原先俘虏的刘太公押到两军阵前，对刘邦说："你再不投降，我就把你的父亲煮了！"

没想到刘邦毫不在乎地说："我们曾是结拜兄弟，我的父亲也就是你的父亲，如果你一定要这么做，别忘了分给我一碗肉汤。"

项羽气得七窍生烟，他拔出宝剑，准备当场杀死刘太公。一旁的项伯赶紧劝道："将军，现在胜负未定，杀了他的亲人也无济于事，反而会增加彼此的仇恨。"项羽无奈，只好将刘太公带回去。一计不成再生一计，项羽提出："我和你单独决斗来决胜负吧。"可惜刘邦不肯上当，他说："我斗智不斗勇。"接着刘邦大骂项羽，给他列了十条罪状。项羽越听越生气，他操起弓箭对准刘邦，一箭正中刘邦的胸部。为了安抚军心，刘邦故意弯下腰摸着脚趾说："臭小子箭术也不怎么样，不过是只射中了我的脚。"

双方又僵持了十多个月，刘邦渐渐占了上风。而项羽由于兵力和粮草不足，难以与汉军抗衡，最后他们定下停战协定："楚汉以鸿沟（今河南荥阳、中牟和开封一线）为分界线，东西分治。"

签订协定后，项羽将刘太公和吕雉还给了刘邦。当项羽领兵准备返回时，张良和陈平却极力劝说刘邦："项羽现在兵不精，粮不足，我们应趁机灭掉他。万一他回到彭城，就再也没有机会了。"

于是刘邦立刻率兵追赶项羽。不过当他在固陵（今河南太康西）追上项羽时，韩信和彭越的援兵还没赶到，反而被项羽打得落花流水。刘邦向张良请教计策，张良献计说："今能取睢阳以北至谷城皆以王彭越，从陈以东傅海与齐王信，信家在楚，其意欲复得故邑。能出捐此地以许两人，使各自为战，则楚易散也。"汉王刘邦立即派使者前往韩信、彭越处许给其地，二人皆引兵而来。

这一下汉军集合了各路援军共三十万人马，将项羽包围在垓下。夜里汉军唱起苍凉的楚国歌曲。项羽的军队以为汉军已占有了全部楚地，一个个心灰意冷，不战而败。

走投无路的项羽叹息道："力拔山兮气盖世，时不利兮骓不逝。骓不逝兮可奈何，虞兮虞兮奈若何！"

他的宠姬虞姬则唱道："汉兵已略地，四放楚歌声。大王意气尽，贱妾何聊生。"

虞姬说完含泪自刎。项羽擦去眼泪，率领八百余骑兵连夜突围。第二天一早，刘邦得知后立刻派人火速追击。渡过淮河后，项羽身边只剩下一百多人了。到达阴陵（今安徽定远西北）时，由于迷路，一行人误入大泽之中。好不容易从大泽中出来，又被骑兵追上了。这时项羽的随从只有二十八个人了。不过即便如此，项羽依然和汉军激战了三次，杀伤数百汉军，最后在江边自刎。至此历时四年的楚汉战争以刘邦的完全胜利而结束。

汉初风云

西汉王朝建立时，社会形势是人口散亡，经济凋敝，社会动荡不安，百姓疾苦。刘邦为了稳定社会秩序，恢复生产，改善人民的生活，巩固统治，就采纳了士人陆贾的建议，用黄老"无为而治"的思想指导政治，基本上沿袭秦朝的政治制度，以适应当时的政治和社会形势，促进经济发展和社会稳定。同时为了维护政权的稳固，汉高祖又消灭了拥兵自重的异姓王。汉高祖死后，吕后继续推行休养生息的政策，使人民的生活得以改善，人口得以增加。

汉高祖

汉高祖刘邦,字季,沛郡丰邑（今江苏丰县）人。前202年,刘邦战胜西楚霸王项羽后称帝,国号"汉",史称"西汉"。先定都洛阳,后迁往长安。在位期间,继承秦制,加强中央集权,同时还推行了一系列"与民休息"的政策,使战乱给社会所带来的破败局面得以改观。

庶民皇帝刘邦

前202年,刘邦兑现诺言,封韩信为楚王、彭越为梁王。韩信和彭越联合原来的燕王臧荼、赵王张敖及长沙王吴芮等共同上书,请刘邦即位称帝。

刘邦假意推辞,韩信等人则说:"您虽然出身贫寒,但能率领我等诛灭暴秦,平定天下,功劳远远大于我们,您称帝乃是众望所归。"

听到这里,刘邦也不再推辞,他说:"既然你们觉得这么做有利于天下百姓,那就听你们的吧!"

同年二月甲午,刘邦在山东定陶氾水之阳（今属山东）举行了登基大典,改国号为"汉",定都洛阳。妻子吕雉被封为皇后,儿子刘盈理所当然地成了太子。为了与后来刘秀建立的东汉相区别,历史上将刘邦建立的汉朝称为"西汉",也称"前汉"。

后来刘邦在洛阳举行了盛大的庆功宴。喝到酒至半酣时,刘邦询问众人:"我们之所以能够取胜,原因在哪里呢?"

有的说是因为皇上能与大家同甘共苦,项羽则自私自利、残暴不仁。

刘邦点点头,承认他们都说得有道理,但没有切中要害,他总结说:"夫运筹帷幄之中,决胜千里之外,吾不如子房（张良）;镇国家,抚百姓,给饷馈,不绝粮道,吾不如萧何;连百万之众,战必胜,攻必取,吾不如韩信。三者皆人杰,吾能用之,此吾所以取天下者也。项羽有一范增而不能用,此所以为我擒也。"

汉殿论功

汉高祖刘邦初立，要对群臣进行封赏。将军们自以为战功显赫而目空一切，在殿堂上争相邀功请赏。刘邦想挫一挫他们的锐气，便提出萧何的功劳最大。将军们听后都很不服气。刘邦于是说："将军们都知道猎人与猎狗吧。打猎的时候，追逐野兽的确实是猎狗，而在后面指挥猎狗的却是猎人，在寡人心目中，萧何就是猎人。更何况萧何当初举族好几十个人一起跟随寡人打天下，可谓功不可没。"这一比喻，使将军们顿时矮了半截，他们知道刘邦内心实已动怒，便都默不作声了。

刘邦的总结可谓一语中的。众所周知，战争的胜败完全取决于领导者，只有善于用人，才能取得成功。

没多久刘邦决定迁都长安。因为一个叫娄敬的戍卒从山东赶来，他说："周朝以洛阳为都城，但您之所以得天下和从前的周朝完全不同，所以洛阳不适合作为都城。您应该定都关中，关中易守难攻，这样才能保证国家长治久安。"

刘邦在朝堂上说出了娄敬的意见，让大臣们讨论。结果除了张良之外，所有的人都反对，他们一致认为洛阳好。

张良说："关中乃金城千里，天府之国，进可攻退可守。"

最后刘邦听从了他的意见，将都城迁到长安。从此长安成为了全国的政治文化中心。

打败英布之后，刘邦路过沛县。他想到自己原本是个不起眼的亭长，如今当了皇帝，自然要衣锦还乡，光宗耀祖一番，于是特别召集父老兄弟，举行了一场酒宴。他还命年轻子弟组成一百二十人的歌舞团，为酒宴助兴。

在酒桌上，刘邦语带讥讽地对父亲刘太公说："父亲，你以前总说我是个不干活的无赖，治家理财比不上二哥。如今我做了皇帝，您看是二哥的财富多，还是我的财富多呢？"

刘太公闻言红了脸，不再说话。刘邦想起自己这些年四处征战，忍不住慷慨泣下，击筑高歌。他唱道："大风起兮云飞扬，威加海内兮归故乡，安得

任用三杰

汉初三杰，即历史上辅佐刘邦夺得天下的张良、萧何、韩信三人。楚汉之争，刘邦之所以能够战胜比自己实力强大数倍的项羽，主要在于他能够争取人才和善用人才。韩信、英布等人原来均为项羽部下，但项羽不能知人善用，皆被刘邦挖走，并委以重任。结果楚汉之争，项羽惨败，并自刎于乌江。由此可见知人善用的重要性。

猛士兮守四方！"也就是著名的《大风歌》。奇怪的是，中国的古诗很少只有三句的，从《诗经》开始就讲究双数，但这首歌却偏偏是单数。

酒宴结束后，刘邦动情地说："我虽然定都关中，但我是以沛公之名讨伐暴逆的，所以我决定，沛县永远不必缴纳赋税。"

沛县父老非常高兴，连着十余天举办宴会庆祝。刘邦准备走了，父老乡亲们一再挽留。刘邦笑着说："我的人马太多，让你们长期供应粮草，压力实在太大，所以我要尽快离开。"

汉承秦制

历史上有一种通称叫"汉承秦制"，意思是说，汉朝的制度基本上是继承秦朝的。不过有一点需要注意，汉朝初期的治国政策有了很大变化，指导思想是一种清静无为的黄老思想。

汉朝首先取消了秦朝的残酷刑法。法律主要是以战国时期李悝制订的《法经》六篇为基础的《九章律》，补充了户籍管理、赋税征收和婚姻制度的"户律"，征发徭役、城市守备的"兴律"，以及管理牛马畜牧、驿传方面的"厩律"，加在一起就是《九章律》。至于其他针对百姓日常生活的严酷法律，基本上都被废除了。

历史细读

奴婢是指我国秦汉时期受人役使的奴隶，是秦汉社会中身份地位最低贱的人，是主人的财产，如同牛马、田宅、器物一样。主人可以役使、打骂、赠送和买卖奴婢。但法律规定不得随意杀害奴婢，要杀必须要报请官府获准，称为"谒杀"。

在军事方面，军队分为两种，京师之兵和郡国之兵。京师之兵又分为两种，卫尉统领的南军和中尉统领的北军。礼仪方面则没有什么变化，依然沿袭秦制，使人对神圣的皇权产生敬畏。

郡县制度和秦朝也差别不大，但乡一级的地方机构有所不同，在各乡的三老中再选出一个作为县的三老，负责联系县级的上下官吏。

秦代的奴婢被称为"隶臣""隶妾""人奴""人奴妾""人臣""人妾"等，汉代的奴婢则被称为"僮""家人""苍头""卢儿""臧获"等。奴婢所生子女被称为"奴产子"，仍为奴婢身份。

除了郡县制以外，刘邦还实行了封国制，即在各地分封诸侯王，目的是为了巩固政权。最初分封了很多异姓王，比如韩信等人。后来又封了九个同姓王，都是刘氏家室子弟。但事实证明，这些人并没有起到好的作用，反而多次发生叛乱，到最后他们一个个也都被杀掉了。

同时刘邦还规定："辅佐诸王的相国和太傅必须由中央任命。这些中央官员不许依附诸侯王对抗政府，否则以'阿党附益'的罪名处罚。"

不过和这些制度比起来，西汉建国初期最大的问题是经过秦朝末年的战争破坏，经济衰微，百业萧条，国库空虚，人民生活贫困。为此刘邦颁布了一系列发展经济的措施：

一、劳力归农

凡复员的军吏，可按军功大小分配田宅。动员在外流亡的人回乡。释放赦免罪人和奴婢，以增加劳动人口。

二、减轻徭役

缩短服役时间，从二十三岁开始服役，五十六岁免役。富贵人家则允许以钱代役。

三、薄敛赋税

根据官吏的俸禄和政府开支制定赋税总额，田租（土地税）征收率为十五分之一，口赋（即人口税）每人每年一百二十钱。

四、节约财用

汉初统治者提倡节俭。前200年，刘邦视察萧何负责修建的未央宫时，他责备道："天下匈匈，劳苦数岁，成败未可知，是何治宫室过度也？"

五、鼓励生育

颁布"民产子令"，生一个孩子可以免除两年徭役。这一政策实施后，汉朝人口渐增，达到中国历史上的第一次人口高峰。

六、抑制商人

工商业者另立户籍，称作"市籍"。凡在市籍的人都要接受监督限制，目的是让商人务农，迅速恢复农业生产。当时的商人地位低下，不能穿丝绸，不得乘车骑马，不可做官，不能携带武器。另外还要多缴纳一至数倍的口赋。

汉宫图

此图为宋代画家赵伯驹所画。画面上宫殿楼阁，人物车马，各具特色，极尽秀丽纤巧之风致。

七、迁徙豪强

为了控制六国贵族的后裔，刘邦采用娄敬的建议，将关东六国的强宗大族、豪门望族共计约十万余人强制移民到关中，由政府提供住宅和土地，使他们处于中央的控制之下，免除了后顾之忧。

八、和亲政策

前200年，刘邦率军攻打投降匈奴的韩王信，即战国韩襄王的后裔。

匈奴王冒顿单于故意隐匿精兵，用老弱士卒来迷惑汉军。刘邦果然中计，汉军被围困在平城（今山西大同东北）的白登山，整整七天，几乎弹尽粮绝，情况十分危急。

最后陈平送了一幅美女图给冒顿阏氏（相当于汉朝的皇后），阏氏担心汉家美女会夺去丈夫对自己的宠爱，于是劝其解围，放走了刘邦。

这次大败之后，刘邦认识到自己暂时还无力征讨匈奴，于是采用了娄敬提出的和亲建议。

前198年，刘邦派娄敬带着家室公主嫁给冒顿单于，答应每年赠送相当数额的物品，互不侵扰，并开放关市，允许两族人民进行贸易。

有人认为和亲政策是个拙劣的谋略。但是以当时的历史条件，和亲政策是迫不得已的，它在一定程度上缓解了军事压力，使人民获得了休养生息的时间，对恢复经济和农业起到了积极的作用。另外汉族和匈奴两族人民和平地进行贸易，对我国民族关系的发展也产生了良好影响。

陈平分肉

陈平，阳武（今河南原阳）人，是秦末汉初的一位风云人物。作为刘邦的智囊，他对西汉王朝的建立和巩固有着非常重要的作用。陈平年少时，有一次正赶上村里祭祀社神，大家都推举陈平主持分配祭肉。依据乡情俗规，他对祭社的男女老幼，照顾得十分妥帖，分配公平。父老乡亲一致赞扬道："陈平这孩子年纪虽小，却不仅仅表堂堂，读书用功，连分祭肉都想得这么周到，真是个人才。"陈平踌躇满志地说："要是让我治理天下的话，我会像分祭肉一样称职。"

九、安定边境

向边境移民，并加强守卫，为开发边疆赢得了良好的外部环境，并使汉朝政权更趋稳定。

这些措施对汉初经济的恢复和发展均起到了积极作用，为"文景之治"局面的出现打下了坚实的基础。

强化政权

刘邦为了巩固自己的政权，逐一消灭了拥兵自重的异姓王。刘邦还打击丞相萧何，削弱了丞相的权力，加强了皇权，增强了皇帝的威信。

诱杀韩信，安抚功臣良将

刘邦虽然做了皇帝，但他无时无刻不担心自己的皇位。首先让他如鲠在喉的就是各地的异姓王。这些人拥有兵将，实力不小。其次是部将，他们为了功劳大小而争斗不已，如果安抚不当，就会投奔异姓王，犯上作乱。

刘邦最先下手收拾的就是韩信。前201年，有人告发韩信谋反，刘邦向大臣们询问该如何处理，大部分人的意见是出兵讨伐。

但陈平却说："楚国兵精粮足，韩信又擅长带兵打仗，公开讨伐很难取

韩信

韩信，字重言，淮阴（今江苏淮安）人。
西汉开国功臣。初属项羽，后归刘邦。
韩信是中国历史上最著名的军事统帅。

胜。不如以巡游云梦为借口，将各诸侯王召集到陈（今河南淮阳），然后抓他问罪。"

刘邦依计行事，果然抓住了韩信。韩信听到自己的罪状，大声喊冤："果若人言：'狡兔死，良狗烹；高鸟尽，良弓藏；敌国破，谋臣亡。'天下已定，我固当烹！"

由于没有确切的证据，刘邦只好释放了韩信，将其降为淮阴侯。韩信对此非常不满，并怀恨在心。前197年，陈豨在外地反叛，刘邦亲自率兵讨伐。韩信托病没有一同前往，却暗中派人通知陈豨："只管起兵，我将协助你。"韩信于是与家臣商量，准备发兵袭击吕后、太子，不想事情败露。吕后采用萧何的主意，将韩信诱进宫中杀了，正是"成也萧何，败也萧何"。

没过多久，除了长沙王吴芮于前201年病死外，其他诸侯王也纷纷被消灭。接着就要安抚其他将领了。

一天刘邦在洛阳南宫看见众将领聚在一起，便问身边的张良："这些人聚在一起是在干什么呢？"张良说："他们在计划谋反，因为他们担心皇上以后不会再封高官了。"刘邦接着问道："应该如何解决？"张良反问道："您最恨的人是谁？"刘邦毫不犹豫地说："是雍齿！这家伙虽然立了很多功劳，但他太张狂，好几次都想杀掉他。"张良说："那么皇上，您就封雍齿为侯吧！如果大家发现您最讨厌的雍齿都能受封，他们就不会着急了。"

打击老功臣萧何

对于丞相萧何，刘邦后来也产生了怀疑。刘邦远征英布前，曾多次派人

萧何

萧何，沛（今江苏沛县）人，汉初三杰之一。早年任秦沛县狱吏，秦末辅佐刘邦起义。汉朝建立后，他以功高被封为"酂侯"，位列第一，食邑八千户。

到丞相府问萧何："有什么需要准备的？"萧何闻言，便决定捐出财物，组织子弟兵。他的一个宾客见了，立刻阻止了他说："您这么做会遭受灭族之灾的呀！"萧何大惊，追问原因，宾客解释道："您当丞相数十年，时刻为百姓着想，很多百姓尊敬您甚于皇上，所以皇上对您的声望十分不安。这次东征早就准备完毕了，皇上却一再派人来咨询，其实并非有事相商，而是怕您乘机造反。您最好多买些田产，尽量表现得自私些，一旦您的声望受损，皇上才会对您放心。"

萧何依计而行，刘邦果然不再频频追问了。等到刘邦平定叛乱后回到长安，很多人上书告状，说萧何强行低价收买民宅田地。刘邦心里十分明白，于是对萧何说："你身为丞相，应该多为百姓谋福利啊！"

萧何本来就是故意做给刘邦看的，听他这么一说，当即表示："长安城土地稀少，但以前秦二世养兽狩猎的地方上林苑空地尚多，而且已经荒芜，不如将其开放，把土地分给农民耕种。"

刘邦闻言大怒："你一定是收了商人的贿赂，借百姓之名为他们牟利。"

接着便将萧何关进大牢，并派人调查其有无官商勾结的事情。过了好几天，才有人询问刘邦："丞相犯了什么大罪，竟惹得皇上如此生气？"

刘邦回答道："我听说李斯当丞相时，将善政归于皇帝，恶政则自己扛起来。如今萧何接受了商人的贿赂，让我开放皇家园林，完全是在讨好民众，对我不忠。"

大臣解释道："只要对百姓有利，就应该尽量向皇上争取，这是丞相的职责。而且皇上一直都在御驾亲征，镇守关中的都是丞相。如果他真的有野心，这块土地早就不是皇上您的了。既然丞相对如此大利都没有兴趣，怎么会收取商人的小利呢？更何况李斯的做法并不足以效仿，望皇上三思。"

刘邦一听有理，当日便派人赦免了萧何。通过这次萧何事件，刘邦不仅削弱了丞相的权力，同时还增强了皇帝的威信。

英布造反

前196年，当吕后诛杀韩信和彭越后，英布极为恐慌，他担心殃及自身，于是暗中聚合部队，准备起兵反叛。

英布，又称黥布，因为他受过秦朝的黥刑而称之，六县（今安徽六安）人。最初是项羽属下，被封为九江王。归降刘邦后被封为淮南王，与韩信、彭越并称汉初三大名将。

英布造反时，刘邦正被宿疾困扰，因此有意让太子刘盈带兵征讨。商山四皓得知后，立刻找到吕后的哥哥吕泽说：“如今皇上让太子东征，即使成功了，对他也不会有什么帮助，如果失败则会被废掉。而且太子率领的诸将都是曾随皇上打江山的枭将，他们怎么肯听从毫无经验的太子统领呢？到时候势必不会尽力奋战，最终使太子无功而返。其结果是皇上就会以赵王取而代之，现在唯一的办法是请吕后找机会哭诉。”

“汉并天下”瓦当
此瓦当为泥质灰陶，圆形，边轮较宽，其内凸弦纹一圈，当心书“汉并天下”。出土于陕西栎阳，是汉高祖刘邦为纪念战胜项羽，统一天下，建立汉朝而作。

于是吕泽连夜进见吕后，说明了商山四皓的看法。经过吕后的一番哭诉，刘邦只得打消让太子亲征的念头。由于手下诸将都不是英布的敌手，刘邦只好带病亲征。

出发时所有的大臣都前来送行，这时张良的病情已经非常严重，但他仍然勉强支撑着病体，将刘邦送到曲邮。张良说：“臣本应随皇上东征，无奈身患重病，皇上此去一定要多加小心。楚人生性剽悍，不要与其过分争斗，尽量避免损伤。太子的威望和经验都不足，不妨让他担任统率关中兵马的将军，好好锻炼一下。”

刘邦点头答应，接着征调上郡、北地、陇西三地的车骑讨伐英布。双方在蕲县以西的会甄相遇。

在刘邦亲征之前，英布已打探到他身体不适，因此英布在军事会议上和将领们说：“皇上已经老了，无法御驾亲征，依我看他这次不会来的。他手下的将领真正能独立作战的只有韩信和彭越，可是这两个人都已经死了，看来这次行动不足为虑。”

于是英布全力进攻荆国。荆王刘贾被杀，其余部队几乎全部投降。接着英布继续西攻楚国。

楚将经过商议，最后决定分三路抵挡，以奇兵之势突袭。楚将手下的谋士劝说道：“英布一向善于用兵，楚民对他十分畏惧，兵法上有云：‘诸侯在自己境内作战，士卒一旦到了危急时刻，就会自行逃散。’如今兵分三路，如果其中一路被打败，剩下的必定会望风而逃，不可能过来相救。”但是楚将不听劝告，依然坚持按原计划行动，事情果然不出所料，楚军全线溃败。攻下荆、楚两国之后，英布继续西行。

刘邦到达蕲县后，立刻下令建筑坚固的防御工事。英布也很快到达该地。由于淮南军大多是楚国军队改编的，布阵和旗帜都颇像项羽的队伍，因此刘

新丰图

刘邦出生在今天江苏北部的丰县一带。他当了皇帝以后，把丰邑从沛县分离出来，设置为丰县。为了满足父亲刘太公思念故里的乡情，刘邦仿照旧丰邑的原貌，在都城长安东部，即现在的陕西西安临潼区一带，另外修建了一个丰邑，称为新丰，并将旧丰邑的居民一齐迁徙到新丰居住，与刘太公重作邻居，这才解决了父亲的思乡之苦。

邦看了很不舒服。

刘邦站在远处，厌恶地质问英布："你为什么要造反呢？"英布直接了当地说："想当皇帝而已。"刘邦大怒，下令全军出击。由于荆、楚两国投降的将士并不十分忠诚，再加上原本以为不会出现的刘邦居然到了前线，因此极大地打击了淮南军的士气。

这场战争打得非常艰苦，混战长达半天，到了最后关头，刘邦不得不抱病来到前线鼓舞士气。直到傍晚，刘邦安排的特别敢死队猛攻英布大本营，英布才被迫撤退，结束了这场混战。

英布带领人马渡过淮河往南撤退，但刘邦的人马紧追不舍。虽然英布数次反击，但由于他气势已失，每次都没捞到什么好处。慢慢地他身边的人越来越少，最后只剩下了几百人。

刘邦认为英布的力量已经溃散，想必已无可作为，因此命大部队班师回朝，只留下几支精锐队伍继续搜查英布的下落。

不久特别部队便得到消息，英布投靠了长沙王。

刘邦派人以重金贿赂长沙王，希望他能助自己一臂之力，长沙王毫不犹豫地答应了。英布原与长沙王通婚，因此对其深信不疑。

长沙王对英布说："你长久住在这里也不是个办法，刘邦迟早会找到你的，不如逃到越国去，我来安排。"英布相信了，就和长沙王派来的使者一同去了番阳。夜晚路过一户农家时，他们前去借宿，英布便被埋伏好的人杀死了。一代猛将就这样死于乱民之手。

不久北方也传来捷报，叛变的陈豨兵败被杀。这两场南北叛乱给西汉王朝造成了沉重的打击，好在最后都顺利讨平。其中能够取得胜利最重要的原因应该是刘邦不辞辛苦，亲自领兵出征。

商山四皓画像砖

刘邦登基后，立长子刘盈为太子。后来刘邦发现刘盈的才智不及三子赵王如意，便想废掉刘盈，改立如意。吕后闻听后连忙找来张良出主意，并请来了隐居多年，却博学多才的商山四皓。刘邦看到太子有四皓辅佐，便打消了改立太子的念头。

四皓保太子

早在前205年，刘邦就已立儿子刘盈为太子。因为他是吕后所生的嫡长子，理所当然的继承人。当时刘盈年仅六岁。

不过刘盈生性懦弱，丝毫没有领导者的风范。他既没有父亲刘邦的豪迈气概，也没有母亲吕雉的高明手段，而且刘邦长年在外征战，对这个儿子的感情并不深。

刘邦晚年时宠爱年轻的戚姬，戚姬生的儿子如意既可爱又聪慧，颇为懂事。刘邦担心软弱的刘盈会使皇权旁落，而如意跟他相比，更像自己，适合继承帝业。因此有心废掉刘盈的太子之位，改立如意。

虽然戚姬笼络了不少支持如意的大臣，但他们认为刘盈个性仁慈，也没有犯下什么大错，所以事情一直没有什么进展。

当这些消息传到刘盈的生母吕后耳中时，她不禁恨得咬牙切齿，长年的患难和孤独让她变得多疑而好胜。她好不容易才有了今天的地位，一旦太子刘盈被废，自己所有的心血也就会随之付诸流水了。

她想来想去，最后觉得张良长于谋划，又深得刘邦信任，如果能得到他的支持，刘盈的地位说不定能够保住。于是她安排自己的哥哥建成侯吕泽上门请教张良。

其实张良也反对废掉太子，只不过这是皇帝的家事，自己身为臣子，还是少管为妙。

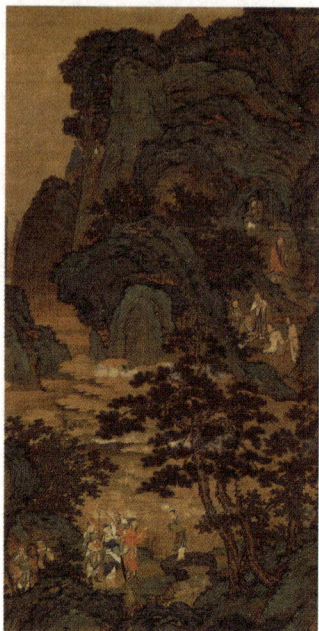

商山四皓图轴
秦末汉初时，东园公、甪里先生、绮里季和夏黄公四位著名的博学之士，为避乱世，长期居住在商山深处，不愿意出世做官。四人年纪都已八十有余，须发皆白，故被称为"商山四皓"。

吕泽上门后，开门见山地对张良说："先生是皇上最信任的谋臣，如今皇上想要废立太子，这对国家非常不利，先生怎么能不管不问呢？"张良推辞道："虽然早年皇上经常需要臣之谋划，但是现在天下太平了，更换太子乃皇上的家事，即便大臣们都反对，最后的结果还是由皇上自己决定的。"吕泽不甘心，恳求道："无论如何请先生救救太子，给他出个主意。"张良被他缠得没有办法，只好说："这不是仅凭口舌就能解决的，我知道皇上一直想说服四位高人出山辅佐，但这四人一来年岁已高，二来都以为皇上轻慢儒生，因此一直躲在山中。如果你们能将其请出来，并让皇上知道他们愿意辅佐太子就行了。"

张良所说的这四个高人就是"商山四皓"。吕后得知消息后，随即命人带上太子刘盈的亲笔信和价值不菲的厚礼，前去好言请求四人出山。他们果然接受了，从而成为刘盈的座上宾。

此时由于长期劳累，刘邦的病情更加恶化了。他知道自己的时间已经不多了，便决定尽快解决继承人的问题。但是这个决定遭到了刘盈的老师叔孙通的强烈反对，他说："昔日晋献公以骊姬之故，废太子申生，立奚齐，结果晋国混乱数十年。秦始皇不早定扶苏，让赵高得到机会，最后亡国。这些都是皇上亲眼见到的。而太子为人仁孝，这是皇上和吕后辛苦调教的功劳，怎么可以随便更改呢？如果皇上执意要废掉太子，臣愿伏诛，以死相谏。"一听这话，刘邦只好说："先生您多虑了，我不过开个玩笑而已！"看到叔孙通舍命护主，其他大臣也纷纷上书支持刘盈。刘邦见大臣们都反对，只好暂时搁置此事。

消灭英布后，刘邦回朝大摆宴席，庆祝征伐顺利，太子刘盈也奉命陪在一旁。

忽然刘邦看见太子身后的宾客席上坐着四位老人。他们须发皆白，衣冠甚伟，遂派人上前询问。得知四人是商山四皓，刘邦大惊。他奇怪地问："我曾派人寻访公等四人，你们从来都不肯见面，如今怎么会成为太子的宾客呢？"

老人回答："皇上一向不喜欢读书人，经常谩骂他们，我等不愿受辱，所以躲起来了。但是现在听说太子仁厚，恭敬天下读书人，大家都愿意为其效力，臣等理当出来辅佐太子。"

刘邦郑重其事地表示："还请四位高人替我好好调教太子。"

四人向刘邦敬酒后先行离去。刘邦站起来，恭恭敬敬地目送他们远离。

历史细读

　　叔孙通是鲁地薛县的一个儒生，秦始皇时被召到咸阳，秦二世时被拜为博士。西汉建立后，他又协助汉高祖刘邦制订了汉朝的宫廷礼仪，并出任太子太傅，辅佐太子刘盈。

　　宴会结束后，刘邦召来戚姬，对她说："我本来想废掉太子，但现在太子有商山四皓辅佐，羽翼已成，很难变更了。今后你还是听吕后的话吧！"

　　戚姬闻言痛哭不已，她说："以后我们娘儿俩可没有好日子过了。"

　　身为皇帝，却不能保护自己心爱的妃子和儿子，刘邦也不禁感叹起来，他说："我也没有办法，算了，你来跳场楚舞，我给你唱首歌吧！"

　　接着他高声唱道："鸿鹄高飞，一举千里。羽翮已就，横绝四海。横绝四海，当可奈何！虽有矰缴，尚安所施。"

　　从此刘邦再也不谈论废立太子的事了。不过虽然他更易太子没有成功，但提前立下太子却成为汉代的一项定制。这个制度后来被历代王朝所承袭，成为封建社会中皇位继承的惯例。

临终托命

　　长年的征战使得刘邦显得苍老不堪，再加上讨伐英布时被流矢所伤，返回途中又没有好好地治疗，使得他旧病复发，最终到了难以医治的地步。

　　虽然御医已经表示无能为力，但皇后吕雉依然不甘心，到处打探名医。经人介绍，找来一个对金疮颇有研究的医生。医生替刘邦诊完脉后说："这病能治。"

　　吕后立刻将这个好消息告诉了刘邦。不过这对夫妻平时就不和，互相猜忌，因此刘邦毫不领情，反而破口大骂那个医生。

　　他说："骗人的江湖郎中。当年我靠三尺宝剑，以平民身份得天下，这都是天命。如今我气数已尽，就算是扁鹊再生，也不可能救活我！"

　　刘邦拒绝接受治疗，下令赐五十金令其离去。

　　吕后没有办法，眼看皇帝就要咽气，她只好坐在床边询问后事。吕后问道："陛下百岁之后，萧相国死了，令谁代？"刘邦回答："曹参可。"吕后又问："曹参后谁能代之？"刘邦回答："王陵可。然陵少戆，陈平可以助之。陈平智有余，然难以独任。周勃重厚少文，然安刘氏者必勃也，可令为

教子务学

刘邦虽然长年在外征战，对儿子刘盈的感情不深，但他也时常教导儿子。有一次他对刘盈说："我年轻时适逢乱世，当时秦朝禁止学习儒学书籍，我自己也觉得读书没什么用。到我登基后，方才醒悟过来，这才去看书。回忆我的过去，所做的事情多有过失之处。"

太尉。"吕后继续追问："再接下来呢？"刘邦叹息道："接下来的事你也不用知道了。"

这番遗言记载于《史记》中，它足以证明刘邦的远见和知人善用。

不过一生"崇武轻儒"的刘邦，临终前却反省了自己"读书无用论"的思想。他在给太子的遗嘱中说："吾遭乱世，当秦禁学，自喜谓读书无益。洎践祚以来，时方省书，乃使人知作者之意。追思昔所行，多不是。尧舜不以天下与子而与他人，此非为不惜天下，但子不中立耳。人有好牛马尚惜，况天下耶！吾以尔是元子，早有立意。群臣咸称汝友四皓，吾所不能致，而为汝来，为可任大事也。今定汝为嗣。吾生不学书，但读书问字而遂知尔。以此故不大工，然亦足自辞解。今视汝书犹不如吾，汝可勤学，每上疏宜自书，勿使人也。"

开创了汉朝基业的刘邦在弥留之际，谆谆告诫太子的并非治国安邦的大略，而是嘱咐其勤奋读书，这在中国封建皇帝中是绝无仅有的。从"读书无用"到"读书安邦"，这篇遗嘱可以看作是他的学习体会，也算是一种远见。

前195年四月甲辰，刘邦在长安长乐宫逝世，享年六十二岁。大臣们以其"起微细，拨乱世反之正，平定天下，为汉太祖功最高"，因此定庙号为太祖，谥号为高皇帝，葬于长陵（今陕西咸阳东窑店镇附近）。

无为之治

西汉初年，经历了连年混战之后，人民迫切需要休养生息。当时的统治者顺应时代的要求，以黄老清静之术治理天下，采取无为而治，与民休息的宽松政策。

采用黄老学说

汉初治国思想采用的是黄老学说。它来源于先秦的道家思想，以老子和庄子为代表。到了秦汉，老子的思想曾经风行一时。后来又有人说道家的鼻祖是黄帝，鼓吹"帝道"，从而出现了"黄帝学派"。将"老庄之学"和"黄帝之学"结合起来，就成了当时最流行的学术流派，也就是"黄老之术"。不过当时的黄老之学已不是道家思想的本来面貌，而是以道家思想为主体，兼收儒、墨、名、法诸家思想，其本质依然是"无为而无不为"的道家思想。

黄老学说重在无为而治，它是道家的基本思想，也是其修行的基本方法。道家的老子认为，世间一切万物都是由道化生的，而世间一切万物的运动变化也遵循道的规律。老子说："人法地，地法天，天法道，道法自然。"既然道以自然为本，那么对待事物就应该顺其自然，无为而治，让事物按照自身的必然性自由发展，使其处于符合道的自然状态，不去影响事物的自然进程。也只有这样，事物才能健康发展。当然无为而治的"无为"，决不是一无所为，不是什么都不做。无为而治的"无为"是不妄为，不随意而为，不违道而为。

这种清静无为、俭朴寡欲的思想有利于小农生产，它满足了汉初政治经济形势的需要，历史上将这一时期的政治称为"黄老政治"。体现这种思想的哲学家是陆贾，但真正开始实行的则首推曹参。

萧规曹随

刘盈即位后，由于年纪尚小，因此吕后趁势把持了政权。为了避免汉王朝就此陷入风雨之中，丞相萧何做了很多工作。一方面要阻止吕氏势力扩大，减少对刘氏政权的伤害；一方面还要消除功臣们对吕后的不满，避免内战。萧何性格温和而谨慎，在关中威望甚高，即便是强悍的吕后，也要对其礼让三分。

虽然吕氏家族全力夺权，但在萧何的阻拦下，扩张程度受到了一定的限制。由于长期劳累，萧何的身体每况愈下。

刘盈深知丞相一职的重要性，因此在萧何病情恶化后，他亲自来到相国府请教后事。

刘盈问道："君相，您百岁之后有谁可以继任？"

萧何吃力地说："皇上应该是最了解臣下的人，这个问题何必问老臣呢？"

刘盈接着说道："您觉得曹参如何？"

萧何微微一笑说道："既然皇上已经找好了人选，老臣死而无憾了！"

其实在刘邦的遗言中，早已确定由曹参继任萧何的丞相职位。但是吕氏家族的权势越来越大，如果不强化一下曹参继任的合法性，恐怕会出现变数。惠帝正是担心这一点，所以才特意来确定一下。由皇帝和丞相决定的事，自然就不用向吕后汇报了。

隔月萧何便去世了，他对汉王朝的贡献巨大。刘邦刚入关中时，萧何抢到秦国的文书纪录，得以正确掌握了全国的生产情况。接着他制定了合理的开源节流规划，这些都对汉王朝初期的经济起到了促进作用。不过萧何本人并不富有，他的相国府窄小简陋，一点儿也不气派。

有人劝他多为子孙多积蓄一些财产，萧何却说："如果我的后代贤能，必定不会缺少家财；如果后世不贤能，再多的钱财也会被人夺走。"

曹参和萧何一样，最初都是刘邦的上司，沛县起义时，他们俩出了不少力，可以说是刘邦早期的谋士和亲密伙伴。

曹参和萧何的感情一直很好。楚汉战争爆发后，萧何在关中负责人力粮草，曹参则在外面征战，二人配合得相当默契。曹参个性勇猛，据说他全身的伤疤多达七十余处，在皇朝论功时，曹参的功劳仅次于萧何。

据《史记》记载，曹参曾攻陷过两个诸侯国，攻取的县则多达一百二十多个，俘虏诸侯王两人，丞相三人，将军六人，大莫敖、郡守、司马、候、御史各一人。

刘邦晚年的两大军事战役，即讨伐陈豨和英布之所以能够成功，曹参也有很大的功劳。曹参从齐国率兵来支援，由此可见刘邦对他的依赖。

刘邦任命曹参为齐国相国辅佐齐王刘肥。令人奇怪的是，曹参此时的作风却完全不同了，他一改往日强悍的军人作风，采用了审慎弱势的"黄老之术"，让一切顺其自然。

对于曹参来说，这是个相当不容易且非常了不起的改变。由于当时的刘肥年纪尚轻，曹参便召集齐国的儒生，讨论如何让战乱之后的齐国百姓过上安定富足的生活。

各家各派的齐国学者提出了不同的看法，大家议论纷纷、莫衷一是，曹参不禁感到左右为难。后来他听说胶西有位盖公精通黄老之术，于是立刻携带重礼前往求教，盖公爽快地答应了下来。

盖公说："治道应该清静无为，顺应自然，相信人民自己处理的能力，则政治自然会趋于安定。"

曹参听了后似有所悟，实际上他当时并不太了解黄老之学，只是尽量在学习感悟。曹参令人腾出房间给盖公居住，以便能随时向他请教。

从此曹参就以黄老之术来治理齐国，与民休息，不求自己的成绩，但求百姓能够安定富足。在九年之内，就使得齐国安定繁荣。人们都公认他是继管仲、晏子之后的齐国第一贤相。

曹参越来越洞悉世事了。他一听到萧何去世的消息，就立刻命人收拾行李，准备入长安，并开始移交工作。

众人不解，向他询问原因，曹参沉静地回答说："我将入京为相，提前准备以免仓皇失措。"

果然刘盈的诏令很快就下来了。临行前，曹参交代继任者："努力照顾好齐国的狱市，只要这方面管理得好，齐国大概就没有其他事了，切勿为了自己的政绩而干扰百姓的生活。"继任者不解地问道："难道治理国家没有比这更重要的政务吗？"曹参回答："那倒不是，狱市是兼容善恶的地方，如果您一味地干扰他们，那么人们何处容身呢？所以我认为这件事最重要。"

在汉初，曹参的"勿扰狱市"是一项不容忽视的经济政策。它对恢复和发展社会经济起到了非常重要作用。那么"狱市"到底指的是什么呢？专家们的看法历来不一，最常见的解释是将"狱市"分解为刑狱和都市，但"勿扰刑狱、都市"于情于理都不太通，所以始终没有成为定论。解放后，陈直先生经过仔细考证，认为"狱市为齐国大市之名，狱为"嶽"字的省文，即齐国庄嶽之市"。也就是说，这里的"大市"类似于现在的集贸市场。"勿扰狱市"是指政府不要干涉集市交易，施行市场开放。曹参的这个举动颇有超前意识，这么一来，可以保证商品的顺利流通，刺激生产发展，进而活跃经济。

铜镜彩绘车马人物图

该镜出土于陕西西安西北郊红庙坡村西。铜镜边缘为内向十六瓣莲弧纹，中心为圆形钮座。镜面以匙式环带为界，分为内外两个区。内区涂石绿底色，绘有红花蔓草。外区涂朱红色，绘四圆璧图案。图案以树木和草坪为背景，绘有车马人物，表现了谒见、对语、射猎、归游四组动静相间、富于变化而又情节连贯的画面。

曹参接替萧何的职位后，对萧何曾经做出的规划没做丝毫改动，完全按照以前的方针实行。不仅如此，他还非常小心地选拔官员，从各郡选出有实际经验但拙于文辞、个性稳重的官吏，以最安定的手法来推动政务。如果发现对方有一丁点儿野心或企图，他就绝不任用。

为了降低办事效率，曹参日夜饮酒，避免处理过多的事务。此时由于吕后专政，吕氏家族打算夺权，需要变更的行政制度众多。但是曹参一律不理，每日只顾喝酒，积压的公文多得惊人。

一些大臣见曹参什么事都不办，便来到相国府给他提意见。还没等众人开口，曹参就摆出酒菜，让他们没有说话的机会。一旦发现有人想开口，曹参就喊道："喝，再来干杯！"这种事情发生多了之后，大臣们也不再做无用功了。不办事光喝酒反而成了大家的习惯。

有人向曹参告密说："官员们整日喝酒，无所事事，应该整肃这种无效率状态。"

曹参满口答应他来到现场后，却没有责备一个人，反而与他们同乐，大吃大喝起来。曹参不仅很少花时间处理公事，还大事化小，小事化无，替众

舞乐晏飨画像砖
此为河南唐河县针织厂出土的画像砖，表现了古人舞乐宴饮的场景。
舞者姿态轻盈飘逸，饮者神情怡然自得，一派和谐景象。

人遮掩一些不起眼的过错。这么一来，官员们几乎都无事可做。

慢慢的，风声也传到了汉惠帝耳朵里。自从"人彘"事件以后，惠帝整天喝酒作乐，沉溺于女色，但那时还有细心负责的萧何，因此他并不担心。如果现在曹参也成了甩手掌柜，那整个政务岂不要立刻陷入停顿状态？

想到这里，惠帝立刻召见了曹参的儿子曹窋。他斥责道："你父亲是否欺负我年少不懂事，才做出如此荒唐的事来？你回去告诉他：'高皇帝已经归天，皇上年纪尚小，您身为相国，整天喝酒，无所事事，怎能成为百姓的领导者呢？'但要记住，别说是我讲的，看看他的反应如何。"

曹窋回去后按照惠帝的吩咐，把话一五一十地告诉了父亲。没想到曹参当场发怒，他骂道："你的工作是好好侍奉皇上，怎么如此多嘴？一个黄口小儿也配议论天下大事？"

说完他拿出棍棒，怒责曹窋二百下，以示惩戒。

惠帝得知后气愤不已，他立刻召见曹参，当面斥责道："你为何要处罚曹窋？这是我让他这么做的。"其实，曹参早就猜出是惠帝的主意，他处罚曹窋也是做给刘盈看的。一听这话，曹参当即解释道："皇上，我这么做是有原因的！"惠帝奇怪地问："这从何说起？"曹参说："皇上，您认为自己可否比得上圣明英武的先皇？"惠帝说："那当然比不上。"曹参又问："那么陛下认为，我和萧相国谁更贤能？"惠帝回答道："老实说，你比不上萧相国。"

曹参笑着说："皇上说得对，我们都不如他们。既然高皇帝和萧相国已经制定了清楚的法令，我们只要遵守既定的法令执行不就行了吗？"惠帝顿时

正史史料

　　吕后为人刚毅，佐高祖定天下，所诛大臣多吕后力。吕后兄二人，皆为将。长兄周吕侯死事，封其子吕台为郦侯，子产为交侯；次兄吕释之为建成侯。

——《史记·吕太后本纪》

明白过来，说："那就按照丞相的意思去办吧！"

　　事实上刘邦的汉王朝介于周王朝制度和秦朝郡县制度之间，并没有先例可循，再加上秦朝过分中央集权，最后导致政治一片混乱。因此萧何采取了一种特别的制度，即一律简化。各地方仍拥有相当自主权，以应付个别情况。可惜这套制度实施不久，刘邦和萧何便相继去世。这段期间是汉朝生死存亡的关键时刻，因为刚刚平定强大的诸侯王，重要将领拥兵在外，而继任的刘盈只有十几岁，根本不可能独立处理朝政。

　　吕后则野心勃勃，她希望由吕氏家族来掌握大权，如果不守好萧何定下的制度，吕后一党肯定会极力破坏。对此曹参心知肚明，因此他禁绝任何改变，完全依照萧何的规划，以确保汉朝制度不被吕氏破坏。

　　如果根据需要变更萧何的法制，吕后必定也会找出众多借口更改法律。只有大家都不变动，吕后也就无可奈何，尚不稳定的汉朝新政权才能够得以维持。

　　《史记·曹相国世家》记载："参为汉相国，出入三年。卒，谥懿侯。子窋代侯。百姓歌之曰：'萧何为法，颟若画一；曹参代之，守而勿失。载其清净，民以宁一。'"

　　司马迁则在《史记·曹相国世家》中说："参为汉相国，清静极言合道。然百姓离秦之酷后，参与休息无为，故天下俱称其美矣。"

吕后专权

　　由于整日沉溺于酒色，前188年汉惠帝病逝了。这时他才年仅二十三岁，谥"孝惠皇帝"，葬于安陵（今陕西西安附近）。

　　令人奇怪的是，吕太后身为惠帝的亲生母亲，当唯一的儿子去世时，她居然显得心不在焉，一滴眼泪也没有掉。

"皇后之玺"印

此玺发现于陕西咸阳韩家湾狼家沟。玉玺呈白色，上凸雕螭虎纽，底面阴刻篆书"皇后之玺"四字，体现出汉印浑厚博大的风貌。前188年，汉惠帝死后，吕后开始掌握国家朝政，并开始用玉玺，此玺有可能就是吕后生前的御用之宝。

张良之子张辟疆发现了这个情况，立刻告诉右丞相王陵，他曾从项羽手中救出刘邦一家人，包括太公和吕后，因此深得吕后的器重。王陵个性耿直，讲义气，是有名的血性汉子。刘邦病逝前，曾留下遗言："曹参之后，可由王陵接任丞相。"

曹参去世后，惠帝便任命王陵为右丞相。不过王陵的应变能力较差，惠帝于是又让善于智谋的陈平担任左丞相以协助他。

张辟疆对王陵说："太后只有惠帝这一个儿子，如今惠帝崩逝，太后却不觉得悲痛，丞相您是否知道原因呢？"

王陵坦白地回答："不知道。"

张辟疆分析道："先帝没有能够继承皇位的儿子，太后想另立继承人，又担心遭到大臣们的刁难，因此心中不安，无法沉浸于丧子的哀痛之中。丞相不如主动提出封吕氏家族的人为将，负责南北禁军。如此一来，吕太后必定心安，丞相等人也会免去祸患。"

王陵觉得有理，便立刻和陈平、周勃等人商量，大家对这个意见都表示同意，于是王陵上书恳请吕太后重用吕氏家人。

吕太后解决了心中的大事，总算缓过劲来，开始为丧子而痛哭不已。

惠帝生前与皇后张嫣并没有儿子。因为皇后张嫣是惠帝姐姐鲁元公主的女儿，惠帝不喜欢张氏，因此并未留下儿女。不过惠帝与后宫的美人却生有几个孩子，分别叫刘恭、刘彊、刘不疑、刘义、刘朝、刘武。惠帝死后，吕后立刘恭为帝，并处死了其生母，史称"前少帝"，其他人则相继被封为王。

这样吕后就获得了一个大好的夺权机会。其实在刘邦病重时，吕后就已在悄悄地独揽大权，她经常阻止大臣们与刘邦见面。

四月刘邦在长乐宫病逝，吕后秘不发丧，她找到审食其商量说："那些大

历史细读

《庄子·逍遥游》："庖人虽不治庖，尸、祝不越樽俎而代之矣。"常用来比喻超越自己的职分而代替他人行事。

将都和皇上一起打过江山，如今让他们称臣，心里常有不平。太子继位后年纪太小，如果不诛杀诸将，说不定他们会起来造反，引起天下不安。"

经过一番商议，吕后便决定，隐瞒刘邦已死的消息，诛杀诸将。

将领郦商听说后，迅速赶来见审食其。他说："我知道皇上已经去世，四日不发丧，吕后想要诛杀诸将。但如此一来，天下必乱。陈平和灌婴在荥阳有十万人马，樊哙和周勃在北方有二十万人马，如果他们知道这个消息，肯定会率军攻打关中。到时候大臣们从内部响应，诸侯在外面反叛，好不容易打下的江山立刻就会分崩离析。"

审食其把郦商的话转告给了吕后，吕后才正式宣布死讯，并大赦天下，让诸侯和大将们放心。

惠帝时期，吕太后陆续解决了刘邦分封的一些诸侯王，齐王刘肥差点被毒死，赵幽王刘友被饿死，赵恭王刘恢自杀。燕灵王刘建死后，吕后还派人追杀他的独子，使其绝后。

惠帝死前的两年，曹参病逝。紧接着樊哙和张良也死了，这些能够约束吕太后的功臣相继去世，朝廷的均衡开始发生变动。

此时吕太后还很健壮，而新皇帝年纪尚小，因此她以此为借口，临朝称制，成为中国历史上第一个独掌国家大权的女性。

不过吕太后和后来的慈禧太后垂帘听政有所不同。慈禧虽然以皇后的名义掌权，但颁发诏书依然要借皇帝的名义，而吕太后则有自己专用的玉玺，而且纪年也改为"高后"。从这个意义上讲，吕后算得上是中国第一个有实无名的"女皇帝"。所以《史记》和《汉书》分别将其列为《吕太后本纪》和《高后纪》是有道理的。

吕后能专权绝不是偶然的。首先，她本身精明强干和丈夫刘邦共同经历过患难，而且对文臣武将极为熟悉，具有较高的威望和深厚的根基，其他宠姬则都不具备这些条件。

其次，她的儿子刘盈懦弱、寡断，难以稳定大局，那些诸侯王对皇权构成了潜在的威胁。再加上曾出现过废立太子的前车之鉴，因此有野心、有魄

汉文帝

汉文帝刘恒，汉惠帝刘盈弟，母薄姬。初被立为代王，都晋阳。吕后死，在周勃、陈平的支持下诛灭诸吕，登上了皇帝的宝座。在位期间励精图治，兴修水利，废除酷刑，使汉朝进入强盛安定时期。

力的太后当然要越俎代庖。

另外，汉代并没有后来的"男尊女卑"思想。恰恰相反，汉代尊重女权，妇女具有较高的社会地位。当时的很多女性是有爵位的，甚至和男人一样封侯，拥有封地。刘邦曾封兄长刘伯之妻为"阴安侯"，吕后曾封樊哙的妻子、她的妹妹吕媭为"临光侯"，封萧何的夫人为"酂侯"等。

从某种程度上说，秦汉时期的社会风气较为宽容大度，崇尚男女平等。人们不觉得私生子、私通和离婚再嫁是耻辱。汉武帝时的名将卫青、霍去病都是私生子，照样拜将封侯。

据史书记载：民间有"使男事女，夫诎于妇"的现象。陈国（今河南淮阳一带）妇人尊贵是普遍存在的习俗。后来的唐朝与汉代颇为相似，即我们所熟悉的"汉唐遗风"。在这种背景下，女主专权自然也就没什么好奇怪的。

正式称制以后，吕太后想晋封吕氏族人，以期刘氏、吕氏共享政权。不过这个提议遭到了右丞相王陵的反对。王陵说："高皇帝在世时，曾刑白马和诸大臣、将领盟誓曰：'非刘氏而王者，天下共击之。'今太后要晋封诸吕氏，是违反盟约的。"吕太后碰了个钉子，非常不高兴，但她又不能发作，只好去找左丞相陈平和太尉周勃，没想到这两个人居然一口就答应了。他们表示："高皇帝平定天下时封刘氏子弟为王，今太后称制，封吕氏子弟为王也并无不可。"王陵很不高兴，他责问陈平和周勃："当年高皇帝盟誓时你们也在场，现在却背弃盟约，讨好太后，有何面目见高皇帝于地下？"陈平苦笑着说："当面指责太后的过失，我不如你；但保全社稷，安定刘氏后代，你不如我。"王陵无奈，只好主动辞官，告老还乡，从此不问政事。

没有了反对力量，吕太后更加胆大了。她追尊其父为宣王，将已经去世的长兄吕泽封为悼武王。这时她的女儿鲁元公主也去世了，吕太后便封其子张偃为鲁王，追谥鲁元公主为鲁元太后。除了死人之外，她还分封了一大堆吕氏族人为诸侯王。

面对势力日渐强盛的吕氏家族，有人为了避祸不敢发言，有的则公然发难。这人就是吕太后颇为欣赏的朱虚侯刘章。刘章是齐王刘肥之子，颇有勇力。

一次宫廷举办宴会，吕太后命刘章为酒吏，负责饮宴礼仪和安全。

刘章乘机说："微臣乃武将后代，希望能以军法来执行酒宴礼仪。"

吕太后听了觉得很有意思，于是当场批准。

接着刘章吟唱了一首《耕田歌》："深耕概种，立苗欲疏，非其种者，锄而去之。"意思是隐讽吕氏一族为非作歹，表达了强烈的不满。

精明的吕太后自然明白他的意思。她沉默不语，居然没有治刘章的罪。

宴会即将结束时，一位吕氏官员酒醉了，没有向太后请示便擅自离去。刘章知道后，拔剑追赶，没一会儿就拎回来一颗人头。他若无其事地说："有亡酒者一名，臣谨依军法处斩之。"

太后及其左右大惊失色，但由于刚才已经答应他以军法执行礼仪，因此也无法罪责刘章。

这件事过后，吕太后深感刘氏党人已产生了极大的不满，于是嘱咐吕产："应稍加约束。"而吕氏党人对刘章敬畏有加。刘氏党人的士气由此得到了很大的鼓舞。

高后四年（前184年），逐渐长大的少帝通过熟悉内情的宦官得知，自己并非皇后之子，而且生母已被吕太后所杀。不懂事的少帝竟然公开声称："太后杀了我母亲，以后我一定会报复的。"吕太后闻言无比震怒。她将少帝监禁于永巷，对外宣称："皇上病了，众大臣均不得见。"不过日子久了，总得有个交代。于是吕太后召集群臣，对他们说："如今皇上一病不起，恐怕无力再理朝政，为了国家的安定，应该尽快找个人来代替。"

大臣们不明就里，只得说："皇太后为天下万民计，一切都是为了宗庙社稷能够永久安定。臣等没有异议，愿奉诏行事。"

于是吕太后废了少帝，并将其偷偷杀死。五月立常山王刘义为帝，并改其名为刘弘，这就是"后少帝"。这位刘义也是汉惠帝刘盈之子，前少帝刘恭的异母弟。

接着吕太后指定侄儿吕禄的女儿为皇后，吕家的势力到达鼎盛。刘氏诸侯虽然心怀不满，但由于禁卫军完全掌握在吕氏手中，因此不敢造次，只得隐忍苟存。

正当右丞相陈平和陆贾、周勃商议如何压制吕氏一党时，年事已高的吕太后突然病危，眼看就要死了。

在临死前，吕太后嘱咐吕产和吕禄说："我晋封了很多吕氏诸侯为王，大臣们必定不服。我死之后，皇帝年少，他们恐怕会心存不轨，所以你们两个一定要掌握兵权。如果情况危急，不必来参加我的葬礼，切勿被他人有机可乘。"

事实证明吕太后的确有先见之明，前 180 年，吕太后逝世。陈平、周勃迅速联合刘襄、刘章，一举消灭了吕家的势力，并拥立代王刘恒继位，即汉文帝。

惠帝当了七年有名无实的皇帝，接着吕太后又执政八年。在这段时间内，虽然吕太后致力于铲除异己、分封族人，但她也为汉朝的发展做出了一定贡献。

吕太后遵守刘邦的遗嘱，重用萧何、曹参、王陵、陈平、周勃等人；继续让曹参等人推行"清静无为"的黄老政治，一些政策比高祖时期还要宽松；在法律方面，废除了"三族罪"和"妖言令"；继续实行和亲政策，换回了北疆的安定。

应该说这十五年是汉王朝从建国到文景之治的过渡时期，在历史上占有重要的地位。

文景之治

西汉王朝建立后，汉高祖着力于恢复农业生产，发展经济，稳定封建统治秩序，收到了显著的成效。文、景两帝相继即位后，又在此基础上进一步采取了与民休息、轻徭薄赋的措施。文、景两帝统治期间，社会稳定，经济和农业生产得到显著了发展，这便是历史上所称的"文景之治"。

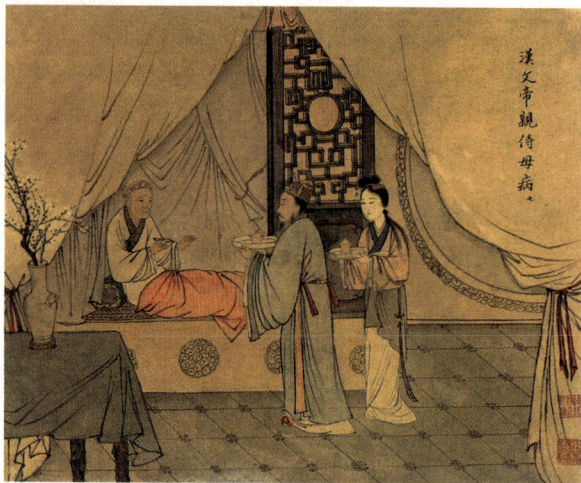

汉文帝亲侍母病

西汉时期的汉文帝刘恒，从小就很孝顺，总是尽心尽力地侍奉母亲。薄太后曾连续三年都卧病在床。三年里，汉文帝每日理完朝政，就衣不解带地来到母亲病床前侍奉。凡是为母亲煎好的汤药，他都要亲口尝过，才肯放心地让母亲服用。那些日子里，汉文帝常常整夜陪伴在母亲身边。三年后，薄太后的身体终于康复了。汉文帝的仁义和孝心感动了天下人。

周勃安刘

前180年，执掌朝政的吕太后病逝。陈平、周勃等人联合齐王刘襄突然发难，铲除了吕氏家族的势力，史称"周勃安刘"。

吕家的权力被铲除后，大臣们纷纷商议，认为应尽快找一个刘邦的儿子来继位，可是吕太后生前已将这些人杀得差不多了，只有刘恒和刘长还在。想来想去，他们便决定，立远在代地的代王刘恒为帝，这就是后来的"汉文帝"。在中国历史上汉文帝是很有名的，"文景之治"的评价就是对他的充分肯定。事实上刘恒之所以能继承帝位，和他的母亲薄姬分不开。

薄姬是南方的吴郡人。秦朝末期，天下大乱，魏豹自立为魏王。当时有一个善于看相的女人许负，在当地很有名气。许负看过薄姬后，说她面带贵相，将来贵不可言。魏豹听说了这个消息，便强迫薄姬的母亲将女儿送进内宫。

前205年，刘邦打败魏王豹，将所有宫女掳到荥阳工作。薄姬也被分配到纺织作坊里做织布等工作。一天刘邦到荥阳视察工作，发现这个女子楚楚动人，柔弱可爱，于是将她带回长安。但他很快就把这个女人忘得一干二净。按理说薄姬的下场会和很多不幸的女人一样，愁苦哀怨地度过余生，最后老死宫中。

然而没想到的是，一天刘邦和两个美人寻欢作乐时，这两个美人为了讨好刘邦，将薄姬的故事当笑料讲给刘邦听。谁知刘邦听后却动了恻隐之心，当晚就召见了薄姬。

天象（局部）

此为墓顶画面，大圆圈内环绕着二十八宿和与四神相配的星图。圆环中部，南边绘太阳，北边绘月亮，其余部分绘流动圆转的云纹和姿态各异的仙鹤。这幅图充分体现了汉代人对星象的观测和认识水平。

　　薄姬说："我昨夜梦见有一条苍龙盘踞在我的肚子上，不知道这是何征兆？"刘邦一听大喜，觉得是祥兆，便临幸了她。一夜过后，薄姬果然怀孕了，后来生下了刘恒。不过薄姬虽然母凭子贵，被封为"姬"，但刘恒出生后，薄姬再也没有受到过刘邦的宠爱。

　　薄姬很懂得自处之道，她喜欢读《老子》，对道家哲学有所认识，明白谦退是上策，于是平日只是种种花草、修身打坐。正因为她的与世无争，皇后吕雉并没有注意到她，也因而得以保全了性命。

　　在薄姬的教育下，刘恒自小就做事谨慎，从不惹是生非，是刘邦的儿子中最不显眼的一个。刘恒八岁时，被立为代王，管辖范围在河北西北部和山西北部一带，这里气候严寒，是抵御北方匈奴的前线要塞。

　　汉高祖十二年（前195年），汉高祖去世。那些经常受到汉高祖宠幸的姬妾，如戚夫人等，都被吕后幽禁了起来，不许出宫。而薄姬因为极少被汉高祖召见的缘故，得以出宫，跟随儿子刘恒前往封地代地，是为代王太后。

　　由于受到了母亲的影响，刘恒也力守老子的三宝法则："一曰慈，二曰俭，三曰不敢为天下先。"在这种思想的指导下，刘恒清心寡欲，没有引起吕后的丝毫注意。而这时刘邦的其他儿子除了刘肥和刘长外，已全都被吕后害死了。

　　周勃等人消灭了吕氏一族后，远在边塞的刘恒如同得到了天上掉下来的馅饼，做了皇帝，薄姬也被尊为皇太后。

　　刘恒对母亲非常孝顺，虽然当了皇帝，但他从来也不怠慢母亲。一次薄姬患了重病卧床不起，这一病就是三年。刘恒急得团团转，不仅四处找寻良医，还亲自为母亲煎制药汤。每次煎完，还要先尝一尝，看汤药苦不苦、烫不烫，觉得合适了才端给母亲喝。

一时间刘恒孝顺母亲的事广为流传，人们都称赞他是个孝子，还留下一首诗颂曰："仁孝闻天下，巍巍冠百王。母后三载病，汤药必先尝。"

汉文帝即位

刘邦的旧臣陈平和周勃诛灭吕氏势力之后，便开始商议由谁来继承皇位。当时在位的小皇帝是吕后立的刘弘，他们觉得刘弘不符合皇位继承的法统，因此只能从刘邦剩下的儿孙中选择。当时可供选择的人有齐王刘襄、淮南王刘长和代王刘恒。不过刘长年幼，刘襄的舅舅实力强大，十分凶悍，假以时日，恐怕又是一个"吕氏家族"，只有薄姬没有任何势力和背景，因此陈平等人选中了刘恒。

他们派使者去代地迎接刘恒，表示要拥立他为帝。二十三岁的刘恒听到这个消息，并没有欣喜若狂，反而有些拿不定主意，只好征求左右大臣的意见。

郎中令张武等都说："现在的朝廷大臣都是跟随高帝时的大将，他们熟习兵事，多谋善诈，其用意恐怕不止于此，不过是畏惧高帝、吕太后的威势罢了。如今他们刚刚诛灭诸吕，血染京城，此时来人，名义上是迎接大王，恐怕不可轻信。希望大王推脱有病，不要前往，以观其变。"

中尉宋昌却不同意这种看法，他说："当初秦始皇暴虐，天下豪杰纷纷起事，自以为能得天下的人不少，但最后当上皇帝的只有高祖，所以老百姓都认为天下是刘家的。虽然吕后曾经专权，但为时很短，人心仍然向往刘家。吕后当年已立吕氏家族人为王，他们权力很大，然而太尉仅凭一支符节便进入吕氏把持的北军，振臂一呼，将士们就表示要辅佐刘氏，消灭叛吕，这是天意所授。即使大臣们想作乱犯上，老百姓也不会随便听从他们的驱使，更何况他们内部能够保持同心一致吗？如今高帝的儿子就剩下淮南王和您，而您的贤圣仁孝早已闻名天下，所以我认为，大臣们是根据人心所向才迎大王做皇帝的，大王就不要犹豫了。"

眼看双方各执一词，谁也说服不了谁，刘恒只好去请教母后薄姬。这个深通《老子》的老太太说："派你舅舅薄昭到长安去察看一下形势吧！"接着刘恒又用龟甲进行占卜。只见龟甲上显出一条大大的横向裂纹，根据卜辞，大横代表着更替，将做天王。刘恒奇怪地问："我本来是代王了，还能做什么王？"

占卜者解释说："所谓'天王'就是天子。"这时被派到京城打探消息的薄昭也回来了。他说："您不要再怀疑大臣们了，他们是真心拥戴您做皇帝。"刘恒笑着对宋昌说："果然如你所言。"

随后刘恒带着宋昌、张武等人前往长安。走到高陵，他下令停车，并派宋昌先去打探消息。宋昌刚走到渭桥太尉周勃便率领丞相以下的官员前来迎接。宋昌回去将情况禀告了刘恒刘恒这才放下心来，继续前进。

他们来到渭桥，群臣立刻跪下拜谒。这时刘恒的身份还是代王，不是皇帝，而汉朝中央政府的权力早已掌握在周勃一人手里。局势非常微妙，进退之间很难处理，因此刘恒当即跪下来还礼。

拜礼完毕后，周勃上前说："代王，我希望向您单独禀报。"还没等刘恒开口回应，他身边的宋昌就过来拦阻，这也是个精通黄老学说的人才。他说："所言公，公言之。所言私，王者无私。"周勃被他说得没有了办法，只好跪下来献上玉玺和符节说："没有别的，只是公事，这是皇帝的玉玺，今特来送上。"刘恒接过玉玺，按照常理，他就是皇帝了，但他却说："我初来乍到，还不了解情况，不一定由我来当皇帝，我先保管这些东西，到了官邸再做商量吧！"

露台惜费

汉文帝刘恒是我国历史上真正提倡节约的皇帝。史载他在位时，生活十分俭朴，经常身着粗袍；所居室内帷帐全无龙凤纹饰；修建的陵墓全用泥瓦，甚至连墓室装饰也明令不准使用金、银、铜等贵重金属。一次汉文帝想修造一座露台，就召集工匠们计算工程费用，当工匠们告诉他修成需要百金时，汉文帝马上感叹："百金，中人十家之产也。"于是放弃了原先的打算。

刘恒先住进官邸，每天都在观察各方面的情况。他觉得自己尚年轻，处理政务经验不足，如何让刘氏宗族和手握兵权的大将们服气，应该好好想清楚。

眼看刘恒毫无动静，大臣们都急得不得了，他们说："现在您已成为高帝的长子，是继承皇位的最佳人选，希望您早日继承天子之位。"刘恒说："此事事关高帝宗庙，是件大事。我没有才能，恐怕难以胜任，请你们还是再找一个更合适的人选吧。"最后在群臣的苦苦哀求下，刘恒才说："既然所有的宗室、将相、诸王、列侯都认为没有人比我更合适，那我就不敢推辞了。"

于是在前180年，刘恒正式即位。他在高祖庙举行了典礼。即位后他先是大赦天下，后又颁布了许多惠民诏书，如有关养老之事，通知各地不要向皇帝进奉宝物等。

汉朝时期，丞相以右为上，左丞相相当于副职。为了表彰周勃，文帝将原先的右丞相陈平改任左丞相，任命太尉周勃为右丞相。

休养生息

汉文帝和他的儿子汉景帝是封建社会中比较开明的皇帝。西汉著名历史学家司马迁评价说："汉兴，孝文施大德，天下怀安。"西汉从建立到汉景帝时期，不过经历了六十多年，但德政达到了极盛的地步，这与他们实施"休养生息"的政策分不开。这些政策极大地推动了西汉的发展，为后来汉武帝时期的鼎盛局面奠定了基础。

崇尚节俭

汉文帝是个出了名的节俭皇帝，他坐上皇位后，一件龙袍就穿很长时间，破了就缝缝补补。这并非他矫揉造作，完全是因为他信奉老子"慈""俭"思想的缘故。

据史书记载汉文帝："身衣弋绨。所幸慎夫人，衣不曳地，帷帐无文绣，以示敦朴，为天下先。……张武等受赂金钱，觉，更加赏赐，以愧其心。专务以德化民，是以海内殷富。"

文帝即位后，他下诏清点长安的公用马匹，将多余的全部送到驿站使用。而且他在位期间，没有大修过宫殿和皇苑，全部都是以前留下来的，对此文帝从来不觉得简陋。

一次他本想造一座露台，但召来工匠一算，需要用"百金"。文帝便说道："百金相当于十个中等人家加在一起的财产。我觉得先帝的宫殿已经很奢侈了，常常觉得羞愧，露台就不用建了。"

在文帝的带领下，后宫所用的衣服器物也很简单，没有任何奢侈攀比之风。

还有一次，有人献给汉文帝一匹千里马，文帝说："我外出时，前面有鸾旗，后面有车队，就算走得再远，一天也不过几十里。我一个人骑着千里马干什么用呢？"结果他不仅把千里马退还给原主，还按里程给了其生活费。接着他下了一道诏令说："我不收献礼，各郡各县都不要给我送礼，否则严惩不贷。"

文帝在位二十多年，始终恪守节俭的原则。他不仅自己做到了，还严责各级官员要节省，以免扰民。

止辇受言

汉代史书中记载："文帝每朝，郎、从官上书疏，未尝不止辇受言。言不可用者，置之；可用，采之。未尝不称善。"古代帝王能在朝廷之上听取谏议的，往往被誉为明君。汉文帝能打破常规，在行进途中停下来听取无权进谏的郎官、从官之言，并能做到无论所言何事都静心听取，并予以奖励，然后择善而从，受到人们的赞誉。

正史史料

孝文皇帝即位二十三年，宫室、苑囿、车骑、服御无所增益。有不便，辄弛以利民。尝欲作露台，召匠计之，直百金。上曰："百金，中人十家之产也。吾奉先帝宫室，常恐羞之，何以台为！"身衣弋绨，所幸慎夫人衣不曳地，帷帐无文绣，以示敦朴，为天下先。治霸陵，皆瓦器，不得以金、银、铜、锡为饰，因其山，不起坟。

——《汉书·文帝纪》

虚心纳谏

汉文帝曾广开言路，鼓励臣民发表意见。不管职位大小，只要提出建议，他都会认真听取，讲得对的有嘉奖，说错了的也不追究责任。

通过纳谏，文帝也纠正了一些错判的案件。如：魏尚原是云中郡的太守，曾多次率军击败匈奴，匈奴对其十分畏惧，一直不敢轻易南下。一次，魏尚又去攻打匈奴，但后来上交的敌人首级比报告中少了六个。文帝一气之下就免了他的官职，并将其关进大牢服刑。

郎中署长冯唐对此颇有微词，于是找了个机会觐见文帝。在聊天时，文帝偶然得知冯唐的祖先是赵国人，父亲曾住在代郡，文帝登基前就是代王，因此二人谈得十分投机。这原本就是冯唐刻意制造的机会，因此文帝在他的引导下，不知不觉地谈到了赵国有名的将军廉颇。

文帝感叹道："如果我能得到像廉颇那样的将军，就不怕匈奴入侵骚扰了。"冯唐不客气地反驳道："那倒未必，恐怕皇上即使得到了廉颇，也不会加以重用。"文帝一听，便有些生气地问道："为什么呢？"冯唐说："廉颇之所以能够经常打胜仗，是因为赵王充分信任他。但现在将军魏尚仅仅因一件小事就被您罢官入狱，所以我认为，您即便得到了像廉颇那样的将军，也不会重用他。"听了冯唐的话后，文帝一言不发。当天下午，他就下令释放了魏尚，并恢复了他原来的官职。对于直言进谏的冯唐，文帝也给予了奖赏，升他为车骑都尉。

堵阳人张释之是汉代以铁面无私而闻名的法官。虽然他很早就开始了仕途，但他的官运很糟糕，在汉文帝时代做了整整十年的下级官吏，始终没有得到升迁的机会。

这时中郎将袁盎觉得张释之是个人才，就向汉文帝推荐了他。汉文帝听

种植水稻

汉代在农业上有一个非常值得注意的发明，就是水稻的移栽技术。此项技术的发明，使粮食产量大大提高了。

说后，就叫来张释之，当场对他进行面试。谁知张释之不太清楚状况，只简单说了一些目前的法律条令，结果文帝很不满意。

张释之发现自己已经没有机会了，也就不再抱有幻想，他开始像平时那样瞎扯起来。他侃侃而谈，分析了秦代和汉代的政策，诸如秦朝为什么会灭亡之类的问题，没想到居然吸引了文帝，被封为谒者仆射。这也是个小官，但有一个好处是可以常常跟着皇帝。

张释之得到了这个可以表现自己的机会，自然不会放过。

一天张释之跟着文帝来到了驯养野兽的上林苑。文帝一时兴起，就召来上林苑的负责人上林尉，询问有关蓄养虎的情况，结果他问了十多个问题，上林尉居然一个也答不上来。

这时上林尉身边的一个猎场小吏为了给长官解围，就挺身而出，回答了文帝的问题。

汉文帝一见更加生气，他责问上林尉："你是怎么当官的？既然没有本事，就回家呆着去吧！"接着文帝当即罢免他的官职，让那个小吏接任。这时身边的张释之突然问道："皇上，您认为绛侯周勃是个怎样的人？"文帝被他问得莫名其妙，但依然回答："德高的长者。"张释之又问道："那么东阳侯张相如呢？"文帝回答道："也是个德高的长者。"张释之接着说："周勃和张相如都是德高的长者，但他们都不擅长言语。而这个小吏夸夸其谈，空有口舌而不切实际，如此一来，怎么能听到老百姓的声音呢？这正是秦朝灭亡的原因。如果您仅仅因为逞口舌之利而提拔他，恐怕会误导官员们，请皇上慎重！"

听他这么一说，汉文帝马上想起了周勃当年被自己问得张口结舌的样子，就这样他打消了提拔小吏的念头，并拜张释之为公车令。后来张释之又凭借自己的才华成为了司法机构的最高负责人。

为百姓祈福

汉文帝即位之初下了道诏书，表达了自己爱护百姓、关心老人的意愿。管理民政的机关向各县发布命令：每月给八十岁以上的老人赐米一石，肉二十斤，酒五斗；九十岁以上的老人再加赐帛两匹，絮三斤。而且赐给九十岁以上老人的东西，必须由县丞或县尉送达，其余则由主管的小官吏送达。

文帝认为农业是天下的根本，老百姓只有勤于耕种，才能确保衣食无忧，国富民强。为了劝农耕种，他还亲自耕作，以作表率。后来文帝采纳了晁错的建议，允许以粮食换爵位，或用粮食来赎罪。最典型的措施就是减轻农民的赋税。

为了让百姓安心务农，他顺利解决了南越王赵佗的独立问题。对于北面的匈奴，文帝则采取和亲和积极防御的策略，同时将内地的人迁到边疆，这些都为老百姓提供了充分的务农条件。

此外汉文帝对主持祭祀的官员只为自己一人祈福很不满意，后来他下令，主祭官在祭祀时同时要为百姓祈福。这些都表明，汉文帝时刻将百姓放在心中，不以一己之私而损害百姓的利益。

减轻刑罚

汉文帝之前，对罪犯的刑罚十分严厉，其中有一项"连坐法"，也就是一个人犯罪后，整个家族的人都会跟着一起受罚，要么处死，要么沦为奴隶，丧失平民身份。

没当皇帝之前，文帝就觉得这种处罚很不妥当，他说："一个人犯罪应该由他自己承担，而不应该连累家人。"

即位之后，汉文帝马上提出废除"连坐法"，他说："一个人犯了法，直接定他的罪就行了，跟他的父母妻儿有什么关系呢？长此下去，我不相信这种做法会有什么好处！"于是大臣们按他的意思起草诏书，废除了"连坐法"。老百姓对这项政策十分拥护，他们得知后，高兴地说："以后再也不用担心了。"

不过除了连坐法之外，古代的刑罚还有多种肉刑，这些都是残害犯人肉

行刑图

汉代初年，刑罚极其严厉。前167年，有个叫淳于缇萦的小姑娘为使父亲免受肉刑之苦，上书汉文帝。随后汉文帝正式下令废除了肉刑。图中所绘即为汉代改革刑罚后行刑的场景，两名罪犯手执判决书伏地待笞，行刑者则持杖相待。

体的刑罚，非常残酷。比如，用刀割开面额，然后涂上墨，称为"墨刑"；割掉鼻子称为"劓刑"；砍掉双脚称为"刖刑"。

前167年，临淄有个小姑娘名叫淳于缇萦，她的父亲淳于意原本是个读书人，但他喜欢研究医学，经常给人治病，是当地的名医。后来淳于意还做了太仓县令，由于他不喜欢官场，没多久就辞了官，一心一意地当起医生来。

一天有个商人的妻子病了，他请淳于意来医治，病人吃了药后没有好转，过了几天就死了。气愤的商人于是告到官府，说淳于意是庸医，故意残害人命。经过审理，当地官吏判处淳于意"肉刑"。但由于他曾担任过县令，必须奏报朝廷才能处罚，因此淳于意要被押至都城长安。

临行前，淳于意看见来送别的五个女儿叹息道："可惜我没有儿子，否则遇到这种危难情况，还能帮上一点忙。"几个女儿都低着头伤心流泪，只有小女儿缇萦又是悲伤又是气愤，她暗想："为什么女儿就没有用呢？"父亲的话激起了缇萦的血性，她立刻收拾行李，要随父亲一起去京城。不管家人如何劝解，她都只当没听见。到了长安之后，缇萦四处奔走，找人为父亲求情。但到了这种时候，谁会为她出头呢？无奈之下，缇萦只得写了一封奏章，来到宫门口，请求守门的人交给汉文帝。

文帝听说有个少女上书，觉得非常惊讶，忙令人呈上来，只见书中说道："妾父为吏，齐中皆称其廉平。今坐法当刑，妾伤夫死者不可复生，刑者

历史细读

　　庙号是中国古代君王死后在太庙里立宣奉祀时追尊的名号。一般认为，庙号起源于殷商，如太甲为太宗，太戊为中宗，武丁为高宗。君王庙号追尊之初非常严格，按照"'祖'有功而宗有'德'"的标准。开国帝王一般是"祖"，继嗣帝王有治国才能者为"宗"。

不可复属，虽后欲改过自新，其道亡繇也。妾愿没入为官婢，以赎父刑罪，使得自新。"

　　汉文帝看了信之后又惊又喜。他觉得这个小姑娘很有才气，而且勇敢，于是召集大臣们商议此事。

　　汉文帝说："一个人犯了罪应该受罚，但也应该给他重新做人的机会。受了肉刑之后，犯人们要么脸上被刺了字，要么四肢不全，这会引来人们的歧视，而且失去了劳动能力，这种刑罚如何能劝人为善？不如用其他刑罚来代替吧！"大臣们商议后，决定以后就用"打板子"来取代肉刑。原本要被砍脚的，变成打五百板，割鼻子的改为打三百板。就这样因为"缇萦救父"的义举，汉文帝正式下令废除了肉刑。后人有诗称赞缇萦："欲报亲恩入汉关，奉书诣阙拜天颜。世间不少男儿汉，可似缇萦救父还。"

　　不过虽然缇萦的举动值得人们敬佩，但如果她遇到的不是汉文帝，恐怕也不会有这么好的结果。自文帝废除肉刑之后，再也没有皇帝敢冒天下之大不韪恢复它。

　　但是将肉刑改为打板子也有很多弊病，有的犯人还没被打够数，就已经断气了，于是只好又减轻次数。

　　接着汉文帝又废除了"诽谤妖言罪"。当时不管是大臣还是百姓，都不能随便议论皇帝，更不能有所怨恨，否则就是犯了"诽谤妖言罪"。百姓如果因为不高兴而诅咒天地，就犯了"民诅上罪"。因为天地和"天子"有关系。文帝说："这些刑罚使大臣们都不敢说真话，久而久之，皇帝就无法了解自己的过失，这对国家政事非常不利，而且也无法招纳良才。"

　　因此文帝下令将这些刑罚一一废除，并尽量减轻刑罚，更改法律和制度，使得各种处罚尽量宽大。据历史记载，在汉文帝即位的二十几年中，监狱里几乎没有犯人。

　　正是由于这一系列的得力措施，汉文帝开创了受到世人称道的"文景之治"。而减轻刑罚、废除肉刑等举动，更是成为历代效仿、歌颂的好榜样。所以历史对汉文帝的评价是"慈惠爱人曰文"。还说："汉兴，扫除烦苛，与民休息。至于孝文，加之以恭俭，专务以德化民，是以海内富庶，兴于礼义。断狱数百，几至刑措。至于制度礼乐，则谦逊而未遑也。"

前157年夏天，汉文帝去世，享年四十六岁。他以道德治天下，虽然他在位期间似乎并未干出轰轰烈烈的大事，但人们对他的评价一直很高。他一去世，丞相就赞颂他"功莫大于高皇帝（指汉高祖刘邦），德莫盛于孝文皇帝"，并将其与刘邦并列尊为太祖、太宗。

在古代，有夺取天下之功的称为"祖"，有治理天下之德的称为"宗"。汉文帝正是因为有效地治理了西汉王朝，庙号为太宗。他死后，大臣们商议他的谥号，大家一致认为，他够得上称一个"文"字，因此谥号为孝文皇帝。老百姓则称他为"汉文帝"。

汉文帝葬在霸陵（今陕西西安东）。按照他的遗嘱，霸陵十分朴素，据说是瓦做的，里面并没有值钱的珠宝玉器，所以完好无损地保存到了现在。

以农为本

继汉文帝之后，汉景帝继续推行文帝时期的一些方针政策。在农业上，景帝继续执行"重农抑商"这一国家政策。景帝说："农，天下之本也。黄金珠玉，饥不可食，寒不可衣。以为币用，不识其始终。"因此景帝曾多次下令，让郡国官员将劝勉农桑作为头等大事。

汉景帝继承了父亲文帝的休养生息政策，国力继续得到加强。为了使百姓都有地可种，提高生活水平，景帝及时调配了人口和土地。他改变了当时"不准百姓迁移"的政策，允许他们从土地少的地方迁到土地多的地方，从贫瘠的地方迁到土地肥沃的地方。一来可以开发土地资源，二来也可以增加国家收入。

为了保证正常的农业生产，他还颁诏，以法律手段严厉打击那些擅用民力的官员。为了提高农民的生产积极性，景帝还下令将田租减免一半，即从"十五税一"降到了"三十税一"。在降低田租的第二年，景帝又下令推迟男子开始服徭役的年龄三年，缩短服役的时间。景帝为了节约粮食，曾下令禁止用谷物酿酒和以粟喂马。

在"文景之治"时期，社会日趋稳定，物价也慢慢降了下来。据学者统计，在整个西汉王朝，只有文景之治的近四十年内米价下跌幅度最大。这直接关系到老百姓的生计。另外农业的大力发展也为其他事业的发展奠定了良好的基础。

贾谊

贾谊，又称贾长沙、贾太傅，洛阳（今河南洛阳东）人。西汉初年著名的政治家、文学家。年少时即有才名，二十余岁时被文帝召为博士。不到一年，又被破格提拔为太中大夫。但是在二十三岁时，却遭群臣忌恨，被贬为长沙王太傅。后被召回长安，为梁怀王太傅。梁怀王坠马而死后，贾谊深感歉疚，后忧伤而死。其著作主要有散文《过秦论》《论积贮疏》《陈政事疏》，辞赋有《吊屈原赋》《鹏鸟赋》等。

七国之乱

汉高祖刘邦建汉之初，曾大封同姓子弟为王，让他们建立诸侯国。诸王在封国内是国君，权力很大，这无疑是导致地方分裂的一个因素。吕后专权以及分封诸吕为王，激起了刘姓诸王的强烈反对。强大的王国势力与专制皇权的矛盾逐渐表现出来，最终晁错的《削藩策》，成为了七国之乱的导火线。

晁错削藩

前157年，汉文帝刘恒病逝，三十二岁的太子刘启登基，即汉景帝，他的母亲窦后是个极有手腕的女人。

在汉文帝还是代王时，吕后给他送来了一批宫女。刘恒发现其中有一个窦氏风姿绰约，美丽非凡，马上就被她迷住了。他抛弃代王后，专宠窦氏，很快就生下女儿刘嫖，后被封为馆陶长公主。前188年，她又生下儿子刘启。窦氏出现之前，刘恒的王后已生下三个儿子，但没多久就都无缘无故地死掉了。就这样刘启成了汉文帝刘恒的长子。后来窦氏又生下儿子刘武。窦氏非常宠爱这个小儿子，不仅将其封为梁王，甚至要求景帝死后将皇位传给他。

不过窦氏成为皇后以后，因为生病失明，渐渐失去了恩宠。直到文帝去世后，她当上了太后，才开始干预朝政。

可惜刘启当上皇帝刚刚才三年，就爆发了"七国之乱"。前154年，吴王刘濞率领六个诸侯王起兵叛乱。当年高祖刘邦灭掉异姓王后，封了很多同姓王。这些人有行政权和司法权，而且官吏大多也是自己任命的，差不多就是个独立王国，成为一方割据势力。汉文帝时，不断有同姓王谋反，直接威胁到了中央政府的统治。大臣贾谊、晁错等人曾极力主张消灭这些同姓王，以绝后患，但文帝没有及时采取措施。

刘濞成为吴王后，便开始暗中准备攫取皇位。他开采铜矿，私自铸钱，还煮盐贩卖，设官市，免赋税。为了壮大力量，他还招纳逃犯。由于采取了这些措施，吴国的经济迅速发展，刘濞的野心也越来越大。

一次吴太子（刘濞的儿子）入朝觐见文帝，曾和太子刘启下棋，谁知一言不合争吵起来。刘启一气之下抓起棋盘扔过去，将吴太子砸死了。

汉文帝派人将尸体送回吴国。刘濞愤怒地说："天下同宗，死在长安就葬在长安，何必送到吴国来葬？"接着，他又派人将灵柩运回长安埋葬，并声称有病，再也不去长安觐见皇帝了。时任太子家令的晁错认为刘濞"于古法当诛"。汉文帝于心不忍，赐他几杖，准许他不再朝请。但刘濞不仅没有收敛，反而更加骄横。

景帝即位以后，非常器重晁错，先提拔他为内史，然后又升至御史大夫，为三公之一。

晁错写了一篇《削藩策》呈给景帝，里面说："吴王刘濞势力日渐强大，假以时日，恐怕会引起叛乱，应尽早削夺诸侯王的封地，收归朝廷直接统治。早点行动祸患会少一些，反正削了他们会造反，不削他们也要造反，所以应先下手为强。"

景帝采纳了他的"削藩"建议，前154年，景帝以各种罪名先后削掉了楚王戊的东海郡，赵王遂的常山郡和胶西王的六个县，这就是历史上说的"削藩"。

不过当使者将景帝的削地诏书送到吴国时，刘濞不愿束手就擒，他还诛杀了使者，并打出"清君侧，诛晁错"的旗号，号召各诸侯国起兵。消息一传开，胶西王刘卬、胶东王刘雄渠、菑川王刘贤、济南王刘辟光、楚王刘戊、赵王刘遂纷纷响应，"七国之乱"于是爆发。

刘濞等人发难后，立刻率领二十万大军与楚军会合，随即挥戈西向，杀了汉朝军队数万人。景帝的弟弟梁王刘武派兵迎击，结果被打得落花流水。

周亚夫平定七国之乱

七国叛乱的消息传到长安后，景帝马上将周勃的次子中尉周亚夫升为太尉，并由他连同三十六个将军率兵攻打吴楚叛军。窦太后的侄子窦婴也被封为大将军，驻荥阳督战。

不过虽然景帝派了周亚夫等人攻打刘濞，但他心里始终摇摆不定，这就给了袁盎可乘之机。

长信宫灯

长信宫灯出土于河北满城中山靖王刘胜之妻窦绾墓。灯高48厘米，重15.85公斤。灯体为一通体鎏金、双手执灯跽坐的宫女，其神态恬静优雅。宫女左手持灯座，右臂高举与灯顶部相通，形成烟道。灯罩由两片弧形板合拢而成，可以调节光的亮度和方向。因灯体上刻有"长信"二字，被命名为"长信宫灯"。长久以来，长信宫灯一直被认为是我国工艺美术品中的巅峰之作。

袁盎原为吴相，与刘濞关系甚密，入汉朝做官后，也确实为朝廷着想过，但他最大的缺点是气量狭小，因此不能成大事。七国之乱爆发前，晁错曾在景帝面前批评过他，从此他一直怀恨在心。如今刘濞打着"清君侧，诛晁错"的旗号，他自然不肯放过这个机会。

袁盎对景帝说："方今计，独有斩错，发使赦吴、楚七国，复其故地，则兵可毋血刃而俱罢。"为了换取七国罢兵，景帝竟然相信了袁盎的话，然后下令将晁错腰斩于东市，并族诛。

既然晁错已经死了，七国应该也就没有起兵的借口了。但当景帝发出招降书给刘濞时，刘濞却笑着说："我已经是东方的皇帝，谁有资格对我下诏书？"

景帝这才明白刘濞的狼子野心，他后悔莫及，终于决定以武力平息叛乱。没过多久，大将周亚夫就平定了七国之乱。吴王濞逃到东越后被杀。

七国之乱是西汉王朝与诸侯王之间的一次关键性战争，但仅仅只过了三个月，就胜败分明，归根结底只有两个原因。

一是民心向背。汉朝建立以来，停止战争，与民休息，社会经济得到了恢复和发展，百姓的日子也好过起来。在这种情况下，他们当然拥戴汉室。而刘濞等人为了一己之私挑起战火，破坏安定，再加上驱使百姓服兵役，勾结匈奴，所以遭到了从上到下的反对。在战争过程中，甚至有一个名叫赵涉的士人向周亚夫建议："只要经蓝田出武关，就能迅速控制洛阳军械库，又可避开吴楚伏兵。"周亚夫采用了他的计策，果然顺利避开吴楚伏兵，取得了出奇制胜的效果。

二是人才运用得当。景帝任命太尉周亚夫为主帅，的确找对了人。周亚夫极具谋略，七国之乱刚刚爆发时，他就献计说："楚兵勇悍，正面交锋难以取胜，不如放弃梁国之地，然后断绝吴楚粮道，这样就可以平定叛乱。"后来的发展完全证实了周亚夫的判断是对的。而吴王刘濞虽然招纳了很多亡命之徒，但他却没有真正任用他们。

叛乱平定后，景帝趁机将诸侯王国的权力收回，以加强中央集权。

接着景帝加快削藩力度。诸侯王国的郡县从高祖时期的四十二个郡减为二十六个郡，而由中央直接管辖的郡则从十五个增加到四十四个，使汉郡总数大大超过诸侯王国。此后绝大多数诸侯国的地位实际上已降为郡级。景帝还大量裁撤王国官吏的数量。这个变化对于国家的统一和加强中央集权制的统治，意义非常重大。

另外他还剥夺削弱了诸侯王的权力，抑贬他们的地位，"令诸侯王不得复治国"，并收回了他们的官吏任免权、行政权和司法特权，还有经济上的特权，比如开采盐、铁、铜等资源的权力。取消"诸侯皆赋"，仅保留"食租税"之权。至此诸侯王在名义上依然是封君，但实际上成了只享受当地租税的贵族阶层，不再具有同中央对抗的条件了。

经过七国之乱，诸侯王的割据问题总算得到了基本解决。不过诸侯王势力并未彻底消灭，后来的汉武帝依然继续采取了进一步削弱诸侯王势力的措施。

汉武雄风

汉武帝刘彻，幼名刘彘，十六岁登基，在位五十四年，他的文治武功使得汉朝达到鼎盛时期。他继续推行景帝时期的休养生息政策，进一步削弱诸侯王的权利，并引入了刺史的官职，监察地方。在军事和经济上则加强中央集权，将冶铁、煮盐、酿酒等民间经营行业变为国家经营，同时禁止诸侯国铸钱，使得财政权集于中央。他采用董仲舒的建议，"罢黜百家，独尊儒术"，使得儒学成为当时社会的正统思想。他抗击匈奴，铲除边关大患。他开疆拓土，扩大版图。他派张骞出使西域，开辟了丝绸之路，促进了东西方经济和文化的交流。后来由于汉武帝连年对匈奴和西域用兵，并举行封禅，祀神求仙，挥霍无度，加以徭役加重，捐税增加，致使农民大量破产流亡。

刘邦祭孔图

刘邦原本不喜欢儒生，但在争夺天下的过程中，他认识到了儒学的巨大作用。前195年，刘邦在鲁地以太牢祭孔子，成为我国历史上第一个祭祀孔子的皇帝。

武帝政治

汉武帝登基之初，一方面政治形势较为稳定，社会经济状况较好；另一方面诸侯王的分裂因素依然存在，对他的统治权构成潜在的威胁。所以他在继续推行汉景帝时定下的各项政策的同时，还采取了其他一些措施来强化专制主义的中央集权制统治。

罢黜百家，独尊儒术

汉高祖刘邦用太牢祭祀孔子，可见儒学的重要的地位。但西汉前期，指导统治思想的是黄老刑名之学，其次是阴阳五行之学，儒学博士不被朝廷所重视。著名儒生如贾谊杂阴阳五行学，晁错杂刑名学，讲纯儒学的人只能做博士官。汉景帝的母亲窦太后推崇老子思想，反对儒家学派。到了汉武帝统治时期，他深知在政治上儒道两派对立冲突，对统一国家是不利的。他在年幼时就深受儒学影响，直至即位后他听取董仲舒的建议，"罢黜百家，独尊儒术"，开创了中国传统主流文化的正统思想，还把道、名、法、阴阳五行各家学说统一在儒家里面。

刘彻还是太子时，就深受儒学影响，因此一继承皇位，他就立刻实施了一系列的"新政"。比如罢免丞相卫绾，改组"三公"人选；任命窦婴为丞相、田蚡为太尉，精通《诗》学的儒生赵绾为御史大夫，儒生王臧为郎中令，相当于皇宫侍卫长；议立"明堂"，准备按古制大兴礼乐。"明堂"是儒家提倡的一种朝会礼仪，为了指导筹建明堂的事务，武帝还特意派人请来名儒申公。

为了更好地选拔人才，武帝还下诏，令全国的官吏向中央推荐人才，当

蒲轮征贤

汉武帝非常重视儒家学说，举用当时的名儒赵绾为御史大夫、王臧为郎中令。他二人又向武帝推荐了他们的老师申公。武帝听说后非常高兴，派遣使者用安车去迎接申公，又用蒲草裹了车轮，以便申公坐得舒服，另外又以币帛加玉璧作为聘礼，使得申公非常感动，于是随同使者来到国都。之后武帝授他以太中大夫之职，并向他询问治理天下的道理。由此可见，汉武帝对儒学的重视。

时叫"贤良方正"。董仲舒就是这次推荐考试的第一名。

不过这些改革，因为太皇太后窦氏的强烈反对，而遇到了阻力。这是因为汉朝从建国之初，一直都以黄老思想作为治国方针，主张"无为而治"，使国家的经济得到了恢复和发展，最后才有了"文景之治"的盛世。而且太皇太后从做皇后到现在，已经有四十年了，其家族在朝廷中的势力很大。按照规定，分封的王和诸侯都要回到各自的封地去，但这些人不愿意离开京城，他们互相勾结，常常做出一些违法乱纪的事，武帝对此颇为头疼。

经过了解，武帝认为儒家思想可以从根本上解决这个问题。他认为汉朝先祖奉行的黄老之学，虽然对恢复、发展生产，稳定社会秩序起到了重要作用，但它的本质是姑息妥协的，这无疑阻碍了社会的进步。而且由于政府对农民控制得比较宽松，很多人为了逃避赋税而脱离户籍，变成了"亡人"，如果政府对农民失去控制，肯定不利于自己的统治。

另外在西汉王朝妥协退让的政策下，匈奴势力一天天扩大。他们肆无忌惮地抢掠边境，这也直接关系到西汉政权的生死存亡。

更严重的是，统治阶级内部也是矛盾丛生，代表地方割据势力的异姓王虽然早已被消灭，同姓王的势力也大大减小，但一些皇室贵族、豪强地主和大商人势力膨胀，这些也对中央集权造成了潜在威胁。

所以当武帝召见董仲舒时，董仲舒提出了自己的一整套儒家治国思想，武帝听后非常赞赏。

董仲舒

董仲舒，汉代思想家、政治家。汉景帝时任博士，讲授《公羊春秋》。汉武帝时他建议"罢黜百家，表章六经"，为汉武帝所采纳，从而使儒学成为中国社会的正统思想，并影响后世两千余年。

董仲舒，广川（今河北景县）人。元光元年（前134年），武帝亲自召见他，针对国家长期积压下来的问题，他一一做了解答，并提出著名的"天人三策"。董仲舒说："王道之三纲，可求于天。""天不变，道亦不变。"意思是帝王受命于"天"，应秉承"天意"而统治天下，所以称为"天子"。按照这个说法，帝王具有绝对的统治权威。这种"天人感应"的神学思想正是武帝当时最需要的精神武器。接着董仲舒又从天人关系出发，根据"阳尊阴卑"的思想建立了一套"三纲五常"的伦理学，并直截了当地提出"大一统"的政治思想，建议统一学术和统一思想。

董仲舒的学说原本来源于孔子的思想，但他又融进了法家和其他学派的一些思想，形成了一套新的思想体系。首先是统一思想，即独尊儒术。先对百姓进行教育，宣扬君主的权力是上天赐予的，使皇权神化，让百姓无条件服从。然后实施仁政、运用法制，即"德主刑辅"。如果教育无效，就用刑罚来镇压。这套治国方针刚柔相济，所以武帝大为赞赏，并将其作为汉朝的指导思想。

但太皇太后窦氏对此却大为光火，原因有两点：一是她认为武帝的想法与老祖宗背道而驰，对国家不利；二是她感觉到了自己面临的危险。几十年来，她一直凭借着家族的力量在干预朝政，但武帝任命的重臣赵绾却说，窦氏不应该继续干涉朝政，这一下惹恼了窦氏。

这时武帝还没有力量与奶奶窦氏较量。在窦氏的干预下，武帝被迫将赵绾和王臧下狱治罪，将丞相窦婴、太尉田蚡免职，然后由窦氏宠信的人接替了这些重要职位。他还放弃了筹建明堂的计划，申公也因病回家，几年后就死了。这些对一心想实施新政的武帝来说无疑是个沉重的打击。但他并没有消沉，因为他还年轻，而窦氏已经垂垂老矣。

四年后，也就是建元六年（前135年），年迈的窦氏终于去世，而王太后因为宠爱儿子，不干预政事。因此二十二岁的武帝告别政治"禁锢期"，有了独立处理国家大事的权力。

他马上将窦氏的人一律罢免，重新起用田蚡做丞相，并采用了董仲舒的"罢黜百家，独尊儒术"的建议，开始加强中央集权，对付地方豪强势力。

董仲舒的"天人合一"理论改变了汉朝一直以来的指导方针，由崇尚无为政治的黄老学说，变为崇尚儒学的礼乐文章。不仅开启了汉代灿烂文化的先河，还形成了士子尊儒好学的一代风尚。借助政府的力量，儒学从诸子百

四神云气图壁画
此壁画出土于河南芒山西汉墓，是我国目前所见时代最早、保存较好、级别最高的墓葬壁画。该壁画揭取自石墓主室顶部，上绘有青龙、白虎、朱雀、玄武等图案，线条飘逸，反映了我国西汉时期较高的绘画水平。

家之一迅速取得了绝对优势，并从此成为中国古代的主要哲学思想。

不过虽然汉武帝是"罢黜百家"，但其他思想学派并未完全被禁止，儒家以外的学者不仅可以公开教学，很多人还能够入朝为官。

削弱相权

在加强中央集权方面，汉武帝下了不少工夫，主要表现在两个方面：一是加强对大臣的控制，二是加强对全国各地的控制。而这些都需要封建官僚机构来实现。因此武帝在政治体制上设立了两个官僚系统：一个由大将军、尚书等组成，称为"中朝"，又称内朝或内廷，主要是决策；一个以丞相为首，称为"外朝"，主要是管理政务。

当时丞相主要管理文武百官，手中握有很大的实权，有时候决定权甚至超过了皇帝，对此武帝非常不满。

丞相田蚡上任之后，掌握所有官吏的任免大权，可谓权倾朝野。一天田蚡进宫奏事，武帝问他："君除吏尽未？吾亦欲除吏！"这句话充分表明了武帝的不满，因此他的第一项工作是削弱相权。

武帝削弱相权还有一个有利条件，原先的丞相一般都是开国功臣，现在他们都已经老了，有的已经去世。武帝便利用这个机会，让儒生来代替元老，掌握国家政权。通过打击丞相，武帝加强了自己的权力。

他通过贤良对策等方式，在身边集中了一批有才干的近侍。这些人由庶僚身份，加衔侍中、诸曹、诸吏、给事中，成为入侍武帝的内臣。不过他们虽然名义上是侍从，但具有参与讨论国家大事的权力，有时甚至面折廷争而罢黜大臣。但他们的官位并不算高，是名副其实的小官管大事。对汉武帝来说，这些小官更容易控制，因此收到了"以卑制尊、以轻驭重、以中御外、尊君抑臣"的目的。

　　元朔五年（前124年），武帝任命平民出身的儒生公孙弘担任丞相，一举打破了以前总是由贵族担任丞相的惯例。

　　"中朝预政"是朝廷政治体制的重大改革，不仅加强了皇帝的控制权，而且为众人理解武帝的意图提供了方便，增强了工作效率。

　　另外还设置了丞相司直，这个职位说起来是丞相的下属，但他除了协助丞相监察不法官员之外，还有监察丞相的作用。

推恩令

　　为了进一步加强中央集权，汉武帝又颁布了"推恩令"。高祖刘邦在位时，曾封了很多同姓王，但这些同姓王的后代却横行乡里，不肯服从中央命令，结果导致了七国之乱。汉景帝平定叛乱后，诸侯王国的问题基本得到了解决，但诸侯王的势力依然存在，他们再次成为半独立状态的割据势力，因此武帝决心彻底解决这个内乱的根源。

　　元朔二年（前127年），善于揣摩圣意的主父偃提出了"推恩"政策。他说："愿陛下令诸侯得推恩分子弟，以地侯之。彼人人喜得所愿，上以德施，实分其国，不削而稍弱矣。"武帝接受了他的建议，随即颁布"推恩令"。也就是广布恩惠，让更多的人享受特权。内容主要是：诸侯王的王位由嫡长子继承，其他儿子则以推恩的形式在本侯国内分封。新的侯国脱离原来的王国，地域非常独立，受当地郡县官吏的管辖。这样一来，相关的政治权力也被剥夺了，自动将权力交给了国家。这些地方的王侯可以享受封地的租税，依然保有物质上的特权，但没有了以前的政治特权。

　　此时封侯的数目已多达一百多人，后来又有四十四人封侯。有一次一天之内居然有二十四人同时被册封。此外对于有罪的诸侯王，则趁机削夺其封地和爵位。根据汉制，每年八月都要举行宗庙大祭，诸侯王必须献上黄金以助祭，当时称为"酎金"。前112年，武帝借口酎金不合规定，一下就削夺了一百多人的爵位。

这种恩威并施的政策，基本上解决了长期以来威胁和困扰中央皇权的诸侯王问题。汉武帝以后，虽然诸侯王依旧存在，但他们已经不具备任何政治势力了。

刺史制度

为了进一步加强君主的权威，武帝认为，必须赋予监察机关更大的权力，以便于监督庞大的官僚队伍，让他们尽心尽力地办事。但从汉景帝开始，由于管理宽松，司法制度日益废弛，奢侈成风。为了扭转这种情况，汉武帝对汉初以来的监察制度进行了重大改革。

元封五年（前106年），武帝正式颁行刺史制度，他将全国分成十三个监察区，每个区改名为"部"，每部任命一位刺史，除了中央的刺史叫"司隶校尉"之外，其余十二个监察区的统称为"刺史"。"刺"即刺举，是侦伺不法，检核问事的意思；"史"为"御史"之意，表示是皇帝派出的使者。

刺史可以对地方进行六个方面的监督，也就是"以六条问事"：

一、强宗豪右，田宅逾制，以强凌弱，以众暴寡。

二、二千石不奉诏书，遵承典制，倍公向私，旁诏守利，侵渔百姓，聚敛为奸。

三、二千石不恤疑案，风厉杀人，怒则任刑，喜则淫赏，烦扰刻薄，剥截黎元，为百姓所疾，山崩石裂，妖祥讹言。

四、二千石选署不平，苟阿所爱，蔽贤宠顽。

五、二千石子弟恃怙荣势，请托所监。

六、二千石违公下比，阿附豪强，通行货赂，割损正令。

也就是说，刺史主要是为了防止郡守和地方豪强勾结，对抗政府，以免出现同姓王犯上作乱的情况。同时负责向中央推荐官吏，可以罢免政绩不好的。

当时刺史的地位是非常高的，几乎等同于钦差大臣，如果常驻地方，还有自己的官衙。不过这些刺史虽然权力很大，但属于低级官员，属于御史中丞直接领导。在查明地方官吏的不法事实后，不能擅自处理，必须上报御史中丞，由其定夺。

马王堆帛书

湖南长沙马王堆出土的帛书，有写在整幅帛上的和写在半幅帛上的两种，字体有篆、隶之分，总字数达十二万余字。帛书的内容涉及古代政治、军事、思想、文化和科学技术等各个方面，具有极高的学术价值。它不仅是研究历史的第一手资料，也是研究汉代书法的珍贵材料。

另外武帝还于征和四年（前89年）设置了司隶校尉，督察京城百官和三辅（京兆尹、左冯翊、右扶风）、三河（河东、河内、河南）及弘农七郡的官员。

就这样，御史中丞、司隶校尉和丞相司直形成了武帝时期的三大监察系统。这三个系统互相监督，大大加强了皇帝对朝廷和地方的管理，从而保证了皇帝至高无上的权力。

兴办太学

为了维护西汉王朝庞大的官僚体系，必须有一大批官员不断地加以补充，这就需要一套完整的办法。

当时并没有科举制度，这是隋唐时期才出现的，而主要是"察举制"，也就是通过官吏推荐，然后经过考试挑选出来。但这种结果并不理想，因为推荐的人大多都是官员的亲属，贤才并不多，这对急需人才治理国家的武帝来说，是没有什么作用的。因此他扩大了察举的范围，下令郡守向中央推荐贤才，否则就以"不举孝廉罪"处罚。同时允许官吏和百姓上书，谈论政事。通过这种方式，武帝最大限度地选拔出了德才兼备的人才。另外汉朝初期，察举只有贤良和孝廉两科，武帝又增加了儒学、明法以及德行等科。

武帝还采纳董仲舒的建议，于元朔五年（前124年）在京城设立了"太学"，这也是中国历史上第一所由国家设立的大学，主要是为了培养人才。办学事宜由丞相公孙弘主持，以儒家五经为课程，教师则由儒学博士担任，太学首开了中国"学而优则仕"的正规途径。由于适应国家培养官吏的需要，所以发展很快，武帝时太学的五经博士弟子只有五十人，到了西汉末年，则达到一万多人。

这样的选官制度也保证了"独尊儒术"的推行。秦汉之际，秦始皇焚书坑儒，汉高祖蔑视儒生，儒家遭到了各种贬黜。到了武帝时期，则处于复兴状态，儒生们开始大量进入政权体系，中国封建时代的统治思想逐步巩固起来。

儒生在太学学习一年之后，再举行考试，然后依照成绩来任命官职。

文景之治时期，儒学就设立了《诗》《书》《春秋》三经博士。到了建元五年（前136年），趁着太皇太后窦氏病重之机，汉武帝正式设立了五经博士。元朔五年（前124年），丞相公孙弘上书奏请："让博士弟子员受业一年，经过'射策课试'，能通一经者补文学掌故之缺，课试高第者出任郎中。"

另外由于在汉景帝时期，文翁办学成功，因此武帝将他的经验加以推广，"令天下郡国皆立学校官"，这些都进一步扩大了选拔官吏的范围。

应该说汉武帝是中国古代帝王中教育热情最高、成绩最大的一个。他颁布的一系列兴教举措，在中国和世界教育发展史上都具有深远的影响。

播种画像砖
此砖面反映了汉朝时人们在田间耕种的情景。前面四个人，手舞刈钩向后高举，似在除草整地。后面两个人似在播种。整个画面动作整齐，节奏感强，富有浓郁的生活气息。

另外汉武帝也是中国历史上第一位使用年号、在统一的国家制度下颁布历法的皇帝。前 113 年，他下令："以当年为元鼎四年，并将此前之年追加为建元、元光、元朔、元狩，每一个年号均为六年。"

太初元年（前 104 年），汉武帝改订礼制和历法。其主要内容是，改用太初历，"以正月为岁首，色上黄。""太初"的意思是宇宙开端，武帝以此命名历法，象征着太初年间的"改元更化"。

这些制度改革都是汉武帝提倡儒术的表现，通过这些措施，儒家思想逐渐渗透到政治、法律、教育等各个领域，巩固了皇权的统治。

增收措施

汉武帝统治时期，为了增加财政收入，所推行的经济政策，包括农业、工商业、货币、贸易税收等几个方面。在农业方面采取移民屯田，实行"代田法"，兴修水利；在工商业方面采取桑弘羊的建议，将冶铁、煮盐收归官营；在货币方面禁止郡国铸钱，统一铸造五铢钱；在贸易方面设置均输官、平准官，由官府经营运输和贸易；在税收方面采取"算缗""告缗"，征收商人资产税。这些政策的实施，为当时国家的财政收入提供了广阔的来源，并解决了对外征战需要的大量钱物，尤其巩固了汉帝国的政权统治，但也不可避免地带来了消极影响。

大力发展农业

汉武帝接受主父偃的建议，移民塞下，并在边地设置"屯田官"。元朔二年（前127年），设立了朔方和五原郡，招募了十万户人迁徙。元狩四年（前119年）还从关东迁徙了七百二十五万人至陇西、北地、西河、上郡和会稽等地。屯田制度是汉武帝的一大发明，为后世统治者所仿效。

汉武帝初期，豪强地主兼并土地的速度很快，巧取豪夺的手段也变本加厉。为了抑制他们的发展，扶持小农经济，稳定在籍编户之民的人口数，汉武帝利用皇权的政治力量，在不改变赋役制度的条件下，抑制和打击了豪强地主的势力发展。

汉武帝下令，将郡国豪强和资产在三百万以上者，全部迁往茂陵。这次迁徙豪族和当初高祖不同。高祖是为了打击六国旧贵族的政治势力，武帝则是从经济上压制大搞土地兼并的新兴暴发户。

元狩四年（前119年），汉武帝又颁布了"名田令"，其中规定："贾人有市籍者及其家属，皆无得籍名田，以便农。敢犯令，没入田僮。"这项法令，限制了工商业主和高利贷者霸占田地的数量。同时他还任用酷吏，严厉打击那些横行乡里、作奸犯科的豪强。这些措施对保障赋役来源和巩固社会秩序都有着重要的意义。

汉武帝还大力推广先进的生产工具和耕作技术。当时人们已广泛使用铁制农具，并在生产中推广牛耕和楼车（又称楼犁）。用楼车播种不但速度快，而且下种均匀，对于农作物生长十分有利。另外在农业上还试行了"代田法"，这是一种保护地力的先进耕作方法。垄沟和垄台的位置每年交换使用，可以有效地恢复地力。

水利对农业生产的发展起着关键性的作用，可以说是农业的命脉，因此武帝大力兴修水利，发展灌溉事业。他指挥修筑的水利工程有漕渠、白渠、六辅渠、成国渠、洛水渠和龙首渠等。

经过上述一系列措施，汉代的农业很快就得到了恢复，并迅速达到鼎盛时期。而农业生产的发展，也促进了工商业的发展。

盐铁官营和五铢钱

为了解决财政危机，武帝于元狩三年（前120年）开始起用精通"轻重之术"的经济专家孔仅、东郭咸阳和桑弘羊，他们都出身于大工商业主之家，号称"理财三杰"。

"理财三杰"提出了"轻重"理论。同一种商品，稀缺时价格就会提高，此为"重"；过剩时则下降，此为"轻"。轻与重完全随着市场需求的涨落而变化。

盐铁是事关国计民生的大事，但在汉初，盐铁是由私人经营的，国家除了收取官税之外，其余的事一概不问。特别是在文帝时期，对盐铁的经营完全是放任自流。

元狩六年（前 117 年），桑弘羊等人提出了一个盐铁官营专卖的计划，但是这个计划遭到很多人的反对。因为盐铁专营起源于战争，又由于当时对外战争较多，国家财政比较困难，富有的商人们却不想对国家作贡献。他们富有的程度足以和郡县及国家对抗，因此他们对这个建议非常反感。

但汉武帝的态度十分坚决，完全不理睬反对者的意见，于元狩六年（前 117 年）下令，在全国实行盐铁官营。

从此中央接管了具有巨大收益的盐、铁、酒等商品，从煮制、冶炼、酿造到销售，都由国家全权经营管理，并制定了法令严格限制私人经营。由于这些东西和百姓的日常生活密切相关，同时关系到国家的稳定，所以这个政策不仅大幅度地增加了国家收入，同时也打击了商人的势力。

在此之前，由于采矿的权力在诸侯王手中，而且允许郡国铸造货币，因此当时的货币制度非常混乱。为了彻底解决这个问题，元鼎四年（前 113 年），汉武帝下令将铸币权收归中央，禁止郡国铸钱，并指定由"上林三官"铸钱。由于钱币是由上林苑的均输、钟官、辨铜三官统一铸造，因此也称"三官钱"；因为重量为五铢，故又称为五铢钱。这是继秦始皇统一六国货币后的第二次货币统一政策。

货币的统一和稳定有利于社会经济的发展，所以一直到隋朝的六七百年间，五铢钱都是历代封建王朝使用的标准货币。

错金博山炉

此炉出土于河北满城陵山，高 26 厘米，足径 9.7 厘米，是古代常见的一种熏炉。炉身上面有高而尖的盖，盖上镂雕成山峦起伏状，人和虎、豹等动物隐现其间，足部为透雕蟠龙纹，器腹饰错金卷云纹。使用时将香料放在炉内点燃，缕缕香烟通过盖上的镂孔飘散四方，馨香扑鼻。

置均输，行平准

为了增加朝廷的财政收入，打击商贾随意哄抬物价，元鼎二年（前 115 年），大农丞桑弘羊提出试行"均输令"。

均输是国家通过税收征购，调集基本生活用品，比如粮食和布帛等，然后根据市场需求变化，组织商品流通的体制。原来的汉法规定，各郡国每年都要向朝廷进奉一定数目的贡物。由于这些贡物往来运输麻烦，因此武帝在郡国任命了均输官。其职责是将朝廷需要的贡品及时运往京师，然后将不需要的物品运到价格较贵的地区出售，所得钱财上缴大司农。这样既可以减轻郡国运输贡物的负担，还能增加国家财政收入，并调节了各地区之间的需求，一举三得，是非常合算的。

乘云绣黄色对鸟菱纹绮
此件乘云绣出土于湖南长沙马王堆一号墓，以朱红、绛红等色丝线绣制，针法为辫子股绣。乘云绣的纹样于变体云纹中夹有变体云中凤，凤头有眼，凤身直接与云纹连接，极富浪漫气息。

接着桑弘羊又提出了"平准"制度。它是与"均输"配套并行的制度，由国家控制各种商品的销售，平抑物价。"平准"制度使国家实行了全面的商业垄断。

任命的平准官员应根据均输官储存的物资，了解市场上的物价变化。如果某种商品开始涨价，就迅速抛售，跌价时则大量购入，以此平抑和稳定物价，调控市场，打击牟取暴利的富商大贾。

在丰收的季节，粮食价格往往比较低，为了保护农民的利益，国家便出高价来收购，等到第二年粮食价格上涨时，国家再平价卖出。这样富商们就失去了囤积居奇、牟取暴利的机会，稳定了物价和政局。

这些措施都是用行政手段来干预市场、调剂物价，在加强经济管理、打击富商方面起到了重要的作用。

推行"算缗令"和"告缗令"

元狩四年（前119年），汉武帝推行"算缗令"。这是向商人征收的一种财产税，规定商人们必须向官府申报自己的财产。"缗"是指用绳子串起来的铜钱，一千钱一串，称为一缗。根据财产税，每二千钱征收一算，即一百二十钱。"算缗令"的颁行严重打击和限制了商人们，并大大增加了他们的负担，所以很多商人为了少交或不交，就隐瞒财产数目，有的甚至干脆不报。

为了解决这种状况，汉武帝于元狩六年（前117年）颁布了"告缗令"，并任命杨可负责此事。如果发现隐瞒资产不报或呈报不实者，一经查实，立刻没收其财物。但这种做法的效果也不太明显。

元鼎三年（前114年），汉武帝加紧推行"告缗令"。他再次下令，鼓励人们告发那些不遵守"算缗令"的人，告发者可得到被告发商人的一半财产作为奖励。这样以来，顿时出现了"告缗遍天下"的盛况，中等以上的商贾大都被告发。一时间朝廷增派了很多官员到各郡国收缴缗钱，数以亿计的财物、成千上万的奴婢和大量田宅都被充公。

"告缗令"前后共实行了近十年，至元封元年（前110年）才停止。这是自汉初实行"抑商"政策以来，对商人打击最重的一次，很多商人就此破产，工商业的发展受到了抑制。

虽然盐铁官营、均输、平准三大政策打击了商贾的投机，解决了国家财政困难，使濒于崩溃的西汉经济得以恢复，但同时也给百姓带来了很多不便。由于官办企业管理不善，产品质量往往得不到保证，均输、平准也没有完全达到抑制物价上涨的目的，"轻贾奸吏，收贱以取贵，未见准之平也"。另外这些政策严重打击了商人的积极性，阻碍了当时商业的发展，再加上官商结合加速了官僚机构的腐败，因此其消极影响也是显而易见的。

抗击匈奴

匈奴是中国北方一个古老民族，他们世代生活在河套地区，属游牧民族。在秦朝末年，匈奴逐渐的强大起来，并开始不断地对外扩张，随着野心的不断膨胀，把目标盯上了汉朝幅员辽阔的土地，不断的对汉朝边疆地区派兵侵略和骚扰，汉朝和匈奴展开了一系列军事对抗。在这一时期涌现出了许多运筹帷幄、英勇善战的抗匈名将，如李广、卫青、霍去病等。

飞将军李广

汉景帝时期，匈奴也进入了最强大的时期，他们南下进攻汉地，烧杀抢掠，严重地威胁了老百姓的生活和西汉王朝的政权。而这时的汉朝虽然社会经济有了恢复和发展，但是要彻底消灭匈奴依然不太可能。在这种情况下，汉景帝只能继续维持和亲的政策，对于他们的小股骚扰，能忍则忍。

不过景帝虽然没有大规模反攻，但也决非一味妥协，他任用李广、程不识等人，在不多的反击战斗中，震慑了匈奴。在中国历史上，李广是一位家喻户晓、传奇式的人物。

李广，陇西成纪（今甘肃天水）人。他的先祖李信是秦国名将，李家的家传本领是"善骑射"。汉文帝十四年（前166年），匈奴大举入侵汉地，李广从军，开始了一生数十年的征战生涯。

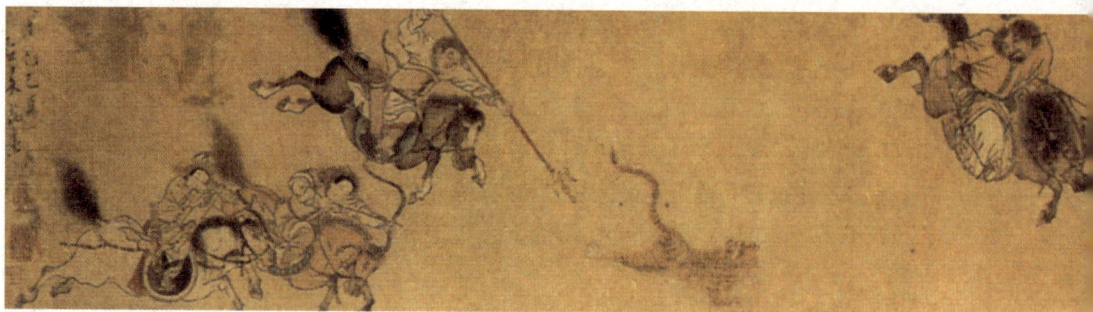

出猎图

匈奴人以彪悍勇猛著称，他们擅长骑马，被称作是骑在马背上的民族。此图描绘的是匈奴人出猎时的情景。图中人物鞍马众多，错落有致地将匈奴人的外貌特征以及马匹的勇猛健壮表现了出来。

李广的个人作战能力极强，在和匈奴的作战中，他以一名小兵的身份斩杀敌人无数，很快就升为汉中郎，就连汉文帝都见识过他的勇武。

一次他和文帝一起打猎，当众格杀了一头猛兽，震惊朝野。文帝感叹道："李广生不逢时啊，如果你生在高祖时代，万户侯也不算什么。"

汉景帝刘启即位后，李广被升为陇西都尉。在平定七国之乱中，跟随周亚夫作战，斩将夺旗，勇不可当。不过李广这个人没什么政治头脑，胜利后他居然接受了梁王的赏赐和印信。作为一名汉将，接受诸侯王的赏赐是非常不妥的，就这样功过相抵，景帝没有给他应有的赏赐。

好在李广也不在乎这些，他只喜欢打仗，于是他上书请求景帝任命自己担任上谷太守，直接和匈奴交锋，景帝答应了。在接下来的日子，李广历任上郡、陇西、北地、雁门、代郡、云中等地区的太守，在边界的各个位置上与匈奴作战。每到一处，李广都令匈奴闻风丧胆。最后匈奴士兵只要一看见李广的旗帜就胆怯逃跑，不敢来犯，都盼着他早点离任。当他的离任消息一传出来，当地的匈奴人都弹冠相庆、举杯痛饮，他们高兴地说："这个瘟神终于走了。"

李广担任上郡太守时，匈奴大举入侵上郡。汉景帝派遣近臣跟随李广整训士兵，抗击匈奴。一天这位近臣带了几十名骑兵，纵马驰骋，碰到三个匈奴人，并同他们交战。那三个匈奴人转身射箭，射伤了这位近臣，其他几十名骑兵也全部被射杀。这位近臣跑到李广跟前，跟李广述说了发生的事情。李广说："这一定是匈奴射雕的人。"

说完李广带了一百人去追击那三名匈奴人。李广亲自动手，射杀二人，生擒一人，经过询问，果然是匈奴射雕的人。他带着俘虏正准备离开，突然

前面尘烟大起，跑过来几千名匈奴骑兵，手下们顿时惊慌起来。不过李广有着丰富的实战经验，他不慌不忙地说："匈奴人不会立刻进攻，他们会在几里之外判断我们是不是诱敌部队。所以我们不能逃跑，不然很快就会被他们追上，大家就会性命不保了。唯一的办法就是若无其事地与他们对阵，以此来迷惑他们，然后另作打算。"

部下一听，既然没有别的办法，也只好这样。在李广的安排下，这一百人不仅没有逃跑，反而卸下马鞍开始休息。此时只要匈奴人一进攻，李广就会全军覆没。但是在远处观望的匈奴人拿不定主意，他们暗自嘀咕："这是不是李广的诱敌之计？"

双方僵持了一会儿，匈奴阵中跑出一位骑白马的将军，在两军阵前驰骋，以鼓舞士气。李广立即上马，率领十几个人冲杀过去，只一箭就将这个白马将军射杀了，然后回到阵中继续休息。这一下匈奴人士气低落，更加担心汉军有了埋伏。等到晚上，他们终于率兵撤退了。

还有一次，李广外出打猎，回来时已经天黑了，在朦朦胧胧中，他似乎看见一只猛虎伏在草丛中，于是立刻拿出弓箭，竭尽全力地把箭射了出去。等了一会儿，四周没了动静，他便开始找寻老虎的踪迹，但怎么找也找不到。

第二天他再次返回，才发现草丛中有一块酷似卧虎的巨石，昨天射出的箭就插在上面。箭已深深地陷入巨石中拔不出来了。李广觉得很好奇，再次拔箭射击，却再也射不进去了。这个故事被载于正史，唐代诗人卢纶还作了一首五言绝句《塞下曲》来描述它。诗中写道："林暗草惊风，将军夜引弓。平明寻白羽，没在石棱中。"

李广对部下极其关爱，每到一处宿营，如果部下没有水喝，他自己就不会先喝；部下没有食物，他也不会先吃。因此深受部下爱戴，都愿意为他舍生忘死。在他的训练下，部将们都成了弓箭高手，而且锻炼出极强的心理素质。即使匈奴骑兵冲到眼前，他们依然能连眼睛都不眨，然后开弓放箭，命

卫青

卫青，字仲卿，河东平阳（今山西临汾西南）人。前 129 年，匈奴又一次兴兵南下，汉武帝任命卫青为车骑将军，迎击匈奴，卫青从此开始了他的戎马生涯。他一生七次率兵攻打匈奴，为朝廷立下了赫赫战功，所得封邑一万六千七百户。他虽然战功显赫，权倾朝野，但他从不结党干预政事。在军队中，他能够体恤士卒，能与将士同甘共苦，因此享有崇高的威望。

中率极高。他们的很多次作战都是依靠出众的军事素质和凝聚力，以少胜多，或坚持等到支援的大部队。

在李广四十多年的征战生涯中，他始终坚持在战斗的第一线。每当他上任的消息传到匈奴，都会引起震惊，匈奴人对李广又害怕又敬畏，称他是"汉之飞将军"，不敢侵犯他所镇守的地区。能够在敌人那边得到如此高的评价，李广可以说是汉军第一人。

可惜的是，李广年迈后跟随卫青作战，有一次却因失道而延误了战机，使匈奴单于逃脱了。李广说："我从小和匈奴作战，大大小小的战争有七十多次。这次跟从大将军出战，没想到会迷路，真是天意啊！如果这个消息传出去，肯定会被众人耻笑，我李广已经六十多岁了，不能再去面对这种羞辱。"说完就引刀自杀了，全军将士无不痛哭失声，老百姓们也是流泪叹息。

在中国历史上，很少有这样极具个性的将军，不管输赢，他都保持了一个军人的本色和气度。每到一个地方，他就会与匈奴交战，这样就牵制住了匈奴人，让他们没有时间去考虑如何进攻汉朝，而只顾对付这个勇猛强悍的敌人了。

李广是将门之后，而且有一套非常适合塞外的治军方法。他的部队灵活机动，长于应变，所以司马迁称赞他说："勇于当敌，仁爱士卒；号令不烦，师徒向之。"

汉景帝除了支持李广等人抗击匈奴之外，还采取了一些措施，为后来武帝攻打匈奴做了很多准备工作，比如施行"马政"。中原地区自古以来就不擅长骑马，这样对壮大骑兵不利，无法适应需要，而且限制了交通、运输等方面的发展。景帝即位后，继续进行马政建设，他下令："扩大设在西边（如北地郡）、北边（如上郡）的马苑，造苑马以广用。"他还鼓励各郡及民间饲养马匹。由于景帝大力促进马业的发展，因此军马生产颇具规模，官府的马匹增加到四十万匹，民间的则数不胜数。

另外景帝继续实行"卖爵令"及"黩罪之法"，这两项措施是汉文帝时期，由晁错提出来的，经过实践，这些措施被证实是有效的，因此景帝即位之后使之更加完善。

景帝还将大批移民充实于边地，使其成为一支兵农混一的垦戍队伍，减轻了内地百姓的徭役。这些人在匈奴边界设立关市，和匈奴人交易，这也在一定程度上消解了匈奴的骚扰，为经济发展赢得了时间。

卫青大战匈奴

在汉武帝一生的业绩中，抗击匈奴是其中的一项重大功绩。其在位期间，大大小小的战役多达十多次，关键性的战役有三次，一共持续了数十年。

元光二年（前133年），汉武帝采纳王恢的建议，派"飞将军"李广与王恢、李息、公孙贺、韩安国五位将军，率三十万汉军埋伏在马邑附近，同时派出聂翁壹引诱匈奴，可惜匈奴的军臣单于发现这是诱兵之计，因此很快就撤兵了，三十万大军无功而返。不过虽然马邑之谋失败了，却激起了武帝全面反击匈奴的决心。接着他全面改革了军事体制，取消太尉，设立大将军和侍中的带兵制度。最重要的是，他提拔了皇后卫子夫的弟弟卫青出任大将军。

卫青的出身非常卑微，他的父亲郑季是平阳侯府中的一个小官，和平阳侯的小妾私通后，生下卫青，从此他就跟随母亲姓卫，终生没有改姓。作为一名私生子，卫青的生活当然不会太好，后来他跟随父亲郑季，谁知郑季居然打发他去放羊。兄弟姐妹们都看不起他，经常把他当奴隶一样呼来唤去，而卫青从来都是逆来顺受，毫不反抗。

一天卫青作为奴仆陪同别人去武帝的甘泉宫，半路上被一个相士看到，相士说："你相貌贵不可言，将来至少要封侯。"卫青不相信地说："我不过是个奴隶，只要每天不被别人打骂就很高兴了，怎么敢有这样的痴心妄想？"卫青长大之后，就不再做奴仆，成了一名骑兵。这时武帝宠幸他的姐姐卫子夫，卫子夫很快就有了身孕，这引起了皇后陈阿娇的极度不满。皇后把这些事情告诉了母亲馆陶长公主，但馆陶长公主找不到卫子夫的麻烦，只好拿她的兄弟来出气。在她的指使下，卫青被关进大牢，幸亏他的好兄弟公孙敖相救，卫青才得以逃脱。后来卫青功成名就之后，一直照顾公孙敖。尽管事情做得非常隐秘，但馆陶长公主要杀卫青的事还是被汉武帝知道了。汉武帝非常生气说："和宠妃过不去的人就是和我过不去。"就这样武帝将卫子夫的兄

胡汉战争画像石

汉朝时期，北方的胡人十分猖獗，经常犯边。图中所反映的便是汉朝官兵与胡兵战斗的场面，双方短兵相接，十分激烈。

弟们都封了官，而卫青则成为一名侍中。

经过一段时间的准备，汉军的素质和战斗力有了明显提高，于是汉武帝决定要大规模地反击匈奴。

这一次他派出四路大军：卫青为车骑将军，击匈奴，出上谷；太中大夫公孙敖为骑将军，出代郡；卫尉李广为骁骑将军，出雁门；太仆公孙贺为轻车将军，出云中。每路人马都有一万多骑兵。其实这次作战胜算的机会很小，因为卫青和公孙敖都是初出茅庐，根本没有率领大兵团骑兵作战的经验。而且汉军对匈奴一向都是以防御为主，这样大规模的进攻以前从来没有过。

事实也的确如此。运气不好的李广一出战就遇到了匈奴主力，结果全军覆没。李广本人也被俘虏，好在他神勇无比，最后居然夺了敌人的战马逃了回来。公孙敖则遇到了匈奴的突袭，苦战后损失七千多人，基本上失去了战斗力。公孙贺一心想要和匈奴作战，结果出去晃了一圈，连个人影都没碰到。只有卫青跑到匈奴圣地龙城绕了一圈，并斩杀了数百名匈奴骑兵。

这次进攻使汉朝损失惨重，得不偿失。李广和公孙敖按律当斩，后来他们出钱为自己赎罪，最后被贬为庶人。幸好卫青小胜了一把，给汉武帝挽回了一些颜面。卫青也因此被封为关内侯。

元朔元年（前 128 年），匈奴派出两万骑兵侵入边境，由渔阳进入雁门，都城长安受到了直接威胁。

武帝再次派卫青出征，他率领三万骑兵，斩杀匈奴数千人。第二年匈奴攻入河南，卫青经过一番苦战，终于收复了河南地区。接着他乘胜追到陇西，途中斩杀匈奴数千人，并缴获了百万头牲畜。

在追击过程中，卫青遇到了跟随匈奴的两个西域小国的军队。他率兵奋

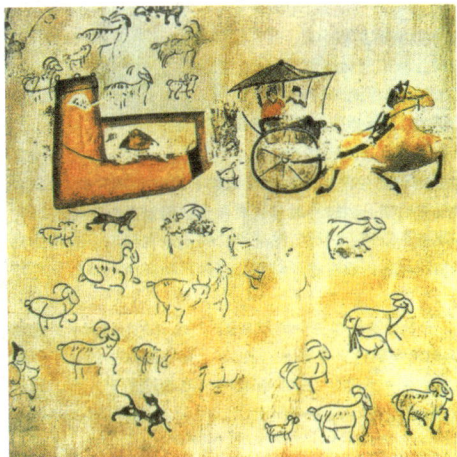

匈奴牧羊图
匈奴是生活在我国古代北方的少数民族，他们以游牧为生。为了寻找水源和牧场，他们经常随牧群而迁徙。图中所描绘的就是汉时匈奴人牧羊的情景。

力拼杀，将白羊王和楼烦王亲自率领的部队打得落花流水。

回朝以后，武帝极为高兴。一直以来，都是匈奴从汉朝抢东西，如今汉朝居然也可以从匈奴那里获得东西了，因此他下令封卫青为长平侯，他的部下苏建也被封侯。

接着武帝在河南地区设置朔方郡，以稳定对北方地域的控制。这次胜利为后来的赫赫战果打开了胜利之门，它不仅证明了匈奴并非不可战胜的，还收复了自秦末以来就沦陷于匈奴的河套地区，极具战略意义。

河套地区距离长安不过一千多里，匈奴骑兵只要两三天就能到达。汉朝初年，就常常被匈奴所扰。收复河套以后，不仅减轻了匈奴对汉王朝腹地的威胁，还可以利用这个天然屏障，将朔方和五原建成抗击匈奴的基地，为军需粮饷提供了方便，也为最后击败匈奴创造了有利条件。

不过受此重创，匈奴当然不肯善罢甘休，转过年来，到了草长马肥的日子，匈奴又气势汹汹地率兵进攻代郡，杀了代郡太守，还掳走几千名百姓。

汉朝也对此进行了反击，车骑将军卫青率领三万骑兵再次出征，游击将军卫尉苏建、骑将军太仆公孙贺、强弩将军左内史李沮和轻车将军代相李蔡都是他的属下。

由于卫青行军隐秘，因此迷惑了匈奴。匈奴主将右贤王甚至认为卫青不可能来得这么快，所以并未进行防范。

当卫青在半夜发动突袭时，右贤王居然喝得酩酊大醉，他猝不及防，只得连夜逃窜。失去指挥的匈奴军队随即溃散。卫青派人尾随追击，虽然没有捉住右贤王，但将他的裨王十余人全部俘获，共俘获男女一万五千多人，牲畜十百万头。

金饰戈

图中的金饰戈出土于山东淄博，属于西汉前期齐王墓中的器物。戈以黄金为饰，富丽异常，端有锋刃。

汉武帝收到捷报后，立刻派使者手持大将军印，在卫青回师的路上直接封他为大将军。卫青风风光光地回到朝廷。武帝大肆赞扬了他的功劳，并爱屋及乌，将他还在襁褓中的儿子都封了侯。

卫青谦虚地说："我们能取得如此战果乃是皇上的洪福，既然皇上已封赏了臣下，我的几个孩子尚在襁褓中，他们并没有功劳。更何况取得这个成绩是各位属下苦战的结果，他们都没有被封赏，我的三个孩子哪里敢接受封赏呢？"此时汉武帝龙颜大悦，听他这么一说，于是也一一赏赐了他的部下，上次丢了爵位的公孙敖也被封为合骑侯。

元朔六年（前123年），武帝又派卫青率十万骑兵出塞，追歼匈奴。这时匈奴的实力已经比不上当年了，但他们不肯认输，继续发动报复性攻击。

这一次汉军吃了点亏，代地都尉被杀死。接着匈奴抓住汉军行军中脱节的破绽，以数万重兵包围了卫青的部下苏建和赵信，他们当时仅仅只有三千骑兵。

经过一天的苦战，汉军渐渐不支，眼看性命不保，赵信便率领八百人投降了，而苏建则杀出一条血路，孤身逃回大营。面对如此惨败，有人说："损失了三千骑兵，应该杀死苏建。"但也有人反对说："苏建以寡敌众，失利后还不顾一切地逃回，并未像赵信那样投降，足见他的忠诚，这种人怎么能杀呢？"眼看部下意见不一，争论不休，卫青只得说："我奉皇上之命在外统兵，当然要立军威，按职责来说应斩杀苏建。但作为臣子，我不能因为皇上的恩宠就在外自行其是，因此我决定将苏建带回京城，让皇上圣裁。"

霍去病封狼居胥

在与匈奴的战争中，还有一位赫赫有名的人物，他就是卫青的外甥霍去病。

霍去病，河东郡平阳（今山西临汾）人。他是卫青的外甥，和卫青一样，他也是个私生子。霍去病的父亲叫霍仲孺，是平阳县的县吏。一次他去平阳侯家做事，结果认识了卫青的姐姐卫少儿，接着卫少儿就生下了霍去病。

霍去病和舅舅卫青关系很好，因为两人的年纪相差无几，在卫青当骑兵的时候，便常常对霍去病进行特别训练。卫青升官之后，霍去病也得到了一个侍中的小官位。

后来卫青为了让霍去病在实战中得到磨练，每次出征都带着他。在卫青的提拔下，武帝任命霍去病为骠姚校尉。校尉是地位较高的军官，仅次于将军，"骠姚"的意思是勇健轻捷。

霍去病和卫青最大的区别在于他敢于冒险，而且以勇悍著称，即使没有援兵，他也敢千里突袭。这种做法非常危险，但一旦成功，战果也很大。卫青的作战方式则是"正兵"，长处是稳健，虽然在和匈奴的周旋中占不了什么便宜，但也不会有什么损失。这么一来，队伍的机动性就大打折扣，不容易发挥出骑兵的优势和特点。

卫青很疼爱霍去病，很少让他单独率兵面对匈奴骑兵，一直将他带在身边，警告他不准乱跑。

可惜霍去病是个坐不住的人，这天他终于忍不住了，于是带着卫青给他的八百骑兵，离开大军营地去突袭匈奴。

在一般情况下，这样做结果不是战死就是被俘，但是霍去病表现出了令人惊异的独立作战能力。在霍去病的率领下，这帮骑兵把匈奴打了个措手不及，取得了斩杀俘虏两千多人的战果，不仅杀死了匈奴单于的叔祖父籍若侯产，还活捉了他的叔父罗姑比，大胜而归。

本来霍去病不听指挥、私自出兵应该受到严惩，不过卫青是他的舅舅，再加上这次出兵很顺利，因此功过相抵，没有惩罚他。回去后卫青将霍去病的事报告给了汉武帝，武帝立即封霍去病为"冠军侯"。

这次胜利使得汉武帝心情舒畅，因此等待他处理的苏建也保住了一条性命。

在后来的日子，因为霍去病的出现，卫青自然就少了很多立功机会，不过他不会跟自己的外甥斤斤计较。此时卫青的姐姐卫子夫年纪也大了，武帝又迷上了另一个美女王夫人，卫青得知王夫人的族人很贫穷，于是采纳手下的意见，以祝寿的名义送了王夫人一笔巨款。王夫人非常高兴，一有机会就在武帝面前说卫青如何如何好。

武帝是个聪明人，他立刻明白一定是卫青贿赂了王夫人，于是去质问卫青。卫青一五一十地将事情告诉了武帝，因此武帝觉得卫青老实，就没有追究此事，反而将那个给他出主意的人封为东海都尉。

从此武帝认为卫青对自己忠心耿耿，因此对他一直另眼相看，即使后来霍去病的功劳远远超过了卫青，但他的大将军位置始终没有动摇过，以至于武帝觉得自己有点对不住霍去病，还特意造出一个"骠骑将军"的名号给他。元封五年（前106年），卫青在家中逝世，谥号为"烈"。

霍去病自崭露头角以来，一直被汉武帝重用。元狩二年（前121年）春天，霍去病被任命为"骠骑将军"，率领一万多人从陇西出塞。这原本是汉朝对匈奴的一次试探性作战，但霍去病兵出长城后就改变了作战目的。

他率领部队越过焉支山（今甘肃山丹东南），在大漠中纵横驰骋，途中击败了无数敌军，其中包括匈奴属下五个小国的军队。他不仅杀死了属国国君折兰王和卢胡王，俘虏了浑邪国的王子和丞相，还抢走了休屠国的祭天金人。

不过这次作战毕竟是在敌人的国土上，因此他们不敢恋战，只斩杀了敌军八千余人就撤退了，但霍去病及其军队带给匈奴的震撼是巨大的。河西首战告捷，武帝看到霍去病又带了一大堆战利品回来，十分高兴。

同年夏天，霍去病再次出击。汉军兵分两路，一路由霍去病和公孙敖率领，另一路由张骞和李广率领。走到半路上，霍去病和公孙敖失散了，不过对他来讲，公孙敖在不在都无关紧要，因此他故伎重演，在匈奴的地盘横冲直撞，深入北地（今甘肃庆阳西北）两千多里，越过居延泽（今内蒙古额济纳旗北），一直杀到了祁连山（今甘肃张掖西北）。

由于没有碰上匈奴主力，霍去病又不甘心空手而回，于是他开始攻打那些归附匈奴的小国。经过多次战斗，他击败了小月氏，俘虏了酋涂王，和他们的各级王爷、妃子、王子五十多人，丞相、将军、当户、都尉六十多人，斩杀敌人三万多，迫使两千多人投降。不过霍去病的队伍也损失惨重，死亡受伤失踪的人占了全军人数的十分之三。

这是西汉对匈奴开战以来，取得的一次空前大捷，经过这次战役后，汉朝控制了河西地区，截断了匈奴和羌人的联系，打开了内地通往西域的道路。这次胜利也使霍去病的名气如日中天，风头几乎盖过大将军卫青，武帝不好意思把卫青的大将军头衔转给霍去病，但又觉得过意不去，于是将骠骑将军的地位升一级，等同于大将军。

由于河西走廊是通往西域的交通要道，因此扫清匈奴之后，就为后来的"通西域"创造了重要条件。同年秋天，匈奴发生了一件大事，匈奴单于认为手下的浑邪王管理的地盘多次被汉军攻破，死伤惨重，因此对他非常不满，匈奴单于下令召见浑邪王，准备杀了他。

浑邪王见势不妙，就上书汉武帝愿意率领死党休屠王一起降汉。武帝听到这个消息大喜过望，但又害怕敌人是诈降，于是派霍去病前去受降。

不过浑邪王愿意投降，他的部下却意见不一。当他宣布要投靠汉朝的时候，军营中立刻乱成一团，多数部将都率领着人马逃跑了。霍去病见到这个情况，立刻雷霆出击，当场杀了那些不愿投降的敌军，共计八千多人，然后

张掖太守虎符

虎符最早出现于春秋战国时期，是古代帝王发给地方官或驻军首领的调兵凭证。虎符分为左右两半，右半存于朝廷，左半发给统兵将帅或地方长官，并且一地一符，专符专用，绝不能同一兵符同时调动两个地方的军队。调兵遣将时需要两半勘合验证，方能生效。此件虎符为半符，侧面刻"张掖左一"银字，背存"与张掖太守为虎符"八个字的左半边，是西汉政府颁发给张掖太守的虎符。

挟持着浑邪王及其部众渡过黄河，来到汉朝的地盘。

这是一次标志性的胜利，它意味着汉朝能够保护曾隶属于匈奴的浑邪王。匈奴却对此束手无策，这从根本上动摇了匈奴对塞外各属国的控制。

所以匈奴对此无比震怒，匈奴王立即出兵袭击汉朝边境。由于汉朝部队早已今非昔比，匈奴根本占不着便宜，恼怒之下只得杀了许多百姓，然后在汉军到来之前仓皇逃走。

元狩四年（前119年），武帝和各位大将一致认为："投降匈奴的赵信为匈奴出谋划策，给了他们很多帮助。这么一来，匈奴就会认为，由于汉军的后勤补给跟不上，所以绝不可能越过大漠来攻打自己，因此应该将计就计。"

经过商议，武帝决定了对匈奴的远征方案：卫青和霍去病各领五万骑兵，辅助步兵和后勤补给部队数十万人，分两路出击匈奴，这是规模最大的一次远征。

赵信原本以为，汉军没有深入大漠的能力和决心，因此给匈奴单于出了个主意："以逸待劳，让卫青送上门来。"不过卫青一生享有不败的美誉，见此情况，他立即以车仗绕营防御，然后用五千骑兵袭击匈奴的侧翼。双方正在激战之时，突然刮起一阵大风沙，一时间伸手不见五指。汉军虽然人少，但训练有素，毫不慌乱，匈奴骑兵见势不妙，立即撤退了。

卫青追击了二百多里，斩杀匈奴近两万余人，夺得大量战略物资。战绩虽然不小，不过和霍去病相比，就逊色多了。

霍去病率领五万骑兵从右北平出击，抓获单于章渠、王爷三人，以及匈奴将军、相国、当户、都尉等八十三人，斩杀了匈奴王爷比车耆。他还一直追击匈奴左贤王的部队，直到了狼居胥山（今蒙古肯特山）、翰海（今俄罗斯西伯利亚贝加尔湖）才停了下来。霍去病在狼居胥山上积土祭天，这就是著名的"封狼居胥"。

这样辉煌的战绩，彻底奠定了霍去病为西汉第一名将的地位，即便是在

马踏匈奴石雕

马踏匈奴石雕是霍去病墓前众多的石雕之一，是汉武帝为表彰霍去病抗击匈奴的战功而建立的。雕塑中，用一匹高大雄健、傲然屹立的战马来象征这位年轻的将军。一个象征匈奴的武士则仰面朝天，被无情地踏在蹄下。整个雕塑用一整块石头雕成，深沉浑厚，既是古代战场的缩影，也是霍去病赫赫战功的象征。

中国历史上，这也是对外战争的最高荣誉。后世帝王和将军都希望能达到"封狼居胥"那样的功业，但几乎无人能及。

而且霍去病完全是无后方作战，所有的粮食和其他物资都是从敌人那里夺取的，共斩杀匈奴七万多人。应该说这次大规模的出击，狠狠打击了匈奴的势力。匈奴是游牧民族，人口本来就不多，而参战的往往都是青壮年，经过这次漠北大战，匈奴逐渐衰弱下去。

不过汉军的损失也很大，士兵死了一万多人，十四万匹马损失了足足十一万，这就导致了没有实力将已经衰弱的匈奴彻底消灭，给了他们休养生息的机会。但无论如何，这次战争之后，汉朝和匈奴之间出现了少有的平静。

由于霍去病屡建大功，因此多次得到汉武帝的嘉奖，不仅赐封其食邑，还加官大司马。

一次霍去病胜利归来，汉武帝准备了豪华的府邸让他参观，谁知他说："匈奴不灭，无以家为也。"这句话被后人无数次地引用，激励着一代代的军人投入到反抗侵略的战争中去。

霍去病为人极为剽悍，虽然作战勇敢，但是却不能很好地善待部下，不像卫青和李广都是出了名的爱兵如子。当军中士兵没有吃饱饭的时候，就令人陪他玩蹴鞠。所以作战的时候，跟着他的往往都是亡命之徒，因为除了能带来军功之外，霍去病实在不能给他们别的东西。

霍去病用兵坚决果断，武帝曾希望他能学一些孙子和吴起等人的兵法，霍去病却说："顾方略何如耳，不至学古兵法。"

不过从十八岁从军到二十四岁逝世，短短几年工夫，霍去病率兵总计斩首、俘获匈奴十一万多人，迫使浑邪王率数万人投降，夺取了河西地区，置酒泉、武威、张掖、敦煌等郡，这个成绩也足以让他笑傲疆场了。

张骞出使西域

张骞,字子文,汉中城固人。汉武帝建元三年（前138年），张骞应募任使者，出使西域。经过匈奴时，被其俘获，后来逃脱，西行至大宛，经过康居，抵达大月氏。再行至大夏，遂返回。张骞出使西域不仅开拓了汉朝通往西域的道路，并将西域诸国的汗血马、葡萄、石榴等引入中原，意义重大。

二十四岁那年，霍去病不幸染病身亡。汉武帝十分悲痛，为了纪念他，特意命人仿照祁连山，为他修建了一座宏伟的坟墓。

张骞通西域与丝绸之路

西汉时的张骞是开辟西域道路的第一人，他两次出使西域，对内促进了西域与内地的频繁交往，对外开通了历史上著名的商道——丝绸之路。丝绸之路的开通，大大促进了东西方的经济文化交流。

张骞出使西域

汉武帝即位不久，就抓回了一批匈奴人。由于匈奴人长期侵犯边境，骚扰百姓，因此汉武帝亲自审问了这些人，想摸清他们的底细。

谁知有个匈奴人非常傲慢，他说："你们没什么了不起的，根本比不上我们匈奴人。像我们旁边的那个大月氏国王，不听大单于的指挥，还妄想跟我们作对，结果被我们单于把脑袋砍下来做了酒器。"

武帝一听顿时大怒，下令将其处死。不过这个无名小兵无意中提到的大月氏国却引起了武帝的注意，他想："大月氏的国王被匈奴如此羞辱，大月氏人肯定要立誓报仇，如果能联络他们结成同盟，共同对付匈奴，岂不很好？"

可是大月氏自从离开敦煌后，就不知道去了何处。当时人们的地理知识非常匮乏，根本不知道长城以外还有多大，所以联络大月氏是一项既艰巨又危险的任务。汉武帝提出这个提议后，朝中根本无人敢于应承，他只好公开悬赏，招募愿意承担这个任务的使者。

等了一年，武帝总算等来一个人，他就是张骞。张骞，汉中城固人，当时的一名郎官。

武帝很欣赏张骞的胆识，当即挑选了一百多人作为他的随从，还找来一个名叫甘父的匈奴人当向导。临行之前，武帝将写好的国书交给他。就这样张骞带好准备的物品出发了，从此拉开汉朝数百年经营西域的序幕。

出了长城，就都是匈奴活动的范围，尽管张骞等人十分小心，但走了近千里路后，他们还是落到了匈奴人手里，当了俘虏。

匈奴大单于得知他们的意图后，非常愤怒，一气之下，便命他们一行人去做奴隶。很多人受不了折磨，最后都死了，只有张骞毫不畏惧，始终保持大汉使者的风范。为此大单于很欣赏他，最后还送给了张骞一个匈奴女人，让她当张骞的妻子。

就这样过了几年，张骞也有了孩子，匈奴人对他的防范之心渐渐小了。一天甘父来找张骞，经过商量，两人决定乘着匈奴没有好好防备的机会逃跑，于是他们带着老婆孩子一起向西逃窜，这时距张骞离开京城已经十一年了。

为了避免被匈奴追上，他们不停地向西逃跑。没多久到了另一个国家，张骞起初以为是大月氏国，后来才发现是另一个国家大宛。

大宛国王一向钦慕中原文化，这时见到一个汉朝使者，非常高兴，于是他答应派兵护送张骞去大月氏。在大宛士兵的护送下，张骞顺利地到达了大月氏。死了丈夫的王后现在成了大月氏的女王。张骞鼓动女王："希望能和汉朝联手，为国王报仇。"但大月氏已经被匈奴吓破了胆，再加上生活安定，不想再惹麻烦。张骞他们在大月氏呆了一年多，也没有说服女王。不过虽然没有完成汉武帝交代的任务，但张骞在这一年里到了很多地方，见到了很多和汉朝不一样的东西。

既然说服大月氏已经无望，张骞和甘父只好往回走，路过匈奴的地盘时，他们本想蒙混过关，但很不幸，最后又被匈奴抓获了。关了一年多之后，他们又找到一个机会连夜逃跑了，这一次总算回到了汉朝。

回国见到了汉武帝，张骞便把这十三年的经历讲给他听。虽然张骞第一次出使没有达到结盟的目的，却获得了大量关于西域各国的知识，武帝被他的意志所感动，因此封他为太中大夫。

张骞说："我在大夏国的时候，居然发现了我国蜀地出产的细纺布，经过一番询问，原来是大夏的商人前往身毒国贩来的。"武帝一听也觉得很神奇，他说："既然身毒国和蜀地有贸易往来，它们之间就肯定有路线，既然你已有了经验，不如再次出去看看。"张骞欣然同意。他将汉武帝提供的人马分成四

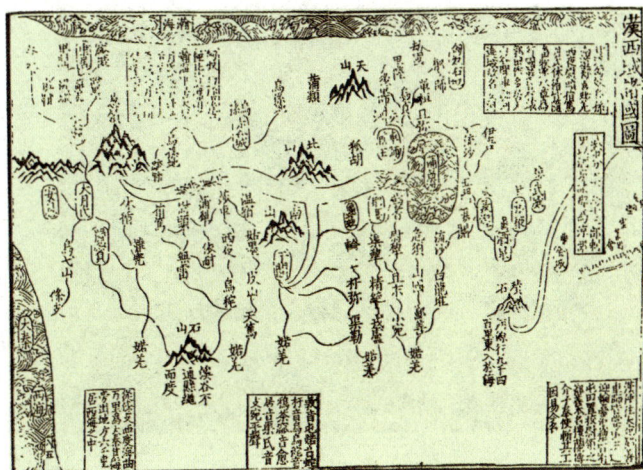

汉西域诸国图

该图主要反映了汉代西域诸国的分布情况。图中用形象的符号标出了天山、葱岭、北山、南山、石山和积石山的位置，并清晰地绘出了汉通往西域的路线。

路，从不同的路线南下。但是由于当时西南地区天气恶劣，道路艰险，劫匪横行，所有人马都没有能够到达身毒国。但他们这次却发现了滇越国（今云南）。

虽然张骞没有找到身毒国，但意外发现了滇越国，因此汉武帝非常满意。接着他安排张骞跟着卫青去攻打匈奴，因为如果想要封侯，必须要立军功。另外张骞当了十一年的俘虏，对匈奴的地形非常熟悉。战斗结束后，张骞被封为博望侯。

两年之后张骞再次和李广一起出征，这次他差点送掉性命。经此一役，武帝意识到张骞并不适合做将领，还是让他去当探险家为好。

霍去病消灭匈奴的主力骑兵后，匈奴在西域诸国的影响力大大下降，于是汉武帝派遣张骞再次出使西域，这一次张骞带了很多礼物。

元狩四年（前119年），张骞首先来到乌孙国。乌孙国王和原来的大宛国王一样，想和汉朝做生意，但又担心匈奴，不敢与其公开决裂。在和乌孙国交涉的同时，张骞派遣手下出使附近的大宛、康居、月氏、大夏等国。通过这次接触，小国国王们都知道还有一个能与匈奴抗衡的汉王朝存在，愿意与汉朝发展贸易往来。

在张骞的努力下，乌孙国王终于派遣使者带着礼物和张骞一起觐见汉武帝。武帝非常高兴，命人带着乌孙国使者四处参观走访。这一下乌孙终于明白，汉王朝的实力远远超出了匈奴，很快乌孙就与汉朝结亲通好。

两年后张骞派出的手下才陆续回到汉朝，他们将到过的地方一一记录下来，最后发现有三十六个国家，并带回了这些国家的使者。武帝出巡时，让各国使者

商旅图

此壁画表现了商旅们在干旱的丝绸之路上到达驿站水井时的活跃场面，反映了在丝绸古道上，东西方交往的繁荣景象。

一同前往。这样各国的使者们进一步了解了汉朝的情况，回国后经他们一宣传，大部分国家立刻同意和汉朝建立友好关系。

从此汉武帝每年都要派遣使者去访问各国，少则五六次，多则十几次，每次都派出百余人甚至数百人。比较远的安息、奄蔡、条支等国也有大汉使者的足迹，双方建立了友好的外交关系。

丝绸之路

张骞通西域后，西域的商人络绎不绝地到汉朝来做生意，他们将汉朝的商品经过西域运到西亚，再运到欧洲。由于这些商品中最著名的就是丝织品，因此这条路线被称为"丝绸之路"。

当时的"西域"有广义和狭义之分，广义是指包括今新疆地区、中亚、南亚、西亚乃至罗马帝国等地区；狭义是指玉门关、阳关以西，葱岭以东，昆仑山以北，巴尔喀什湖东南地区，包括我国新疆地区和哈萨克斯坦中东部地区。去西域也有两条路：一条是南道，从玉门关、阳关经鄯善，沿昆仑山北麓，西行至莎车，过葱岭即可到达大月氏和安息；一条是北道，出玉门关、阳关经车师前国，西行至疏勒，过葱岭即可到达大宛、康居和奄蔡。匈奴控制西域各国后，这两条道路都被隔断了。

前114年，张骞去世。他这段出使西域的历史被称为"凿空西域"。"凿空西域"的历史意义非常重大，它不仅将汉朝的影响扩大到中亚、罗马等地，也让汉朝人的生活和视野发生了巨大变化。先进的生产技术在西域得到推广，比如冶铁、凿井术等；精美的手工业品也传入各地，比如丝绸和漆器。而西域的诸多物产也先后输入中原，比如蚕豆、黄瓜、大蒜、胡萝卜、葡萄、骆驼、驴、汗血马，等等。不过这些仅仅是丝绸之路通商的附属品。

通过丝绸之路，中国的文化知识、发明创造传播到了西方，为西方的近现代化提供了必要支持。在中国古代史和世界古代史上，"丝绸之路"都具有极其重要的地位。

另外汉武帝也因此使西汉版图得到了空前的扩大。张骞死后，丝绸之路遭到了匈奴的破坏。当时姑师和楼兰两国是通往西域的要道，元封三年（前108年），武帝派兵征伐两国，最后楼兰王被擒，楼兰国成为汉朝的藩属，姑师国也兵败国破。从此通往西域的道路便畅通无阻了。

大宛出产汗血宝马，因这种马速度奇快，奔跑时会流出红色汗珠而得名。汉武帝为了改良马种，再加上方士的煽动，他们说大宛马是"天马""神马"，因此汉武帝决定不惜一切代价获得此马。

太初元年（前104年），汉武帝派遣李广利出兵进攻大宛，大宛誓死抵抗。经过四年苦战，前后发兵十多万，终于包围了大宛都城。最后城内的贵族杀死国王后投降，进献良马数十匹，一般的马三千匹，汉军这才班师回朝。

听到汉军相继攻破楼兰、姑师和大宛等国的消息，西域各国无比震动，他们相继派人到汉朝朝贡，或让子弟留居汉朝。

为了让使者往还方便，武帝下令：在敦煌至盐泽（今新疆罗布泊）之间设置驿站，修筑烽燧亭障，在轮台（今新疆轮台东）、渠犁（今新疆库尔勒一带）等地屯田。屯田士卒最多时达到了六十多万。

武帝还任命了使者校尉，由其处理与西域各国之间的各种事务。而这一切，均得益于张骞出使西域，因此很多学者都认为他是"中国走向世界的第一人"。敦煌壁画中也有关于他通西域的场景。在张骞纪念馆中，写有"大汉之魂"四个字，这恐怕是对其一生最恰当的评价。

素纱禅衣

湖南长沙马王堆一号汉墓出土的素纱禅衣为交领、右衽、直裾式，袖子较宽。衣长128厘米，重48克，真可谓薄如蝉翼，反映出当时高超的丝织工艺技术。

天马图

我国古代所谓的天马，皆来自西域。据传此类马耐力好、速度快，很适合长途行军与作战。汉武帝得到此马后，心喜若狂，并作歌咏之："天马徕兮从西极，经万里兮归有德。承灵威兮降外国，涉流沙兮四夷服。"

武帝拓边

汉武帝在位时，曾向东北、南方、东南、西南地区大力开拓疆土，成果非常辉煌。

匈奴与东北汉四郡

首先是跟匈奴的战争。四十年来，武帝不停地派兵攻打匈奴，将他们一再往北驱赶，使其对汉朝地区失去了威胁力。赶走匈奴之后，北方的局势得到稳定，经济也有了比较快速的发展。张骞出使西域后，西域的一些国家与汉朝结盟，共同夹击匈奴，最终确立了汉朝的宗主地位。当时东北方向已将辽东半岛、鸭绿江和浑江一带纳入了汉朝版图。除此之外，现在的甘肃和新疆地区也归属了汉朝。

东北地区也生活着许多少数民族，除汉族之外，还有挹娄、乌桓、鲜卑、夫余和高句丽等等。汉初燕人卫满在这里建立了政权，后来与汉朝约为藩属。元封三年（前108年），汉武帝在卫氏政权的基础上设置了乐浪、临屯、玄菟、真番为汉属四郡。

诸越内属

南方及东南沿海地区是越人的地盘，秦始皇统一中国时就在这里设立了郡县。秦末爆发农民起义后，当地贵族和官吏就分别夺去了政权。汉初分割成南越、东越和闽越，并称"三越"，南越由赵佗所创立。

建元六年（前135年），闽越王郢率兵攻打南越。南越王不敌，只好向汉武帝求救。武帝派出大将王恢和韩安国，分两路讨伐闽越。

王郢的弟弟余善见汉军来势汹汹，便和族人合谋，杀了闽越王郢投降汉朝。武帝立未参与谋乱的无诸孙繇君丑为"越繇王"。为了安抚余善，也封他为"东越王"，共同治理闽越地区。不过实际权力完全掌握在余善手里。

但即便如此，余善依然不肯善罢甘休。元鼎六年（前111年）秋天，他再次起兵，抗拒汉朝，并刻"武帝"印玺，自立称帝。

武帝见此，自然十分震怒，于元封元年（前110年）冬天派兵攻入东越。这时闽越内部发生叛乱，越繇王居股杀死余善，然后率众投降汉军。

为了彻底解决闽越问题，武帝遂废除闽越政权，并将当地居民迁居到江淮之间。

此时南越统治集团内部的矛盾也表面化了。赵佗的第四代孙婴齐成为南

"文帝行玺" 金印
此玺为广东广州象岗山西汉南越王赵眛墓出土。金印铸造成型，印文阴刻篆书"文帝行玺"四字，印钮为盘龙形。此印的主人赵眛是南越国的第二代皇帝。

越王之后，因为慑于汉朝的强大，便提出了一些明显的亲汉举措，妻子樛氏和儿子赵兴都非常赞同他的意见。但是以丞相吕嘉为首的割据势力却对此表现出强烈的不满。婴齐死后，赵兴继位，元鼎五年（前112年），吕嘉发动政变，他杀死太后、赵兴以及汉朝的使者，立建德为王。

元鼎五年（前112年）秋天，汉武帝派兵十万，水陆并进，征讨吕嘉。经过一年多的苦战，终于攻下了南越的都城番禺。吕嘉和建德仓皇失措，他们沿着海边逃跑，最后迫于汉军的追赶，逃入海中，但仍被捕获。

至此南越政权完全被消灭。武帝将这些地区分置为九个直属的郡。这次胜利促进了东南地区民族之间的融合，还发展了海航事业，对中国与南洋、印度之间的海上贸易起到了促进作用。

通西南夷

为了拓边，汉武帝还把目光集中在西南地区，即今天的云南、贵州及四川南部一带，这里居住着一些少数民族，因此被统称为"西南夷"。他们有的依然过着氏族部落的生活，有的则已进入奴隶社会。

建元六年（前135年），曾率兵攻打闽越的将领王恢，派番阳令唐蒙去南越。一天唐蒙在南越吃到一样调料，他觉得味很美，于是向当地人打听。原来这是四川产的枸酱，是巴蜀商人贩卖到夜郎国，然后经牂牁江转运到南越来的。

于是唐蒙上书汉武帝说："臣打算去夜郎国说服他们联合，只要利用夜郎精兵沿牂牁江而下，就能出其不意地制服南越。"

骑士贮贝器

贮贝器是古代为贮存作为流通货币的贝而设计的一种器皿。汉时流行于云南滇族地区。此贮贝器出土于云南晋宁石寨山。整个贮贝器由器身、器盖和器足三部分组成。盖上中立一柱，柱上有一人跨马伫立，周围有四牛。器身上两个器耳做成虎形，显得威武、端正。此贮贝器设计之巧妙，铸工之精细，堪称少数民族文物中的上品。

武帝应允了他的要求，并任他为中郎将，率领一千人前往夜郎国。当时的夜郎国范围包括今贵州北部、西部一带，以及四川南部、云南东北及广西北部地区。

唐蒙来到夜郎国拜见国王。国王听说汉朝的辽阔强盛后，不禁觉得万分惊讶，这才知道自己见识浅薄，孤陋寡闻，当即表示愿意归顺，从此便有了"夜郎自大"的成语。汉武帝在这里设置了郡县。唐蒙攻破南越后。夜郎国派使者觐见汉武帝。

元封二年（前 109 年），汉武帝又给滇国王颁发了"滇王之印"。原来在战国后期，楚将庄蹻来到滇池后，征服了这里的居民。由于这里与中原隔绝，因此他建立滇国，自立为王。

武帝发兵攻打西南部时，曾深入到滇国。滇王见汉军实力雄厚，不想自讨苦吃，于是开城投降。从此西南的大部分地区都融入了大汉版图。

自此以后，中国版图就形成了。虽然后来历史上每个朝代的疆域都有所变化，但那仅限于局部，总的来说，大体上是汉武帝时期对外扩张的范围。

汉武帝对边疆地区的大力开发，在中国历史上有着极其重大的意义。这些行动不仅融合了多种民族，推动了经济与文化的发展，而且还加强了内地与新疆、西南、中亚、南洋、欧洲及日本等地的海陆交通。国内外人民都扩大了活动范围，往来日益密切，既丰富了各国人民的地理知识，还增强了中外文化的交流，对世界文明的进步都起到了促进作用。

司马迁著《史记》

谈及汉武帝的独断专行，就不得不提起一个人的名字，那就是司马迁，人们都知道他是巨著《史记》的作者。

司马迁，字子长，夏阳（今陕西韩城）人。生于史官世家，自周朝开始，他的先祖就担任王室太史，掌管文史星卜。汉武帝即位后，他的父亲司马谈任太史令达三十年之久。司马谈毕生致力于修史，一生最大的心愿就是撰写一部史书，为此他收集了大量的历史资料。在父亲的影响下，司马迁从十岁起就开始诵读古史，并游历过很多地方。回到长安后，武帝很重视这个学问丰富、广闻博识的年轻人，因此命他为郎中，并让他带着命令出使巴蜀。

元封元年（前110年），汉武帝到泰山封禅，司马谈因病不能继续随行，忧郁而死。临终前他嘱咐司马迁："我死之后，你一定要做太史，不要忘了我的遗愿。"

从此司马迁就秉承父亲的遗志，准备编写《太史公书》，即后来的《史记》。同时他还参与了汉代《太初历》的编写。司马迁和壶遂、邓平、落下闳、唐都等二十多人改革历法，经过反复计算，终于在太初元年（前104年）完成了著名的《太初历》。

秦朝时以十月为一年之始，但《太初历》以正月为一年之始，一月的日数为29.53天，一年的日数是365.25天。这是中国历法史上的第一次大改革，也是当时世界上最先进的历法。

担任太史令的头几年，司马迁的生活波澜不惊，记载历史的时候总是力求真实，绝对不肯做"为尊者讳"的事情。

汉武帝虽然平日忙于政事，但他一有空就会来检查司马迁的工作。这天他翻看着司马迁的史书草稿，看到汉朝时，他不禁大怒，对司马迁说："你怎么把伟大而英明的汉高祖刘邦写成了一个流氓？还将项羽当成一个英雄？"司马迁说："高祖的性格本来就是那样，这是无可争议的事实。更何况他以平民身份奋斗成为皇帝，不是更证明了他的伟大吗？另外臣下认为项羽也很伟大，因为他在抗击暴秦的战争中功不可没。"他说得振振有词，武帝也无话可说，于是继续往下看。到了汉景帝刘启时，他又不舒服了，因为司马迁写

司马迁

司马迁，字子长，西汉时期伟大的史学家。汉武帝太初元年（前104年），司马迁开始撰写《史记》。征和二年（前91年），他基本上完成了《史记》的全部写作。这可谓是他这一生中最辉煌的成就。

梁园飞雪

梁园，又名"兔园"，是汉梁孝王刘武在梁地所建的一处私家园林，其旧址据说在今河南开封东南。梁孝王喜好结交天下的文人名士，如司马相如、枚乘、邹阳、羊胜等皆为其座上宾客。他们与梁孝王在园中游览赏乐，饮酒作赋，往往乐而忘返。"梁园"因此而闻名。

道："……及三子更死，故孝景得立。"原来景帝刘启并非文帝刘恒的长子，本来轮不到他做皇帝，只是上面的三个哥哥都莫名其妙地死了，景帝才登上了皇位。

武帝登上帝位时也颇受争议，因为他也不是景帝的大儿子，当时窦太后和一些人都赞成拥立他的叔叔梁王，所以他希望司马迁将景帝和自己登上帝位写成是历史的必然趋势。

但是让太史令更改历史是史学上的大忌。春秋战国时期，齐国权臣崔杼杀死了国君齐庄公，于是齐国太史写道："崔杼弑庄公。"崔杼不同意，让齐太史改写，结果遭到拒绝，崔杼一怒之下杀了齐太史。然后又让他的二弟来写，结果写的依然是"崔杼弑庄公"，崔杼又把他杀了。于是崔杼又找来太史的三弟，结果写的依然是"崔杼弑庄公"，崔杼也把他杀了。最后命齐太史的小弟做太史，这个小弟继续奋笔疾书："崔杼弑庄公。"这一下崔杼没办法了，只得任由这段历史被记录下来。其实崔杼原本并不是什么坏人，但却因为这件事，最终变得臭名昭著。

因此，虽然汉武帝暗示司马迁修改历史，但他出于一个史学家的良知，并没有照做，武帝于是对他产生了不满。

天汉二年（前99年），李广的孙子、汉骑都尉李陵率兵五千随李广利出征，攻打匈奴。由于李广利指挥失当，致使李陵遭到匈奴主力的围攻。李陵斩杀匈奴一万余人，最终弹尽粮绝，被俘后投降。

武帝得知这个消息后非常震怒，但他又不能惩罚李广利，因为他当时正宠爱李夫人，而李广利是李夫人的哥哥，因此武帝下令，将李陵的家人全部下狱。

满朝文武也落井下石，纷纷指责李陵投降可耻，只有司马迁为其辩护。他说："李陵只带领了五千步兵，却吸引了匈奴数万之众，杀敌一万余人，矢尽道穷，古代名将也不过如此。现在他虽然投降了，但是臣下以为只要他不死，以后还是会效忠皇上的。"

之后有人谎称李陵为匈奴练兵，汉武帝听了之后认为司马迁是在为李陵开脱辩解罪责，贬低贰师将军李广利，因此立即下令，将司马迁关进大牢，择日处斩。并将李陵的家人全部处死，从此一代英雄的李家在中原绝后了。

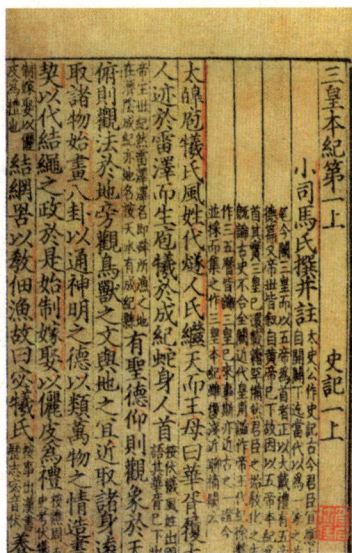

《史记》书影

司马迁所著的《史记》，是我国历史上第一部
纪传体通史，被鲁迅誉为"史家之绝唱，无
韵之离骚"。《史记》全书共一百三十篇，
五十二万六千五百余字，分为本纪、表、书、世家、
列传五部分。记载了我国从传说中的黄帝至汉
武帝太初四拉（前101年）前后三千多年的历史。

　　司马迁当然不想死，因为他还没有完成父亲的遗愿。当时判了死罪的人
只要拿出五十万钱就可以免去死罪，但司马迁家境并不富裕，拿不出这笔钱。
另外被判决死罪的人还可用腐刑来代替。

　　被处以腐刑对任何一个男人来说都是奇耻大辱，但司马迁经过仔细考
虑，决定接受腐刑，忍辱偷生地活下来。就这样他终于以惊人的意志力坚持
了下来。

　　六年之后，司马迁终于出狱了。武帝或许也认识到自己的错误，于是任
命司马迁为中书令。从此司马迁埋头写作，终于完成了史学巨著《史记》。

　　《史记》共一百三十篇，记载了三千多年的历史。司马迁认为，历史的主
因是人，写史即是写人，所以采用了纪传体的形式。后来的史官都接受了这
个观点，所以中国的正史"二十四史"都采用了纪传体的形式。

　　《史记》原名《太史公书》，又称《太史公记》，直到东汉末年才被称为
《史记》。它是中国史学上第一部纪传体通史。对于《史记》，鲁迅先生的评价
是"史家之绝唱，无韵之离骚"。这个评价可谓精确传神，因此《史记》既是
史学名著，同时也是文学名著。

　　除了《史记》外，司马迁还撰写了《报任安书》，文中记述了他下狱受刑
的经过和著书的抱负，为历代所传颂。

　　面对武帝的独断专行和当时监狱的酷刑，很多人都忍受不了折磨而死，
但司马迁之所以是司马迁，就是因为他刚毅、隐忍、倔强。直到现在，人们

名家评史

　　汉武帝是一个雄才大略的皇帝，讨匈奴，通西域，军费浩繁，大司农的钱用完了，连他父亲（景帝）、祖父（文帝）几辈子积蓄下来的财富都花光了。

——钱穆

　　翻开《史记》中的《孝景本纪》，第一段依然写着："及三子更死，故孝景得立。"有原则的司马迁只字未改。

　　司马迁的陵墓和祠堂在陕西省韩城市芝川镇，位于黄河西岸的梁山东麓。

有亡秦之失，而免亡秦之祸

　　虽然汉武帝雄才大略，以前无古人的姿态创造了中国历史上震古烁今的伟业，但武帝的大功与大过并存。宋代史学家司马光对他的评价是："有亡秦之失，而免亡秦之祸。"也就是说，汉武帝是和秦始皇一样的人物。秦始皇有的缺点他都有，比如专制独裁，大兴土木，连年征战，迷信巫术等。但不同的是，两人的治国政策并不一样。汉武帝是"文武并用"，而且能够意识到自己的错误，因此避免了秦始皇的亡国之祸。

大兴土木四处巡游

　　为了满足自己的穷奢极欲，汉武帝修建了很多苑囿和宫殿，上林苑就是一个典型的例子。上林苑是专供皇家游猎的地方，它原本是秦始皇留下来的。武帝即位后，便将终南山和原来的土地划到一起，然后命人重新修建。上林苑完工后，周长四百余里，四周环绕着围墙，苑中有七十多座错落有致的宫殿、十来个清澈的湖泊，还有飞流直下的瀑布、郁郁葱葱的树林、成群结队的麋鹿，至于各地的名果异卉，更是数不胜数，就连南方的龙眼、槟榔、橄榄等水果树，也是武帝一声令下后被移植过来的。

　　修建上林苑时，有谏官提醒武帝说："皇上侵占农田过多，应稍加节制。"

　　汉武帝觉得他说得对，于是赏赐其钱帛以示嘉许。但武帝却丝毫不改，该建的面积一分不少。后来他觉得旧宫太矮小，不足以迎神，因此又专门修建了"建章宫"，周长三十里。还在宫殿北面开凿了太液池，池中有蓬莱、方丈、瀛洲等"仙山"。

每每有外国使者来朝拜，武帝便摆出大国的架子，任意封赏，还带着使者四处巡游。和秦始皇一样，武帝也非常喜欢出巡，不过他的次数更多，高达十几次。

元封元年（前110年），汉武帝从京城长安出发，先到北部阅兵，接着南下到了中岳嵩山，然后向东巡游海边，到泰山封禅。封禅结束后，他又沿着海岸线一直往北，来到碣石（今河北昌黎），接着向西经过九原（今内蒙古包头），就这样绕了一大圈才返回长安，整个巡游里程居然达到了一万八千里。这次巡游的路程和花费都远远超过了秦始皇。

这些都给百姓带来了沉重的负担。武帝即位时由于有文景之治的基础，国家还比较富足，经过他这么一折腾，国库已近空虚。

征伐过度

汉武帝在位总共有五十四年，战争就持续了四十三年，对匈奴发动的战争就有十多次，还有对西域国家的征伐也有好几次。他用兵少则几万，多则几十万，战死的民众不计其数。为了满足对外的不断征伐，他加大对商人和手工业者的征税，还加重农民的赋税，这就造成大量百姓破产。到了汉武帝天汉二年（前99年），齐、楚、燕、赵等地均爆发了不同规模的农民起义，但不久各地起义就被平息。他对于建功之人，赏赐更是丰厚，像抗击匈奴名将卫青、霍去病等人均被封赏过大量钱物。这些钱物都是从民众身上得来的，压得民众困苦不堪。汉武帝即位的头几年，社会安定，经济得到了较快发展，老百姓过着衣食无忧的生活，"人给家足"，国库里也是"府藏皆满"。但经过数十年的征战，最后变得"海内虚耗"，每年过重的兵役都让百姓叫苦连天。除了打仗之外，百姓和士兵还有的在朔方城沿边屯田，"衣食皆仰给于县官"，日子过得非常凄苦。

上林苑驯兽图

上林苑是汉代宫廷的皇家动物园林，里面有专职的驯兽人员。此图所绘的正是驯兽员进行驯兽表演的情景。

铜羽人

汉人将羽人视为飞仙，寓向往飞天成仙、长生不老之意。此羽人造型生动，长脸尖鼻，眉骨突起，双耳竖立，奇异的形象表现出一种超现实的精神力量，展现出深厚的艺术底蕴。

巫蛊之祸

创下一片江山之后，汉武帝认为自己的功德足以超过历代帝王，于是他决定封禅泰山。元封元年（前110年）至征和四年（前89年），他共举行了六次封禅活动。

和秦始皇比起来，武帝对长生不老的期望也毫不逊色。《史记·孝武本纪》载道："孝武皇帝初即位，尤敬鬼神之祀。"

从十六岁继位起，武帝就开始修筑自己的陵墓，修了五十多年。他还遍寻方士，希望能得到长生不老药。

元鼎四年（前113年），方士栾大来到长安，上书说能找到长生不老药。武帝信以为真，陆续赐予他"五利将军""天士将军""地士将军"等五个封号，还把女儿嫁给他。最后居然为其专门刻了一方玉印，封他为"天道将军"。两年后栾大的骗局败露，汉武帝下令将其腰斩。但是汉武帝仍然不肯死心，认为自己没有找到真正的高人，因此继续派人到海上求仙。

一次他到陕西的黄帝乘龙升天处祭祀，大臣问道："当年黄帝升天时，不忍和妻儿别离。如果让皇上在升天和妻儿之间选择，您会选择什么呢？"武帝毫不犹豫地说："将弃妻子如敝屣（即破鞋子）！"由于武帝信奉鬼神，精神恍惚，结果被江充利用，导致了"巫蛊"之祸的发生。

所谓"巫蛊"术，就是在桐木刻制的偶人身上写下仇人的名字，然后埋入地下，象征"为其下葬"，并借助祭祀鬼神的活动实现心愿。"巫蛊"术在西汉很盛行，武帝即位后，就因为"巫蛊案"废了陈皇后。

武帝晚年时，曾住在甘泉宫（今陕西淳化），他常常睡不着，觉得头疼欲裂，因此怀疑有人在暗中作怪，近侍江充趁机挑拨说是大臣和百姓在诅咒武帝。武帝深信不疑，便指令江充到各地去追查此事。

江充得到这个机会，当然不会放过，他打击异己，捏造证据陷害太子刘据，先后让几万人死于非命。

刘据是皇后卫子夫所生的儿子，也是汉武帝的长子。元狩元年（前122年）被立为太子，人称"卫太子"。不过刘据的地位并不稳固，大将军卫青病逝后，皇后卫子夫和太子刘据就失去了最有力的靠山，再加上卫子夫年老色衰，武帝早已移情别恋。

刘据在很多问题上和武帝的看法都不一致。武帝多任用酷吏，刘据却宽厚待人；武帝坚持以武力解决蛮夷问题，刘据则主张用怀柔政策。结果父子之间的嫌隙越来越大。武帝怀疑太子会争权夺利，太子则担心父亲会听信谗言，取消自己的继承人资格。

自从江充负责调查巫蛊一事后，就有人揭发刘据宫中有诅咒武帝的木偶

羽人骑天马玉雕

此玉雕是依据仙人盗药、天马行空的构思雕琢而成的，反映了当时人们祈求长生、幻想升仙的思想。骑者高鼻长脸，肩臀均生羽翼，昂首跨坐在疾驰奔腾的马背上。其玉色晶莹剔透，雕琢精细，是一件难得的艺术珍品。

人。刘据知道这是江充在陷害自己，于是假造圣旨杀了江充。武帝闻讯后大怒，命丞相刘屈氂带人去抓捕刘据，双方激战几天，刘据大败后逃走。接着汉武帝严令各地缉拿，走投无路的刘据只好自杀了。卫皇后也自杀身亡。

后来丞相刘屈氂和将军李广利也被诬陷有巫蛊活动，结果刘屈氂被杀，李广利则带着七万军队投降了匈奴，这对武帝的打击无疑是很大的。当他终于弄清楚所谓的"巫蛊"之祸完全是江充一手制造时，武帝无比恼怒，便下令诛杀了江充全家。直到这时，武帝才逐渐清醒过来，明白自己冤枉了儿子，心中十分内疚，但已于事无补，只好在刘据殉难的地方建了一座"望思台"。

轮台悔过

"太子一案"对汉武帝的刺激极大，他开始进行深刻的自我反思。征和四年（前89年），武帝最后一次到泰山封禅。路过巨定县（今山东广饶）时，他看见农民在田里辛勤劳作，居然亲自拿着农具到田里劳动。他说："自即位以来，我所做之事令天下愁苦，不可追悔。如今又误信方士，靡费天下，以后悉罢之。"

不久武帝就斥退了所有的方士。回到长安后，桑弘羊请求武帝增派劳力到轮台修筑城堡、驻扎军队，武帝于是下了一道诏书，深刻地反省了自己以前做过的后悔之事。他说："前段时间专职衙门上奏，想将百姓的赋税再加三十钱，以资助边防费用，这无疑将会增加他们的负担。如今又要派兵到遥远的轮台去屯田垦荒，这不是令百姓更加愁苦吗？目前的要务是禁止严厉残暴的法令，不再增加赋税，只要能维持边防就够了。继续以农为本，鼓励百姓养马，并执行'马复令'（养马可以免除赋役）。"

由于武帝的这道悔过诏书源于轮台屯田之事，所以历史上称之为"轮台悔过"。经过一番痛定思痛，武帝的治国政策从"多欲"向"无为"回归，这是他一生中的重大转折。接着他采取了与民休息的政策，经过两年努力，社会终于又趋于稳定了。所以说汉武帝"有亡秦之失，而免亡秦之祸"，就在于他能够认识自己的错误。"轮台悔过"也表明他是一位具有远见卓识的政治家。

后宫宠妃

武帝一生宠妃无数，先后有两位皇后。第一位皇后叫陈阿娇，她是武帝的表姐。她的母亲馆陶长公主原本看上的是当时的太子刘荣，但刘荣的母亲栗姬对长公主十分不满，因为长公主经常给皇帝推荐后宫的美女。栗姬将长公主嘲笑一番，拒绝了她的请求。长公主非常气愤，接着她找到武帝的母亲王娡，希望能与其结亲，王娡爽快地答应了。在两人的策划挑唆下，景帝最终废掉了刘荣，立刘彻为太子。

不过景帝听说要将陈阿娇嫁给刘彻的消息时，他反对说："他年纪还小，现在就谈婚姻大事太早了点，更何况陈阿娇比他年长，不太般配。"

不甘心的馆陶长公主于是又想了个办法。一天她将自己的宝贝女儿陈阿娇带进宫中，让她和表弟刘彻一起玩耍。馆陶长公主故意问侄儿："你想不想娶媳妇呀？"年幼的刘彻连连点头。接着馆陶长公主便将宫女叫过来，一一指给他，结果刘彻都不满意。当馆陶长公主指向陈阿娇时，刘彻却忽然大声说："若得阿娇，我愿盖一座金宫殿给她住。"这就是"金屋藏娇"的典故。

馆陶长公主高兴极了，立即找到弟弟景帝，将这些话告诉他。景帝不信，于是亲自盘问儿子，刘彻毫不含糊地将刚才的话又重复了一遍。

景帝听了不禁啧啧称奇，觉得这桩婚事一定是天意，于是很快就答应了这桩婚事。

刘彻当上皇帝以后，陈阿娇理所当然地成为了皇后。武帝之所以能登上皇位，完全是岳母加姑母馆陶长公主的功劳，再加上陈阿娇比他年长，他又从小就对表姐言听计从，因此他对皇后陈阿娇非常宠爱。

但过了好几年，陈阿娇都未怀孕，太皇太后窦氏原本就对刘彻更改国策、尊崇儒术气愤不已，于是她抓住这个机会，想以"皇帝无子"的名义另立皇帝。

这时武帝的姐姐平阳公主便开始给刘彻推荐美女，她想一旦刘彻能够保住皇位，自己也有莫大的好处。因此她选了一些良家女子经自己调教加以训练。

汉苑图

此幅图出自元代画家李容瑾之手。画面上层层楼台，回廊环抱，山石林木，错落其间，将汉代宫苑内外的繁荣景象描绘得淋漓尽致。

历史细读

修禊是一种古老的风俗。商周以来，巫觋的遗风仍有流传，禊即其一。《周礼·春官》："女巫掌岁时，衅除衅俗。"由女巫导演，于三月上巳沐浴除灾祈福。汉代应劭的《风俗通义》把禊列为祀典，说："禊，洁也。"春日万物生长易生疾病，便于河水中洗浴而将身上的疾病及不祥清除干净。

前139年春天，按照惯例，武帝应到渭水之畔举行"修禊"祭典。办完公事之后，他在返京途中前往平阳公主府，专程去看望姐姐。在府中他一眼就看中了歌女卫子夫，并打算将她带回皇宫。

临行前，平阳公主对卫子夫说："有朝一日你富贵了，希望你不要忘了我。"

不过当皇后陈阿娇得知丈夫带回了一个歌女时，气得怒火中烧，而武帝对卫子夫也不过是一时新鲜，犯不上为她得罪表姐和姑妈，因此很快他就将卫子夫忘到了脑后。

眼看卫子夫并未受到宠爱，平阳公主于是又进献了很多美女，再加上其他人为了讨好武帝争相进献，皇宫很快就人满为患了。汉武帝打算释放一批宫人。在挑选宫人的时候又再度注意到了卫子夫。武帝回想起初遇的情景，不禁对她万分怜爱，为了避免被皇后察觉，他将卫子夫安排在上林苑居住。

没想到卫子夫很快就有了身孕，陈阿娇得知消息后，顿时大哭大闹，痛骂武帝欺骗自己，最后便哭着去找母亲馆陶长公主。

陈阿娇出宫后，武帝便将卫子夫迁到自己的寝宫旁，两人的感情也与日俱增。这时馆陶长公主指使人将卫子夫的弟弟关进大牢。消息败露后，武帝怒不可遏，他立即将卫子夫册封为"夫人"，同时升卫长君、卫青为侍中，赏赐卫步、卫广，将卫君孺赐婚公孙贺。卫少儿原本和平阳府的家人霍仲孺有私情，但在生下霍去病之后两人就各奔东西了。后来卫少儿又和汉初名臣陈平的曾孙陈掌有私情，武帝听说后，便命陈掌迎娶卫少儿，并升他为詹事。

面对这一连串的封赏，陈阿娇气得死去活来，为了挽回丈夫的宠爱，她开始求助于巫术。武帝察觉后，命酷吏张汤办理此案。最后巫师楚服以"为皇后巫蛊祠祭祝诅，大逆无道"的罪名被判死刑，宫中的三百多名宦官、宫女也受到牵连被诛杀，陈阿娇则完全失宠。元光五年（前130年），二十七岁的武帝颁布了废后诏书："皇后失序，惑于巫祝，不可以承天命。其上玺绶，

拂袖舞女俑

拂袖舞女俑出土于陕西西安白家口。舞女梳着汉代盛行的发式，面貌俊美秀雅，露出甜蜜的微笑。她右手扬起，飘拂的长袖落在右肩上，左手随音乐向后摆长袖，右脚在前，左脚在后，腿稍弯曲。娴雅恬静的神情，婀娜多姿的形体，不愧为汉代陶塑艺术的杰作。

罢退居长门宫。"一年后她的母亲馆陶长公主也由于丈夫刚死，成为寡妇，并和自己的养子董偃发生了不伦之恋，根本无暇顾及女儿。虽然陈阿娇用重金让武帝欣赏的司马相如写了一篇凄恻动人的《长门赋》，但依然无法重拾往日的宠爱，最后郁郁而终。

而此时卫子夫已生了三个女儿，即卫长公主、阳石公主和诸邑公主，之后又生下儿子刘据。由于刘据是武帝的长子，因此被立为太子，卫子夫也随之被封为皇后。此外她的弟弟卫青和外甥霍去病也因为抗击匈奴为国家立下大功，成为大汉王朝的顶梁柱，这些都奠定了卫子夫的地位。

但是随着年龄的增长，卫子夫逐渐老去，武帝便开始在民间广选美女，三十岁以下的女子共计一万八千名。武帝开始宠爱赵国王夫人，她生下儿子齐王刘闳后，更加得宠。不过王夫人青年早逝，尚未成年的齐王很快也死了。

接着，中山国李夫人出现了，倍受武帝宠爱，后被追封为皇后。李夫人是个从小以歌舞为生的倡女，她的哥哥李延年擅长音律，犯法后被处以宫刑，成为武帝的男宠，被封为协律官。当时汉朝蓄男宠十分常见，《史记·佞幸列传》中记载：李延年常"与上卧起，甚贵幸"。

一天武帝又让李延年歌舞助兴。李延年唱道："北方有佳人，绝世而独立。一顾倾人城，再顾倾人国。宁不知倾城与倾国，佳人难再得！"武帝听后叹息道："这世上哪有如此倾城倾国的佳人？"这时早已被李家收买的平阳公主不失时机地说："歌中的美女就是李协律的妹妹。"武帝大喜过望，立即召见李夫人，一时间形影不离，对她无比宠爱。很快李夫人就生下儿子刘髆，被封为昌邑王。和王夫人一样，李夫人也青年早逝。生下儿子不久，李夫人就生了病，而且越来越严重，武帝得知后便亲自前往看望。

听说皇帝驾临，李夫人立刻用被子蒙住自己的脸，不管武帝说什么，她

彩绘云气异兽图

此图为马王堆一号汉墓外棺的彩绘漆画。画中怪兽出没，或鼓琴，或舞蹈，或狩猎，或与飞禽走兽相搏相逐，充满神奇色彩。怪兽均拟人化，其状劲健勇武，豁达豪迈，反映了当时人们对超自然力量的崇尚。

金日磾

金日磾，字翁叔。他本为匈奴休屠王的太子，汉武帝元狩年间归汉。入汉后，曾官拜侍中、光禄大夫。后因揭发莽何罗谋反，被封为秺侯。昭帝即位后，他受先帝遗诏辅政。死后谥号曰敬。金日磾为汉王朝竭力尽忠，广受后世的赞誉。

都不肯出来相见。最后惹恼了武帝，转身就走了。

这时入宫陪侍的李家姐妹纷纷责备李夫人："你为什么不肯见皇帝一面呢？"李夫人叹息道："世上以色事人者，色衰则爱弛，爱弛则恩绝情断。皇上之所以喜欢我，完全是因为我容貌出众。如今我重病在身，从前的美色尽失，如果被皇帝看见，他只会厌恶我，甚至连从前留下的好印象也会一扫而光，将来怎么会顾念旧情，照顾我的兄弟和儿子呢！"

事实证明，李夫人是个非常聪明的女子。她死后，武帝对其念念不忘。为了表示自己的情意，他下令为李夫人举行皇后级别的葬礼，并将其葬在自己的茂陵附近。《三辅黄图》记载她的墓地规格是"东西五十步，南北六十步，高八丈"。武帝还命画师画了她的像，挂在自己居住的甘泉宫，甚至找来方士为她招魂，目的就是想再见她一面。

后来李夫人的兄弟因犯淫乱后宫罪而被灭族。她的长兄李广利虽然攻打匈奴不利，但武帝顾及跟李夫人的情意，没有将李家绝后，反而封李广利为海西侯。

总之武帝对李夫人一直不曾淡忘，给身边的大臣留下了深刻的印象。武帝去世后，托孤重臣霍光追封李夫人为"孝武皇后"，并将她的灵位与武帝并列，李夫人的墓被称为"英陵"，又名"习仙台"。

接下来武帝相继宠幸过尹婕好和邢夫人，她们都是以歌女的身份得宠的。

这时后宫却传来了太子造反的消息。作为一个皇帝，武帝的猜疑心极重，因此他任命江充去深入调查。江充假借"巫蛊之事"，几年间就在全国杀害无辜之人高达数万，接着又开始陷害皇后卫子夫和太子刘据。

此时卫子夫已做了三十八年皇后，由于见不到丈夫而无法洗脱自己的冤屈，于是她自杀身亡，最后被胡乱埋在长安的桐柏亭。直到汉宣帝即位，才追谥曾祖母卫子夫为"思皇后"，将她重新隆重改葬，并置三百户人家守陵。

被追杀的太子刘据死后，卫氏家族也尽数被灭。刘据的子孙中只有一个数月大的婴儿刘询幸免于难。

金缕玉衣

金缕玉衣是汉代规格最高的丧葬殓服，大致出现在西汉文景时期。河北满城汉墓出土的两套金缕玉衣，保存完整，各由两千多玉片用金丝编缀而成。每块玉片的大小和形状都经过严密设计和精细加工，反映出西汉时期高超的手工艺水平。

　　在卫子夫自杀前的两三年，武帝出巡至齐国河间，一个术士声称："此地有祥云笼罩，必有奇女生长于斯。"武帝听后立即令人就地寻访，果然找到一名赵姓女子，她相貌美丽，但从小就得了一种怪病，双拳紧闭，无法张开。武帝见此大为惊讶，他亲自为她掰拳，更让人奇怪的是，女子的双手竟很容易就恢复了健康，她的右手心还握着一只小小的玉钩。于是武帝将其带回宫，并称她为"拳夫人"。

　　太始三年（前94年），拳夫人生下一个儿子，就是后来的汉昭帝刘弗陵。据说刘弗陵足足在母腹中呆了十四个月才降世，武帝大喜过望，说："我只知道尧帝是怀胎十四个月出生的，没想到钩弋夫人也给我生了这样一个儿子。"随即他下令将生子之处的宫门改为"尧母门"，敕封赵氏为婕妤，号"钩弋夫人"，因此刘弗陵也叫"钩弋子"。

　　刘弗陵长得虎头虎脑，非常聪明，武帝对他倍加珍爱。再加上刘弗陵与众不同的降生经历，武帝终于下决心立他为太子。

　　卫太子刘据被废后，武帝一直没有再立太子。此时他的儿子还有三个，即三子燕王刘旦、四子广陵王刘胥和幼子刘弗陵。按说燕王年纪最大，应当立他为太子。一次燕王从封地派出一个使者上书武帝，请求返回京城侍奉父亲。武帝大怒，当即将该使者处斩。大臣们都很吃惊，他们想既然皇上不喜欢燕王，那就应该轮到广陵王刘胥了。

　　后元元年（前88年），在甘泉宫中养病的武帝召来画师，画了一幅《周公负少年成王图》，"负"是抱持之义，即周公抱着成王接受诸侯朝拜的图画。大臣们这才恍然大悟，原来武帝想立幼子刘弗陵。

　　《史记·外戚世家》中说："上居甘泉宫，召画工图画周公负成王也。于是左右群臣知武帝意欲立少子也。后数日，帝谴责钩弋夫人，夫人脱簪珥叩头。帝曰：'引持去，送掖庭狱，'夫人还顾，帝曰：'趣行，女不得活！'"

这个变故更是令群臣大为震惊。原来武帝担心刘弗陵年纪小，而钩弋夫人刚刚二十多岁，过于年轻，一旦自己离世，钩弋夫人势必会掌握朝政，成为另一个吕雉。

其后汉武帝询问左右："老百姓对这件事有什么看法？"左右回答："人们不明白，将立其子，为什么要杀死其母呢？"汉武帝说："一般人是不能明白的。自古以来，国家之所以变乱，往往是因为主少母壮，难道你们不知道吕后吗？"

这件事充分体现了汉武帝的深谋远虑和毒辣手段，这个由他一手建立的"立子杀母制"，直到南北朝时期才被废除。不过也有人批评他的做法"违天理而拂人情"。明朝的张宁在《读史录·武帝》中说："武帝此举，残忍不经，殊非正家裕后之义。"

此外武帝还下令，将其他儿女的生母都杀掉了，原因就是为了避免她们成为刘弗陵的养母而专权。史书中写道："故诸为武帝生子者，无男女，其母无不谴死，岂可谓非贤圣哉！昭然远见，为后世计虑，固非浅闻愚儒之所及也。谥为'武'，岂虚哉！"

后元二年（前87年），也就是钩弋夫人被杀的第二年，七十岁的汉武帝卧病不起，这时他正式册立刘弗陵为太子，令霍光为大司马大将军、金日磾为车骑将军、上官桀为左将军、桑弘羊为御史大夫，和丞相田千秋一起辅佐少主。两天后武帝病死，葬于茂陵（今陕西兴平东北）。

于是八岁的刘弗陵即位，是为汉昭帝。他追封母亲为皇后、皇太后，并为其兴建"云阳陵"。

应该说汉武帝刘彻是中国历史上最具雄才大略、最为杰出的君主之一。他开辟的疆域，奠定了其后两千余年中国版图的基础，还令大汉帝国成为当时世界文明的中心，足以媲美西方的罗马帝国。但是他也有"大过"，如果说他的功劳是一手缔造了汉朝的辉煌，那么他犯下的过错则导致了帝国的衰落。

汉武帝在位整整五十四年，是中国古代史上在位和享年最长的帝王之一。《谥法》说他"威强睿德曰武"，也就是威严、坚强、睿智、仁德，所以谥号孝武皇帝。

昭宣中兴

汉昭帝和汉宣帝时代，西汉王朝处于稳定发展的阶段。汉武帝死后，年仅八岁的汉昭帝即位，霍光辅政，一改汉武帝时期穷兵黩武和好大喜功的政策，着力恢复西汉初期实行的无为政治，采用休养生息的政策，多次下诏赈贷农民，减免田租、口赋等税收。另外规定，凡是郡国遭受地震、水旱灾害时，当地当年的租赋、徭役全部免除，减轻农民的力役负担。昭帝死后，宣帝即位。宣帝下令降低食盐的价格，禁止官吏擅自征发徭役，注意减轻农民的负担。他还着力整顿吏治，推行招抚流亡人口、安定民生的措施，使社会生产重新得到一定程度的恢复和发展。这些政策的推行和实施，使濒临崩溃的西汉社会经济逐渐得到恢复和发展，政治又出现新局面，史称"昭宣中兴"。

盐铁会议

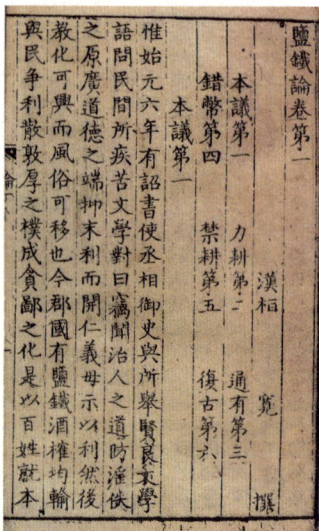

《盐铁论》内页

《盐铁论》是汉宣帝时期的桓宽根据汉昭帝时所召开的"盐铁会议"记录整理而成的一部著作。主要包括经济、政治、军事、文化等各方面的内容，为研究西汉经济思想史提供了极期珍贵的资料。

汉武帝时期，由于频繁远征，消耗了大量的财力物力，国家财政非常窘迫，必须寻找新的财源。当时盐铁都是由商人私营的，他们从中获得了巨大利润。

在桑弘羊等人的建议下，武帝实施了一系列的新政策，比如统一货币、盐铁和酒类官营，实行均输平准、算缗告缗等，这些措施都丰富了国家的财政收入。但是随着农业生产的发展，土地兼并现象日益严重，盐铁官营出现了很多弊端。比如铁器的质量很差，价格却很高，主管官员借机牟取私利。因此使得百姓的负担越来越大，加剧了人民与封建国家的矛盾，反抗斗争也日益频繁。

另外依靠盐铁官营等政策聚敛的财物，无法维持长期战争的消耗。到了武帝晚年时，情况已是"海内虚耗，户口减半。光知时务之要，轻徭薄赋，与民休息。至始元、元凤之间，匈奴和亲，百姓充实"。这是班固在《汉书》中描述的情况。不过由于汉王朝的连年出击，匈奴力量大为削弱，边境的形势有所缓和。出于这些考虑，武帝的治国政策发生了重大改变。征和四年（前89年），武帝下令："此后务绝在禁苛暴，不得擅兴赋役，应致力农耕。"在一定程度上恢复了汉初的"与民休息"政策，但是对于这些变化，统治阶级内部意见并不统一。

武帝死后，桑弘羊继续推行以前制定的经济政策。但是霍光认为，为了减轻百姓的负担，必须取消盐铁专营。

汉昭帝始元六年（前81年），昭帝命丞相田千秋、御史大夫桑弘羊召集"贤良文学"，询问民间疾苦所在。

"贤良文学"是一帮来自社会下层的地主阶级知识分子，他们比较了解社会情况，根据自己的见解，提出了不同的治国政策，即废除盐铁官营和平准均输法。事实上由于这些政策极大地影响了大商人和士族的商业利益，因此他们也打着"与民休息"的旗号大肆反对。

在霍光的支持下，"贤良文学"与御史大夫桑弘羊、丞相田千秋展开了激烈的辩论，这就是"盐铁之议"。在会议上，双方辩论的主要内容有：

一、民间疾苦的原因

"贤良文学"认为民间疾苦主要是由于国家经营盐铁等经济事业引起的，

酒肆画像砖
此画像砖描绘了街头酒肆正在营业的情景。屋内一个人当垆卖酒，屋外有一沽酒者。稍远一点，一椎髻短衣袴者似是已经买完了酒，推着独轮车准备离去。他回转头，似是在与酒肆老板话别。砖面的左上角，有一人肩负酒壶，似是也要前来买酒。其前有一顽童跑来跑去，颇具生活气息。

必须废除盐铁、酒榷、均输官。桑弘羊一方则认为，兴盐铁、设酒榷、置均输都是为了增加财政收入，是抗击匈奴、消除边患的基础，而且这些政策可以堵塞豪强的兼并，对农民有利。

二、对匈奴的政策

"贤良文学"主张遣散士兵，用财物、美女与匈奴和亲，用德政感化匈奴。桑弘羊则说，匈奴言而无信，德政对其无用，只有通过战争才能保证汉王朝的安全。他还强调武帝的做法是"当世之务，后世之利"。

三、施政方针和治国思想

贤良文学信奉儒家的"仁义学说"，认为仁政可以无敌于天下，他们反复举出秦始皇的例子，说明严法酷吏是亡国之道。桑弘羊则提倡"法家学说"，他认为有了严格的法令，百姓自然会小心谨慎，不敢多生奸邪之心。

此外会议上还讨论了农业的基本政策、社会现状、伦理道德观念以及如何看待古今关系等问题，双方各执一词，互不相让。

经过一番争论，最后桑弘羊取消酒的专卖，而保留了盐铁专卖。这次会议也更加表明了两位辅政大臣对当时经济政策的观点和分歧。

《盐铁论》就是西汉的桓宽根据"盐铁会议"记录整理撰写而成的。

桓宽，字次公，汝南（今河南上蔡）人。宣帝时举为郎，后出任庐江太守丞。他根据盐铁会议的文献，进行了加工和概括，最后写出了六十篇《盐铁论》。《盐铁论》内容包括经济、政治、军事、文化等各方面，是研究西汉后期历史的重要史料。它采用了汉赋主客问答的方式，通过双方的互相诘难使论点不断深化。《盐铁论》的议论针砭时弊，切中要害，语言朴实，简洁流畅，郭沫若称它是"一部对话体历史小说"。自宋代以来，《盐铁论》一直都有刊本，现在较为通行的是张敦仁的考证本、郭沫若的《盐铁论读本》和王利器的《盐铁论校注》。

不过，由于霍光的影响，《盐铁论》偏袒了"贤良文学"，文字的大部分比较激烈、夸张，既有从容细致的说理，也有激烈而生动的比喻，给人留下了深刻的印象。

经过这次辩论，尽管没有废除盐铁官营和平准均输法，但使桑弘羊在仕途上受到了一定挫折。根据贤良文学的意见，酒类专卖停止了。这就使"与民休息"的政策得到了进一步实施，对昭帝、宣帝时期的社会经济产生了积极影响，缓解了武帝统治后期遗留下来的社会矛盾，史称"百姓充实，四夷宾服"。

不过如果全部废除这些政策，对国家的财政收入影响也会很大。到了汉元帝时期，由于解除了匈奴的外患，曾一度废除盐铁专卖。但事实证明，政府不能缺少这项收入，于是三年之后，又恢复了专卖政策。所以当时仅仅废止酒的专卖政策也是明智的。

昭帝明辨诈书

汉昭帝刘弗陵是汉武帝刘彻最小的儿子，母亲赵婕好，又称钩弋夫人。史书上记载刘弗陵自幼聪明多智，很受武帝疼爱。原太子刘据因巫蛊之祸被逼自杀后，太子之位一直空缺。武帝想立刘弗陵为太子，为避免汉高后吕氏专权之患的历史重演，便将其母赵婕好赐死。第二年汉武帝临死前召见群臣，宣布立刘弗陵为太子，拜霍光等人为顾命大臣辅佐少主。汉武帝死后，在霍光的辅佐下，汉昭帝推行了很多利民的政策，武帝时代几乎消耗殆尽的国力得到慢慢恢复，这让老百姓非常高兴，他们认为："又一个汉代雄主在茁壮成长。"

不过上官桀、桑弘羊、丁外人、长公主等人一直在找机会陷害霍光。后来他们还联合了燕王刘旦。

汉武帝刘彻驾崩时，消息传到燕国，刘旦不仅没有伤心，反而怨恨父亲没有将皇位传给自己。他派人暗中刺探朝廷的情况，一心想要寻找机会取代这个年幼的弟弟。

昭帝始元六年（前81年），上官桀、燕王刘旦等人

苏武牧羊

汉武帝时，苏武奉命出使匈奴，结果被匈奴单于扣留。直到十九年后，即前81年，苏武才得以返回长安。

明辨诈书

讲述的是汉昭帝刘弗陵识破上官桀等人诬陷霍光谋反的故事。封建社会的托孤之臣，往往是先帝极其信任之人。他们位高权重，相互之间不免嫉妒、相互抵触，甚至谗言陷害。有时往往会因此酿成大祸，祸国殃民。汉昭帝仅有十四岁的年纪，就能够识破其中的阴谋，可见其英明睿智。

加紧了政变的准备工作。燕王刘旦先后派了十余人，带上大批金银珠宝贿赂长公主和桑弘羊，希望得到他们的支持。

一天霍光到长安附近去检阅皇帝的近卫部队御林军，为了让府中有个照应，他调了一名官职仅次于将军的校尉到自己家里。上官桀和刘旦认为这是整垮霍光的好机会，于是打着"清君侧"的旗号，以燕王刘旦的名义写了一封奏章给昭帝，告了霍光一状。按照他们的计划，只要昭帝相信里面的内容，将霍光定罪，然后就可由桑弘羊组织大臣胁迫汉昭帝退位。

信中说："霍光正在检阅京城武备，京都附近已经戒严，他一路上耀武扬威，坐着皇帝出巡时才用的车马，违反礼仪规定。他还私自调用校尉，召回被匈奴扣留十九年的苏武，令其担任典属国，企图借助匈奴的兵力谋反。而燕王刘旦为了防止奸臣叛乱，已预备放弃爵位，带兵来护卫皇上。望皇上尽快明察，将霍光治罪。"但是汉昭帝收到这份奏章后，一点反应也没有，好像完全没有这回事。

第二天上早朝之前，霍光已经知道自己被上官桀诬告了，他不敢上朝，便留在偏殿里等待汉昭帝的处置。汉昭帝没有看到霍光，于是问道："大将军怎么没来？"上官桀乘机说："因为他的诡计被燕王识破了，所以心虚不敢上朝。"昭帝轻轻一笑，命人唤霍光上殿。霍光一进来，立刻跪倒在地，并摘下官帽叩头请罪。

昭帝说："大将军起来吧！我知道你没有罪，这份奏章是伪造的。"霍光听后又惊又喜，他问："皇上是怎么知道的呢？"昭帝说："你出京城去阅兵不过是最近几天的事，如果你要调动兵力谋反，根本用不了十天时间。而燕王刘旦远在北方，这么短的时间，他怎么会知道？更何况你要是真的有心谋反，不可能只调用一个校尉。这些都足以证明有人想陷害你。"此言一出，举座皆惊，在场的大臣无不佩服昭帝的聪明善断，而这时的昭帝才仅仅十四岁。

眼看诡计没有得逞，上官桀仍然不肯善罢甘休，他在殿上继续列举霍光的罪责。昭帝越听越不耐烦，他直截了当地说："霍光乃先父挑选的辅政大臣，先父的眼光不会错，更何况他办了很多利于国家的好事，谁要再诬蔑他，我必严惩不贷。如今到底是谁想挑唆我们君臣的关系？一定要彻查此事。"上官桀闻言大惊失色，他心虚地说："这种小事就不要追查了吧？"昭帝看了上官桀一眼，没有说话，他暗想陷害辅政大臣怎么会是小事呢？从此昭帝开始怀疑上官桀。

上官桀等人陷害霍光不成，反而引起了昭帝的疑心，于是他们决定尽快发动政变。他们计划由长公主出面宴请霍光，然后在宴席附近埋伏兵士，趁机杀掉他，最后废除汉昭帝，立燕王刘旦为皇帝。

不过凭借兄长霍去病的威望，再加上辅政这么多年，霍光在军队中的地位要远远高于上官桀和桑弘羊，因此中下层军民都很爱戴他。在政变之前，

汉昭帝

此图出自唐代画家阎立本所作的《历代帝王图》。此为西汉昭帝刘弗陵的形象。刘弗陵为武帝少子，幼年即位，初由霍光、桑弘羊等共同辅政。其在位期间，继续实行武帝时期的政策，曾多次击败匈奴、乌桓等，加强了北方的边防。

长公主门下一名管理稻田租税的官员，将上官桀等人的阴谋告诉了司马迁的女婿大司农杨敞。杨敞又立刻转告了谏大夫杜延年。昭帝得知这一阴谋后，马上决定先下手为强。他派丞相田千秋发兵，以"谋反罪"逮捕了上官桀和桑弘羊，并将其族人全部关进大牢。

长公主和燕王刘旦自知罪不容赦，遂先后畏罪自杀。只有九岁的上官皇后由于年纪幼小，又是霍光的外孙女，所以未被罢黜。由于昭帝的冷静和果断，这场政变被迅速粉碎，保持了西汉王朝的稳定。

就这样汉昭帝在霍光的辅佐下，将国家治理得井井有条。百姓们都高兴地说："当年的孝文和孝景皇帝又回来了。"

但遗憾的是，年轻有为的昭帝刘弗陵仅仅活了二十一岁。元平元年（前74年）四月，刘弗陵病死在长安未央宫，而且没有留下一个子嗣，死后谥号为"孝昭皇帝"。葬于平陵（今陕西咸阳秦都区）。

后人对他的评价是："汉昭帝年十四，能察霍光之忠，知燕王上书之诈，诛桑弘羊、上官桀。后世称其明。"

昭帝死时，上官皇后年仅十五岁。

霍光大权在握

霍光是汉昭帝的辅政大臣，执掌汉室最高权力将近二十年，为汉室的安定和中兴立下了赫赫功勋，成为西汉历史上杰出的重要政治人物。

霍光另立新帝

年轻有为的汉昭帝死了，又没有留下一个子嗣，但国不可一日无君。在这种情况下，另立新帝是当务之急。

一些大臣主张立广陵王刘胥。他是昭帝同父异母的哥哥，身强体壮，勇力过人，但他有个怪癖，对金钱美女都没有兴趣，单单喜欢跟狗熊打架。他在自己的封地建了一个庞大的熊苑，里面豢养着各种狗熊，没隔几天，就抓一只熊出来打架。后来刘胥因诅咒之事被发觉，自杀身亡。

当初正是因为刘胥的品行不端，汉武帝才没有让他继承皇位。作为辅政大臣，霍光自然不愿意立这么一个失德的皇帝，否则就对不起死去的汉武帝。

霍光在和皇太后商量后，不顾其他大臣的反对，重新选择了一个继承人，这就是汉武帝的孙子昌邑王刘贺，他的父亲是李夫人的儿子昌邑哀王刘髆。

不过霍光这一次却看走了眼，这个昌邑王刘贺在进宫的路上就原形毕露，只要看到稍有姿色的女色，就命人抢回来。登基之后，朝廷为昭帝举行了隆重的葬礼。按规矩，皇帝大丧期间应该斋戒，但刘贺毫不在意，依然带着手下四处游猎，淫乱放纵，把皇宫里弄得乌烟瘴气。

见此情形，霍光后悔莫及，他找来好友大司农田延年，商量如何解决。

田延年说："大将军是国家的中流砥柱，既然已经知道昌邑王不是个好君主，就应该禀明太后，将他废掉另立一个贤明的人。当初商朝的伊尹曾立太甲为君，后太甲残暴不仁，伊尹将他关了三年，自己亲自主政，等到太甲醒悟过来后，才把政权归还给他。你应该向伊尹学习，做一个汉朝的伊尹，做一个安定汉室社稷江山的重臣。"

丙吉

丙吉，字少卿，鲁国（今属山东）人。早年曾在鲁国担任狱史，因有功绩，被提拔到朝中任廷尉右监，后因受牵连被免职。宣帝即位后，又任御史大夫、丞相等职。其执政期间为人宽和，隐恶扬善，被人称道。

霍光一贯忠心谨慎，虽然田延年的建议不合礼法，但他犹豫再三之后还是听从了田延年的建议。接着他征求了其他大臣的意见，大家一致决定要废掉这个昏君。他们一起去见年幼的上官太后，陈述废掉昌邑王的理由，太后写下一纸文书，于是只当了二十七天皇帝的昌邑王刘贺就被废黜了。

这件事情让朝廷上下震惊不已，虽然霍光完全是为了国家着想，而且这个决定最后被证明是正确的，但作为中国封建王朝的第一权臣，霍光总有些说不出的尴尬。

昌邑王被废掉后，光禄大夫丙吉上书给霍光，推荐生活在民间的皇曾孙刘病已，后改名刘询，他是戾太子刘据的孙子。丙吉说："这位皇曾孙有德有才，是皇帝的最佳人选。"霍光和大臣们、皇太后一商量，便将刘病已接回宫中，立为皇帝，也就是汉宣帝。

由于之前的皇帝非常强势，而且中央集权的政治结构日趋完善，因此从未出现过能够主导朝廷的大臣。但霍光是汉朝的第一位权臣，作为一名辅政大臣，他辅佐了两代帝王共十九年，在处理朝廷的大事上起到了决定性的作用，从而稳定了局势。

在霍光的辅佐下，汉宣帝继续推行"与民休息"的方针，使西汉王朝再次兴盛起来，这就是历史上著名的"昭宣中兴"。

盛极而衰的霍家

汉许皇后奉案图

许皇后，名许平君，汉宣帝早年在民间时的患难妻子。此图表现的是许皇后亲自为皇太后奉案上食的故事。

汉宣帝即位时已年满十八岁，在掖庭中，他已见过不少宫闱争斗，再加上他天性聪颖，对自己的特殊身份非常敏感，因此即便是做了皇帝，他对辅政大臣霍光依然非常恭敬。

即位之初，由于宣帝已年满十八，霍光觉得他已经成人，便表示要"归政"。宣帝则百般谦让，"不受而委任之"，大臣们的奏章都是先交给霍光浏览，然后才呈给宣帝御览。每次上朝，宣帝都要收敛笑容，以示礼貌。但实际上，每当霍光站在身边时，宣帝就觉得无比恐惧，若有芒刺在背。成语"芒刺在背"的典故就是出自这里。直到地节二年（前68年），霍光去世后宣帝才开始亲自处理政务。

当时霍家的势力非常强大，霍光的儿子、女婿和外孙都在朝廷做官。宣帝知道既然霍光可以让自己一步登天，坐上皇位，他也可以令自己万劫不复，为了自保，最好的方法就是对其言听计从。

没多久宣帝便下诏，增封霍光食邑一万七千户，赏赐黄金七千斤、钱六千万、奴婢一百七十人、马二千匹。在这之前，霍光已被昭帝封为博陆侯。接着他又封霍光的儿子霍禹为右将军，霍去病的孙子霍山为列侯，食邑三千户。

不过虽然霍光在朝政上一手遮天，但他推行的政策基本上都是对国家有利的，因此宣帝也随他处理，从不插手干预。

宣帝即位前，就在民间有了患难与共的妻子许平君，登基后就想立她为后。但是大臣们却认为，霍光的女儿霍成君是最佳的皇后人选，并纷纷上书提出这个建议，霍光对此也不加阻拦。

不过宣帝虽然平时对霍光言听计从，这一次却非常固执，当大臣们再次提到这件事时，他下了一道诏书："求微时故剑。"意思是说，我想找到未当皇帝时在民间用过的那把宝剑。擅长揣摩皇帝心思的大臣们终于明白，皇上惦记以前的结发妻子，于是他们马上改变口风，请求立许氏为皇后。

没过多久，宣帝将许平君接进宫，并立为皇后。对于这件事，霍光并未放在心上，但霍光的妻子霍显却觉得宣帝立一个身份低贱的"刑人"之女为后，有失体统，是故意跟自己过不去。

其实霍显的身份也不高贵，她并非霍光的原配夫人，但此人颇有心计。

霍显一心想让自己的女儿霍成君成为皇后，如今希望破灭，自然恨得咬牙切齿，因此她紧盯着后宫，等待能够害死皇后许平君的机会。

后来许平君怀孕了，很快生下一个小孩，但她的身体却一直很不舒服。宣帝命御医好好诊治，还招募精通医术的女医进宫。掖庭户卫淳于赏的妻子淳于衍也应召入侍。

淳于衍与霍显的关系很好，临行前淳于赏对妻子说："你何不去与霍夫人辞别，顺便求她帮忙，把安池监的职位给我。"于是淳于衍来到霍家提出请求，霍显直截了当地说："这件事一点也不难，但你也要帮我做件事。如今皇后正在生病，要是你能帮我使小女成为皇后，你要什么官职我都可以给你。"

经过一番思索，淳于衍终于答应了霍显的要求。她将附子捣成粉末藏在衣服里，偷偷带进宫中。许平君喝下药后，顿时觉得头昏眼花，她挣扎着问道："这是什么药？"淳于衍说："是御医开的方子，等一会儿就有效果了。"

很快许平君就命丧黄泉了，宣帝得知后十分悲痛。他下令将所有的医官都抓起来严刑拷问。

霍显收到这个消息后惊慌失措，万般无奈之下，她只得将实情告知了霍光。霍光闻言非常吃惊，但事已至此，也只能隐瞒事实，以保全家人的性命。

第二天上朝时，霍光对宣帝说："皇后的崩逝是命中注定，我想众医官没有谁有胆子敢于谋害皇后，如果加罪于他们，恐怕有伤仁德。"其实以汉宣帝的精明，他应该知道皇后的死很蹊跷，但他现在刚刚二十一岁，皇帝的位置还未坐稳，于是他不敢再坚持。很快就赦免了医官们，并将许皇后葬在自己陵墓的南园，谥号为"恭哀皇后"。

这样霍光的女儿霍成君终于如愿以偿地当了皇后。霍成君和母亲一样，喜欢奢华，更奇怪的是皇太后上官氏是霍光的外孙女，按照辈分，皇后是她的姨妈，就这样皇太后反而要对皇后表现得恭恭敬敬。

表面上宣帝对霍成君很喜欢，几乎达到了独宠的地步。其实这些都是做给霍家人看的。宣帝知道自己没有与霍家抗衡的能力，于是他采用了韬光养晦的办法。表面上看，他与霍成君的夫妻关系似乎还超过了与许皇后的关系，但是在长达三年的时间里，霍成君都没有怀孕，更别说生下儿子了，而与此同时，后宫里却不断有孩子降生。

"T"字形升天帛画

此帛画出土于长沙马王堆一号汉墓。画幅呈"T"字形，画面分为上中下三个部分：上部寓示了天界，描绘了日、月、升龙及蛇身神人等。中部则寓示着人间，以墓主人的形象和祭祀为中心，饰以谷壁蛟龙、华盖玉磬以及神兽仙禽。墓主人身着锦衣，拄杖而行，前面仆人举案跪迎，后随侍女，气派十足。下部则表示冥府，绘一神人双手抵地，又画有鱼龙水属之类。整个画面，天、地、人间融为一体，表现了希望墓主人死后升天的愿望。

汉宣帝

汉宣帝，原名刘病已，戾太子刘据的孙子，汉武帝的曾孙。几个月大时，因"巫蛊"事件入狱，后在民间长大。元平元年（前74年），十八岁的刘病已被立为皇帝，改名刘询。其在位期间，励精图治，躬行节俭，使汉朝出现了"中兴"的局面。

地节三年（前167年），宣帝立许平君的儿子刘奭为太子，即后来的汉元帝。这一下霍显更加生气了，她唆使皇后毒死太子，但宣帝仿佛意识到这一点，并特意给太子安排了保姆，每次吃东西前，都让保姆先尝一尝，因此霍成君的阴谋没得得逞。

汉宣帝等了六年，霍光终于死了。亲政以后，宣帝开始逐步削弱霍家的权势。他先是任命魏相为丞相，并封他为高平侯，然后一一换下霍家执掌兵权的人。

面对这种情形，霍显当然不肯束手待毙，而且毒杀许平君的事眼看就要暴露。于是霍显和儿子霍禹商量后，决定假借太后的诏令，杀掉魏丞相，然后再废黜宣帝。但他们的计划不够周密，被宣帝预先得知。于是宣帝下令将霍氏灭族，所有参与谋反的人均被连坐诛灭。接着宣帝向霍皇后颁布了一道诏书："皇后荧惑失道，怀不德，挟毒与母博陆宣成侯夫人显谋欲危太子，无人母之恩，不宜奉宗庙衣服，不可以承天命。呜呼伤哉！其退避宫，上玺绶有司。"

从此废后霍成君就被幽禁于上林苑的冷宫"昭台宫"。十二年后，刘询突然又想到了她，觉得让她住昭台宫太便宜她了，又下令让她搬到"云林馆"。这时霍成君已感到了无生趣，就在云林馆里自杀了，被葬在蓝田县昆吾亭东（今陕西西安）。

至此宣帝终于为自己的亲政扫清了道路。不过虽然霍家被诛，但他依然肯定了霍光的功德。他在诏书中说："定万世策以安社稷，天下蒸庶咸以康

诏儒讲经

甘露三年（前51年），汉宣帝召萧望之、刘向、韦玄成等人在石渠阁召开了盛大的儒家经学会议，讨论"五经"异同。最后由汉宣帝亲自裁断，认定梁丘贺传授的《易经》，夏侯胜、夏侯建传授的《尚书》，谷梁俶传授的《春秋》为真传。就此三家分别设立儒学研究的博士，教授子弟，发扬光大。

宁，……功如萧相国。"霍光在掌权期间所实施的有利于社会发展和稳定的进步政策，宣帝不仅没有宣布废止，反而一直在沿用。

宣帝时期政通人和

汉宣帝即位之初，大小政事都委托给霍光。地节二年（前68年），霍光逝世，宣帝开始亲政。他采用文景时期的做法，减免租税和徭役，大力发展农业。宣帝重用的丞相是魏相。魏相历数汉朝建国以来实行过的正确政策，还收集了贤臣的言论上奏给宣帝。宣帝对他非常信任。

宣帝遵从儒教。甘露三年（前51年），他召集了一批儒生讲述五经的异同，称制临决。然后他大力整顿了吏治，重用那些注重实际、熟悉法令政策的官吏，并实行刑名考核。为了维护法律的公正，他还设置了治御史，审核廷尉量刑是否适当。此外还命令群臣通报下层百姓的事情，以便了解民情。

减免租税和徭役

汉宣帝效法文景之治时减免租税和徭役的做法，积极发展农业。

本始四年（前70年），宣帝下令："今后大量减少御膳，少屠宰牲畜。乐府应裁减多余的乐人，让他们回家发展农业。"

亲政之初，宣帝曾于地节三年（前67年）下诏说："池籞未御幸者，假与贫民……流民还归者，假公田，贷种、食，且勿算事。"意思是说，将苑囿和公田分给贫民和不固定的流民耕种，并贷给他们种子和食物，不收算赋和徭役。他还下令降低一直都很高的盐价，减轻了百姓过重的负担。

元康元年（前 65 年），宣帝下诏："原先贷给贫民的种子和食物一笔勾销，不予追回。"

本始元年（前 73 年），全国免收当年租税。本始三年（前 71 年），由于发生大旱灾，宣帝又下令免去受灾地区百姓的租税，如果京城一带的灾民迁徙到其他地方，则一概不收租税、不服徭役。第二年全国有四十九郡发生地震，当年免去受灾地区所有的租赋和徭役。

地节四年（前 66 年），诏书说："如果家中有祖父母、父母去世，子女或孙子可免服徭役，让其尽孝子之道，为长辈送终。"

元康四年（前 62 年），全国粮食大丰收，谷价非常便宜，一石谷的价钱才五钱。为了防止谷价下跌损害农民的利益，大司农中丞耿寿昌设立了常平仓。如果粮食丰收，就以不太低的价格买进，等到灾年饥荒时，则以原价售出。另外这样做还能够保证北边军队的粮食供应。宣帝对他的这一做法极为赞赏，赐其为关内侯。

神爵元年（前 61 年）春天，宣帝巡行到甘泉、河东等地，下诏："所振贷物勿收，行所过毋出田租。"

甘露二年（前 52 年），减全国算赋三十钱。汉初时每人每年的算赋为一百二十钱，文帝时减至四十钱，武帝时除了恢复一百二十钱之外，还增加了许多名目。

由于宣帝重视农业，多次下令减免租税和徭役，减轻了百姓的负担。经过努力取得了一定的实效，史称宣帝时期"用吏多选贤良，百姓安土，岁数丰穰，谷至石五钱"。

整顿吏治

宣帝亲政之初就下令："二千石严教吏谨视遇，毋令失职。"他命郡国长官督促地方官员，避免其失职，注意肃清吏治，五日一听事，由此了解下情。平日对官吏"观其言，察其行"，定期考试。

为了让律法更公平，宣帝还特设了廷平官。他说："间者吏用法，巧文寖深，是朕之不德也。夫决狱不当，使有罪兴邪，不辜蒙戮，父子悲恨，朕甚伤之。今遣廷史与郡鞫狱，任轻禄薄，其为置廷平，秩六百石，员四人。其务平之，以称朕意。"

宣帝认为，官员应该奉公守法，否则就是拿自己的名誉开玩笑，"吏务平法。或擅兴徭役，饰厨传，称过使客，越职逾法，以取名誉，譬犹践薄冰以

历史细读

算赋是秦汉时期政府向成人征收的人头税。该税由商鞅创设。这种税收用来治"库兵""车马",具有军赋性质。汉初四年(前203年),汉高祖刘邦下令,凡是十五至五十六岁的男、女每人每年交纳一百二十钱(一算),是为算赋(东汉时也称口算),从此成为定制。

待白日,岂不殆哉!"

宣帝经常派出丞相、御史掾及其他官吏巡行全国各地,检查吏治的工作。如果有人上报冤案,一定要追究到底,让导致错误的人负起责任。

元康二年(前64年)冬天,一向精明能干、治理有方的京兆尹赵广汉执法出了偏差,"坐贼杀无辜,鞫狱故不以实,擅斥除骑士乏军兴数罪",最后被腰斩。

神爵四年(前58年),号称"屠伯"的河南太守严延年因为用法严酷,导致屈打成招,结果被弃市。

宣帝一向反对苛政,他下诏批评道:"今郡国二千石或擅为苛禁,禁民嫁娶不得具酒食相贺召。"

虽然宣帝出生在帝王之家,但他的这些做法都是来源于幼年时代的坎坷经历。当初丙吉在监牢里一直保护他到出狱,后来又帮助他登上皇帝宝座。宣帝觉得自己能登上皇位完全是一种运气,所以他非常谦逊,丝毫不觉得自己有资格乱来。他提出的考察官吏等措施,除了用来巩固自己的统治地位外,也是体谅百姓的一种表现。

对于有功的官吏,宣帝从不吝啬封赏。地节三年(前67年),胶东相王成安抚流民有功,宣帝奖励他定秩中二千石,赐爵关内侯。五凤二年(前56年),奖励治行优异的颍川太守黄霸定秩中二千石,黄金百斤,赐爵关内侯。其他官员也各有赏赐。

正因为如此,故史称宣帝时期的律法"信赏必罚,综核名实……吏称其职,民安其业"。

为了缓和社会矛盾,宣帝一方面强调法制,主张执法严明,另一方面却减轻刑罚,并多次亲自审理案件。地节四年(前66年),汉宣帝下诏废除了首匿连坐法。

金玉耳坠

此耳坠出土于内蒙古自治区准格尔旗西沟畔墓。耳坠由金饰和玉坠两部分镶嵌勾连而成。金饰压印呈朵朵云形，正面用金片掐成兽形轮廓，其内原嵌入小玉片，发现时所嵌小玉片大多脱失。金饰的边沿饰连珠纹。玉坠呈扁平的椭圆形，通体镂空，一件饰纹作螭虎形，一件饰纹作龙形。玉坠的外沿亦镶饰有连珠纹的金片。

为了体现仁政，宣帝在位时，曾多次下令大赦天下，体现了其皇恩浩荡。这些轻刑措施，或许和他当初坐牢的经历有关。

与周边各民族的关系

汉宣帝时，西汉王朝与周边少数民族的关系基本上相安无事。通过政治、经济、文化的交流，使各民族日趋融合，统一的多民族封建国家正处于巩固发展的时期。

匈奴分裂，纷纷来朝

汉宣帝即位之初，汉朝与乌孙联合，共同反抗匈奴的侵扰。双方相约出兵，分头攻打匈奴，最后匈奴无力抵抗，只得仓皇逃走，损失惨重。过了一年，匈奴又遭到乌孙、乌桓、丁令等几方夹击，再加上当时大雪纷飞，天气寒冷，匈奴被打得落花流水，力量大大削弱，因此匈奴单于产生了重新与汉朝和亲的念头。

宣帝亲政后，匈奴除了外患外，内部也产生了矛盾。他们分裂成五个单于分支，每派势力都想投靠汉朝，或者争取与汉和亲。神爵二年（前60年），匈奴日逐王先贤掸率众投降，宣帝封其为"归德靖侯"。五凤二年（前56年），匈奴呼遬累单于也过来投降，受封为列侯。

眼看匈奴已分崩离析，宣帝于五凤三年（前55年）拟诏宣称："（匈奴）诸王并自立，分为五单于，更相攻击，死者以万数，畜产大耗什八九，人民饥饿，相燔烧以求食，因大乖乱。单于阏氏子孙昆弟及呼遬累单于、名王、右伊秩訾、且渠、当户以下将众五万余人来降归义。单于称臣，使弟奉珍朝贺正月，北边晏然，靡有兵革之事。"

为了安抚前来投降的匈奴人，汉朝设置了西河、北地两个属国。次年匈奴单于称臣，派弟弟谷蠡王到汉朝做了侍卫。甘露元年（前53年），匈奴呼韩邪单于和郅支单于都将儿子派到汉朝入侍。

甘露二年（前52年），呼韩邪单于亲自来到五原塞，他说："明年正月我愿带着珍宝去拜访汉朝皇帝。"

使者将呼韩邪单于的意思传达给宣帝，宣帝欣然接受，并安排盛宴款待其使者，同时宣帝还给了很多赏赐。接下来的几年，呼韩邪单于、郅支单于不断地派遣使者觐见宣帝。宣帝极为高兴，每次都对匈奴使者格外有礼。

由于汉朝边境长久以来处于和平状态，宣帝便将守卫的士卒减少了十分之二。地节三年（前67年）冬十月，宣帝下诏说："边境屯戍未息。今复饬兵重屯，久劳百姓，非所以绥天下也。其罢车骑将军、右将军屯兵。"

昭君出塞

王昭君本是汉朝宫廷的一名宫女。前33年，她应诏与匈奴单于成亲。离开长安时，她骑着马，冒着凛冽的寒风，前往匈奴。到达匈奴后，她受到匈奴人民的盛大欢迎。昭君出塞，促进了汉匈两族人民的团结，使汉朝和匈奴的关系在一定时期内得以和平稳定。

昭君出塞

汉宣帝在位时期，由于他的励精图治，出现了"边境安，四夷清，单于款塞，天下殷富，百姓康乐"的盛世景象。那时候匈奴由于内部贵族争夺权力，势力日益衰落。后来匈奴分裂成五个单于，互相间战事不断。

其中一个单于名叫呼韩邪的，被他的哥哥郅支单于打败了，死伤了大批人马。呼韩邪单于战败后，为了摆脱危局，左伊秩訾王建议他"称臣入朝事汉，从汉求助，如此匈奴乃定"。这个建议遭到群臣的反对，他们说："臣事于汉，卑辱先单于，为诸国所笑。"随后左伊秩訾王予以反驳说："今事汉则安存，不事则危亡。"各大臣对两种建议相持不下，最后呼韩邪单于决定与汉朝和好，并亲自带着随从来汉朝拜见汉宣帝。

呼韩邪是首个来到中原朝见汉朝皇帝的单于，因此受到汉宣帝的特殊礼遇。《汉书》上记载："汉遣车骑都尉韩昌迎，发过所七郡二千骑，为陈道上。"以盛大场面来迎接呼韩邪单于的到来，并赐给呼韩邪单于大量的钱物。呼韩邪单于留在长安一个多月，回国时他请求汉宣帝派兵护送他回去。汉宣帝同意，就派了两个将军带领万名骑兵护送他到了漠南。这时候匈奴正缺粮少食，汉宣帝还送去三万四千斛粮食。

呼韩邪单于感激万分，一心要与汉朝和好。汉宣帝死后，汉元帝刘奭即位。没过几年，郅支单于侵犯西域各国，还杀了汉朝的使者。汉朝派兵打到康居，打败了郅支单于，把郅支单于给斩杀了。

郅支单于一死，呼韩邪单于的地位才得以稳定。前33年，呼韩邪单于再一次到长安朝见，并请求同汉朝和亲。汉元帝答应了下来。

以前汉朝和匈奴和亲，大都挑选公主或者宗室的女儿。这次汉元帝决定挑个宫女给单于，他派人到后宫去传话说："谁愿意到匈奴去，皇上就把她当成公主看待。"

后宫的宫女都是从民间挑选来的，她们一进了皇宫，便失去了昔日的自由，盼望着有一天能放出宫去。但一听说是要远嫁匈奴去和亲，便没有人愿意了。

这时候有个名叫王昭君的宫女，不仅长得美丽，还懂音律。她入宫数年，都没有见到皇帝，心生悲怨，听说匈奴请求和亲后，便请求出塞和亲。

负责和亲的大臣正在为无人应征而焦急万分，听到王昭君愿意去，就把她的名字上报给了汉元帝。汉元帝让大臣挑选个好日子，让呼韩邪单于和王昭君在长安成亲。

呼韩邪单于得到如此年轻美貌的妻子，心喜万分，对元帝更是感恩戴德。临行时他和王昭君辞谢汉元帝。汉元帝见到王昭君如此美丽，心中大惊，想要留下王昭君，但他已答应呼韩邪单于，为免失信于人，也就只好如此了。昭君在汉朝和匈奴官员的护送下，离开了长安。她骑着马，冒着凛冽的寒风，千里迢迢地来到了匈奴，做了呼韩邪单于的阏氏，也就是王后。日子一久，和他们朝夕相处，她慢慢地就融入匈奴人的生活。

王昭君远离自己的故乡，长期生活在匈奴。她劝呼韩邪单于不要去发动战争，还把中原的文化传授给匈奴人。从此以后，匈奴和汉朝和睦相处了数十年。

赵充国屯田，诸羌来降

汉宣帝时期，羌族先零部落北渡湟水，毫无顾忌地侵占汉民地区。先零部落酋长甚至联合了其他各部落的二百多个酋长，于元康三年（前63年），与他们签订了共同侵犯汉地的盟约。

宣帝得知这个消息后，便问将军赵充国该如何应付。赵充国说："既然羌人内部已经签订了盟约，那么他们很有可能联合其他民族，我们应及早准备。一方面要加强边境守卫，监视羌人的行踪；一方面要打探其内幕消息，破坏他们的联合。"

彩绘骑兵俑

此俑出土于陕西咸阳杨家湾汉墓。此墓出土的骑兵俑共五百多件，皆模制而成，制作精细，造型生动。骑兵大多数身着短袍，少数身披铠甲，姿态威武昂扬。骑兵俑在坑内排列成严整的方阵，显示了西汉前期军事力量的强大。

宣帝听了连连点头，于是派遣义渠安国巡视羌人地区。义渠安国到了那里之后，就召集先零各部落首领三十余人。由于他们均凶暴狡诈，义渠安国就把他们全杀了。接着他又调兵杀了先零羌民一千多人。这一下羌族各部恐慌起来，为了自保，他们很快就聚在一起攻打边境城市，并杀了太守。

神爵元年（前 61 年）春天，羌人突然偷袭了义渠安国率领的三千骑兵。无奈之下，义渠只得垂头丧气地回来，向皇帝报告发生的情况。宣帝立刻调兵支援，并让将军赵充国前往。

赵充国来到金城后，安排侦探了解敌情，并派间谍打入羌人内部宣传政策。每天他都让军士好吃好喝，一点儿也没有进攻的意思。羌人见汉军的壁垒坚如城墙，而且死守着不出来，他们根本无法进攻，不禁开始互相埋怨起来。

这时担任酒泉太守的辛武贤认为反攻的时机到了，于是向宣帝上书，建议马上出兵。但是赵充国却认为，这个主意不妥，如果现在冒险进兵，到时必定会首尾不顾，进退两难。他说："我们应先攻其主谋先零部落，逼他们悔过，然后再派一个能干的人去收降。"

接着赵充国仔细分析了马上进击的不利后果，以及留兵屯田的有利条件。宣帝肯定了他的"屯田之策"，于是下诏命令退兵，让赵充国负责屯田。

神爵二年（前 60 年），忍耐不住的羌民杀了先零大豪杨玉和犹非，并将他们的首级敬献给宣帝，表示愿意投降。于是汉朝设金城属国，安置投降的

鎏金铜马

鎏金铜马，出土于陕西茂陵东侧一号无名冢。其造型是依据汉时西域的汗血宝马塑造而成。铜马作站立状，马身肌肉和筋骨的雕刻均符合解剖比例。铜马通体鎏金，表面光洁度很高，鎏金匀厚，通体金光灿烂，体现了汉代高超的工艺技术。

羌民。至此羌族之乱终于告一段落，为汉朝的政治安定和社会经济的恢复发展创造了有利条件。

设西域都护

自从张骞开通了丝绸之路、李广利征伐大宛之后，汉朝便在西域设置了校尉，并屯田于渠犁。

地节二年（前68年），汉宣帝派侍郎郑吉到渠犁负责屯田。郑吉在这里积蓄了不少粮食，为攻打车师打下了坚实的基础。后来他一发兵，就打败了车师。

捷报传到京城后，宣帝命郑吉继续在渠犁和车师屯田积粮，等安定西域后再对付匈奴。没想到的是，匈奴得知消息后，居然跑过来争夺车师之地，这一来郑吉抵挡不住，只好向朝廷要求增援。

宣帝命长罗侯常惠率领张掖、酒泉的骑兵开往车师。为了显示汉军的神威，在车师北边陈兵扬威，结果匈奴被吓得撤兵了。由于得到了汉军的保护，免遭匈奴欺压，车师王很快就臣服于汉朝。没多久郑吉又传来好消息："匈奴日逐王来向汉朝投降。"宣帝让他负责好好保护鄯善西南道各国的安全，同时也要兼顾车师西北道各国的安全，所以后来郑吉号称"都护"。西域都护的幕府设在乌垒城（今新疆轮台东北），主要负责管理屯田事务，并处理西域各国事务。以前匈奴管理西域的称为"僮仆都尉"，但现在被汉朝的都护取代了。

神爵二年（前60年），宣帝封郑吉为安远侯。史称"汉之号令班西域矣，始自张骞而成于郑吉"。也就是说，汉朝与西域的关系之所以能密切起来，始于武帝而成于宣帝。

北方民族农耕生活壁画
此壁画出土于内蒙古和林格尔汉墓，反映了我国北方民族在汉朝时农耕生活的场景。

宣帝在位期间，汉朝各方面的情况开始好转，如果将其与汉初的情况相比较，不管是经济、政治，还是民族外交关系，"昭宣中兴"都超过了汉初，正是"吏称其职，民安其业"。

社会经济的发展

西汉时期，铁农具、牛耕的普遍使用，使得生产效率大大提高，促进了农业的发展。而水利技术的进步，也使西汉时的农业生产提高到了一个新的水平。与此同时，手工业也大力发展，买卖的活跃，促进了商业繁荣，而商业的繁荣又促进了经济的发展。

铁农具、牛耕的普遍使用

西汉时期，铁农具、牛耕的普遍使用促进了农业的发展，同时也促进了当时经济的发展。从汉初至文、景时期的六十多年中，社会经济从凋敝状态中得到恢复和发展，到了汉武帝初期，便出现了物阜民丰、国家昌盛的景象。据司马迁说，当时粮仓丰积，粮食都溢出并堆积在仓外，以至于腐败不可食。国库钱财累积百巨万，连钱串都朽断了。

武帝时冶铁制器由国家专营，在很多地区都出现了铁农具。不仅中原地区出现了铁农具，就是在今天的辽宁、甘肃、四川、湖南等地方，也都有西汉的铲、锄、镰、铧等铁制农具出土。出土的犁铧等铁制农具数量很多，宽窄大小相异，这是不同地区因地制宜地发展犁耕技术的结果。

桑园画像砖

此画像砖用简洁的线条，勾勒出一片繁茂的桑园。桑园旁有一桑农手执长竿站于门外。繁茂的桑园使整个画面充满生机。

汉代农耕主要用牛，也有用马来耕作的。但从西汉时期牛犁模型、牛耕壁画和犁铧实物等看来，西汉社会已普遍使用所谓二牛抬杠的犁耕法，即《汉书·食货志》中所说的由二牛合犋牵引、三人操作的一种耕犁。汉武帝时，赵过在推行代田法的同时，发明了二牛耦耕的耦犁。其操作方法是一人牵牛引耕，一人掌犁辕，以调节耕地的深浅，一人扶犁，以掌握平衡。这种耕作速度快，不至耽误农时。此后人们对耦犁构造加以改进，出现了活动式犁箭以控制犁地深浅，不再需要人掌辕。驭牛技术的娴熟，又可不再需人力牵牛引耕。从西汉晚期起，二牛三人的耕作方法已逐渐为一人扶犁并驭二牛的方法所取代，这是犁耕法的重大进步。汉武帝时期，应防务的需要，进行大规模移民到边远地区，并实行屯田，把牛耕技术也传播到边远地区。犁耕技术传播的同时，播种用的耧犁也开始使用。西汉晚期，耧犁已传到辽阳一带。辽阳的汉末村落遗址和北京清河汉代遗址中，都发现有铁制耧犁。由于汉武帝频繁地发动战争，出现了马、牛畜力严重不足的问题。农耕时曾出现以人力来代替畜力的现象，给农业生产的发展造成了很大阻碍。

兴修水利

西汉时期，水利建设较为发达，如龙首渠、六辅渠、灵轵渠、成国渠等灌溉田地都很多。龙首渠在洛水旁，由于渠岸容易崩塌，就把容易崩塌的地段凿成若干深井，井与井之间相通，叫作井渠。除了京城和周边地区以外，关东地区也兴修了一些水利设施。如汉初羹颉侯刘信在舒城（今安徽庐江西南）修建七门堰，用来灌溉田地。汉景帝时，当时的蜀郡太守文翁率领民众"穿渭江，灌溉繁田一千七百顷"。汉武帝时，朔方、西河、河西、酒泉等郡引黄河及山谷之水，汝南、九江等郡引淮水，东海郡引巨定泽，泰山郡引汶水，来灌溉土地。引渠灌溉工程促进了水稻的种植，并促进了当地农业生产的发展。西汉时期最重要的水利工程，就是治理黄河。汉文帝十二年（前168年），黄河在酸枣（今河南延津北）地带决口，文帝调遣大批士卒去堵塞，很快便堵住了决口。汉武帝元光三年（前132年），黄河又自瓠子（今河南濮阳附近）经巨野泽南流，灌入淮河、泗水，淹没了大片地区，虽经武帝治理，但不见成效。汉武帝元封二年（前109年），武帝从泰山回长安，路过此处，发卒数万人堵塞决口，并命令将军以下的官员都要去堵塞河堤决口。经过这次治理，黄河之水才流入故道，此后"梁、楚之地复宁，无水灾"。

水利技术的进步，使西汉时的农业生产提高到一个新的水平。昭帝、宣帝以后，社会内外较为稳定，当时经济得到较快的发展。人口也增长较快，根据西汉末年的统计，当时全国有户一千二百二十多万，口五千九百五十多万，全国垦田数达到八百二十七万多顷。

冶铁业、丝织业和商业

在西汉的手工业中，冶铁行业占有重要的地位。西汉的冶铁技术比战国有了进一步的发展。汉代东至东海，西至陇西，北至辽东，南至犍为，包括某些诸侯王国在内都有铁官，这些铁官的设置，可以说明这些地方的冶炼行业已经形成了一定的规模。山东、河南等地都发现了冶铁遗址，其中河南巩义、郑州的冶铁遗址规模最大，包括矿坑、工场以及从开采矿石到制出成品的全部生产设备。在巩义铁生沟汉代遗址的发掘中，共清理出炼铁炉十七座、熔炉一座、锻炉一座、藏铁坑七个、矿石坑一个、配料池一个等。郑州古荥遗址发掘的的一座炼铁炉，是现知汉代炼铁炉中最大的。古荥遗址资料表明，当时生铁冶炼和加工工艺有较大的进步。随着冶铁技术的进一步发展，铁兵器在军事上的使用逐渐增多。到了武帝以后，铁兵器更多，替代了铜兵器所居的主要地位。由于铁器的兴起，铜器在汉代的独特地位受到了影响，但贵族阶层仍然喜爱精美的铜制器皿。

丝织业是西汉的重要手工业之一，是当时农户的家庭副业。当时长安和临淄是全国丝织业的中心。长安设有东西织室，临淄和陈留襄邑（今河南睢县）等地设立了大规模的官营作坊。作坊的织工常达数千人之多。在丝织业发达的城市里，也有富商经营的作坊。农民家庭则主要是纺织自己穿用和缴纳赋税的麻布、葛布和绢帛，有时也卖一小部分纺织品。当时丝织品的种类很多，官营作坊以生产比较贵重的锦、绣、纱縠为主。1972年，从长沙马王堆汉墓出土了大量丝织品，有保存较好的绢、缣、绮、锦、纱、罗等丝织品。

彩绘漆案

此漆案出土于江苏扬州西湖乡胡场一号汉墓。漆案为木胎，案面呈长方形，四足作马蹄状。案面上又有数只精致的小漆耳杯。整个设计表现了汉代漆器轻巧美观的风格。

这些绚丽多彩的高级丝织物，用织、绣、绘、印等技术制成各种动物、云纹、卷草及菱形等花纹，反映了西汉的纺织技术已经达到较高的水平。西汉的丝织物通过馈赠、互市或贩卖，大批输往边远地区及国外。此外煮盐（包括海盐、井盐、池盐）、酿造等行业，也都是西汉时重要的手工业行业，生产规模和技术都超过了前代。

随着农业、手工业的发展，商业也繁荣起来。据《史记》记载，西汉时期全国已形成了若干个经济区域，每个区域都有大的都会。关中地域广阔，最为富饶。当时长安是全国政治、经济、文化的中心，也是全国最繁华的都市。洛阳、邯郸、临淄、宛、成都（当时合称五都）等城市，是全国主要的都会。蓟、阳翟、寿春、江陵、吴等，也都是一方的都会。全国各地区、各都会之间，有大道相连。而江南水路发达，船是重要的交通工具。当时吴王刘濞用江陵之木所造之船，"一船之载，当中国数十辆车"，吴国船载运量之大由此可见一斑。出现在通都大城市里的商品，有牲畜、毛皮、谷物、果菜、水产、染料、木材、木漆器、铜铁器等种类。奴隶被当作一种商品，可以在市场上自由买卖。买卖的活跃，促进了商业的繁荣，而商业的繁荣又促进了经济的发展。

西汉衰亡

昭帝和宣帝维持了西汉的平稳发展，而从元帝开始，西汉逐渐走向衰落。西汉的衰落与外戚专权有很大的关系。成帝时期，外戚王氏得势，权倾朝野，就连成帝也要受制于外戚王氏。6年，外戚王莽以"居摄"的形式君临天下，称"假皇帝"。8年，王莽由"假皇帝"当上了真皇帝，改国号为"新"，西汉灭亡。

朱红罗绵袍
此绵袍出土于湖南长沙马王堆一号汉墓，
样式为曲裾、交领、右衽，袖筒较宽大，
下垂可过膝。

王氏权倾朝野

竟宁元年（前33年）五月，在位十六年的汉元帝刘奭去世。六月，皇太子刘骜继承皇位，是为汉成帝。刘骜的亲生母亲王政君被尊为皇太后。也正是从那一天起，外戚王氏家族堂而皇之地登上了西汉的政治舞台，成为掌控国家生死存亡的决策者，也为后来王莽乱国埋下了伏笔。

命当大贵

王政君的先祖据说是黄帝后裔，东周时为田氏，初任齐国卿大夫，后成为齐国国君。秦始皇统一天下后，齐国消亡。随着项羽的崛起，田安被封为济北王，田氏家族仍然居住在齐地。汉高祖刘邦建立汉朝后，废除了田安的王侯封号。齐地的人将田氏家族改称"王家"，从此田氏后代子孙便由"田"改姓"王"了。

田安的孙子王遂生有一子名叫王贺，汉武帝时期，王贺曾经担任绣衣御史，被派到魏郡（今河北临漳西南）缉捕地方盗贼。因为对盗贼的宽仁，他的上司对他极为不满，给他扣上了一顶"奉使不称"的罪名。王贺被罢免回家时感叹说："听说挽救一千条人命，就能造福子孙。如今我救了万余条性命，不知我的后代子孙们能否得到福佑？"

之后很长一段时间，王氏家族都默默无闻，安静地生活着。后因王贺与济南望族终氏之间产生纠纷，为免生事端，遂带领全族从东平陵（今山东济南东）远迁到魏郡元城（今河北大名东）委粟里，其子王禁在当地担任小小的廷尉史，而王政君正是王禁的二女儿。

彩绘铜雁鱼灯

此雁鱼灯采用传统的禽鸟衔鱼造型。据考证，禽鸟衔鱼具有着特殊的含义。当时人们认为鸿雁是瑞禽，多用于婚嫁、聘问之礼。"鱼"与"余"同音，喻意富裕。因此雁鱼灯又寓意着富足和美好。

胸无大志的王禁一生都没有什么建树，最大的爱好就是酒和色。他官职虽小，却一口气娶了好几房妻妾，一共育有八男四女：长子王凤，次子王曼，之后是王谭、王崇、王商、王立、王根、王逢时；长女王君侠，次女王政君，再次为王君力、王君弟。王政君和长子王凤及四子王崇均为王禁嫡妻李氏所生。

根据《汉书》记载，李氏夫人怀王政君时，曾经梦见一轮明月从天而降，投入她腹中，李氏已知晓这一胎必是女儿无疑。因而王政君尚未出世，已经显示出了非比寻常的气势。汉宣帝本始三年（前71年），王政君呱呱落地，成为李氏所生唯一的女儿。生了三个孩子之后，李氏实在不能忍受丈夫没完没了地纳妾，一气之下，大闹一场，离开王家改嫁给河内（今河南武陟西南）苟宾为妻。

时光飞逝，年复一年，失去母爱的王政君悄然长大了，长得不仅美貌如花，且"婉顺"深谙妇人之道。于是她的婚姻大事就被排上了日程。王政君年幼时也曾许配人家，但还没等到她谈婚论嫁的年龄，未婚夫就死了。后来东平王又听说她容貌出众，便主动上门求亲，王禁惊喜之余，当即答应。正在准备婚礼之际，东平王又突然一命呜呼。两次未嫁丧夫，人们纷纷传言王政君命硬克夫，于是再也无人敢来提亲。

迷信的王禁不免害怕起来，赶紧请来当地最有名的术士给二女儿看相卜卦。术士郑重告知王禁："令爱命当大贵，天机不可言。"这让王禁立即联想到了皇帝后宫，不由得喜出望外，从此对王政君加倍关心爱护，还特意请来老师教授其琴棋书画、宫廷礼仪。

王政君年满十八岁时，就被送进了皇宫，成为掖庭中地位低微的宫

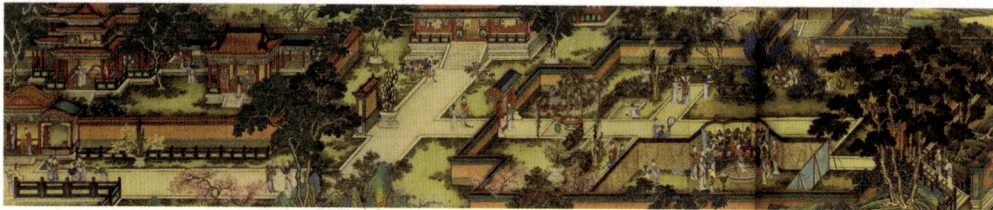

清院本汉宫春晓图

此画作于乾隆年间，由孙祜、周鲲、丁观鹏三人合作完成，主要描绘的是汉代宫廷中嫔妃的生活。嫔妃和宫女们三五成群，有的漫步庭中，有的对座闲谈，有的对弈，情态万千，一派皇家宫廷生活的气象。

人——家人子。恰逢皇太子刘奭痛失爱妃司马良娣，对身边其他妃嫔也都失去了兴趣。皇太子尚无子嗣，却不近女色，这自然引起了宣帝和皇后的忧心。皇后特意从后宫挑选了五名家人子，精心装扮，然后召太子进宫探视。皇后早已吩咐随伺的长御，让他观察太子中意哪一名家人子。

皇太子刘奭根本没有注意到皇后身边的美女，当长御奉皇后之命来询问时，他只好随口说："其中一个人还不错。"长御想起太子曾经对一名身穿红色花边长裙的女子望了一眼，于是回禀皇后。此女正是进宫不久的王政君。皇后随即传命，派侍中杜辅、掖庭令浊贤将王政君送到太子寝宫。太子不好拒绝皇后的美意，当晚便"御幸"了王政君。出乎所有人意料的是，太子后宫十多位妃嫔多年来无一人受孕，偏偏王政君只一次机会就有孕在身。

第二年，也就是汉宣帝甘露三年（前51年），王政君生下了一个男孩。汉宣帝盼了多年，终于盼到了嫡长皇孙，汉王朝也终于后继有人了，真是喜从天降，汉宣帝亲自为小皇孙取名为"骜"。骜者，千里马也！足以说明对其满怀厚望。从那时起，汉宣帝就时常把刘骜带在身边，生活起居，都亲自过问，十分溺爱。

黄龙元年（前49年），刘骜三岁，汉宣帝去世，皇太子刘奭登基，是为汉元帝。长皇孙刘骜被册立为太子，王政君升为婕好。仅仅三天之后，她又母凭子贵，被册封为元帝皇后。虽然当上了皇太子，但刘骜的命运此时仍然摇摆不定。因为汉元帝膝下又多了两名皇子。最受宠爱的当属傅昭仪所生的儿子定陶王刘康。汉元帝总是和刘康形影不离，"坐则侧席，行则同辇"。而刘骜随着年龄的增长，渐渐失去了宽博恭慎的本性，一味沉迷在酒色奢靡之中，对国家政事不闻不问。汉元帝认为他无德无能，难以堪当国家重任，渐渐萌生了废掉刘骜，另立刘康为皇太子的想法。

王政君和刘骜听闻后，惊惧万分，不知如何是好。幸好汉元帝最宠信的大臣史丹始终支持刘骜，每当汉元帝流露出另立太子之意时，史丹总是鼎力相助，说尽好话，这才一次次保住了刘骜的地位。汉元帝病重之时，傅昭仪和定陶王刘康常在他身旁，而刘骜和王政君却难得有机会进宫朝见龙颜。史丹担心汉元帝改变想法，便趁着在后宫独自侍奉汉元帝之际，泪流满面，跪拜在汉元帝卧榻前，情真意切地说："皇太子刘骜是您的嫡长皇子，已经册封了十多年，天下的群臣、百姓都早已接受，是众望所归。可如今宫内外流言四起，纷纷谣传陛下您要废掉当今太子而改立定陶王刘康。如果真是这样，王公大臣必然内心不服，不肯奉诏，而臣也宁愿先被陛下赐死。"

闻听此言，汉元帝颇受感动，也深知废太子之事阻力重重，不是自己想做就可以轻易做到的。于是他摇头叹息说："你不必担忧，太子和定陶王都是朕的皇子。我虽然左右为难，但必定还是会为他们的将来认真考虑。既然先帝喜爱刘骜，也曾叮嘱我册封他为太子，王皇后也遵循礼制，母仪后宫，朕自然不能违背先帝意愿。如今朕卧病不起，恐怕难以治愈，时日无多，以后还望你们全心辅佐太子，以固我汉朝江山。如此朕在地下有知，也绝无遗憾！"史丹泣不成声，连连叩首。经此一事，刘骜的皇太子之位才变得牢不可破。王政君也安然地继续做着当朝的皇后。

王凤专权，五侯当朝

汉元帝四十二岁时病逝，太子刘骜终于登上了皇位，王政君再也不用小心翼翼地生活了，王氏家族的势力迅速在朝野中扩张。早在王政君当上皇后时，她的父亲王禁就已被封为阳平侯。汉元帝永光二年（前42年），王禁去世，长子王凤继承阳平侯爵位，同时被任命为侍中、卫尉等官职。汉成帝即位后，王凤以长舅身份担任大司马、大将军，领尚书事。他的兄弟王谭、王商、王立、王根、王逢时同日封侯，世称五侯。其堂弟王音为御史大夫，位列三公。王氏子孙多半被任命为卿大夫、侍中、诸曹、郡国守、相、刺史等官职，王氏家族"群弟世权，更持国柄"，很快形成了"王凤专权，五侯当朝"的政治局面。

汉成帝刘骜安稳地当上了一国之君，悬了多年的一颗心终于得以放松了下来，对王凤等人更是宠信有加。而王凤为了巩固自己的权位，大力排除异己，除了借成帝之手打击宦官和其他外戚势力外，还重点排挤丞相王商。王商与王凤五弟同名，其父、兄都曾是朝中重臣，这位王商的政治能力和手腕都不亚于王凤，是当时朝廷中唯一可与王凤相抗衡的政治力量。

建始三年（前30年）秋天，长安盛传城外有洪水将至，城内百姓害怕洪水冲进城内，纷纷逃命，王凤劝汉成帝和皇太后带着后宫妃嫔登上船只避水灾。大臣们也人心惶惶，全都附和王凤的提议，只有丞相王商不慌不忙地说："自古以来再无道的国家，也没有大水漫过城郭的时候。何况如今天下太平，四海安定，怎么会有大水一天之内突然就会来到呢？这一定是谣传，在这种时候，不应该让百姓登上城墙，再次令他们惊慌。"汉成帝听了王商的话后，认为很有道理。过了一段时间，城里也没见大水袭来，经过调查，果然是传言失实。成帝对王商很是赞赏。王凤因此事而十分羞惭，后悔自己莽撞失言。

河平四年（前25年），王凤的亲家琅邪太守失职，受到王商的惩处。王凤去说情，却被不徇私情的王商回绝了。王凤怒不可遏，联合汉成帝宠臣史丹诬陷王商。汉成帝素来倚重王商，知道王商是被陷害，因此命此案到此为止。但王凤不肯罢休，坚持要成帝惩办王商。成帝迫于压力，下诏书切责王商并收回了王商的丞相印绶。王商悲愤不已，三天后吐血身亡，其族人均被赶出长安城。

王凤的势力日渐扩张，朝中群臣大多心怀畏惧，对其唯唯诺诺。渐渐地汉成帝发现自己也要"遂谦让无所颛"。一天成帝召见著名学者刘歆，见他畅谈古今，博学多才，诗词歌赋更是令人叫绝。成帝很欣赏刘歆，打算封他为中常侍。当即命人去取官服，谁知身边的大臣却上前提醒道："陛下请暂缓，这件事情应该先通报给大将军，再作定夺。"成帝一挥手说："不过册封一个文官，区区小事无需告诉他。"谁曾想，左右大臣面露难色，竟然集体叩拜，奏请成帝先行告知王凤。成帝无奈，只得派人去王凤府中通报，得到的回复竟然是王凤坚决不同意封刘歆为官。成帝大吃一惊，只好打消此念。

这样的事情一再发生，成帝虽然贵为皇帝，却全无九五之尊的绝对权威，这令成帝内心极为不快，对王凤也颇有微词。但皇太后王政君总是维护自家兄弟，成帝得不到皇太后的支持，也无计可施。朝中有一位京兆尹王章，正直不阿，不喜欢趋炎附势。他看出了成帝的心思，于是上奏说："如今朝中政务，事无大小，皆由王凤决断，陛下不曾举手。王凤这样做，乃专擅朝政，绝非忠臣所为。"并列举出王凤的几条大罪，指出应该限制王凤专权，另选贤良之臣打理朝政。

这一番奏言句句深入成帝的内心，他深以为然。从此成帝视王章为心腹，经常秘密召见他，并在其提议下，准备召琅邪太守冯野王入朝，取代王凤。可惜隔墙有耳，这一番机密谈话偏巧被王音偷听到了。对堂兄王凤"卑恭如子"的王音即刻将听到的话告知了王凤。

王凤马上以身体有恙为由，精心润色了一篇奏章，请乞骸骨（辞职之意）："臣材驽愚戆，得以外属兄弟七人封为列侯，宗族蒙恩，赏赐无量。辅政出入七年，国家委任臣凤，所言辄听，荐士常用。无一功善，阴阳不调，灾异数见，咎在臣凤奉职无状，此臣一当退也。《五经》传记，师所诵说，咸以日蚀之咎在于大臣非其人，《易》曰'折其右肱'，此臣二当退也。河平以来，臣久病连年，数出在外，旷职素餐，此臣三当退也。陛下以皇太后故不忍诛废，……，愿乞骸骨，……唯陛下哀怜！"同时派人送给了成帝和皇太后，皇太后为兄长的奏章所感动，又气愤儿子无情，落泪不已，不肯进食。这可吓坏了一向孝顺的成帝，急忙跑去找王凤，向他道歉，说自己没有要赶他走的意思，请他进宫安慰皇太后。王凤却不动声色，直到成帝下旨命尚书拟奏章以大逆罪弹劾王章后，王凤这才起身进宫安抚皇太后。这出闹剧最终并没有动及王凤的一根毛发，却让忠直敢谏的王章冤死于大狱之中，还累及他的全家老少均被流放边关。

至此朝野上下，王公大臣再无人敢质疑王凤，无不恭敬从命，唯恐一个不留神，自己的项上人头就难以保住。而王凤也越发气焰嚣张。阳朔三年（前22年）八月，王凤因病而亡，临终前推荐王音接任，汉成帝照此办理。这样一来，朝中大权仍然由王氏家族把持。

一年夏天，汉成帝的舅父成都侯王商因不耐酷暑，病倒了。为了避暑，他竟不顾礼仪，向汉成帝借用皇帝的明光宫当作自己的休养之所。汉成帝虽心中不悦，却也勉强答应了。没过多久，王商在自己的侯爷府中大兴土木，开挖人工湖。为了引水，他自作主张把长安城墙凿了一个大洞，直接将城外河水引入湖中，带领侍妾歌女行船于湖上，饮酒作乐。汉成帝听说后，亲自来到王商府中察看，他虽恼恨王商擅自凿穿都城，破坏了帝王之气。但碍于皇太后的情面，还是隐忍了下来。而几天后发生的一件事，令汉成帝心中压抑许久的怒气终于爆发了。那一天汉成帝微服出游，路经曲阳侯王根的府邸，

折槛图

汉成帝时，丞相张禹仗着自己是皇帝的老师，恃宠而骄，朝中大臣多敢怒不敢言。一日槐里令朱云上书求见，当着众大臣的面，请求皇上赐尚方宝剑，要斩佞臣张禹。皇上怒斥朱云以下犯上，下令要将朱云处死。朱云抱着殿槛抵抗，以至槛折。此时左将军辛庆忌，叩头力保，朱云才得以免罪。事后要修缮殿槛时，成帝却要保留原状，借以表彰忠臣，并作为日后的警戒。

玉佩

此佩件出土于江苏扬州姜莫书木椁墓。其
镂刻精细。从形式上看，应属鸡心佩。

玉镂空龙凤纹佩

此佩件出土于江苏扬州邗江区。其形如不规则的璜，两
面镂空，阴刻相同的饰纹。

一时兴起进去参观，却看到园中的楼台亭阁和皇宫中未央宫的白虎殿十分相
似。这么明显"骄侈僭上"大逆不道的行为，使得成帝再也按捺不住，当场
发起火来，痛斥王根后甩袖而去。

汉成帝毕竟是当朝天子，龙颜震怒，王根不由得心中慌乱，急忙找来王
商打算一同进宫向皇太后请罪，准备自行黥劓之刑罚，以平息皇帝的怒气。
汉成帝听说他们要去找皇太后，更加震怒，对王音怒道："两位外家（指舅
父）究竟想要干什么呢？还想自己在皇太后前黥劓自己，用这种手段，让皇
太后伤心，为国家添乱。外家家族强大，而朕寝弱已经很久了。今天是他们
自取其辱，你告诉他们，不要去打扰皇太后，还是各自回府，闭门思过，以
待惩治。"按照汉成帝的打算，这回一定要狠狠地惩治自己的舅父们，可是车
骑将军王音用枯木捆住自己以请罪，王商、王根都背着斧子来请罪。汉成帝
实在下不了狠心，只好就此作罢，再不予追究。

安昌侯张禹是汉成帝的老师，颇受成帝敬重，曾担任丞相之职，和王凤、
王商一起主持朝政。张禹是一个审时度势、明哲保身的人，眼看王氏外戚炙
手可热，为避锋芒，他多次上奏汉成帝，请求辞官，均未获准。于是张禹采
取了"当官不主事"的策略，决不与王氏发生正面冲突。这一次汉成帝未能
如愿处置胆大妄为的舅父们，心中怒火郁积，便来征询张禹的意见，问他有
何想法。刚巧张禹因为一块好地皮私下里和王根发生了不愉快，如果张禹借
机挑拨，以汉成帝对他的信任，必将会对王氏家族带来损害。可张禹毕竟在
官场上摸爬滚打了多年，早已看出皇太后王政君对成帝的影响力，也深知王
氏家族的权势无法撼动。倒不如趁机为王氏说些好话，一来可以化解自己与
王根之间的矛盾，二来也可以让自家子弟得到王氏的青睐，何乐而不为呢？
于是张禹便违心地安慰汉成帝，不必和王氏兄弟计较，他们虽然张狂了些，
但毕竟是一家人，对陛下绝无二心。汉成帝一听老师都这么说，对舅父们的

怨气也就消减了不少。王氏兄弟听说这件事后，果然和张禹交好，来往密切起来。

在汉成帝和王氏家族奢靡之风的影响下，朝野上下竞相攀比，刻剥百姓，以致"百姓贫，盗贼多，吏不良，风俗薄"。百姓生活无以为继，甚至出现了"人至相食"的悲惨景象。后来在现今山东、河南、四川等地区，先后爆发了侯毋辟、申屠圣、郑躬、樊并、苏令等领导的农民起义和铁官徒暴动事件。

赵飞燕姐妹

赵飞燕原是阳阿公主家的一名舞姬。汉成帝刘骜在阳阿公主家见到赵飞燕后，甚是喜欢，便召她入宫，封为婕好。汉成帝对她极为宠爱，后又废了许皇后，立飞燕为后。赵飞燕之妹赵合德亦被立为昭仪。姐妹二人受成帝专宠十余年，显赫一时。传说赵飞燕体态轻盈，舞技超群，令汉成帝十分着迷。绥和二年（前7年）三月，沉迷于酒色的汉成帝在赵合德的怀抱中暴毙。皇太后与大司马王莽"治问皇帝起居发病状"，赵合德畏罪自杀。四月刘欣即位，是为汉哀帝。赵飞燕因帮助刘欣即位，汉哀帝感恩，仍旧尊她为皇太后。六年后，汉哀帝死于未央宫。大司马王莽以赵飞燕谋害皇子之罪，逼迫其自杀。

姐妹入宫得专宠

鸿嘉三年（前18年），汉成帝刘骜身着便服，微服出行，途经阳阿公主府，公主安排了盛大的宴席款待贵客，席间召来好几位歌舞伎表演助兴。其中一名叫赵飞燕的舞女引起了汉成帝的注意。她容貌出众，肌肤若雪，舞姿轻盈曼妙，举手投足之间娇柔可人，眉目含情，明眸似水。一曲歌舞还没有跳完，汉成帝已迫不及待地向阳阿公主提出，要赵飞燕随自己一同入宫。公主当然不敢违背圣意，于是赵飞燕自此走进了汉朝皇宫，开始了她载入史册，并被后人评说不断的人生。

若从出身论起，赵飞燕并非出自普通人家，她的母亲是江都王的孙女姑苏郡主。姑苏郡主嫁给江都中尉赵曼之后，因为丈夫无能，不能令她享受闺房之乐，于是她暗地里和美男子冯万金私通，并怀了孕。为了避嫌，姑苏郡主借故返回娘家待产，并生下了一双漂亮的双胞胎女儿。因为是私生子，姑苏郡主也不知如何是好，最后干脆派人将孩子丢弃在了城郊野外。三天之后，姑苏郡主心中实在不忍，前去察看，发现两个女儿居然都还活着，只是连日啼哭，已经奄奄一息。于是姑苏郡主就将她们抱了回来，送到了冯万金家中。冯妻虽然不高兴，但还是同意收留她们。冯万金给姐妹俩起名为宜主、合德。

她们在生父家度过了平静的童年时光，人也出落得越发娇丽。可好景不长，还没等到她们长大成人，冯万金就突然故去，冯家很快门庭中落，冯妻也将她们姐妹二人赶出了家门。

姐妹俩无处投靠，辗转流离，最后来到了长安城，租了一间屋子安顿下来。她们的邻居名叫赵临，家境殷实，是阳阿公主的管家，一直很照顾她们，姐妹俩也很尊敬他。一来二去，她们干脆拜赵临为义父，并搬进了赵家。赵临收了两个如花似玉的女儿，自然也很得意，还将她们举荐进了阳阿公主府，当了公主的侍女。

因为遗传了生父冯万金的音乐才能，姐妹俩对歌舞有着不一般的天赋，很快就从一般的"舍直"，成为公主府中数一数二的歌舞伎。尤其姐姐赵宜主，舞姿动人，优雅柔美，令人叹为观止，因而被称作"飞燕"，而她的本名却逐渐不为人们所提起了。

汉成帝在阳阿公主府采到了宝贝，兴冲冲地回到皇宫。赵飞燕集万千宠爱于一身，后宫佳丽们再也无缘得见皇帝一面。没几天汉成帝听说赵飞燕的妹妹赵合德更美，就动了心思，连忙派侍从吕延福去迎接。为了让赵合德受宠若惊，汉成帝还亲自安排了皇后的专座百宝凤舆前去迎接。赵合德却不同于一般人，她并没有兴高采烈地坐上去，而是对吕延福说："只有飞燕姐姐传令找我，我才会进宫。"吕延福只好带着空空的百宝凤舆回宫复命。汉成帝一听，对赵合德更是心向往之，为早日将其接进宫中，他不断地赐给赵飞燕昂贵的金银珠宝，还将她迁进了豪华的远条宫。

赵飞燕很快就将妹妹赵合德引荐给了汉成帝。当赵合德亭亭玉立于殿堂之上时，她的娇媚之态令汉成帝如痴如醉。站在汉成帝身后的资深宫廷教习"披香博士"淖方成亲眼目睹此景，悄悄叹息道："这是祸水，将要灭火矣！"当时的星相家都认为西汉王朝的命运属于火象星座，现在这"红颜祸水"却要将火象扑灭了。

汉成帝迷恋柔若无骨的赵合德，还将赵合德的酥胸称为"温柔乡"，并心满意足地感叹道："吾老是乡矣，不能效武皇帝求白云乡也。"当然赵飞燕的歌舞亦令汉成帝流连忘返。成帝特意为赵飞燕在皇宫太液池上，打造了一艘沙棠木做的豪华大船，并取名为"合宫舟"。一次泛舟水面游玩时，赵飞燕身穿云英紫裙，碧琼轻绡，载歌载舞，表演《归风送远曲》，一阵大风吹来，裙袖飘飘，只见赵飞燕仿佛要随风而去，汉成帝急忙令正在吹笙的侍臣冯无方上前，握住赵飞燕的双足。赵飞燕的身体在风中摇摆，继续舞蹈。从那之后，世上便传说她"身轻如燕，能做掌上舞"。

众矢之的的许皇后

一时之间，赵氏姐妹专宠于后宫，汉成帝对她们二人言听计从，就连往日最宠爱的班婕妤也不予理会，那位人老色衰的许皇后更是没有了地位。而许皇后的不幸，不仅仅是失去皇帝丈夫的爱，还有与皇太后的积怨和赵飞燕姐妹的野心觊觎。

皇太后王政君一向讨厌这个明媒正娶的儿媳妇，因为许氏外戚曾把持朝政多年，凌驾于王氏家族之上。虽然现在王家早已掌控了政权，但积怨难平，再加上许皇后没有子嗣，汉成帝对她也不复关爱。皇太后就准备对许家和许皇后大动干戈，以报复许皇后的父亲许嘉在汉元帝朝时对王家的轻视。

汉成帝初登帝位之时，就按照母亲王政君的意思，大肆册封王氏亲族。有一天长安城内突然黄雾漫天，一连好几天都不曾散去，臣民议论纷纷，都认为是上天以此示警，表示对王家外戚大量升迁的不满。王凤也吓坏了，知道自己做得太过分，连忙上奏请求辞去官职。可没想到，汉成帝根本不批，还大包大揽地拍胸脯表示，"咎在朕躬"，希望舅父们不要多虑，安心做官。随后一段时间，又不断出现异常天象，日食、地震、洪水等等。为了让天下人不再把愤怒的目光紧紧盯住王家，也为了让汉成帝向天下人有个交代。皇太后和王家人商议，将这些不祥之兆转嫁到其他人的头上。挑来选去，最合适的人选无疑是许皇后一家人了。

在王家人的指使下，大臣刘向、谷永上奏汉成帝"灾异咎验，皆在后宫"。指出一连出现的灾祸之象，是老天暗示在皇帝后宫中，有人图谋不轨，意欲危害国家。奏章中虽未提到"许氏"，但一切隐含的矛头却直指后宫的许皇后。汉成帝自然也读懂了其中的深意，他火冒三丈，当即下令裁减许皇后的所有日常开支，"椒房仪法，御服舆驾，所发诸官署，及所造作，遗赐外家群臣妾，皆如竟宁以前故事"。不但许皇后的吃用、待遇被降了等级，在朝中为官的许氏家族也均遭到降级处置。

这么大的黑锅盖在许皇后和许家人头上。一向谦恭温良、谨守礼仪的许皇后满腔怨恨，提笔给汉成帝写了一封正式抗议书："时世异制，长短相补，不出汉制而已，纤微之间，未必

玉舞人佩

玉舞人佩在汉代贵族妇女的佩饰中特别盛行。其造型优雅精致，玉人身着长袖拖地裙，一手高举过顶，一手甩向身侧，作翩翩起舞状，将汉代舞蹈形象传神地表现出来。

班婕妤

班婕妤，楼烦（今山西宁武）人。左曹越骑校尉班况的女儿，班固和班超的祖姑，汉成帝的妃子。善诗赋，有美德，失宠后曾作《团扇歌》。

班姬辞辇

前 33 年，汉成帝即位，班氏应召入宫，始为少使，后晋为婕妤。有一次成帝游于后庭，邀班婕妤同辇，班氏婉辞谢绝曰："观古图画，贤圣之君皆有名臣在侧，三代末主乃有嬖女。今欲同辇，得无近似之乎？"汉成帝觉得有理，此后更加喜欢班婕妤。

可同。若竟宁前与黄龙前，岂相放哉？家吏不晓。今一受诏如此，且使妾摇手不得，今言无得发取诸官，殆谓未央宫不属妾，不宜独取也。言妾家府亦不当得，妾窃惑焉。幸得赐汤沐邑以自奉养，亦小发取其中，何害于谊而不可哉？又诏书言服御所造，皆如竟宁前，吏诚不能揆其意，即且令妾被服所为不得不如前。设妾欲作某屏风张于某所，曰故事无有，或不能得，则必绳妾以诏书矣。此二事诚不可行，唯陛下省察。"用以控诉皇帝对自己的不公。

汉成帝读罢许皇后的抗议书，竟无动于衷，并没有改变先前的决定，还叫人将刘向、谷永的奏章拿给许皇后看，以示自己的公正。不仅如此，汉成帝还亲自召见许嘉，劝他告老还乡。许氏家族在朝廷中几乎丧失了发言的权力。

眼看许皇后一天天以泪洗面，日渐憔悴，许皇后的姐姐平安刚侯夫人许谒看不下去了。她常常出入后宫，对许皇后内心的苦楚极为了解。鸿嘉三年（前 18 年）十一月，许谒又进宫探望妹妹。对愁眉不展的皇后妹妹说："妹妹一定是想念陛下了，我想陛下之所以亲近赵氏姐妹，也是为子嗣后代。要是妹妹你怀上身孕，陛下一定会像当年那样宠爱你的。"许皇后面颊绯红，叹息说："我现在这个模样，怎么才能怀孕生子呢？"

许谒提议请巫祝在寝宫里设祭坛祈禳，求上天赐子。这个消息被赵飞燕得知，正好赶上后宫一位怀孕的王美人莫名其妙地流产了。赵飞燕便诬蔑说，许谒是受许皇后的指使，找人设坛作法，诅咒王美人，以致龙胎不保，合谋者正是同样失宠的班婕妤。汉成帝和皇太后正为保不住龙子而难过，听了赵飞燕的话后不由得勃然大怒。汉成帝当即将许皇后的印绶收回，废弃了皇后称号，并将其赶到昭台宫中。后又将许谒问斩，其余许氏亲属都被遣送回原籍山阳郡（今山东金乡西北）。

受到无辜牵累的班婕妤也被抓起来拷问，然而她却不卑不亢地回答说：

历史细读

淳于长，字子鸿，西汉魏郡元城（今河北大名）人。其父族虽无权势，但母族十分显赫，其姨娘王政君，是汉元帝的皇后，汉成帝之母，他的几个舅父都贵为列侯。他二十来岁便当上了黄门侍郎。从此他竭尽阿谀奉承之能事，千方百计地接近和讨好成帝，渐渐取得了成帝的信任。后来官升卫尉，位列九卿。

"妾闻死生由命，富贵在天，修正尚未蒙福，为邪欲以何望？使鬼神有知，不受不臣之诉；如其无知，诉之何益？故不为也。"其坦荡的话语感动了汉成帝，为示歉意和安抚，成帝还特意赐给班婕妤黄金百斤。虽说有惊无险地躲过了一场劫难，但班婕妤心里清楚，如今后宫是赵氏姐妹的天下，自己今日虽然保住了地位，明日或许就会像许皇后一样被废黜。心有余悸的班婕妤写了一份奏章，请求汉成帝应准她去长信宫奉养皇太后，以借此离开宫廷斗争的核心之地。

燕啄皇孙

许皇后被废之后，依照汉成帝所想，恨不能立即将赵飞燕册立为新皇后。可皇太后王政君却不答应，她嫌赵飞燕出身卑贱，实在不配母仪天下，只会有损皇家的脸面，众大臣也纷纷附和。

汉成帝不敢违背皇太后的意愿，便暗地里拜托侍中淳于长向皇太后说情。淳于长不是别人，正是皇太后王政君最喜欢的外甥。得了汉成帝的托付，淳于长不遗余力地大下工夫，几乎磨破了嘴皮子，皇太后王政君才终于勉强同意。于是永始元年（前16年）四月，汉成帝下旨将赵氏姐妹的"父亲"赵临封为成阳侯。这样一来，赵飞燕摇身一变，不再是出身贫贱的歌舞伎，而是王侯之女。皇太后这才公开答应汉成帝立新后的请求。

六月，皇后的宝座空虚了一年半之后，汉成帝诏告天下，将赵飞燕立为新皇后，同时册封赵合德为昭仪，赐居昭阳舍。天下臣民一片哗然，但汉成帝却置若罔闻，一心只顾讨美人欢心。成帝派人将昭阳舍里里外外重新修整一遍，涂以丹朱，雕梁画栋，用黄金、明珠、蓝田玉等点缀其间，台阶全部用白玉铺设而成，金碧辉煌，极尽奢华。汉成帝流连"温柔乡"中，"湛于酒

双层九子漆奁
奁是中国古代妇女盛梳妆用品的匣子。此漆奁出土于长沙东王堆一号汉墓，由盖、上层器身及下层器身三部分组成。器身上层可放置手套、组带等物。下层底板上有九个凹槽，槽内置九个小奁，可装粉扑、香粉、胭脂等妇女化妆品。

色"，足不出宫。

虽然赵飞燕、赵合德姐妹俩专宠后宫多年，却未能生下子嗣。汉成帝为此时常忧心，便偷偷召幸后宫其他女子。赵氏姐妹害怕别的妃嫔怀孕生子，威胁到她们的地位，因此她们绝不允许别人怀孕，并疯狂地摧残有孕的妃嫔、宫人，"生下者辄杀，堕胎无数"。

曹伟能是在皇后中宫侍奉皇后的女教习，负责教授赵飞燕《诗经》。她面容秀丽脱俗，汉成帝曾私下里召幸过她几次。元延元年（前12年），曹伟能的母亲曹晓进宫探视女儿，惊讶地发现女儿肚腹已经膨胀，就追问发生了什么事。曹伟能毫不隐瞒，对母亲说是"御幸后有了身孕"。就在这一年的十月，曹伟能在宫廷牛官令舍顺利地产下一名男婴。已经将近四十岁的汉成帝得到消息后，暗自高兴，随即派遣六名宫女前去服侍曹氏母子，嘱咐她们多加照顾。宫女们也不敢怠慢，心中了然，这可是皇帝的继承人，将来的天子。

然而降生皇子的大事又怎能瞒得过高度警戒的赵氏姐妹知道此事后，赵合德立刻威逼汉成帝将曹伟能母子解决掉。汉成帝只好派中黄门田客拿着诏书去找掖廷狱丞籍武。籍武打开诏书，上面赫然写着："把牛官令舍中那个产妇和新生儿，以及六名宫女全都抓进暴室狱。关于孩子是谁的，是男孩、女孩，都与你无关，不可过问！必须遵照命令执行！"籍武带兵冲进牛官令舍，曹伟能和宫女们都大吃一惊。曹伟能拜托籍武说："请好好照顾这个孩子，收好他的胞衣，你应该知道这孩子的来历。"籍武心中当然如明镜一般，于是他就将曹伟能母子妥善安顿在牢房中。

过了三天，田客前来探问情况，听说小婴儿还活着，赶紧回宫请示，没一会拿着新诏书跑了回来，告诉籍武说："陛下与昭仪都非常生气，责问你为何不将这孩子杀死？"籍武震惊万分，哭泣着跪拜在地说："我知道没有奉诏办事，理应受死。可就算是杀了这个孩子，恐怕我也只能一死。请你回奏皇上，就说陛下身边尚无子嗣，曹伟能虽是卑贱宫女，但孩子毕竟是皇上的血脉，还请皇上收回成命，留孩子一条性命吧！"田客也被感动了，又转回后宫，很快就带着第三封诏书回来。籍武满怀希望地迎上前，却听到田客打开诏书命令道："无需多说，今夜漏上五刻时分，你将孩子带到东交掖门处交给王舜。"籍武见事情已无法挽回，忙问道："皇上听了我的话，是怎么说的？"田客回答说："瞠也。""瞠"就是两眼发直的意思。汉成帝对此什么也没有说。

籍武将婴儿交给王舜之后，又过了三天时间，田客带着一个小绿箧前来，他命令籍武将里面的药丸和一张纸交给曹伟能，且要籍武必须亲眼看着曹伟能吃下药丸。曹伟能看到纸上竟是汉成帝的御笔写道："告伟能，努力饮此药，不可复入。汝自知之。"曹伟能对籍武长叹道："果然是赵氏姐妹欲专擅天下，不容我和孩子。我儿子前额长有壮发，长相如同孝元皇帝，不知道是不是也遭到了毒手。求您想办法将这件事禀报皇太后，我儿尚且有救。"说完，就服毒而死。

王舜抱走孩子后，带到后宫找到张弃为乳母。张弃养了十一天，又被李南拿着诏书将孩子抱走。后不知所终。

赵合德也没有放过那六名曾经服侍过曹伟能的宫女。她们被告知可以选择自杀或是被杀，于是这六名无辜的宫女在牢房中用六条悬挂梁间的绳索结束了自己的生命。

曹伟能母子冤死后的第二年，也就是元延二年（前11年），同样一幕悲剧再次在皇宫中上演。而这一次，汉成帝竟然亲自充当了杀死自己亲生儿子的刽子手。

元延二年（前11年）初，汉成帝在上林苑中宠幸了许美人，这里远离赵氏姐妹的宫殿，十分隐秘。当汉成帝得知许美人身怀有孕时，仍将她安置在上林苑中养胎待产。他自己不敢亲自前去探望，却暗派亲信中黄门靳严带着太医前去照料，还给许美人送去三颗名贵的养生药丸。这一年的十一月，许美人为汉成帝生下了一名皇子。汉成帝闻讯大喜，不知道是不是太过兴奋，竟主动向赵合德全盘托出。赵合德又惊又怒，担心许美人母凭子贵，抢了赵氏姐妹的风头。于是对着汉成帝又是撒娇又是撒泼，哭哭啼啼地说："你居然骗我，说你只去中宫姐姐那里。既然如此，许美人住在上林苑那么远的地方，她的儿子是从哪里来的？你曾发过誓，永不辜负我！现在却让许美人生了孩子，你背弃誓言，是不是想让许家人重新当皇后啊？我还是离开皇宫吧！"

汉成帝一听，赶紧表态说："我答应你的事情永远不会变，我决不会让许家翻身来抢你们姐妹的位置。天下没有人能在赵家之上。"说完后汉成帝亲笔给许美人写了一封信，吩咐严靳说："你立即把这封信送给许美人，她会给你

婕妤挡熊图

冯婕妤，名冯媛，汉元帝的妃子。有一次冯婕妤跟随汉元帝观看斗兽表演，一只熊突然从兽圈中跳了出来，左右的侍从都吓得跑开了，只有冯婕妤临危不惧，以身挡熊，保护了元帝。

一样东西，你带来交给我。"

许美人看到汉成帝的亲笔书信后，没有任何怀疑，将孩子包裹好，放在一个箧屉里交给了靳严。靳严将箧屉送到了赵合德的寝宫，汉成帝立即命令所有侍从离开，并亲手关上了所有的门窗。过了一小会儿，寝宫的大门重新开启，汉成帝命中黄门吴恭将箧屉及一纸书书送到籍武那里。

籍武打开诏书，看到上面写着："箧屉里有一个死孩子，将他埋在一个秘密地点，不要被人发现。"籍武心知肚明，又一个可怜的皇子被扼杀了。他在牢房墙外偏僻角落挖了一个坑，将那只箧屉里的幼小尸体埋葬了。

在曹伟能和许美人之后，还有一些身份低下的宫女因为怀有龙胎而遭到迫害，汉成帝对她们的死毫不怜惜。赵氏姐妹一次次成功地消灭了后宫的隐患，以致当时民间曾流传着一首童谣："燕燕尾涎涎，张公子，时相见。木门仓琅根，燕飞来，啄皇孙，皇孙死，燕啄矢。"

成帝选皇储，"温柔乡"中丧命

汉成帝已经四十多岁，却没有一男半女可以继承皇位，这对于"家天下"的封建王朝来说，可是天大的事情。既然汉成帝没有自己的子嗣，他就只能在兄弟中选择。他的父亲汉元帝一共有三个儿子，其中一个就是傅昭仪所生的定陶王刘康。可惜刘康命薄，早在前23年八月就已经去世。现任定陶王是刘康的儿子刘欣。汉元帝另外一个儿子就是冯媛昭仪所生的中山王刘兴。

在众位大臣的一再提议下，汉成帝终于答应册立皇储。元延四年（前9年），中山王刘兴和定陶王刘欣各自离开自己的封地，应召来到长安城。一个是自己的皇弟，一个是自己的皇侄，为示公允，汉成帝公开对两人进行了各方面的考察。最终发现，刘兴虽早已成年，却不学无术，胸无大志；刘欣虽不过十七岁，却风度翩翩，才华出众，忧国忧民。虽然汉成帝自己一辈子没有对国事、百姓上过心，却在这一点上特别挑剔。他非常欣赏年少有为的皇侄刘欣。

汉成帝希望选皇侄刘欣为皇位继承人，可是在朝堂上，大臣们却拿出旧制礼法反对他。御史大夫孔光指出，必须按照"兄终弟及"的规矩，因此应该册立汉成帝的皇弟刘兴为皇位继承人。

陪同定陶王刘欣进朝的人中有一位是他的祖母（即后来的傅太后）。老太太对汉成帝召见自己孙儿的目的早就心中有数。当汉成帝在朝堂上考察两位皇位候选人之际，老太太也没有闲着。她将早已备好的金银和奇珍异宝送给了汉成帝宠幸的赵昭仪以及汉成帝的舅父骠骑将军曲阳侯王根。赵氏姐妹及王根私下里认为汉成帝既然不可能有亲生儿子，那么立谁为皇储对他们而言也没有太大的区别。现在刘欣的祖母一心示好，何不妨做个顺水人情，就帮刘欣说说好话吧。有了赵飞燕姐妹及王根的鼎力相助，刘欣在汉成帝的心目中越发完美。于是汉成帝不顾群臣的激烈反对，于绥和元年（前8年）下诏，正式册定刘欣为皇太子。为警戒群臣，以免他们再多嘴提出异议，汉成帝还下诏将主张"兄终弟及"的御史孔光降级成了廷尉。

绥和二年（前7年）二月，正好是册立皇太子一年之后，天上的星象出现了异乎寻常的变化，被视作光耀保佑汉王朝的火星突然失去了光彩，黯然无光，就如同被污水浇过一般。上至朝廷，下至民间百姓，无不人心惶惶，纷纷传言说是当朝皇帝将会遇到大灾难。汉成帝也吓坏了，赶紧昭告天下，寻求解决避难之策。

有一位官员自称善星象和破解之法，求见汉成帝，禀告说只要找到一位权高位重的大臣当皇帝的替身，用他的生命祭天，就可平息天怒，保佑皇上龙体安康。汉成帝急忙"照方抓药"，开始寻觅合适的人选。一时间，满朝文武无不战战兢兢，生怕皇上选中了自己。

选来选去，汉成帝觉得还是当朝丞相位高权重，是最佳人选。当时的丞相是翟方进。汉成帝当即召他入宫，义正词严地要求丞相为社稷安危着想，为国尽职尽忠。如同晴天一个霹雳，震得翟方进晕头涨脑，当他步履蹒跚地刚刚走进丞相府时，汉成帝的催命诏书就紧跟而至。汉成帝在诏书中大骂翟方进身为丞相，却没能担当起国家重任，以致天下苍生灾难不断，诏书最后还让翟方进好好想想，应该如何谢罪。事已至此，翟方进也只能一死了之，于是当天他就无奈地自杀了。

汉成帝闻讯大喜，特意为替死鬼翟方进举行了隆重的葬礼。不仅命令文武百官都要去参加，汉成帝自己也亲临祭奠，感谢这位为国为自己捐躯的丞相。

至此汉成帝认为自己的灾祸已经消除，于是继续过着花天酒地的奢靡生活。原本身材健壮、高大的他，因为多年酒色浸淫，已经变得干瘦、羸弱。为继续满足自己的淫欲，他不惜服用刚烈的丹药，"其丹养于火，百日乃成。先以大瓮贮水满，即置丹于水中，水即沸腾乃易去，复以新水，如是十日不沸，方行服用"。

正史史料

时王祖母傅太后随王来朝，私赂遗上所幸赵昭仪及帝舅骠骑将军曲阳侯王根。昭仪及根见上亡子，亦欲豫自结为长久计，皆更称定陶王，劝帝以为嗣。成帝亦自美其材，为加元服而遣之，时年十七矣。

——《汉书·哀帝纪》

绥和二年（前7年）三月，汉成帝设宴为次日就要离开长安的楚思王刘衍和梁王刘立饯行。席间汉成帝还表示要拜左将军孔光为丞相。宴席结束后，汉成帝召来赵合德同宿未央宫白虎殿。

第二天清晨，汉成帝早早起身，准备接见前来辞行的楚思王刘衍和梁王刘立。然而他刚刚拿起裤子和袜子，就突然一阵战栗，裤袜失手掉落在地上，他自己随即扑倒在地，身体僵直，口不能言。还不到一炷香的时间，汉成帝竟一命呜呼了。赵合德抱起汉成帝的尸首，号啕大哭。

皇太后王政君和大司马王莽惊闻四十五岁的汉成帝猝死，质问皇帝起居发病状，群臣都声讨赵氏是祸水。赵合德自知难逃一死，服毒自尽。绥和二年（前7年）四月，刘欣继位，是为汉哀帝。赵飞燕因为当年在立储上帮了他大忙，也被封为皇太后。

王莽篡汉及改制

西汉后期由于土地兼并和灾荒，经济凋敝，所以人心浮动，阶级矛盾尖锐。王莽代汉正是适应了当时整个社会的基本思潮，即人心思变、社会思治这一实际情况。但在封建经济已经高度发展的西汉末年采用奴隶制时代的井田制，这种愚行注定了王莽改制的失败。

王莽篡汉

王莽是汉元帝皇后王政君之侄，也是西汉权臣王凤之侄，他的父亲王曼是王皇后和王凤的异母兄弟。他在幼年时便没有了父亲，不久他的哥哥也离开了人世。他从小勤奋好学，对亲人尽孝重礼，孝母尊嫂，对长辈以礼相待。他的伯父王凤病重期间，他守候在其床榻之旁，亲自为其尝药，衣不解带照

二龙穿璧

二龙穿璧出土于河南洛阳金谷园村东墓后室脊顶。画面似方形，在四边中央，分别有四枚玉璧，两条矫健的巨龙分别从左右玉璧中穿过，张口衔托上方的玉璧。两条巨龙，左边一条有角，右边一条无角，似有雌雄之分。龙尾穿过下方玉璧，蜿蜒分向左右。空隙之处皆以朱色流云纹点缀。整个画面形象传神，再现了新莽年间精湛的彩绘艺术。

顾了数月。王凤尤为感动，临死之前，王凤嘱咐王政君照顾好王莽。汉成帝时王莽初任黄门侍郎，后升为射声校尉。一时之间，得到朝廷众多大臣的赞誉。永始元年（前16年），汉成帝又封他为新都侯骑都尉、光禄大夫侍中。他的地位愈加显赫，为人处世愈加谦逊谨慎。他生活俭朴，把自己的车马衣裘都送与宾客，广交天下能人贤士。因此他的名声越来越大，远远超过了他的叔伯。

他的一个表兄名叫淳于长，二十来岁就当上了黄门侍郎。淳于长是王政君姐姐的儿子。王凤病重期间，他和王莽一起在床榻旁精心照料。王凤临死之前，嘱咐王政君也要好好照顾淳于长。不久淳于长就成了汉成帝的侍从官。

当时赵飞燕深受宠幸，汉成帝想废掉许皇后，改封她为皇后。而王政君以赵飞燕出身卑微为由，没有同意。淳于长极力讨好赵飞燕，时常为她在皇太后面前说好话。过了一年，汉成帝立赵飞燕为皇后，封淳于长为关内侯，不久又加封淳于长为定陵侯，地位愈加显赫。赵飞燕被封为皇后，原来的许皇后则被汉成帝打入冷宫，住在长定宫。淳于长因经常出入后宫，得知许皇后的姐姐在家寡居，便与其私通，还把她纳为小妾。由于这层关系，许皇后就送给他大量的钱物，要他向皇上求情，复立为婕妤。淳于长就哄骗她，说只要有钱财，他就有办法让许后复出当"左皇后"。许皇后信以为真，就不断地送金钱给他。几年时间下来，他就积聚了大量的财物。

当时王莽另一个叔父王根身居要职，是辅佐朝政的大司马和骠骑将军，但年老多病。淳于长位居九卿，是成帝的宠臣，当时是最有希望接替王根的人选。然而王莽早就对王根的显耀位置有所企图，想取而代之。这样淳于长就成了他掌握大权的障碍。王根生病时，王莽精心照料，深得叔父欢心。王莽知道，只有除掉淳于长，才能在以后掌握辅政大权。此时他早已掌握淳于长的种种劣迹，于是便趁机向王根告发了淳于长，并且说："您身体欠安，淳于长特别高兴。他以为可以代替您辅政，并且暗地里到处给人封官许愿。"王根大怒道："你为什么不早告诉我呀？"王莽说："侄儿不知道您的心意，所以没敢说。"王根说："去！快到东宫禀奏皇太后。"王莽进宫向王政君禀告此事。王政君生气地说："小儿竟敢如此，太不像话了，快去告诉皇帝！"于是王莽又把淳于长的劣迹告诉了汉成帝。汉成帝因此免去了淳于长的官职，遣送他回到自己的封地。后来淳于长"戏侮长定宫，谋立左皇后"的事情败露，被判以大逆之罪，死于狱中。

绥和元年（前8年），王莽继王凤、王音、王商、王根四位伯、叔之后出任大司马，并执掌了朝中大权，时年三十八岁。但他与其他叔伯不一样，为了进一步提高自己在社会上的声望，他更加小心从事，生活上也更加节俭，甚至把大量钱财赠送给贤良人才。他的母亲患病时，朝中王公大臣都派自己的夫人前去探望。王莽的妻子出来招待她们，身上仅穿着能够遮住膝盖的衣裳。这些王公大臣的夫人还以为是王莽的奴仆，一打听才知道是王莽的夫人，对此大家无不惊叹。

汉成帝曾有过幼子，后来被赵飞燕姐妹合谋杀害，于是成帝只得立定陶共王刘康的儿子刘欣为皇太子。汉成帝死后刘欣即位，是为汉哀帝。他封王政君为太皇太后。因为刘欣是汉元帝的宠妃傅昭仪的孙子，于是王政君以及王氏家族的权势受到了威胁。高昌侯董宏首发其难。当时汉哀帝的母亲丁姬健在，董宏便上书说："春秋之义，母以子贵，丁姬宜上尊号。"王莽联合师丹当即予以反击，斥责董宏"误朝不道"，把董宏的建议驳了回去。过了几天，汉哀帝在未央宫设宴，宫廷侍从把傅太后的座位设在王政君旁边。王莽大声斥责宫廷侍从，说道："定陶的太后只是藩妾，怎么能与至尊的太皇太后并列而坐呢？"于是他下令把座位撤掉，重新设定位置。傅太后得知此事后十分愤怒，坚决不同意他的做法，并直奔未央宫怒斥王莽。王莽深知汉哀帝继位后其祖母傅太后、母亲丁太后的外戚正得势，只好辞职回到封地。

汉哀帝仅在位六年便去世了，且无子嗣。于是王政君直奔未央宫，夺得玉玺，又派人把王莽召回京师，把保卫皇宫的兵权交付给他。这时汉元帝的儿子中山王刘兴已去世，于是姑侄二人商定立其年仅九岁的儿子、中山嗣王刘衎为皇帝，是为汉平帝。

刘衎登上皇位后，王莽就开始铲除曾经与他为敌的汉哀帝的母舅势力，逼迫他们自尽。同时他借口赵飞燕谋害汉成帝皇子，也逼迫其自尽。这样，傅、赵两家的外戚势力全都被他铲除了。

因为汉平帝年幼，大权都掌握在王政君手里。除了王莽是她信赖的人外，还有她的弟弟王立。因此王莽指使孔光上奏，说王立与淳于长案件有牵连，收受过许皇后的财物。王政君不想处置王立，王莽便说："现在汉室衰微，几代皇上都没有儿子继承帝业。您代替幼主执掌朝中大权，也要心怀畏惧，处处警惕，力求公正于天下。怎么可以心怀偏私处事不公呢？"于是王政君只好把王立赶出长安，让他回到自己的封地去了。

王莽逐步扫清了威胁自己地位的一切势力。他的亲信王舜、王邑、甄寻、甄邯、甄丰、刘歆、平晏等人成天在王政君面前称赞他，说他的功劳可与萧何、霍光相比。于是王政君便要加封他。王莽却再三推辞，不肯接受，并且称作有病，不去上朝。有人向王政君说："王莽有德操，讲礼让，不能勉强。如果先行封赏了孔光等有功之臣，他自然也就会接受封赏了。"王政君听后觉得有道理，就封赏了孔光、王舜、甄丰、甄邯等人。汉哀帝元始元年（1年），王莽接受了"安汉公"的爵位，"让还益封畴爵邑事，云愿须百姓家给"。

元始四年（4年），王莽把自己的女儿嫁给了年仅十三岁的汉平帝，并被册封为皇后。他便成了国丈，从而也极大地削弱了王政君的权柄。

元始五年（5年），汉平帝死了，年仅十四岁。因为汉成帝、汉哀帝都无子嗣，而汉宣帝还有五个为王的曾孙健在。按照规定，新皇帝应该从这五个人中挑选。但是因为他们的年龄偏大，不易掌握，于是王莽就从汉宣帝玄孙中挑选了一个两岁的婴儿当皇帝。婴儿皇帝名叫刘婴，历史上称其为孺子婴。

没过几天，武功县境内有个叫孟通的人在淘井时，淘出了一块白色石头，上圆下方，石头上刻有八个红色大字："告安汉公莽为皇帝。"之后王莽指使他的手下将此事告知了王政君。王政君说："这种荒诞不经、欺骗天下的事，怎么可以实行呢！"王舜说："王莽并无野心，不如让他摄政，安服天下。"王政君只好让步，让王莽摄政，改年号为居摄。从此王莽当上了"摄皇帝"。

王莽的野心被刘家宗室的许多人看了出来，因而对其极为不满。安众侯刘崇与张绍等人召集百余人起兵讨伐王莽，攻打宛城（今河南南阳）。他们认为，只要他们举事，刘家宗室其他的人就会支持，天下民众就会响应，结果攻打宛城失败了。张绍是张竦的堂兄，张竦与刘崇的远房父辈刘嘉到皇宫内自首待罪。为了表示宽宏大量，王莽没有株连杀掉刘家宗室和张竦一家，反而封赏他们及其子弟为侯。

居摄二年（7年），东郡太守翟义立刘信为皇帝，并向全国发出檄文，声讨王莽毒死汉平帝，阴谋夺取刘家天下，号召天下民众诛杀王莽。翟义起兵后，声势浩大。王莽惶恐不安，成天抱着孺子婴在庙里祷告。他派出王邑、孙建等八名将军迎击翟义大军。翟义起兵不久，赵明、霍鸿等人也起兵响应，人数达十余万人，直取长安。王莽更加惶恐不安，派王奇、王级带兵抵抗。十二月王邑在陈留一带击败翟义的军队。同年，王莽增铸错刀、契刀、大钱

新莽"大泉五十"陶范
"大泉五十"是王莽第一次货币改革的新铸
币之一，也是王莽统治时期流行时间较长
的一种币型。

等三种钱币，与原有的五铢钱同时流通。居摄三年（8年）春，王邑等人回师，打败了赵明、霍鸿等部，平定了这场战乱。

战乱平定后，王莽加紧了篡位的步伐。一时间制造出了许多王莽代汉顺应天意的"符命"。一会有人说，巴郡挖出了石牛。一会儿又有人说，扶风发现了一块大石，上面刻有要王莽当皇帝的字。王莽说道："赤帝汉高祖显灵要我当皇帝，我怎敢违背呢？"于是初始元年（8年）王莽终于称帝，改国号为"新"，改年号为"始建国"，废刘婴为定安公。

王莽改制

王莽称帝后进行了一系列改革，史称"王莽改制"。

西汉末年，土地兼并极其严重，大多数农民处于无地或少地的境况之下，再加上统治者骄奢淫逸，对百姓大肆搜刮，致使民不聊生，社会矛盾日益尖锐。当时很多官僚贵族家里都蓄养了很多奴婢，导致社会上劳动力严重不足。为解决西汉时期遗留下来的种种矛盾，王莽附会《周礼》，托古改制。始建国元年（9年），针对当时的土地和奴婢问题，王莽下诏令宣布："今更名天下田曰'王田'，奴婢曰'私属'，皆不得买卖。其男口不盈八，而田过一井（900亩）者，分余田予九族邻里乡党。故无田，今当受田者，如制度。"有敢违抗者，将被流放到边远地区。

不久王莽又开始进行币制改革，废掉之前发行过的错刀、契刀和汉代的五铢钱，另铸小钱，"文曰'小钱直一'，与前'大钱五十'者为二品，并行"，并颁令禁挟制铜炭，以防盗铸。到了第二年，王莽改做"金、银、龟、贝、钱、布之品，名曰'宝货'"。"凡宝货三物，六名、二十八品"。天凤元年（14 年），王莽又废掉大小钱，改行货布、货泉二品。

始建国二年（10 年），王莽下诏实行五均六筦。五均是在国都长安以及洛阳、邯郸、临淄、宛、成都等大城市设立五均官。政府管理五均赊贷及管理物价，征收商税。六筦是王莽政权对盐、铁、酒、铸钱、山泽等课税对象的掌控，比如盐、铁、酒、铸钱等方面不许私人经营。

改革失败

王莽改制的指导思想是"托古"，即效仿古代圣人进行改革。王莽希望革除弊政，使自己的"新"王朝能够长治久安。更重要的是，他要借助古代圣人帮助自己树立威信，使自己取得的帝位合法化。不过西汉末年毕竟不是西周初年，井田制早已被时代所淘汰，所以"托古"的实质是历史的倒退，其改制必定要走向失败。

王莽改制遭到失败也有其他方面的原因。王莽宣布收天下田为"王田"，不可以私自买卖。由于地主官僚阶级的反对，没过几年，王莽不得不取消这道诏令，宣布"王田"可以买卖。同时对买卖奴婢的做法也不予处治，他之前颁布的诏令变成了一纸空文。王莽的土地、奴婢改革触犯了作为国家统治基础的大地主阶层的根本利益，而他又需要这些人来支持，这就决定了其改革只是一种空想。王莽的货币政策也有很大问题，币制变革成了变相搜刮民财的手段。品级繁多的货币之间兑换关系复杂，引起了经济混乱，导致"新"朝经济快速崩溃和人民的破产，激起了民众的怨愤。五均六筦改革旨在控制商人对农民的过度剥削，制止发放高利贷的行为，并使国家获得经济效益。然而王莽无力控制用来推行五均六筦的大商人，这些人与郡县通力作弊，剥削民众，从中谋利，与王莽改革的初衷背道而驰。

王莽改制引起天下动乱，导致各地农民起义和西汉宗室旧臣反对"新"朝的斗争不断爆发。地皇四年（23 年），王莽政权终于在绿林军的打击下灭亡。

东 汉

光武中兴 蔡伦造纸 党锢之祸

新朝末年，王莽变革失败，引发社会动荡，此时身为汉代宗室的刘秀乘势而起，并不断发展壮大。25 年，刘秀称帝，建立东汉，定都洛阳，刘秀即为汉光武帝。

汉光武帝为了巩固中央政权，维护中央集权统治，采取措施削弱功臣的权力，扩大监察机构尚书台的权力，并取消在各郡国的都尉设置，抑制地方军权。同时他又减轻税赋，兴修水利，废除"官奴"，清查土地。这些措施的制定与实施，逐渐恢复了汉朝往日的强盛，史称"光武中兴"。

汉光武帝死后，汉明帝即位。明帝命窦固、耿忠征伐北匈奴。东汉军队抵达天山时，击败呼衍王，斩首千余人。又追至蒲类海（今新疆巴里坤湖）时，留军屯伊吾卢城（今新疆哈密）。其后窦固派班超出使西域，恢复了东汉王朝与西域的联系，并开拓了东西文化的交流渠道。汉明帝与汉章帝在位期间，国家繁荣富强，百姓安居乐业，史称"明章之治"。

章和二年（88 年），汉章帝刘炟突然病逝，年仅十岁的刘肇即位，是为汉和帝，年号永元。因刘肇年幼，统治大权完全落入窦太后与其兄窦宪手中。永元元年（89 年），窦宪奉命讨伐北匈奴。91 年，北匈奴灭亡。窦宪平定北匈奴后，变得更加嚣张、独断专权。最终窦氏的专权引起了群臣的不满。92 年，汉和帝刘肇与宦官郑众等人合力剪除了窦氏。郑众因功升任大长秋，后又被封为鄭乡侯，参与政事，深得汉和帝的宠信。郑众死后，其养子继任，从此打破了宦官不能世袭爵位的旧制。自此宦官登上了东汉的政治舞台，开始参与政事。

汉和帝以后，宦官与外戚的争权斗争愈演愈烈。汉桓帝时，唐衡、单超、徐璜等五人在剪除梁氏外戚集团之后，均受到封赏，世称"五侯"。桓、灵帝时期，宦官依靠皇权，两次对士族阶层进行残酷迫害，使得大部分士人终身不得做官，甚至被终身禁锢，史称"党锢之祸"。在"党锢之祸"中，宦官依靠皇权铲除异己势力，巩固了自己的权势。此后东汉王朝的统治变得更加腐朽没落，加之宦官利用自己的权势到处抢掠，兼并土地，更加重了阶级矛盾的激化。中平元年（184 年）爆发的黄巾军起义，则为东汉王朝敲响了丧钟。在黄巾起义的沉重打击下，东汉王朝逐渐走向衰亡。延康元年（220 年），曹丕代汉称帝，东汉王朝灭亡。

虽然东汉时期出现了严重的外戚与宦官专权的局面，但其在文化、手工业、科技、医学等方面仍取得了较大的发展。继西汉司马迁的《史记》之后，东汉班固所著的《汉书》，成为我国又一部重要的史学巨著。105 年，宦官蔡伦在总结前人成果的基础上改进了造纸技术，制造出适合书写的植物纤维纸，提高了纸的质量，使纸的应用得到普及。另外东汉制陶业的发展，使中国彻底摆脱了青铜时代的材料束缚，把更多的器具带入了普通百姓家。在科技方面，张衡创制了能够比较准确地表演天象的浑天仪和观测地震的地动仪，为我国天文学的发展做出了不可磨灭的贡献。在医学方面，张仲景的《伤寒杂病论》是我国第一部临床治疗学方面的巨著，也是我国医学史上影响最大的古典医学著作之一。另外东汉末年的名医华佗是有有记载以来的第一位利用麻醉技术对病人进行手术治疗的外科医生，他所创造的"五禽戏"是我国第一套体操性质的健身活动。

弘农渡虎图

光武帝刘秀：东汉建立

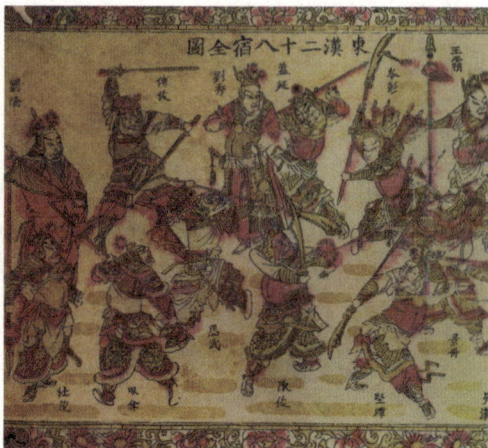

东汉二十八宿：豪强始起

白马驮经：佛教传入

宁城幕府：威震异城

东汉世系：光武帝刘秀 >> 明帝刘庄 >> 章帝刘炟 >> 和帝刘肇 >> 殇帝刘隆 >> 安帝刘祜 >> 顺帝刘保 >>
冲帝刘炳 >> 质帝刘缵 >> 桓帝刘志 >> 灵帝刘宏 >> 少帝刘辩 >> 献帝刘协

东汉大事索引

时　间	事　件
25年	刘秀称帝于鄗，改元建武，定都洛阳，国号汉，史称东汉。刘秀即为汉光武帝。
29年	光武帝册封孔子之后孔安为殷绍嘉公，并派大司空祭祀孔子。
30年	光武帝下诏恢复汉景帝时实行的"田租三十税一"制度。 光武帝宣布调整郡、县及封国，并大量裁减官员。
31年	南阳太守杜诗发明了"水排"，从而大大促进了冶铁手工业的发展。
39年	光武帝下诏"度田"，即"州郡检核垦田顷亩及户口年纪"。
42年	光武帝下诏废除州牧制度，置刺史。
48年	马援奉命远征武陵、五溪蛮夷。 匈奴日逐王比被南边八部拥立为单于，并归附东汉，称南匈奴。
50年	光武帝刘秀授南匈奴单于玺绶，并正式设置使匈奴中郎将。
56年	光武帝泰山封禅。
57年	倭奴国到洛阳朝贡，汉赐其印绶。 二月，光武帝刘秀病逝，葬于原陵，庙号世祖，谥号"光武皇帝"。
60年	为表彰为东汉建国立下汗马功劳的大臣们，汉明帝命人画二十八将于云台。
68年	汉明帝下令在京都洛阳建造白马寺。
69年	王景率士卒治理黄河，其后几百年间，黄河顺畅无大患。
73年	明帝派窦固、耿忠等人分兵四路，进攻北匈奴。
88年	章帝死，皇太子肇嗣位，是为汉和帝。
89年	窦宪大破北匈奴于稽落山。
91年	窦宪大破北单于，北单于遁逃，其国遂亡。 和帝任命班超为西域都护，由其负责西域各国的管理。
92年	汉和帝与宦官郑众等人合力剪除窦氏，郑众因功被升迁为大长秋，参与政事，是为宦官用权之始。
97年	班超派遣甘英出使大秦（即罗马帝国）。甘英的使者团一直前行到西海（即波斯湾）才返回西域。
105年	蔡伦将改进的造纸工艺上报给和帝。
107年	邓太后与群臣商议，决定放弃对西域诸国的统治权，撤销西域都护。

时 间	事 件
121年	高句丽国侵扰东汉边境，国王宫亲率兵马包围了东汉的玄菟郡。
122年	高句丽国国王亲自到玄菟郡投降。
123年	安帝下诏任命班勇为西域长史，率兵西出塞外，驻扎在柳中。
125年	安帝在南巡途中，病死于叶城，年仅三十二岁。 宦官孙程等拥立刘保登上帝位，是为汉顺帝。
132年	张衡发明并制造出了地动仪。
144年	顺帝死亡，皇太子刘炳嗣位，是为汉冲帝，皇太后梁氏临朝称制。
145年	冲帝死亡，梁太后和梁冀立汉章帝玄孙刘缵嗣位，是为汉质帝。
146年	梁冀鸩杀质帝。 蠡吾侯刘志嗣位，是为汉桓帝，皇太后梁氏仍临朝。
159年	桓帝剿灭梁氏，宦官势力再起。
168年	窦太后迎汉章帝玄孙刘宏嗣位，是为汉灵帝，窦太后临朝称制。
183年	宦官怂恿灵帝公开出卖官爵，灵帝在西园开设出卖官爵的"西邸"机构。
184年	黄巾起义爆发。
186年	灵帝下诏铸制新货币——四出文钱。
189年	灵帝死亡，皇子刘辩嗣位，是为汉少帝。 董卓废少帝，立陈留王刘协，是为汉献帝。
190年	董卓将已被废为弘农王的少帝刘辩毒死，之后又胁迫汉献帝迁都长安。
192年	司徒王允设计杀董卓。
196年	曹操迎汉献帝于许。
200年	献帝下密诏诛杀曹操。 曹操破袁绍于官渡。
207年	曹操降服乌桓，统一了整个北方地区。
213年	曹操自立为魏公，加九锡。
220年	十月，曹丕称帝，废汉献帝为山阳公，改国号为魏，建都洛阳。曹丕即为魏文帝。东汉至此灭亡。

刘秀起兵与东汉中兴

刘秀是汉高祖刘邦的九世孙。赤眉、绿林起义时，刘秀与其兄参加了绿林起义。更始元年（23年），刘秀取得昆阳之战的巨大胜利，打败了王莽大军。不久刘秀又到河北活动，取得部分官吏与地主的支持，收编了河北地区的铜马、高湖、重连等农民起义军，实力大增。建武元年（25年），刘秀称帝，重建汉政权，定都洛阳，史称东汉。其在位期间，以"柔道"治天下，采取了一系列措施恢复发展社会生产，使东汉初年社会安定、经济恢复、人口增长，史称"光武中兴"。光武帝之后的汉明帝、汉章帝继续遵循光武帝的制度，励精图治，使得天下安定，人民安居乐业，史称"明章之治"。

四神瓦当

瓦当是陶制建筑构件之一，它与板瓦和筒瓦共同构成房屋的顶，改变了以往长期使用草房顶的状况。四神瓦当分别为青龙瓦当、白虎瓦当、朱雀瓦当和玄武瓦当。图案大气磅礴，仪态生动，是王莽时期的代表作品。

刘秀复汉

西汉自成帝、哀帝之时，便逐步陷入外戚独霸朝政的局面，尤以王莽祸国最为严重。王莽掌权后，连立了两个年幼皇帝，西汉亡国之君刘婴继位时年仅两岁。野心勃勃的王莽亲手覆灭了西汉，于8年自建王朝，国号为"新"。之后他推行了多种举措，如恢复井田制度，设置五均六筦，改革币制。这些措施导致社会更加动荡不安，民不聊生，阶级矛盾严重激化，各地不断爆发反抗起义。

新莽王朝末年，各地连年灾荒。17年，王匡在湖北揭竿而起，号称"新市兵"；王常在江陵率众起义，称作"下江兵"；荆襄民众在陈牧的带领下也发动起义，被称为"平林兵"。次年樊崇起兵于山东青州一带，因为他和手下都将眉毛涂成红色，因此号称"赤眉军"。西汉皇族刘氏后裔也纷纷起兵，其中影响最大的是刘縯、刘秀兄弟。25年，刘秀与更始政权公开决裂，在鄗城（今河北柏乡北）南的千秋亭登基称帝。定都洛阳，史称东汉，刘秀就是汉光武帝。

兄弟起兵

光武帝刘秀于汉哀帝建平元年（前6年）十二月，出生在父亲刘钦任职县令的陈留郡济阳县（今河南兰考东北），是汉景帝庶子长沙王刘发的后裔。刘钦和夫人樊氏共育有三男三女，长子刘縯，次子刘仲，三子即刘秀。

刘秀出生时，济阳县有个地方的谷子一支茎生出九支谷穗。谷类生穗开花即为"秀"。刘钦听闻后，觉得这是大吉之兆，就为新生的儿子取名为刘秀。刘钦去世时，刘秀刚满九岁，由叔父刘良抚养长大。刘秀生得一表人才，身长七尺三寸，鼻梁挺拔，额头饱满。他温和守信，处事谨慎，喜欢务农。直到二十五六岁才去游历长安，在那里拜许子威为师，学习《尚书》。虽然学习只是"略通大义"，但他却交下了不少好友。他见有的同学家中贫寒，就和同住一寝室的韩子共同出钱买了几头驴，派自己的仆人去跑运输，挣到的钱就为同学们支付花费。史书上称刘秀"乐施爱人""勤于稼穑"。

刘秀年轻时并没有什么远大的志向，对生活十分知足，种田之余喜欢读书，总是将多余的粮食送到宛城去卖。为此他常常受到大哥刘縯的嘲讽。刘縯生性爽直刚毅，一心想恢复刘氏的江山，处处结交天下英雄，等待时机。刘縯看到弟弟刘秀胸无大志，十分焦虑，故意在众人面前取笑刘秀，以此来激励他。久而久之，刘秀果然被刘縯的壮志豪情所感染，"愤而有志于天下"，也投身到反抗新莽政权的运动中，并逐渐显示出了他非凡的谋略和智慧。

汉光武帝涉水图

汉光武帝刘秀在王莽末年与其兄刘縯一起参加起义军，经过南征北战，终于推翻了王莽政权，建立了东汉王朝。

地皇三年（22年），农民起义此起彼伏，天下大乱，新莽政权显露出败亡之象。同年十月，与李通从弟李轶等起兵于宛。十一月，刘秀派遣宾客回到舂陵。那时刘縯已经会众起兵。当地民众包括刘氏宗族子弟对刘縯发难还心存恐惧，认为只有普通百姓才会造反，为了不受拖累，有的"亡逃自匿"，还有的保持观望态度。后来听说一向沉稳持重的刘秀也参与起兵，并亲眼看到刘秀头戴高帽，身穿绛红色军服，意气风发地出现在起义队伍中，人们惊讶地议论道："谨厚者亦复为之！"于是他们这才放弃了怀疑之心，纷纷踊跃参加，就连附近各县的地主豪强也加入进来。刘氏兄弟的起义军得以壮大。因为是西汉皇族后裔领导的起义军，因此他们这支队伍又被世人称作"汉军"。

起兵一个月后，汉军与王莽军队交战于小长安，初战不利，大败而返。刘秀和众人失散，单骑逃跑。在路上他遇到三妹伯姬，连忙将其拉到马上。不过片刻，又遇到二姐刘元和她的三个女儿，刘秀欲将她也拉上马。刘元看到追兵就在不远处，不肯上马，催促刘秀快点策马离开。而刘元和她的三个女儿则均被赶上的追兵杀死。小长安之败，刘秀的二哥、二姐及刘良的妻子和她的几个孩子都被王莽军队杀害，刘氏宗族死伤达数十人。

经此一战，刘秀劝说刘縯改变策略，主动和王匡、王凤等人的部队联合，"合纵"反抗新莽王朝。至第二年，绿林军已发展至十余万人。此时众将领都意识到，是该拥立一个自己的皇帝了。既然刘氏是西汉皇族，则理应立一位刘姓皇帝，以此来号召天下之人，齐心协力消灭新莽王朝。从南阳地区起兵的将领豪强一致认为刘縯是最佳人选。因为刘縯功绩灼灼，威望极高。但绿林军中新市等分支的将领们并不支持刘縯，他们都是平民出身，自由散漫惯了，生怕刘縯当了皇帝后，治军更加严明，他们的行为就会大受拘束，于是他们力推平林军中的更始将军刘玄为帝。刘玄是春陵侯的曾孙，生性较为懦弱，甚少主见，容易受左右摆布。

　　最终商讨的结果，刘玄被推选为皇帝。是年二月初一，设祭坛于淯水，改元为更始元年（23 年），以王匡为定国上公，朱鲔为大司马，刘縯为大司徒，陈牧为大司空，刘秀为太常偏将军。随后刘玄派刘縯率领绿林军主力部队围攻宛城，另派刘秀、王凤、王常领军北上作战，接连攻克王莽统治下的昆阳（今河南叶县）、定陵（今河南舞阳东北）和郾（今河南漯河郾城区），夺取了大批粮草、军用物资，以作为围攻宛城的强有力支持。

昆阳之战

　　王莽得知刘玄自立新朝，且军事力量强大，震惊不已。为保障长安城的安全，王莽急忙将作战的重点转移到南阳。王莽从各地调集了四十二万军队，号称百万大军，任命大司徒王寻、大司空王邑为主帅，率军前往南阳镇压。王莽的讨伐军队浩浩荡荡，连绵千里，五月已抵达颍川（今河南禹州）。当时刘秀的部下正向阳关（今河南禹州西北）进发，为避王莽大军，不得不退回昆阳。而昆阳城守城军队仅有八九千人，刘秀下属部将见王莽军队人多势众，心生胆怯，返回昆阳城中，并向刘秀提议，不如弃城退守荆州故地，避免和强敌正面交锋，以免损失惨重。可这样一来，攻打宛城的主力部队就会直接暴露在王莽大军面前。因此刘秀不肯弃城，并严厉地对部将们说："只要我们合力抗敌，兵力虽相差悬殊，但仍有打胜的希望。若我们弃城而逃，不仅将会被紧追猛打，更会令宛城之军腹背受敌。昆阳城要是守不住，我们的各路军队都将深受牵累。"当部将们对他所言"合兵尚能取胜，分散势难保全"的

铜奔马

铜奔马出土于甘肃武威雷台墓。作者运用现实主义与浪漫主义相结合的艺术手法铸造了风驰电掣的千里马形象。马作飞驰状，昂首嘶鸣，三足腾空，而另一足却踏在一只疾飞的鸟背上。飞鸟吃惊地回首反顾，更增强了飞马疾驰的动势。此雕塑形象地反映了东汉匠师的高度智慧和丰富的想象力。

道理还在怀疑时，有兵士来报，说王寻、王邑大军已经抵达昆阳城北。

在刘秀的一再劝说下，众部将终于同意坚守昆阳城等待援兵。王凤、王常负责守城，刘秀自己亲率李轶等十三骑连夜从昆阳城南门闯出，前往联络附近各地军队。刘秀将郾县、定陵的军队全部集合起来，随他赶往昆阳。驻守郾县、定陵的将军要求留部分兵力看守原驻地，被刘秀拒绝，并指出现在必须要倾尽全力才可与敌军抗衡。刘秀共集结数千军队带往昆阳，而他亲率步兵、骑兵共千余人一马当先，充任前锋部队。

就在刘秀星夜率援兵往回赶时，围城的王莽军队发生了分歧。有谋士建议王邑、王寻弃围昆阳，直趋宛城，击灭绿林军主力。或者将围昆阳城的军队打开一个缺口，任由守城军队逃离，这样自然就可以顺利进驻昆阳。王凤、王常也派人向王邑、王寻表示投诚之意，但王邑、王寻自恃兵强马壮，一意孤行，放言道："百万之师，所过当灭。今屠此城，喋血而进。前歌后舞，岂不快耶！"因此他们意欲擒杀守城将领，血洗昆阳，随后再消灭围困宛城的绿林军主力。遂将昆阳团团围住，里外数十层，并使用冲车撞城门、架设云梯爬城等种种方式不断强攻。无奈昆阳城墙十分坚固，再加上王凤、王常投诚被拒，深知只有谨遵刘秀叮嘱，拼死一搏，才会有生存的希望，于是顽强抵抗，将小小的昆阳城守得固若金汤。王邑、王寻纵有百万人马，却一连数日未能向前一步。

由于多次攻城不下，王莽军队已经是身心疲惫，锐气大减。地皇四年（23 年）六月初一，刘秀带领援兵日夜兼程来到昆阳城外，他率前锋将士直冲到离敌军四五里的地方才停下来。接着刘秀策马挥刀在前，冲入敌军，击杀敌军几十人。这次小小的胜利，极大地鼓舞了绿林军的士气，将领们高兴地说："刘将军见小敌怯，见大敌却这般勇敢无畏！"

习射画像砖
此画像砖出土于四川德阳柏隆。射为古代六艺之
一，贵族男子多尚武习射。画面表现的正是这种
习射的场面。

伍伯画像砖
此画像砖浮雕官吏出行队伍的前驱伍伯六人。头上皆
着帻，短衣束带，跨步飞奔。前二人肩负长矛，口中
吹管；后四人右手执棒，左手执棨戟。整个画面烘托
了出行队伍威武的气势。

　　在刘秀的带动下，将士们豪气冲天，奋勇杀敌，将王邑、王寻所派近千
人一举歼灭。为鼓舞昆阳城守军士气，动摇敌军军心，刘秀派人拟了一份宛
城已被绿林军攻克的假战报，用箭射入昆阳城中。王邑、王寻得知，不免有
些惶然，为防止各州郡的将士不受制约，遂严令各营不准擅自出兵。此时刘
秀已亲率三千人悄然渡过昆水（今河南叶县辉河），潜行至敌军大营后侧，并
突然发起猛攻，直扑王寻、王邑的主帅大营。王寻、王邑仍不以为然，只带
领帐下一万余名士兵迎战。刘秀一马当先，王邑、王寻部下被杀得人仰马翻，
慌乱逃窜。

　　各州郡将士远远听见厮杀声，却又不敢违抗王邑的命令擅自出兵救援，
致使王寻在战斗中被杀。昆阳守城将士见刘秀取胜，也打开城门冲杀出来，
王邑的部队受到内外夹击，溃不成军，相互践踏，四下夺路而逃。偏偏这时
老天爷"雨下如注，滍川盛溢，虎豹皆股战，士卒争赴，溺死者以万数，水
为不流"。只有王邑、严尤、陈茂等人带着剩下的几千人，狼狈地逃回了洛
阳。刘秀以不足两万之部就将王莽的四十二万大军打得落花流水。这一场战
役，刘秀缴获的战利品不计其数，足够支援绿林军主力部队所需。

　　昆阳之战是历史上著名的以少胜多的战役之一，也是反抗王莽运动中具
有决定意义的战役。这一战几乎摧毁了王莽军事主力，加快了新莽政权覆灭
的脚步。昆阳之战的胜利，使战争形势发生了急剧的转变，"海内豪杰翕然响
应，皆杀其牧守，自称将军，用汉年号，以待诏命，旬月之间遍于天下"。各
地豪门富强争相揭竿而起，高举反莽旗号，如成纪人隗崔、隗义，河北人周
宗，皆在此时起兵，接受更始皇帝的年号，等待诏命。

昆阳之战后不久，刘縯一举攻下了宛城，刘氏兄弟威名远扬。于是新市、平林的农民军将领对他们的猜疑心更重，就劝说更始帝刘玄除掉他们。而刘縯的部将对刘玄当皇帝也不服气，总是违抗命令，还表示说："是伯升（即刘縯）兄弟带领我们起兵，如今却让刘玄当了皇帝。"刘玄也害怕刘氏兄弟的威名会影响他的皇帝宝座，于是"共谋诛伯升"，给刘縯及其部下安了一个"莫须有"的罪名，把他们全部杀害了。此刻刘秀正带着部队在外地作战，听说长兄被害，悲愤不已。但他自知势单力薄，不足以与更始帝对抗，只得强忍悲痛，连夜赶回宛城，主动求见刘玄谢罪。刘秀毫无悲色，也不给哥哥刘縯举办葬礼。这一场表演成功地骗过了更始帝和那些排斥他的将领，因而刘玄非但没有杀他，还封他为破虏大将军、武信侯，让他继续领兵作战。而根据史书记载，那段时间刘秀"独居辄不御酒肉，枕席有涕泣处"，足见他忍辱负重，是在等待时机。

刘秀百骑定河北

更始元年（23 年）九月，更始军队一连攻克长安和洛阳，刘玄打算以洛阳为国都，命令刘秀先行修整洛阳宫殿、官府。刘秀"安排僚属，下达文书"，很快将混乱不堪的洛阳城恢复了以往的平静。刘秀还依照汉朝旧历来安排官制和官服。一切安排就绪。刘玄高高兴兴地选了个黄道吉日，全体赶往洛阳。对于曾经历了西汉和新莽朝的大臣们而言，他们当然希望看到刘氏王朝的复兴，于是纷纷从长安城赶往洛阳朝见。可当他们抵达洛阳后，却被帝座上更始皇帝和那些亲信大臣们不伦不类的装束吓了一跳。

西汉时期，服饰有着严格的等级制度，非常考究和复杂。上至皇帝嫔妃、王公大臣，下至平民百姓，都要遵循严格的规定。而现在更始皇帝和亲信们却胡乱穿着。有的随便用一块布包着脑袋，还有不少人穿着华丽的女服，毫无威严庄重之感。长安的大臣们对此滑稽可笑的一幕，暗暗摇头叹息，这哪里是他们心目中的帝王将相啊？

正当他们大失所望之际，身着正规汉服，神秀俊朗、仪表不俗的刘秀走上前来，一下成为整个大殿中最夺目的焦点。长安的大臣们感觉似乎又回到了西汉的殿堂，顿时心生喜悦，相互感叹道："真没想到，今日又能得见汉朝官员的威严了。"因而他们对刘秀格外尊崇。

刘玄定都洛阳后，他所辖范围仅有长安及河南大部分地区，其余地方都被打着各种旗号的地方武装势力所盘踞。他们根本不把洛阳的玄汉政权放在眼里，也因此对开阔的洛阳地区虎视眈眈。刘玄坐卧不安，唯恐被哪一支割据势力侵袭。

在群臣的建议下，刘玄决定招降各地的武装队伍，以保障洛阳的安全，

尤其是周边地区如河北冀州一带。可派谁去招降呢？这是一个棘手的问题，因为任务非常危险，可能会有去无回，一般的文臣武将根本没有勇气和能力前往。新任大司徒刘赐是刘玄和刘秀的族兄，举荐了唯一能够担当此任的刘秀，左丞相曹竟也力荐刘秀。可刘玄心里却不踏实，因为他深知一旦外部的武装队伍被招降，势必会增强刘秀的军事实力和威望。可是别无选择的刘玄，最终也只能同意由刘秀担此重任。

心存疑虑的刘玄下诏，任命刘秀为大司马，"持节北渡河，镇慰州郡"，前往招降河北地区的武装队伍。或许是希望刘秀就此葬身河北，以除大患，刘玄居然没有给刘秀指派护卫军队。刘秀仅仅带着冯异等不足两百名随从渡过黄河，前往河北。

鉴于河北形势纷繁复杂，刘秀听取邓禹"延揽英雄，务悦民心"和冯异"理冤结，布惠泽"的建议，一路惩治地方恶霸贪官，释放关押的无辜百姓，废除新莽王朝的酷刑苛政，恢复汉朝法制，受到各阶层百姓的欢迎，这为刘秀日后建立政权奠定了良好的群众基础。

邓禹

邓禹，字仲华，南阳新野（今河南新野）人，其位居"云台二十八将"之首。早年跟随光武帝刘秀南征北战。东汉建立后，光武帝封邓禹为高密侯。汉明帝即位后，又拜其为太傅。

刘秀在河北遇到的最大的障碍是王郎政权。王郎原本是邯郸一个以卜卦为生的术士，趁乱世谎称自己是汉成帝之子刘子舆，联合当地的豪强富绅自立为王，建立起割据政权，并悬赏十万户通缉刘秀。

在河北一地无军事实力的刘秀被迫逃亡。更始二年（24年）初，刘秀从真定北往蓟城，随后又往南逃，一路上被王郎部下追击堵截，"趣驾南辕，晨夜不敢入城邑，舍食道傍"，一度处境危急，直至逃到信都（今河北邢台西南）才摆脱追兵。刘秀身边只余下邓禹、冯异等几名亲信，突遇雷雨大风，众人被浇得透湿，慌忙躲到一处破茅草屋避雨，"异抱薪，邓禹热火，光武对灶燎衣"。等到雨过天晴，刘秀前去拜见信都太守任光，并接受任光的建议，发布檄文，征兵讨伐王郎。檄文一出，各地方小型割据武装纷纷主动前来归附。四月刘秀亲率联合军队出发，将邯郸团团围住，激战二十余天，王郎军队终于被消灭。王郎派人请降，要求予以优待，封给自己一个食邑万户的侯位。刘秀回复说："即便成帝再生，也不能得到天下，何况你这个假冒刘氏宗亲的人呢？你只要能保住性命就该满足了。"王郎见此，只得带着随从逃跑，途中被杀。

刘秀占领邯郸后，在清理缴获的文书档案时，发现了此前官员们向王郎密报有关刘秀情况的大批奏折，有人建议按照奏折上所署人名一一查办。那

历史细读

随着汉代的冶炼技术和锻造工艺水平的不断提高，作战兵器的种类也呈现出多种多样性。如当时的长柄兵器有枪、矛、戟等，短柄兵器有刀、剑等，远射兵器有弓、弩等，防护装具有铠甲、盾牌，锤砸、劈砍兵器有锤、杖、斧、钺等。这些兵器多为铁制品，质量较高，大大增强了军队的战斗力。

些官员们全都惶恐不安，自以为末日将临。谁知刘秀根本没有看那些奏折，而是将官吏们召集起来，当着他们的面将奏折全部焚毁。刘秀认为，只有这样做，才能"令反侧子自安"。这样一来，这些官员果然死心塌地的归附了刘秀。铲除了王郎政权后，刘秀牢牢地控制住了黄河以北的广大地区。

托天命称帝

更始帝刘玄听闻刘秀掌控了河北地区，内心更加不安，连忙派使节赶到河北，加封刘秀为萧王，命刘秀和部将们即日返回长安听候调遣。同时刘玄又暗令在邯郸掌握兵权的尚书令谢躬监视刘秀，并派苗曾、韦顺、蔡充分别任幽州牧和上谷、渔阳太守，以掌握幽州地区的兵力。对于刘玄的种种安排，刘秀早已看穿其意图，他自然不肯就此罢休，乃"辞以河北未平，不就征"。紧接着刘秀派吴汉、耿弇攻击苗曾、韦顺、蔡充，将幽州十郡划归在自己的势力范围。随后刘秀再派吴汉、岑彭用计袭杀谢躬，收编了其下属部队。

当年秋天，刘秀调集全部兵力，发动了一连串军事行动，在馆陶（今河北馆陶）、蒲阳（今河北满城附近）先后击败并收编铜马、高湖、重连、尤来等地方起义军。为了解除被收编将领的顾虑，刘秀传令让将领们先行回到各自军营中休整，他独自一人骑着马前往各军营巡视。这一举动无疑在表明自己对被收编将领的绝对信任，将领们大受感动，纷纷表示："萧王推赤心置人腹中，安得不投死（以死相报）乎？"由此刘秀的军事力量大增，河北地区也安定下来。因为收编了铜马军队，后来关西一带也将刘秀称为"铜马帝"。

建武元年（25 年）春正月，方望赶赴长安求得孺子婴（刘婴），随即和安陵人弓林在临泾城（今甘肃镇原）"聚党数千人"，立孺子婴为皇帝。方望做了丞相，弓林当了主掌兵权的大司马。孺子婴临泾称帝，自然遭到更始皇帝刘玄的反对。刘玄派丞相李松带军前去攻打，孺子婴、方望、弓林等都被

光武帝刘秀
刘秀，字文叔，南阳人，东汉王朝的缔造者。

诛杀，身首异处。

早在更始二年（24年），刘玄派兵选将迎击赤眉军。可赤眉军人多，刘玄军不能抵挡。刘秀认为长安将来必然被赤眉军攻破，想趁机夺取关中，于是任命邓禹为前将军，领二万精兵赶往关中，等待时机攻取长安。为防止驻扎在洛阳的李轶北渡救援长安，刘秀派冯异为孟津将军，率军把守，部署重兵看住黄河渡口。同时刘秀又委派寇恂担任河内太守，"行大将军事"，坐镇当地，确保大后方的安全和前方粮草的供应。

此时以樊崇、逢安、徐宣为首的赤眉军，正从河南东部迅速扑向长安。刘秀亲率军队来到冀中、冀北一带，部将们纷纷请求刘秀称帝，但刘秀总觉得时机不够成熟，一再推辞。当军队行至中山县时，将领们再次请求刘秀称帝，刘秀不允。随后来到南平棘，刘秀仍然拒绝了将领们的恳求。耿纯进谏说："天下士大夫，捐亲戚，弃土壤，从大王于矢石之间者，其计固望攀龙鳞，附凤翼，以成其所志耳。……而大王留时逆众，不正号位，纯恐士大夫望绝计穷，则有去归之思，无为久自苦也。大众一散，难可复合。"其言辞恳切，深深打动了刘秀，于是他终于回答说："吾将思之。"

有一位名叫彊华的儒生，特意从关中赶来拜见刘秀，他手捧赤符说："刘秀发兵捕不道，四夷云集龙斗野，四七之际火为主。"意思是说：四七为二十八，自从汉高祖刘邦称汉王的那一年前206年，到刘秀起兵的22年，正好是228年。汉朝在五行属于火，如今天意要刘秀称帝，理应顺应从事。

25年六月，在"诸将固请"及"赤符天命"之下，刘秀终于下定决心，在鄗城（今河北柏乡北）南的千秋亭五成陌筑坛祭天，登基称帝，重建汉政权，史称东汉。这年改为建武元年。

得陇望蜀，一统天下

作为东汉开国之君，刘秀面对四分五裂的混乱局势，他的首要任务就是消灭各处割据势力，一统天下。

建武元年（25年）七月，刘秀亲率军队来到怀县，并派部将驻守五社津，以防备荥阳以东发生战事。随后命吴汉、朱祜等十一位将军率军包围了洛阳。当时镇守洛阳城的是朱鲔。因长安城的形势日见危急，刘玄迁居到长信宫。丞相李松亲率军队抵抗赤眉军进攻。不久李松被赤眉军生擒，李松的弟弟是城门校尉，闻讯后即刻将长安城门打开，将赤眉军放进城。赤眉军进入长安，刘玄投降。九月初六日，刘秀将更始皇帝刘玄改封为淮阳王，并昭告天下"吏民敢有贼害者，罪同大逆。其送诣吏者封列侯"。

洛阳城被围困了好几个月，朱鲔始终顽强坚守，攻城的将领们不免有些焦躁。因为岑彭曾经在朱鲔手下当过校尉，两人颇有交情，刘秀便找来岑彭，让他去劝降朱鲔。岑彭奉旨来到洛阳城外，对城墙上的朱鲔陈述利害得失。朱鲔也坦陈内心所虑："大司徒被害时，鲔与其谋，又谏更始无遣萧王北伐，诚自知罪深！"岑彭回去禀告刘秀，刘秀回答说："建大事者不计小怨。鲔今若降，官爵可保，况诛罚乎？河水在此，吾不食言！"于是岑彭又去找朱鲔。朱鲔听了半信半疑，但仍命人从城墙上垂下一条绳索，对岑彭说："必信，可乘此上。"岑彭毫不犹豫，抓起绳子就要往上攀爬。朱鲔看岑彭确有诚意，当即答应投降。

之后朱鲔将自己反绑起来，跟随岑彭拜见刘秀。刘秀迎上前，亲手解开朱鲔身上捆绑的绳索，并随即让岑彭送他返回洛阳城内。这一举动，让朱鲔感动不已。朱鲔打开洛阳城的大门，带领全体守城将士出城投降。刘秀进入洛阳城，任命朱鲔为平狄将军，封为扶沟侯。从此东汉定都洛阳。

建武二年（26 年），和刘秀反复抢占长安的赤眉军引兵东归，和邓禹的部队遭遇。赤眉军大败邓禹军，邓禹带着二十四骑狼狈地逃回宜阳。次年二月，冯异率汉军以"诱敌伏击法"与赤眉军大战于崤底。赤眉军溃不成军，八万余人投降，其余十多万人仓皇逃走。而刘秀早已断定"赤眉无谷，自当东来"，因而亲率汉军大部队在宜阳严阵以待。疲惫不堪的赤眉军无力抵抗，樊崇带领十多万将士全体投降，并将在长安城掳来的传国玉玺献给了刘秀。延续了十年之久的赤眉军起义就此结束，而刘秀没有大动干戈，就取得了关中地区的控制权。

至此，刘秀已基本控制了中原（今河南、河北和山西南部）的大部分地区。其余地区仍然被各武装势力所占。如在东部地区，就有齐地张步、东海董宪、睢阳刘永、沪江李宪；在南部地区，秦丰占领南郡，田戎霸占夷陵；在西部地区有几大霸主，如公孙述占据成都一带，隗嚣占据天水，窦融驻守

无终夺军

吴汉，字子颜，南阳宛人。奉刘秀之命前去幽州各地征调兵丁。当时的幽州牧为更始帝部下苗曾，苗曾下令各郡不得响应征召。吴汉率领二十骑人马先行赶到苗曾驻地无终。苗曾见吴汉人少，便以常礼迎接。没想到吴汉一见面，立即令部下擒住苗曾并将其斩杀，夺其军权。

宫台望战

29年，耿弇奉刘秀之命攻击张步。他一面派两员副将列兵于城外，一面引主力退守临淄城。张步见汉兵阵势薄弱，遂挥军直攻城外。耿弇在城内早已筑一高台，并于其上观战。等到城外双方的将兵均体力不支时，耿弇亲率主力迎击，遂大获全胜。

河西、九原地区皆属卢芳；在北部地区只有占据渔阳的彭宠。经过一番深思熟虑后，刘秀决定采取"先关东，后陇蜀"及"由近及远、各个击破"的军事策略。

建武三年（27年），刘秀派大将大司马吴汉及盖延率汉军攻克睢阳，刘永在突围途中被部将杀害。建武五年（29年），汉军在垂惠（今安徽蒙城）全歼刘永余部，消灭了关东地区的最大割据势力，确保了京都洛阳的安全。同年二月，彭宠不敌汉军进攻，被叛将杀死。汉军占领渔阳，统一了燕蓟地区。六月，刘秀亲率汉军征讨占据东海郡（今山东郯城）的董宪。董宪弃城而逃，跑到了朐（今江苏连云港南部），于次年被吴汉击杀。

建武五年（29年）十月，刘秀派大将耿弇攻打济南郡、临淄。张步被步步紧逼，最终无路可逃，投降东汉。随后汉军又铲除了占据庐江一带的李宪，全面平定关东地区。

接着刘秀将矛头直指占据天水地区的隗嚣。他首先说服占据河西的窦融与汉室合作，使得隗嚣处于腹背夹击的困难境地。建武六年（30年）四月，刘秀派耿弇等将领分别带一支队伍进攻陇坻（今陇山，陕西陇县西北），危急时刻，隗嚣主动联合公孙述一起抗汉。

建武八年（32年）春，刘秀命令来歙率领两千精兵，偷袭略阳，以此来牵制隗嚣的主力部队。入夏后，刘秀亲率汉军，与河西窦融的军队两面夹击陇军，隗嚣大败，逃至西城（今甘肃天水西南部）。不久他被大将王元带领援兵救出，共同奔赴冀（今甘肃天水西北部）。汉军一度因粮草匮乏而撤离，但隗嚣的军事力量也遭到重创，已无反抗之力。建武九年（33年）正月，郁郁难平的隗嚣因病去世，他手下部将们拥立隗嚣次子隗纯继任王位。刘秀听闻后，再次发兵攻打陇西。建武十年（34年）十月，汉军终于大胜，隗纯被迫投降，就此结束了历时四年的陇西之战。

平定陇西之后，各地武装势力中，只剩下占据巴蜀的公孙述是刘秀唯一的心头大患。为了清除统一天下的最后一块绊脚石，刘秀马不停蹄，立即开始讨伐公孙述。25年，也就是刘秀称帝同一年四月，公孙述在蜀郡功曹李熊的劝说下，在成都即帝位，年号"龙兴"，自称白帝。公孙述任命李熊为大司徒，任命自己的弟弟公孙光为大司马、公孙恢为大司空，成为当时割据势力中最有影响力的一支。

建武十一年（35年）春，刘秀坐镇长安指挥，命大将岑彭、大司马吴汉

东汉二十八宿全图
此年画描绘的是帮助刘秀打下江山的二十八位勋将，包括邓禹、耿弇、冯异、铫期等。二十八人正好对应天上的二十八星宿，故称《东汉二十八宿全图》。

率军从长江溯江西行，大将来歙率领陇西军队从天水赶赴河池（今甘肃徽县西北）。很快岑彭、吴汉的军队攻克夷陵，进入江关（今重庆奉节）。六月来歙率领的陇西军占领了河池、下辨（今甘肃成县），一路向南逼近。公孙述眼看大军压进，竟接连派人暗杀了来歙、岑彭两位汉朝大将军。但这并未能阻拦汉军前进的脚步，吴汉接替了岑彭统帅之职，继续挥兵伐蜀。建武十二年（36年）正月，吴汉在鱼腹津（今四川眉山岷江渡口）大败蜀军。十一月吴汉大军兵临成都近郊。十七日公孙述拼死一搏，亲自带领数万蜀军迎战吴汉，被吴汉打得溃不成军。公孙述也身负重伤，不治身亡。蜀地至此平定。历时十二载，刘秀终于削平群雄，取得了统一天下的最后胜利。

云台二十八将

在光武帝刘秀平定天下的过程中，骁勇善战、忠心耿耿的"云台二十八将"无疑立下了汗马功劳。他们是邓禹、吴汉、贾复、耿弇、寇恂、岑彭、冯异、朱祐、祭遵、景丹、盖延、铫期、耿纯、臧宫、马武、刘隆、马成、王梁、陈俊、杜茂、傅俊、坚镡、王霸、任光、李忠、万脩、邳彤、刘植。

冯异

冯异，字公孙，颍川父城（今河南宝丰东）人，
"云台二十八将"之一。冯异为人谦逊，从不
自我夸耀。当其他将领为争军功而吵得面红
耳赤时，冯异却常常一个人躲在树下，思考
战场上的战术得失。此举深得将士们的好评，
大家也因此都称他为"大树将军"。

光武帝自然不会亏待这些战功赫赫的将军，但在统一天下之后，他本着"退
功臣而进文吏"的原则，只给予这些将领们丰厚的赏赐，而将治理国家的重
任交给了文臣。

知人善用的邓禹

在"云台二十八将"之中，位居首位的当属邓禹。当年光武帝刘秀在长安
求学时，认识了年仅十三岁的邓禹，两人虽然年龄相差七岁，却彼此投缘，结
下了深厚的友谊。刘秀受更始帝派遣去往安抚河北之时，邓禹不应更始帝所
召，却北渡赶往邺城（今河北临漳），追上刘秀，要求同往。刘秀问他说："如
今我主管河北一带，你来找我，是想要个什么官职呢？"邓禹回答说："我期
待你统一天下，成为开国明君。而我邓禹能够借助你的威名，作为开国功臣而
名留青史。"两人开怀大笑。当晚刘秀就将邓禹留在自己的帐篷中，秉烛长谈。
在河北的那段日子里，邓禹不离刘秀左右，为他出谋划策，分析形势。

刘秀深知邓禹知人善用，因而每次用人前都会先与邓禹商议。二十八将
中的寇恂和吴汉都是通过邓禹的推荐才为刘秀所重用的。消灭王郎政权后，
刘秀率领大部队平定河北各地的农民起义军，同时派邓禹领兵两万西略关中
对抗更始军队。邓禹一路进兵，连打几次胜仗，军纪严明，从不打扰百姓，
深受当地民众欢迎。后来在与赤眉军的战斗中，邓禹暴露出将略不足的弱点，
连吃败仗，被刘秀调回。

总的说来，邓禹善于谋略，心胸宽广，刘秀对他常委以重任。刘秀称帝后，即任命邓禹为大司徒，封酂侯，食邑一万户。平定天下后，邓禹进位太傅，改封高密侯，食邑高密、昌安、夷安、淳于四县。他"笃行淳备，事母至孝"，"资用国邑，不修产利"，深得光武帝和明帝的敬重。史书如是评价："光武之在河北，未知身首安寄也。邓生杖策，深陈天人之会，举才任使，开拓帝王之略。当此之时，臣主欢然，以千载俄顷也。泊关中一败，终身不得列于三公，俯首顿足，与夫列侯齐伍。"关中战败，大概是邓禹征战中不多的失败经历。但他也曾说过："吾将百万之众，未尝妄杀一人，其后世必有兴者。"他的后世子孙果然也不同凡响。他共有子十三人，最出名的当属邓震、邓袭、邓鸿、邓训等人，邓家子孙甚至还出了一位汉朝皇后，这是后话了。

谦逊将军冯异

在二十八将中，还有一位居功至伟却极为谦逊的大将军冯异。光武帝刘秀起兵不久，曾率兵进攻颖川，久攻父城而不下。恰好此时，冯异被刘秀的手下抓住，在其从兄冯孝及同乡的劝说下，冯异表示愿意跟随刘秀。

《后汉书·冯岑贾列传》中记载："自伯升之败，光武不敢显其悲戚，每独居，辄不御酒肉，枕席有涕泣处。异独叩头宽譬哀情。"也正是冯异，对当时的局势看得非常透彻，并提醒刘秀与左丞相曹竟之子曹诩主动交好，请曹氏父子帮忙说服更始帝，最终更始帝同意派刘秀去安抚河北。冯异也陪同前往，并力劝刘秀"施行恩德"，建汤武之业，"徇行郡县，理冤结，布惠泽"。刘秀照此行事，果然大得民心。

还有一次，邓禹西略关中，与赤眉军交手，屡战屡败之际，刘秀便命稳重善战的冯异接替了邓禹。冯异率军先是在华阴地区和赤眉军连战两个月，降服敌兵五千余名。之后两军约定再战，冯异用计大败赤眉军。这一战击垮了赤眉军的士气，八万多人弃械投降东汉。冯异一鼓作气，将延岑及关中地区其他武装力量一一击败，平定了关中。

一连几年，冯异都在外征战，手握关中军事大权。一贯谨慎的他唯恐被光武帝猜疑，主动上书要求回京城，光武帝不予批准。不久有人上奏诬告说："冯异专制关中，欲自立为咸阳王。"光武帝非但不信，还特意将奏章送给冯异看，因此冯异对光武帝感激涕零，上书以谢圣意。后来冯异奉旨回朝，光武帝不仅给他丰厚的封赏，还与他亲密无间，一起商量消灭巴蜀公孙述的策略。冯异戎马一生，对光武帝从无二心，后来在同隗嚣余部的战役中，病死于军营。

有志尚义的铫期

铫期，颍川郏县（今属河南）人。其人身材高大，容貌威严。刘秀攻打颍川时，得知铫期有志尚义，召他任贼曹掾，主管盗贼之事。后来他随刘秀来到了蓟城（今北京）。

王郎称帝于邯郸后，便发布檄书给各州郡。过了不久，檄书传到蓟城，蓟城的豪强起兵响应王郎。刘秀想要离开蓟城到信都，这时百姓前来围观，满街喧哗，阻塞道路，车马不能前进。铫期纵马执戟，瞋目怒视，喝令民众说："跸。"围观的百姓一一退却。铫期保护刘秀来到城门，城门已经关闭，铫期等人又率兵攻城，并使人打开城门。刘秀到了信都后，任命他为裨将，与傅宽、吕晏一起隶属邓禹部下。

在消灭王郎势力的过程中，铫期随军与王郎大将倪宏、刘奉大战于巨鹿城下。他奋起神威，冲锋陷阵，亲手杀死敌兵五十多人。将士们亦受其激励，个个奋勇当先，不久大破王郎军。平定王郎后，因他立下赫赫战功，刘秀便拜铫期为虎牙大将军。

刘秀即位后，封铫期为安成侯，食邑五千户。当时檀乡、五楼的农民军进入了魏郡的繁阳（今河南内黄北）、内黄（今河南内黄西北）；同时，魏郡的豪强地主时降时反；更始帝的部将卓京等人又密谋在邺城反叛，魏郡人心惶惶。为了稳定魏郡的局势，光武帝任命铫期为魏郡太守，行大将军事，前往镇抚。铫期到任后，首先调发郡中士卒击破卓京，斩其将士数百人，卓京逃入山中。消灭卓京这一反叛势力之后，铫期又发兵打退进入繁阳、内黄的农民军。农民军败退后，他又着手解决魏郡的豪强地主问题，使得魏郡得以安定。

建武五年（29 年），光武帝视察魏郡，当时魏郡局势已基本稳定，光武帝很是高兴。不久光武帝任命铫期为太中大夫之职，并把他调回洛阳。后来又调其为管辖宫廷禁卫军的卫尉。建武十年（34 年），铫期去世。光武帝亲临治丧，赠以卫尉、安成侯印绶，谥忠侯。

光武中兴

东汉初期，社会还未安定，历经多年战乱，人口锐减，生产凋敝，经济衰败，人民生活痛苦不堪。在这种情势下，光武帝着手推行一系列的政策和措施，以改变现状。

拜谒画像砖

此画像砖右方席上端坐一位戴进贤冠、身着宽袖长服的长者，他微抬右手，态度庄重地接受拜谒。左边四人，持牍跪拜。画像砖以简洁的手法，通过人物的身姿动态将人物的精神状态很好地表现了出来。

以柔治国

建武十七年（41年），光武帝刘秀返回故里，宴请家乡父老。家族中女性长辈们也举杯畅饮，其乐融融。她们对刘秀说："文叔少时谨信，与人不款曲，唯直柔耳。今乃能如此！"意指刘秀从小就生性温和，毫无悍厉之气，如今才能光宗耀祖。刘秀听后大笑，回答说："吾理天下，亦欲以柔道行之。"

刘秀并非说笑而已，"以柔治国"成为他在位三十三年治理天下的主导思想，也成为他治理国家的一大特色。刘秀建立东汉，接手的是残破不堪、民不聊生的社会局面，为了重建汉汉盛世，完全抹去新莽政权所造成的损害，光武帝刘秀采取了一系列积极的政策。就在平定天下期间，每平定一地，他都诏令部属，"注重安抚，不事屠戮"，实行与民休息的政策。

建武二年（26年），光武帝刘秀第一次下诏宣布："被卖的妻妾、子女愿意回到父母身边的，可听其自便；若敢拘留者，按法律论罪。"建武十一年（35年）二月，光武帝下诏曰："天地之性人为贵。其杀奴婢，不得减罪。"建武十三年（37年）十二月，光武帝再次下诏称："益州民自八年以来被略为奴婢者，皆一切免为庶人；或依托为人下妻，欲去者，恣听之；敢拘留者，比青、徐二州以《略人法》从事。"明令禁止豪门富强抢逼弱民为自己当奴婢。

光武帝曾先后九次下令释放奴婢、禁止买卖并随意杀害奴婢。这些诏令使大量奴婢免为庶人，许多贫苦百姓不再流离失所，并回到自己的家乡，从事生产劳作。这既缓解了社会矛盾，也对解放社会生产力，促进社会发展起到了十分积极的作用。

红陶城堡房屋

这种红陶房屋出土于广东广州东郊的麻鹰岗。类似的模型在广东还出土过多起，墙面有镂孔形装饰，反映了汉代南方的建筑风格。

此外在建武七年（31年），光武帝下诏大赦天下，将京城及各郡、国在押囚犯，除死刑犯外，一律释放，所犯罪行，概不追究。罪犯重获自由之身，且恢复平民身份。至于那些理应受到两年徒刑处罚的在逃犯，由各地方官府统一发布公告，公布其姓名，一概免去罪名，不必再受惩戒。让他们看到公告后，能够安心回家，从事生产。

建武初年，根据全国户籍记录，各地遗存人口不足原数十分之二，满目荒野，民不聊生。而到了建武五年（29年），户籍人口记录已大大提升，乡村土地的荒芜状况得到极大改善。及至建武后期，全国户籍记录在册的人口已升至二千一百多万。

另一项能够体现光武帝"以柔治国"的重大措施就是降低赋税，减少国家开支，以此来减缓百姓的负担。建武六年（30年），光武帝下诏说："顷者师旅未解，用度不足，故行什一之税。今军士屯田，粮储差积。其令郡国收见田，租三十税一，如旧制。"

光武帝还摒弃了西汉王朝以来累赘复杂的官吏设置制度。他在登基初期就开始大量合并官府，减少吏员。建武六年（30年）六月，光武帝下诏说："夫张官置吏，所以为人也。今百姓遭难，户口耗少，而县官吏职所置尚繁，其令司隶、州牧各实所部，省减吏员。县国不足置长吏可并合者，上大司徒、大司空二府。"仅仅这一举措，就合并了四百余县，原有的官员配置只剩下十分之一。在平定天下后，军事行动锐减，光武帝由此又简化省去了一些官职，"兵革既息，天下少事，文书调役，务以简寡，至乃十存一焉"。这些措施有效地节省了国家开支，大大减轻了百姓的负担。

在建武初期，"田宅逾制"和隐瞒土地、户口的现象极为严重，"是时，天下垦田多不以实，又户口年纪互有增减"。针对这一点，建武十五年（39年），光武帝下诏"度田"，即"州郡检核垦田顷亩及户口年纪"。但在核查过程中，地方官员不敢触及王公贵族和豪强世家，"多为诈巧，不务实核"，"优饶豪右，侵刻羸弱"，以致"百姓嗟怨，遮道号呼"。这种不公平的核查激起了农民的不满，全国各地均出现了骚动，当地的豪强也趁机作乱，地方上一时之间形势严峻。刘秀刚柔并济，对农民的反抗采取安抚和镇压两手方案，并处死了十几名在核查中作假的地方官员。光武帝时期实行的田地丈量，使得征税更加合理化，促进了生产的发展，减轻了农民的一些负担，对国计民生的稳定起到了一定的作用。

有一次皇太子表示想听父皇讲些战场厮杀的故事。光武帝却说："古时候，卫灵公曾向孔子请教关于战争之事，孔子没有作答。如今战争之事业非你所要了解的！"光武帝执政共三十三年时间，在平定天下之后，他甚少谈及军事，在安定边陲方面，他更注重安全维护，而不赞成武力扩张。建武二十七年（51年），大将军臧宫和马武准备出击匈奴，光武帝没有批准，他指出："柔者德也，刚者贼也，弱者仁之助也，强者怨之归也。"这充分体现了光武帝不提倡武力，而善于"以柔治国"。

官职改革

光武帝在建立东汉之后，采取一系列措施整顿吏治，以加强中央集权。首先削弱三公（即承相、太尉、御史大夫）的职权，将其分别改为大司徒、大司马、大司空，"虽置三公，事归台阁"，全国政务都经尚书台，最后总揽于皇帝，以此来突出尚书台的决策地位，完全降低了以往三公"无所不统"的重要作用。

在东汉初期，光武帝沿用西汉官员配置，各州分设州牧，"总领一州军政大权，品秩为二千石"。直到建武十八年（42年），光武帝下诏废除州牧制度，置刺史。刺史是监察官，不仅品秩减少了大半，仅有六百石，职权也比州牧缩水了不少。这样一来，可以有效地防止各地州牧在自己的势力范围内形成割据。原本每郡太守、都尉各一人，太守掌民政，品秩两千石，都尉管军事，品秩比两千石。光武帝在建武六年（30年）八月，下诏"罢郡国都尉"，取消郡县的专职武官，"并职太守，无都试之役"，将太守、都尉的职权合并于一人。同时"罢轻车、骑士、材官、楼船士及军假吏，令还复民伍"，

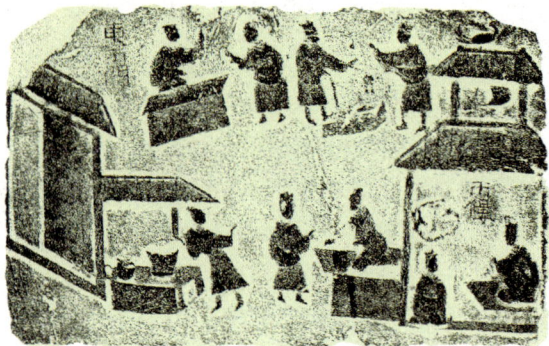

市井画像砖
此画像砖的左边有一门，门旁有"东市门"
三字。右端是市楼，楼下有二人端坐，可
能是管理市井的官吏。市门与市楼之间是
交易场所，有列肆坐售的，也有摆摊贩卖的，
形象地反映了市场交易的繁忙景象。

将地方上的更戍役制度废除，以加强中央集权的管理。同时光武帝还下诏强
化监察制度，提高御史中丞、司隶校尉等官职的权限和地位。并将春秋时期
便已出现的监军之制明文规定，设"北军中候"掌监五营。若有军队出征，
皇帝就会派自己的亲信大臣随军监督。

防范宗室外戚

　　光武帝对刘氏宗族一贯重视，凡是宗族中随他起兵的人，光武帝都给予
王、侯之封，在政治、经济方面也予以优厚待遇。但有一点是光武帝始终坚
持奉行的，那就是"宗室不得理司"，以防宗室结党营私，干扰甚至祸乱朝
纲。光武帝明确表示宗室子弟不得参与政事，都要安居于各自的封地。正因
为此，光武帝执政期间，"宗室子弟无得在公卿位者"。建武二十四年（48
年），光武帝又"诏有司申明旧制阿附蕃王法"，指出严格依循汉武帝对淮南
王、衡山王之乱所制定的"左官之律，设附益之法"，但凡有"阿曲附益王侯
者，将有重法"。光武帝此诏，就是为了告诉宗族子弟，你们不但要老老实实
地在封地待着，而且绝不可以"豢养宾客"，结交天下豪杰。建武二十八年
（52年），光武帝得知诸王多有违背，即"诏郡县捕王侯宾客，坐死者数千
人"。从此而后，宗族子弟再不敢违抗相关诏令。

　　从汉高祖刘邦之始，就有白马之盟，"非刘氏不王"，以防止外戚干政
乱权。但在西汉时期，仍不时发生外戚专权的现象，其中影响最大的有两
次。第一次在西汉初年，吕后封自家人吕产、吕禄为王，祸乱朝纲，幸而未
能得逞。再一次就是覆灭了西汉的王莽，自建新朝称帝。光武帝亲身经历了
王莽之乱，自然不会允许同样的不幸发生在自己辛苦建立的东汉王朝。因此
他严格控制外戚的权力，在经济上给予优厚的封赏，但决不允许外戚掌控朝
权。阴皇后的兄长阴识，跟随光武帝征战多年，先后被任命为骑都尉、阴乡

赏强项令

董宣，字少平，陈留圉（今河南杞县南）人。东汉时曾任北海相、江夏太守、洛阳令等职，以不畏权贵、执法严明而著称。任洛阳令时，湖阳公主的奴仆仗势杀了人，董宣依法处决了杀人犯。公主诉于光武帝，光武帝令其向公主叩头谢罪。而董宣拒不低头。刘秀令人强按之，也不能使其俯首。刘秀最后奖励了他，还给了他"强项令"的称号。

侯。当光武帝以军功论赏时，阴识却叩首辞让，说："天下初定，将帅有功者众。臣托属掖廷，仍加爵邑，不可以示天下。"因而深得光武帝敬重，"常指识以敕戒贵戚，激励左右焉"。阴皇后的弟弟阴兴也屡建战功，光武帝赐爵关内侯，阴兴坚决推辞。平定天下后，阴氏兄弟与著名文人冯衍往来密切，而这恰恰犯了光武帝不喜外戚结交宾客的忌讳。光武帝下令将外戚所结交的宾客依法处置，重者处死，轻者贬官。阴氏兄弟虽然是光武帝面前的红人，但也难免受到责备。冯衍也因此被罢免官职，潦倒而死。在为太子选择太傅时，光武帝明确表示不任用外戚阴识，最终选用了大臣张佚。

光武帝在政治、军事权力方面对宗室、外戚诸多控制，但在其他方面却听之任之，只要不干涉朝政，光武帝对他们并不严格管束。久而久之，皇亲国戚们也摸清了光武帝的脾气，绝口不谈政治，一味骄奢淫逸，在洛阳城中恣意妄为、专横跋扈，还纵容奴仆横行于市，百姓们备受欺辱，敢怒而不敢言。光武帝听闻后，特召已经六十九岁的董宣为洛阳令，董宣以不畏权贵、执法严明而著称。他到任后不久，湖阳公主（光武帝的姐姐）的家奴在街市上杀了人，董宣立即将他缉拿归案，并就地正法。湖阳公主恼羞成怒，立即哭哭啼啼地跑到皇宫找光武帝哭诉了一番。光武帝心疼自己的姐姐，就安抚说一定要严惩董宣，好让姐姐出这口闷气。

董宣清楚皇帝为何要召见自己，当光武帝怒气冲冲地责问："你好大的胆子，竟然敢当众羞辱公主！"董宣神色坦然地回答说："因为陛下一向圣明，施行仁政，才复兴了汉室江山，使国家富强。现在湖阳公主包庇滥杀无辜的家奴，陛下却任意纵容，还要责问臣。陛下以何治理天下？臣只知依法办事，生死早已置之度外！"说罢，董宣便一头撞向殿柱，顿时头破血流。光武帝急忙命宦官拉住董宣，并给他包扎伤口。光武帝说只要董宣向湖阳公主磕头赔罪，事情就可以就此罢休，董宣却执意不肯。光武帝命人按住董宣给湖阳公主磕头，董宣硬撑着用双手支住地面，抬着脖子大呼道："臣无过，为何要赔罪！"光武帝深受感动，便不再勉强他。湖阳公主气愤不已，光武帝好言安抚，将其送回公主府。同时赐封董宣为"强项令"，并赏钱三十万给他，以示对他刚正不阿的奖励。董宣将赏钱全部分给了下属。从那以后，洛阳城的皇亲国戚个个收敛了不少，京城百姓感激董宣，都把他称为"卧虎"，称赞说："枹鼓不鸣董少平。"

封禅泰山

光武帝不喜浮华，克勤克俭，登基多年，身为一朝天子依然严格遵循"身衣大练，色无重采，耳不听郑卫之音，手不持珠玉之玩"的朴素作风。自秦始皇以来，各朝皇帝"厚葬"之习愈演愈烈，光武帝却不循前人之风，多次下诏提倡薄葬。在他生前为自己修造陵墓之时，曾特意吩咐窦融说："今所制地不过二三顷，无为山陵、陵池，才令流水而已。"

对于群臣屡次提议封禅泰山，光武帝认为那是劳民伤财的事，更是不予答应。谁知仅仅过了两年时间，光武帝竟然自己改了主意。那是建武三十二年（56年）正月初，光武帝夜里读《河图会昌符》，正好读到"赤刘之九，会命岱宗。不慎克用，何益于承。诚善用之，奸伪不萌"。一向笃信"谶纬"之说的光武帝，不免心生疑虑，自己不正是汉高祖刘邦的九世孙吗？第二天上朝，他就诏令大臣们在《河》《洛》中找寻有关"九世封禅"的说法。大臣们再次上奏说天意如此，理应封禅泰山，以答谢上天对汉朝复兴的保佑。

光武帝率领众王公大臣，浩浩荡荡从洛阳出发了。二月到达泰山脚下的奉高，先在山下沐浴、斋戒，做封禅的准备。当地官员们早已做好了前期准备工作，安排石刻，修建封禅坛。

二十二日，光武帝率领诸王、大臣、孔子后裔在泰山南侧，举行了盛大的"燎祭"。光武帝说："泰山虽已从食于柴祭，今亲升告功，宜有礼祭。"于是派使者"以一特牲祭祀于常祠泰山处，告祠泰山"。随即他又登上玉辇上山。抵达山顶时正好是午后，光武帝换上隆重的封禅礼服，立于封禅坛前，面北朝南，身后依次排列着文武百官。刘秀登上封坛，"尚书令奉玉牒检，皇帝以寸二分玺亲封之，讫，太常命人发坛上石，尚书令藏玉牒已，复石覆讫，尚书令以五寸印封石检。事毕，皇帝再拜，群臣称万岁"。之后光武帝命人将

君车出行图
此图描绘了墓主生前出行时的浩大场面。图中复杂的人马出行场景被安排得有条不紊、繁而不乱，显示出东汉时期高超的构图绘画水平。

刻有近七百字禅文的封禅碑立于坛上，就此结束了当天的封禅仪式。二十五日，光武帝又率众前往泰山脚下祭地神，而后返回京城洛阳。

四月光武帝下诏大赦天下，并将建武三十二年（56 年）改称建武中元元年，以纪念泰山封禅之行。建武中元二年（57 年）二月，刘秀病逝于洛阳南宫前殿，享年六十二岁。他临终遗诏说："朕无益百姓，（葬礼）皆如孝文皇帝制度，务从约省。刺史、二千石长吏皆无离城郭，无遣吏及因邮奏。"刘秀逝世后，被葬于原陵（今河南孟津白鹤镇铁谢村），庙号世祖，谥号"光武皇帝"，取其光复汉室、克定天下之意。

儒学与谶纬

光武帝刘秀出身于皇族世家，从小就接受了儒学教育。还在南征北战的时候，他就极为重视儒学，下令搜集、整理古代各类典籍，"采求阙文，补缀漏逸"。并且每到一处"未及下车，而先访儒雅"，即拜访当地著名的儒学人物，或是请他们担任官职，或是赐予封号。光武帝时期，担任国家重要官职的人大多为儒生出身。《易》学者刘昆，《尚书》学者欧阳歙，《春秋》学者丁恭，《诗》《论语》学者包咸，以及范升、陈元、郑兴、杜林、卫宏、桓荣等都曾担任官职。光武帝以儒家方略治理天下，自然十分敬重他们，对他们以礼相待。往往朝堂政事商议完毕后，还会和他们彻夜长谈儒家经典。或是秉烛诵读，夜深不寐。

建都洛阳之后，光武帝立即在洛阳城门外修建太学，设立五经博士，恢复西汉时期的十四博士之学。他还常常"车驾幸太学，会诸博士论难于前"，

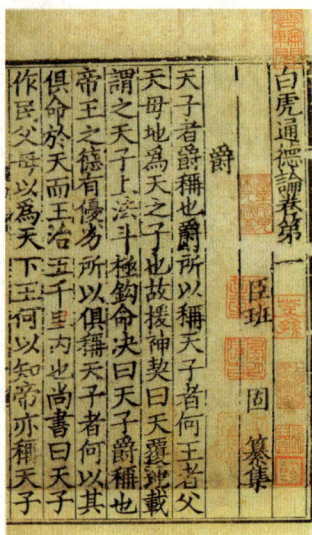

《白虎通德论》书影

谶纬之书的内容虽然包含一些有用的天文历法、古代传说，但大多荒诞不经。刘秀、王莽就是利用他们来改朝换代的。建武中元元年（56年），谶纬之书甚至凌驾于经书之上，成为士人求取功名的必读之书。章帝时召儒生在白虎观讨论五经异同，由班固写成《白虎通德论》一书，将谶纬学与今文经学糅合在了一起。

并封赏表现出色的儒生。建武五年（29年）二月，光武帝册封孔子之后孔安为殷绍嘉公。十月光武帝派大司空祭祀孔子。因为光武帝对儒学的推崇和提倡，在建武年间，许多郡、县"兴庠序之教"蔚然成风，就连民间也创办了多家私学，儒学盛行一时。

儒学在光武帝执政期间虽然得到了长足的发展，却并非正宗儒学，而是间杂了颇有些荒诞的"谶纬"之学，而这完全是受到光武帝自身经历的影响。早在他起兵之时，就有宛人李通以图谶劝他起兵。后来又有儒生彊华自关中奉赤符请他称帝。这两次"谶纬"，直接引导了光武帝刘秀生命中的两次重大转折。在东汉初年，"谶纬"学说成为儒学中最流行的学问。王莽末年，许多地主豪族起兵，都利用谶纬作为割据称雄的思想工具。刘秀夺取政权也利用谶纬制造舆论，得天下后，遂极力宣扬谶纬，要求臣僚信奉。

太子让位

光武帝刘秀起兵之前，就曾说："仕宦当作执金吾，娶妻当得阴丽华。"二十九岁时，他迎娶了阴丽华。婚后不久，刘秀就被刘玄派去修整洛阳。临行前，刘秀将阴丽华送回了她的娘家新野。将更始帝刘玄迎回洛阳后，刘秀又被转派到河北。在征讨王郎期间，为了取得拥兵十万的真定王刘扬的支持，刘植以"天子娶九女，诸侯纳三妇"为由，劝说刘秀答应真定王的要求，于24年春迎娶了真定王的外甥女郭圣通。郭家是真定国槁（今河北石家庄东南）地的大富豪。郭圣通很快怀有了身孕，为刘秀生下了长子，取名为刘彊。

建武元年（25年）十月，刘秀迁都洛阳。很快地就派侍中傅俊将阴丽华接到洛阳皇宫。在他心目中，阴氏是自己的结发妻子，也是当朝皇后的不二人选。可阴丽华却拒绝接受皇后的册封，反而劝说他："困厄之情不可忘，何况郭贵人已经生子。"光武帝无奈，于建武二年（26年）册封郭圣通为皇后，封阴丽华为贵人，同时册立长子刘彊为皇太子。

郭圣通虽然当上了皇后，但光武帝最宠爱的依然是阴丽华，就连出外打仗都带她同行。建武四年（28年），阴丽华随光武帝出征彭宠，在元氏诞下一子，也就是后来光武帝的接班人汉明帝刘庄。

刘庄一出生即成为光武帝最喜爱的儿子，常常被光武帝带在身边呵护。而对于长子刘彊却显得有些冷淡。皇后郭圣通不蒙帝宠，眼见儿子也不讨皇上的欢心，因担心儿子的皇太子之位不稳，于是对阴丽华母子心生嫉妒和猜疑，因而在光武帝面前也总是呈怨怼之情。再加上她又不善于管理后宫，嫔妃之间矛盾多多，频频发生是非，闹得光武帝在后宫也不得安生。

其实光武帝早有废郭皇后改立阴丽华的想法，但一再被阴丽华劝说，才一直没有实行。可日子长了，光武帝不胜烦恼，终于在建武十七年（41年），宣布废掉郭皇后，册立阴丽华为皇后。

阴丽华坐上了皇后的宝座，这对于郭圣通而言，她所失去的仅仅是一个皇后的封号，待遇方面没有丝毫的减少。刘彊继续当他的太子，而郭圣通的次儿子刘辅升为中山王。光武帝还特意多赐给他一郡，而这一郡的收入就用于郭圣通的生活开销。郭圣通从此以"中山王太后"的名义和儿子一起生活。

亲生母亲被废，这令皇太子刘彊压力重重，于是他主动要求辞去太子之位，并多次委托弟弟们或朝中大臣将自己的心意转达给父皇。最初光武帝并没有答应，但在刘彊的一再坚持下，建武十九年（43年），光武帝终于下诏，将东海王刘庄册立为皇太子，而刘彊则和刘庄交换，就任新一任东海王。显然光武帝对长子刘彊颇有歉意，毕竟他没有犯任何过错就被废黜，因此光武帝将原本东海王的封地扩张到两倍之多，共计二十九个县，还指定将建有壮丽王宫灵光殿的鲁郡作为国都，在其他待遇方面也给予其最高封赏。光武帝还特意安排刘彊的堂舅新郪侯郭竟去担任东海国相，以便更好地照顾刘彊。二十八岁那一年，刘彊离开了皇宫，前往自己的封国东海。临行前光武帝专门下诏，将刘彊的车马仪仗及宫殿陈设，都升至和皇帝一样的规格，作为对刘彊失去登上帝位机会的补偿。光武帝和废太子刘彊之间的浓浓父子情感动了满朝文武和天下百姓，号称"以柔治国"的光武帝在家庭关系上也同样凸现了这一特点。

绿釉九连陶灯台

此灯台立意新巧，造型似一株连理树。灯顶托盘中有一只展翅瑞鸟。灯台分三面伸出九支 S 形灯架，每支灯架根部均雕饰着一个似小树芽形的直立三角。当九盏灯燃起时，整个灯台形同火树，再加上灯台顶振翅欲飞的瑞鸟，共同营造出一种富有神话色彩的美妙境界。

明章之治

明帝在位期间，国家繁荣富强，"吏得其人，民乐其业，远近畏服，户口增强，天下安定，百姓殷富"。随后即位的汉章帝，为人宽厚仁和，也始终遵循光武帝的制度，励精图治，光大祖业。因而史书中将汉明帝及汉章帝时期的政治称之为"明章之治"。

明帝刚柔并济

明帝继位后，在经济上仍然以柔为主，他曾多次下诏，减轻赋税、徭役，并将属于国家的土地、山林川泽租借给没有田地的平民百姓从事生产。这样一来，许多流离失所的百姓逐渐安定了下来。

明帝重视和提倡儒学教化，兴建各类学校，奖励成绩优秀的儒生。还诏命皇太子、诸王侯及大臣子弟入学校学习。甚至还专门建立南学宫，为四大家族子弟办堂开课。这四大家族就是当时赫赫有名的四姓外戚，即樊氏家族（光武帝的母舅家）、郭氏家族、阴氏家族、马氏家族（马明德皇后娘家）。"樊氏、郭氏、阴氏、马氏诸子立学于南宫"，号称"四姓小侯"，设置"五经师"以传道授业。"太学声誉日高，匈奴亦遣人来洛阳学习"。

明帝重视依法治国，"为政苛察，总揽权柄，权不借下"。他在位期间，吏治严明，国泰民安，很少有贪官污吏和作乱犯上的人。明帝继续限制三公权力，事归台阁，因而尚书职责重大，是朝中举足轻重的大臣。但一向执法严明的明帝，对尚书的管理和求非常严格，一旦发现他们有失误，绝不放纵，

"广陵王玺"金印

此金印为江苏邗江甘泉山二号汉墓出土。据推断，此墓的墓主人为光武帝刘秀第九子刘荆。刘荆初封山阳王，汉明帝永平元年（58年）徙封广陵王。此印是国内首次发现的汉代诸侯王印。据《后汉书·舆服志》徐广注记载："太子及诸侯王金印，龟钮。"此印形制与史籍记载相符，极为珍贵。

有时还会毫不容情地予以鞭责，"九卿皆鞭杖"。永平三年（60年），明帝封赏给投降的胡人一千匹缣，这事交给尚书郎暨礼办理，谁知他竟然看成赏三千匹，就照此办理了。司农将办理结果奉上请明帝过目，明帝发现了这个失误，大为光火，当即下令重重鞭责暨礼，若不是众大臣求情，暨礼几乎被鞭打致死。

严治宗室、外戚

明帝之朝，以"严切"闻名，这主要体现在他对宗室、外戚的严格管理和打击上。

从光武帝开始，就十分注意对同姓宗族子弟的管理。光武帝的儿子全都封王，各有封国，但光武帝明令禁止他们扩充权力、交结宾客。明帝即位以后，效仿光武帝的做法，妥善处理自己与兄弟之间的关系，经济上一向待遇宽厚，但严格控制诸王的权力。刘荆是明帝的同母弟弟，生性张狂，暗藏野心。在明帝登基后不久，刘荆假冒郭况的名义给废太子东海王刘彊写信，说他没有任何过失却被废黜，并劝说刘彊在封地东海起兵造反，像汉高祖那样夺取天下，夺回原本属于他的皇位。最后刘荆还在信中讲了一番秦始皇长子扶苏的不幸遭遇，以此来恐吓刘彊。

并无非分之想的刘彊果然被这封书信吓坏了，令他惊慌失措的并不是扶苏的遭遇，而是"造反"这样骇人的字眼。刘彊没有半分迟疑，就连忙将这封书信及送信人全都交给了明帝刘庄。明帝在细细查问之后，才发现这件事情竟然是自己的胞弟所为，出于兄弟之情，明帝并没有采取行动，而是让这件事情悄无声息地过去了。但在暗地里，明帝从此开始对刘荆严加防范。

没过多久，刘荆再次生事，他"使巫祭祀祝诅"，诅咒的正是对他一忍再忍的皇兄刘庄。很快刘荆的举动就被地方官上报给了明帝，刘荆自知这次罪孽难逃，不待明帝下诏处置，就自杀了。明帝听说弟弟刘荆以自杀谢罪，心里很难过，也就没有继续追究刘荆的家人、部属，还诏令追谥刘荆为思王。

之后明帝对自己的兄弟诸王、宗室皇亲也不再心慈手软，而是严惩不贷。最终在光武帝十一个儿子里，除了长子刘彊被废后抑郁而终，临淮公刘衡去世得早之外，其余诸王中有多位先后因犯"谋反"罪或别的罪名而被处置。东平王刘苍虽然没有任何过错，也主动在永平五年（62 年）离开京都回到自己的封国，老老实实地过日子。

对待宫廷外戚，明帝更是大加防范。他严格遵行光武帝"后宫之家，不得封侯与政"的制度。对当时四大外戚家族的权势都予以严格控制。永平三年（60 年），明帝为了表彰为东汉建国立下汗马功劳的功臣们，特意画二十八将于云台，却偏偏没有把自己的岳父大人马援画进去。这并非马援不够资格，而是明帝将其视作皇后外戚，恐怕他权势过大，而故意不予列入。此外曾跟随光武帝立下赫赫战功的李通、邓晨也未能荣登二十八将之列，究其原因，也正是他们都迎娶了光武帝的姐妹，而被明帝束之高阁。

馆陶公主带着儿子来找明帝，想为儿子谋个官职，明帝也毫不客气地拒绝了。不过为了安慰馆陶公主，明帝赏赐给她千万钱，然后把她打发走了。他对群臣说："郎官上应列宿，出宰百里，则苟非其人，民受其殃，是以难之。"群臣感怀，皆赞明帝。

明帝在位时，虽奉行儒学，但在君臣关系上，却并未遵行儒家的伦理规范。明帝采用较为严酷的方式对待臣子，就连那些股肱大臣也难免受到苛责和处罚，他还下令处死了大量朝中重臣，对待违法的外戚更是甚为"严切"。明帝所采取的"严切"措施，使得他成为东汉历史上对外戚和功臣打击得最重的皇帝。

马援之女明德皇后

光武帝刘秀娶了一位贤惠的妻子，也就是明帝刘庄的亲生母亲阴丽华。而在对待后宫问题上，明帝刘庄显然要比光武帝处理得更为令人称道。他只有一位明德皇后，且贤德聪慧，不仅为天下臣民敬重，也深得明帝和阴太后的喜爱。

这位明德皇后姓马，闺名已失传，说起她的父亲，正是声名显赫的大汉

正史史料

永平三年春，有司奏立长秋宫，帝未有所言。皇太后曰："马贵人德冠后宫，即其人也。"遂立为皇后。
——《后汉书·皇后纪上》

伏波将军新息侯马援。马援为东汉王朝的创建立下了汗马功劳，为光武帝时代的重臣。但因为其生性率直，不喜奉承，也得罪了不少王公大臣，其中就有年轻的权贵梁松。梁松是光武帝的女儿舞阴长公主的丈夫，受封为陵乡侯。

有一次马援给自己的侄儿马严、马敦写了一封信，信里面提到了朝中不少大臣，有褒有贬。尤其批评了越骑司马杜季良，并且提到驸马梁松、窦固也和此人来往密切，言语之间颇有不屑。谁知这封信竟然落到了别人手中，并以此为凭据，上奏给了光武帝。光武帝阅罢，怒不可遏，不仅罢免了杜季良的官职，还把两个女婿梁松、窦固狠狠地痛骂了一顿。梁松、窦固吓坏了，赶紧磕头赔罪，好不容易才让光武帝消了气，没有受到惩治。当梁松得知是马援的书信给自己招惹的是非后，愤恨不已，下定决心要报复马援。但马援毕竟居功至伟，梁松一时之间也找不到机会。

建武二十四年（48年），马援奉命远征武陵、五溪蛮夷。第二年三月，马援身染重病，却被部将耿舒诬告进军不利，光武帝就派时任虎贲中郎将的梁松赶往军中责问马援，还命他代为监管马援部属。梁松长途跋涉，当他抵达军营时，马援已因病去世。但梁松还是诬陷了马援。光武帝一怒之下，追收了马援新息侯印绶。许多小人也借机进行诬陷，纷纷向光武帝告状，说马援在外征战，曾搜刮了一车珍宝藏于家中。光武帝更加震怒，以至于马援的尸首运回京城后，光武帝竟不允许将其埋葬在原来准备好的墓地。家人只得将马援安葬在城西偏远之地。

安葬了马援之后，其妻儿及侄子马严腰结草绳，集体去皇宫求见光武帝。光武帝将梁松的奏章拿给他们看，马援家人才明白事情的原委。关于那一车珍宝，只不过是交趾特产的一种叫薏苡的植物果实，马援常常食用，以治疗筋骨风湿，避除邪风瘴气。马援夫人为申述冤情，先后六次上书，终于打动了光武帝。最终光武帝下诏将马援葬回原来的墓地。

明德皇后是马援三个女儿中最小的，她在幼年时曾经患过一场大病，病情严重，缠绵难愈。马援夫人非常担忧，便请来巫者占卜。巫者卜毕，说这个小女孩绝非一般人，将来必然大富大贵。马援夫人又请来相士给家里的三个女儿看相，所有相士都对年幼的小女儿惊叹不已。于是马夫人从此开始对自己的三女儿另眼相看。

52 年，这位年仅十三岁的马家小女儿被选入太子刘庄的宫中。建武中元二年（57 年）二月，刘庄即位。他本打算册立这位马家的女儿为皇后，却遭到诸多大臣的反对，于是只好先将她册封为"贵人"。同时为明帝生下长子刘炟的贾氏也被册封为"贵人"。贾氏的母亲是马援的长女，论起辈分来，她还是马贵人的外甥女。因为马贵人一直没有怀孕生子，明帝就将贾氏所生的儿子刘炟交给她抚养。

马贵人没有让明帝失望，她将刘炟视若己出，对其照顾得无微不至，虽然后宫中奴婢众多，但她总是亲自打理刘炟的生活起居。也正因为她无私的爱，刘炟也对她这位养母充满了感恩之情，母子之间关系融洽，彼此非常关心。

永平三年（60 年）初，大臣们上奏恳请明帝刘庄册立皇后。这时明帝为光武帝所守三年孝期已满，再也没有任何理由拒绝立后。可是在明帝心目中，只有一位堪当皇后的人选，那就是马贵人，但这再次遭到了群臣的反对。阴丽华太后知道儿子的心思，也知道他顾忌大臣们的反对，于是她公开表态说："马贵人德冠后宫，即其人也。"既然德高望重的皇太后发了话，大臣们也不敢再阻拦。阴家、贾家及其他嫔妃家的外戚们也就都无话可说了。永平三年（60 年）春，明帝正式下诏，册立马贵人为皇后，同时她的养子刘炟被册立为皇太子。

虽然当上了后宫之首，但马皇后毫不骄横跋扈，一如往昔一样平易近人，生活俭朴。除了重大隆重的场合身穿绫罗绸缎外，平日里她常常穿的是粗布衣裙。按照汉室皇宫的规矩，每逢初一、十五，宫中所有嫔妃都必须向皇后请安。有一次嫔妃们又来朝见明德皇后，远远地看到她的裙摆舒展，都以为她穿着昂贵的织锦缎，谁知等她们离近了细看，才发现那裙子不过是棉布缯料。诸位嫔妃都暗自发笑，马皇后注意到后，一点也不介意，反而温和地解释道："日常起居，穿这样容易染色的衣料就很好。"嫔妃们闻言，无不露出敬慕之色。在马皇后的带动下，后宫效行节俭，减少了很多不必要的宫廷开支。而王公贵戚们听闻后，也自检其身，不以奢侈浪费为时尚，朝廷风气大为改观。

明帝去世后，皇太子刘炟登基，是为汉章帝。不久汉章帝欲给马皇后的三位哥哥封侯爵，却遭到皇后的拒绝，并特意提醒自己的养子应以前朝为鉴，谨遵光武帝和明帝不许外戚担任要职的原则。

建初四年（79 年），马皇后病逝，终年四十一岁，谥号"明德皇后"。汉章帝将她合葬于明帝显节陵。明德皇后一生简朴正直，宽厚仁和，正如同《续列女传》中所称赞的"在家则可为众女师范，在国则可为母后表仪"。

王景治理黄河

王景，字仲通，祖上为琅邪不其（今山东青岛即墨西南）人。从小"广窥众书，又好天文术数之事，沉深多技艺"，对治理水利工程非常有研究，是东汉时期著名的治水专家。

有一年黄河泛滥，冲毁了浚仪（今河南开封）附近的浚仪渠，那一带的百姓纷纷逃难，田地荒废，生产停顿。为了及时让百姓回到家园，恢复生产，朝廷下诏召来了王景，协助主事官员王吴一起修复浚仪渠。王景接受了朝廷的任命，在当地考察了水情和地形后，建议王吴采用"墕流法"来修整浚仪渠。所谓"墕流法"，为王景自创，就是在堤岸一侧设置侧向引流的溢流堰，作用就是专门分泄洪水。王吴采纳了他的建议，很快浚仪渠就修复完毕。从那之后，"水乃不复为害"，当地民众大为喜悦，纷纷赞扬王景的功德。这一次成功地修整浚仪渠，也让王景"由是知名"，其"能理水"的名声传闻天下。

毛织花带

此花带出土于新疆民丰尼雅遗址，由绛红、深褐、黄、白四色线有规律地排列成有节奏感的彩条织制而成，做工精细。

明帝初年，黄河汴渠的水害比较严重。根据《汉书》中记载，自从新莽始建国三年（11 年），黄河洪水从魏郡决口之后，汴渠就遭到了严重的损毁。但当政的王莽却毫不顾念百姓的死活，并未派人维修，情况因此越来越恶化。明帝继位时，灾情已经向东蔓延，越过被损毁的汴渠，吞噬了原来的引水水门，"兖、豫之人，多被水患"。

永平十二年（69 年），明帝下诏，正式启动治理黄河、修整汴渠的计划。明帝听说王景是水利方面的专家，颇有实际经验，就特意将王景召上朝堂，询问他关于治理黄河的策略。王景回禀说："河为汴害之源，汴为河害之表。河、汴分流，则运道无患；河、汴兼治，则得益无穷。"这番与众不同的见解深得明帝赞赏，遂亲赐《山海经》《河渠书》《禹贡图》及钱帛衣物给他，并任命王景仍和王吴一起，负责治理黄河、汴渠。

这一年的夏天，王景和王吴来到汴渠地区，带领数十万官兵、百姓，开始了明帝时期最大规模的治水工程，"修渠筑堤，自荥阳东至千乘海口千余里"。据史书记载，这次治水工程主要是"筑堤，理渠，绝水，立门，河、汴分流，复其旧迹"。王景根据当地多年的水灾情况和复杂地形，采取了各种相

弋射收获画像砖
此画像砖分为上下两部分。上部为弋射图，右为莲池，池内莲叶浮于水上，水中有鱼鸭畅游，空中飞雁成行，岸边的两个人正张弓欲射飞雁。下部为收获图，三个人俯身割麦，两个人挥动镰刀割草，左边一人挑担提篮，一派丰收景象。

渔筏画像砖
此画像砖勾勒出一幅生机盎然的猎鱼景象。画面上有两个人在渔筏上顺流而下，其中一人撑筏，一人俯身打捞。江面上有鱼鹰飞舞。左边有一钓鱼者正从江中钓起一条大鱼。

应的技术措施，开凿山地，以通旧河道，助水流畅通。同时注意将横向连贯的水沟堵上，全面对黄河、汴渠进行了治理、修整。尤其是在对汴口的治理中，王景别出心裁地想出了"十里立一水门，令更相洄注"的方法，交替从河中引水入汴，达到了改善汴口水门的目的，成功地将河、汴之水引导分流。

永平十三年（70年）四月，历时一年的治理工程终于全部结束。因为工程浩大，动用的人力物力超过以往任何一次，但王景的治理成效也大大超越了过去，为害几十年的黄河洪水隐患被彻底消除，汴渠修整一新，并重新恢复了通航的功能。定陶以北，往年被淹没的大面积的耕地重新被开垦种植，农业生产得到了极大恢复。其后九百多年间，黄河顺畅，史书上极少出现黄河泛滥改道的记载，故而有称"王景治河，千载无患"。

黄河的水患解决后，明帝时期的农业生产得到迅速发展。据史书记载，东汉光武帝末年，全国在籍人口记录为二千一百多万，二十年后，也就是明帝末年，全国在籍人口激增至三千四百多万，这不能不说是一个惊人的增长，而这的确得益于明帝治黄的决心和王景治黄的功劳。

豪强地主庄园

西汉后期以来，豪强地主已经用庄园的形式剥削、压迫农民。这些大地主或称世族、豪族、名门、大家、门阀等。其中有贵族地主、官僚地主和商人地主，有些地主还兼有其他身份。东汉建立后，由于封建土地所有制的盛行，土地兼并的迅速发展，豪强地主建立了一个个封建地主庄园。他们占有大片土地和山林川泽，种植粮食和各种经济作物，还经营手工业、渔牧业等行业。如刘秀的儿子济南王刘康就有田八百顷，奴婢一千四百人。有些豪强地主"连栋数百，膏田满野，奴婢千群，徒附万计"。山东滕州出土的东汉画像石，还表现了当时地主庄园中冶铁的情景。《四民月令》就记述了地主庄园中进行各类粮食及农副产品交易的情况。地主庄园的多种经营，保证了庄园内各类生活资料基本上能自给自足，不需要依赖外界供应。

在庄园里，剥削者和劳动者常常是聚族而居，带有浓厚的封建宗法色彩。豪强地主利用宗族血缘关系作为剥削、压迫劳动人民的手段。庄园的主要劳动者有徒附、奴隶和农民等，他们对豪强地主有着极强的依附性。农民除了向庄园主交纳地租外，还要为庄园主服各种劳役。地主庄园还拥有私人武装，称"家兵"、"部曲"，由依附的农民组成。他们在农闲时操练军事，平时为豪强地主看家守院。根据《四民月令》记载，大地主在自己的庄园里纠集一部分农民，于二三月青黄不接或八九月寒冷将至时，在庄园里"警设守备"，"缮甲兵，习战射"，战时则跟随豪强地主出征打仗。如东汉末年黄巾起义时，豪强地主为了镇压农民起义和进行军阀混战及割据地方，大量地扩充家兵，并使之成为公开、常设、有组织的私人军队。地主庄园的出现，标志着封建生产关系发展到了一个新阶段。

东汉地主庄园的大量存在，给东汉王朝的政治局势带来了不稳定的因素，并导致大量农民失去土地。地主庄园的私人武装，虽然在平时起到了维护封建秩序、镇压人民反抗、保卫地主庄园的作用，但由于它是封建地主庄园经济的产物，在东汉朝廷控制力衰弱的情况下，它往往也会发展成地方武装割据的工具。

外戚、宦官专权

　　东汉自光武帝、明帝、章帝之后，开始出现外戚专权的局面。由于外戚专权，使得皇帝成年后，往往不甘于外戚专权的局面。无奈之际，他们只能依靠身边的宦官。如此一来，宦官因此而得势。等到新的皇帝即位之后，新一轮的外戚与宦官专权的局面又开始了。由此，东汉政权就在外戚与宦官的交替专权之下渐渐走向了衰亡。

窦氏临朝

窦氏家族在东汉历史演进中占有重要的地位。西汉末年，王莽当政时，窦融曾任将军司马，封建武男。新朝灭亡后，窦融投降更始军，在大司马赵萌部下为校尉，后被推荐出任巨鹿太守。窦融见更始政权不稳，请求赵萌为他说情得以被任命为张掖属国都尉，后被推举为行河西五郡大将军事。更始政权灭亡后，窦融又归顺光武帝，辅助光武帝统一天下，因立下赫赫战功而奠定了窦氏家族在东汉的政治地位。汉章帝时，窦融的曾孙女被册封为皇后，窦氏家族也因此由功臣之家转变为皇亲国戚。

窦太后听政

章和二年（88年）二月，三十三岁的汉章帝刘炟突然病逝，年仅十岁的皇太子刘肇继承了皇位，是为汉和帝，改年号为"永元"。

汉和帝刘肇是汉章帝刘炟的第四个儿子。在他之前有三位兄长，他下面还有四个弟弟，而刘肇之所以能够超越诸多兄弟，登上皇帝的宝座，这完全要归功于被他尊为皇太后的窦氏。

75年，汉章帝刘炟登基。两年后章帝下旨广纳天下美女，一时间后宫美女充盈，花团锦簇。章帝一共册封了六位贵人，恰好是三对姐妹花。其中宋氏姐妹是明德皇后的亲属，早在章帝做皇太子时已经入宫陪侍。另外两对则是同时新选入宫，分别是窦氏姐妹和梁氏姐妹。

窦氏姐妹入宫后，颇受章帝宠爱。建初三年（78年），章帝按照惯例要册封皇后，从六位贵人中选中了窦氏姐妹中的大窦氏，窦氏一家从此更加春风得意。高兴之余，大窦氏也不免心生忧虑，因为她和妹妹一直未能诞下皇子、皇女。而章帝宠爱的大宋贵人已生有三皇子刘庆。建初四年（79年），

盐场画像砖

图为汉代采制井盐的全景。左下为井架，四人正用辘轳汲取盐水。旁边有熬盐用的灶和煽火的人。附近正有人负柴而来。图的后景为山林，内有多种飞禽走兽，还有猎户，这说明采盐的工作是在郊外进行的。

喇叭裙女俑

此女俑亭亭玉立，神态安详。她以巾包头，身着长袖束腰曳地长裙，裙口呈大喇叭状。女俑面容丰满，眉目清秀，体态端庄，生动地再现了汉代妇女的风姿。

章帝下诏，册立刘庆为皇太子。窦皇后自然明白母凭子贵的道理，因此不免为自己的皇后之位担忧起来，她常和妹妹窦贵人私下里商议对策。恰在同一年，小梁贵人为章帝生下了四皇子刘肇。

刘肇刚一呱呱坠地，窦皇后就跑到小梁贵人寝宫，宣布说这个孩子由自己抚养。小梁贵人虽然不情愿，但见章帝并不反对，也只好忍气吞声地答应了。窦皇后一心想让章帝改立四皇子刘肇为太子，同时，窦皇后也担心将来刘肇一旦称帝，他的亲生母亲小梁贵人及其一家就会飞黄腾达，自己完全是为他人作嫁衣裳。思前虑后，窦皇后决定找机会除掉宋氏姐妹和梁氏姐妹。

有一次大宋贵人给家中写了一封书信，其中有一句："病思生菟，令家求之。"窦皇后得知后，就向章帝诬告说大小宋贵人"生菟巫蛊"，章帝信以为真，当即命人将大小宋贵人抓起来并严加拷问，宋氏姐妹二人含冤自尽。此前章帝已经废黜了皇太子刘庆，将其贬为了清河王，同时将窦皇后的养子刘肇立为新的皇太子，当时刘肇年仅三岁。

为除掉梁家，建初八年（83年），窦皇后暗中指使人投"飞书"诬陷梁贵人的父亲梁竦谋反。章帝大怒，命令严刑查办。梁竦不堪刑罚，只得屈打成招，冤死在大牢中。梁家人则都被流放到九真郡（今越南中部）。梁氏姐妹也难逃噩运，"以忧卒"。而那时小梁贵人刚年满二十二岁。

绿釉陶井

上图为绿釉陶井，造型精美生动，大口，外侈，腹束腰，平底。口沿上有一拱形井架，中央直立两椭圆形柱，中间装一个定滑轮，上端为桥形梁，梁顶卧一禽鸟。井架两侧为鸟、树及弯曲形饰物。拱中下垂一长圆形物，口沿置一圆形水斗，上有一横提手，斗壁饰柳条纹。器身及内口施绿色釉，釉色均匀而富有光泽。

　　章和二年（88 年），汉章帝去世，十岁的刘肇被推上皇位，窦皇后晋升为皇太后，并临朝听政。窦太后一执掌朝政，就大肆封赏朝廷命官，受封之人首选就是窦家的亲戚。她首先提拔自己的哥哥窦宪为侍中，提拔弟弟窦笃担任虎贲中郎将，另提拔弟弟窦景、窦瑰担任中常将。此外窦太后还大力提拔归附窦家的官员，使得朝堂之上，多半是窦家的心腹之人，从而牢牢地把持了朝政大权。

　　窦太后借和帝之口，首先宣布"罢盐铁之禁，纵（任）民煮铸"，也就是解除了郡国盐铁官营制度，纵容豪强兼并，以此来迎合富强豪绅对经济利益的要求，大大满足了他们贪婪的胃口，以此来换取豪强对窦氏政权的支持。这么做最直接的严重后果是既浪费了国家的资源，也令国家税收大幅度减少，加剧了当时的社会矛盾。

　　窦太后临朝不久，北匈奴遭受天灾，境内大乱，南匈奴单于趁机请求东汉朝廷出兵帮助消灭北匈奴。当时朝中大臣多有反对之声，但窦太后仍坚持发兵征讨北匈奴，而她选择的大将军正是其兄窦宪。

飞扬跋扈的窦宪

　　窦宪是窦太后的兄长，性情暴烈急躁。窦太后临朝听政后，任命窦宪为侍中，"内主机密，外宣诏命"。窦宪的几个弟弟也获得重用，大权尽落在窦宪兄弟的手中。

　　太尉邓彪仁厚谦和，与世无争，窦宪看重他这一点，力荐邓彪为太傅，

车马俑群

此俑群为整套出行仪仗中的一部分。整套出行仪仗包括四十五件铜俑，三十九件铜马，十四辆铜车等项。其中不少器物上有铭文，说明俑所代表的人物身份。

录尚书事。窦宪执掌朝政，每当"其所施为，辄外令彪奏，内白太后，事无不从"。桓郁为屯骑校尉，曾经给几代皇帝当过老师，生性"恬退自守"，窦宪觉得他很适合教育年幼的皇帝，于是推荐他进宫当老师，给皇帝教授经书。经过一番安排，朝堂之上、后宫之内，大多都是窦氏的心腹，每遇事情，窦宪无往而不利。

随着权势的增长，生性暴躁、睚眦必报的窦宪开始清算旧账，大肆打击以前得罪过窦家的人。汉明帝时，窦宪的父亲窦勋犯法被明帝查办，韩纡曾经参与审理这个案子，窦宪对此一直怀恨在心。为出心头怨气，虽然韩纡早已故世，窦宪仍然不肯罢休，派人杀害了韩纡的儿子，并将其头颅拿到窦勋墓前祭奠。

对于刘氏皇族，窦宪也不放在眼里，毫无顾忌地打击皇族势力，以消除对自己地位可能会造成的威胁。88 年，即章帝去世之后，各地王公贵族都进京城吊丧。其中有位都乡侯刘畅，乃光武帝刘秀的兄长齐武王刘縯的曾孙，英俊潇洒，能说会道，常常进宫陪伴窦太后。窦宪担心刘畅一旦得宠，分了自己的"宫省之权"，将对自己大为不利，就安排刺客于屯卫之中杀害了刘畅，并将这个罪名安在了刘畅的兄弟利侯刘刚头上。当窦太后经过调查得知凶手竟是窦宪时，怒不可遏，当即命人将窦宪抓起关押在内宫之中。按照汉朝律法，杀害宗室成员是大罪，窦宪理应判处死刑。可窦太后再生气，也不舍得杀死自己的兄长。正好此时，南匈奴上表东汉朝廷，请求发兵讨伐北匈奴。因而她不顾朝臣们的反对，答应窦宪提出的率军出征北匈奴，以此来赎死罪的请求。不久窦宪平定了北匈奴，为朝廷立下大功。

窦宪平定北匈奴之事，使得他在朝中的势力更盛。窦家大大小小的亲戚都被封为京官或地方官。窦宪的叔父窦霸为城门校尉，窦褒为将作大匠，窦嘉为少府，此外还有十余人任侍中、将、大夫、郎吏等职。就连窦家的仆人也胡作非为，横行霸道，甚至公然抢夺民女和财物，主管官员一听说是窦府家奴所为，皆噤若寒蝉，视若不见，"有司莫敢举奏"。

借宦官铲除窦氏

窦宪大权在握，在朝堂之上唯我独尊，汉和帝虽然贵为一朝少年天子，但对他也是恭恭敬敬。永元四年（92 年），和帝已年满十四岁，这一年十三个郡国地震，各地也发生了大旱或蝗灾。此时的窦太后在后宫百般节俭行善，对权势并没有什么要求。而利欲熏心的窦宪却按捺不住对皇权的向往，暗中图谋，欲行叛逆。渐渐长大的和帝也不满于窦氏专权，越发向往亲自执掌朝政，于是窦宪与和帝之间的矛盾逐渐加深。窦宪开始谋划，怎样将自己这个名义上的外甥皇帝除掉，由自己取而代之。窦宪和女婿郭举及其父亲郭璜、穰侯邓叠、邓叠弟弟步兵校尉邓磊暗地里商议要杀害和帝。和帝也敏锐地感觉到了不祥的气息，于是他决定主动出击，出其不意地除掉自己那个狂妄的舅父窦宪。

可是在和帝身边，几乎找不到一位可以信任的大臣和随从，唯一能够借助的力量就是身边的那些宦官了。和帝经过细心观察，发现钩盾令郑众谨慎机敏且富有心计，是个很有才能的人。于是和帝找了一个机会，把自己的想法对郑众和盘托出，郑众当即表示全力支持。当时窦宪拥兵在外，一旦京城发生变动，他必然会带兵叛乱。因此郑众建议和帝，要先控制住窦宪在京城的党羽。恰好窦宪和邓叠班师回京城。

和帝指令大鸿胪持节到京城外迎接，并按等级赏赐军中将士。在此过程中他们一直都不露声色，以免引起窦宪的怀疑。郑众暗中笼络了不少宦官，以等待时机。而和帝身边也还有一位皇室支持者，即废太子清河王刘庆。

和帝亲自御临北宫，命令执金吾、五校尉领兵"屯卫南、北宫"，严守城门，不得放任何人出入，以防备窦宪出逃或派人出城求援。又派人前去捉拿郭璜、郭举父子和邓叠、邓磊兄弟，将他们关入大牢并连夜以重罪处死，悄无声息地解决了窦宪的党羽们。

之后和帝派谒者仆射当着窦宪的面宣读诏书，将其大将军印绶收回，改封为冠军侯。因为顾念到窦太后的养育之恩和窦宪西征的功劳，和帝并没有严惩窦氏兄弟，而是限令窦宪与窦笃、窦景、窦瑰人各自回到封地，闭门思过，不准滞留京城。等他们回到封地后不久，为绝后患，和帝又密令逼迫窦宪与窦笃、窦景自杀。窦氏四兄弟中，只剩下窦瑰逃过一死。

和帝在宦官郑众等人的协助下，一举铲除了把持朝政的窦氏兄弟，从此开始执掌朝政。亲政之后，和帝下诏升郑众为大长秋。不仅让他经常陪伴在自己左右，还时常与他讨论朝中政事。从此东汉进入了史书上所言"宦官用权自此始矣"的时代。不久和帝又下诏将郑众册封为鄛乡侯，这也是东汉历史上宦官封侯的开始。在和帝的信赖和庇护下，宦官的势力开始强大起来。和帝利用宦官的力量铲除了外戚窦氏，结束了东汉历史上的第一个外戚专权的时代，却也打开了东汉宦官擅权专政的局面。

永元九年（97年），窦太后去世。多年以来，和帝生母小梁贵人的堂兄梁禅和姐姐梁嬉一直在等待时机。一听说窦太后去世的消息，他们立即向当朝的三公哭述，讲出了和帝的真实身世。和帝如梦方醒，这才知晓自己多年来孝顺的却不是自己的亲生母亲。和帝当堂痛哭，遂为自己冤死十多年的生母以礼改葬，谥号"恭怀皇后"，姨妈大梁贵人也同时雪冤，梁氏姐妹被重新安葬在西陵。对于窦太后，和帝念及其多年的养育之恩，决定不降窦太后的尊号，仍然上谥为"章德皇后"，与汉章帝合葬于敬陵。

在和帝为梁氏姐妹雪冤的同时，在铲除窦氏外戚行动中立下大功的清河王刘庆也上书和帝，请求和帝为自己的生母宋贵人平反。和帝应准，还将外放的宋氏家族全都召回京城，封刘庆的四个舅舅宋衍、宋俊、宋盖、宋暹为郎官，对他们予以重用。

和帝宽缓为政

十四岁的汉和帝在扫除了外戚窦氏之后，开始亲理政事。他虽然年少，但颇有才干，在位十七年间，以民生为重，行贤良之策，多次平定少数民族之乱，边陲较为稳定，国家富强。但和帝之后，东汉王朝便一蹶不振，渐渐走向衰落，这也是和帝重用宦官而埋下的隐患。

和帝自从亲政以来，凡事都亲力亲为，每日早起上朝，从不迟到。和帝十分体恤民众疾苦，多次诏令"理冤虐，恤鳏寡，矜孤弱"。永元八年（96年）京城一带地区发生了严重的蝗灾，和帝悲天悯人，将责任归咎于自身，他下诏说："蝗虫之异，殆不虚生。万方有罪，在予一人。"表示自责之情。同时他还要求文武大臣们好好检点自己的行为，忧国忧民，以利民众。岭南（今属广东）地区盛产龙眼、荔枝等南方水果，每年丰收之季，当地官吏都会派专人运送，上供给朝廷。为了保证水果的新鲜，从岭南到京城洛阳，沿途"十里一置，五里一候，奔腾阻险，死者继路"。对于这种为了满足个人口腹之欲而劳民伤财的做法，大臣唐羌十分不满，于是上书和帝，请求停止运送。和帝阅后，表示赞同，"远国珍馐，本以荐奉宗庙，苟有伤害，岂爱民之本？其敕太官勿复受献"。由此足以说明和帝发自内心地关爱天下黎民，

养老画像砖

养老敬老是中华民族的传统美德。汉朝沿习对老人的优抚政策。《后汉书·礼仪中》明文规定，每年秋季，地方官府依法授予年纪达到七十岁的老人鸠杖，老人可凭借鸠杖领取粮食。此画像砖描绘的正是汉朝官府向老人发放粮食的场面。

堪称明君。

也正因为爱民惜民，和帝能够耐心地听取臣下的建议，在位时以宽缓为政，主张宽刑。和帝朝时重用廷尉陈宠，由他主管刑狱，正是因为看中了陈宠具有一颗仁爱之心，断案"务从宽恕"。和帝时期，还有一位名叫杨孚的南海郡番禺人，熟读经史，在朝廷举办的"贤良对策"中获得提拔成为议郎。他秉直敢言，常上书和帝提建议，每每获得和帝的采纳，对他极为赏识。一次杨孚建议和帝奉行以"孝治天下"的政策，和帝深以为然，当即下诏恢复旧礼，命令"臣民均行三年通丧"。

邓后独揽大权

邓后，名叫邓绥，是汉和帝的皇后。邓氏被立为皇后之后，因其颇具学识和才能，开始逐渐参与政事。在汉和帝病死之后，邓氏开始独揽朝政，从此专檀朝中权柄长达十六年之久。

邓氏入宫封后

汉和帝刘肇一生先后册立了两位皇后。两位皇后都是出身名门的大家闺秀，都曾集万千宠爱于一身。而后一位皇后邓绥在和帝去世后很长一段时间里，是东汉朝政大权的实际把持者。

邓绥有着深厚的家族背景，其爷爷邓禹是前太傅、高密侯。邓禹子嗣兴旺，共有十三个儿子，而且个个都很有出息，最有名的要数邓震、邓袭、邓珍、邓训、邓鸿等。邓绥就是护羌校尉邓训的女儿，母亲阴氏则是光烈皇后阴丽华的侄女。邓绥还有五个兄弟，分别是邓骘、邓京、邓悝、邓弘和邓阊。

邓绥十二岁时被选入宫，但在临行前，却发生了意外，邓训因病不治去世了。于是邓绥只能推迟进宫的时间。按照儒家的说法，父母之丧是最重的"斩衰之丧"，需要守整整三年之孝。邓绥严守孝道，一天哭丧两次，而且只吃清淡的食物。三年丧满的时候，她的亲戚都不敢认她，因为邓绥已经变得非常憔悴。大家都为她而担心，而邓绥做的一个奇怪的梦却让大家喜上眉梢。在梦中邓绥以手抚天，举头饮用天上的钟乳。邓家人都非常好奇，就向解梦的人询问。解梦的人听了邓绥对梦境的描述，立即变得严肃起来，他说："昔日帝尧曾经梦见自己攀天而上，商汤也梦见登天而食，这都是千古帝王的先例。你家姑娘也做这样的梦，将来一定会风光无限。"邓家人听了之后兴奋异常，为了验证解梦人的话，他们又找来相士。结果相士一看到邓绥，就诧异地说："她生相乃是成汤之格，有主理天下之份！"邓家上下听到这些，更加坚信邓绥的未来不可小觑。

永元七年（95 年），邓绥再次得到了入宫的机会。永元八年（96 年），汉和帝在邓绥进宫之前的那批入选的贵人里面，已经册立了阴贵人为皇后，这让邓绥颇感失落。阴皇后是前朝执金吾阴识的曾孙女。阴识是光武帝的皇后阴丽华的哥哥。阴家是个大家族。阴氏自小知书达理，聪明伶俐，长得也很漂亮，一入宫便深得和帝的宠幸，被封为贵人。

邓绥于永元八年（96 年）冬入掖庭为贵人。据史书所记载"后长七尺二寸，姿颜姝丽，绝异于众，左右皆惊"。可见邓绥的美貌和气质确实非同一般，这也使得她能够在众多佳丽中脱颖而出，得到和帝的宠幸，被册封为贵人，位置仅次于皇后。

一次邓绥生了重病，和帝让她的家属进宫探视，甚至破例允许他们自由进出，并且没有时间限制。病中的邓绥知道后，就向和帝说："宫禁至重，而使外舍久在内省，上令陛下有幸私之讥，下使贱妾获不知足之谤。上下交损，诚不愿也！"和帝对此非常感动，说："人皆以数入为荣，贵人反以为忧，深自抑损，诚难及也！"从此和帝更加宠爱邓绥，反而将皇后冷落在了一边。

邓绥病愈之后，并没有因为得到皇帝的恩宠而忘乎所以，仍然非常谦恭。她和蔼可亲，与其他嫔妃及宫女、宦官都能友好相处，在宫中口碑甚好。邓绥不爱攀比，平时衣着朴素，即使在宫中有宴会时也是如此。阴皇后对邓绥在宫中的一切看在眼里，恨在心上，常常与自己的外祖母邓朱商议如何除掉邓绥。

和帝有一次患了重病，眼看着就要一命呜呼。这消息很快就在后宫传开了，阴后得知后，狠狠地说："我得意，不令邓氏复有遗类！"由于邓绥平时在宫中的人缘很好，所以就有人偷偷将阴后的话传给了她。邓绥听后，伤心

祝祷升仙

此壁画分为上下两部分。上部分描绘墓主与神人会晤的情景。左上角绘一肩臀生羽的羽人，羽人手持三珠树。中上方一只仙鹤向珠树飞来。画面右上角腾跃着一条仅露半身的苍龙。下部分则描绘了人对神敬礼膜拜的场景。整幅壁画运用了浪漫与现实相结合的手法。

女孝经图

《女孝经》是唐代侯莫陈邈妻郑氏撰写的宣扬男尊女卑的封建礼教的书，全书共分为十八章。第二为《后妃章》，要求后妃应该有德行、进贤言、不以色侍君、不干内政等。东汉中后期的皇帝多幼年即位，而前朝皇后往往会在权势的诱惑下干政，扩大自己家族的势力，从而导致外戚专权。

不已，没想到自己如此战战兢兢地伺候皇后，却换来这样的结果。邓绥觉得自己在宫中已经没有希望了，既然如此，"越姬心誓必仪死之分，上以报帝之恩，中亦解宗族之祸，下不令阴氏有人豕之讥。"随即就要服毒自杀，幸亏宫女们及时拦阻，并骗她说和帝病情好转了。

果真和帝病情有所好转，没过几个月便痊愈了。永元十四年（102 年）夏，有人告发阴皇后，说她和外祖母邓朱合谋，使用巫术害人。和帝听后非常生气，决心严查到底。他派出中常侍张慎和尚书陈褒专门负责此案。他们逮捕了邓朱和她的两个儿子邓奉、邓毅，阴皇后的弟弟阴轶、阴辅、阴敞也被抓了起来。他们动用酷刑要阴氏一族认罪，终于有人因承受不了，而承认了密谋之事。邓奉、邓毅、阴辅被活活打死。和帝掌握了证据后，决定废掉阴皇后，于是收缴了她的玺绶，并把她贬到桐宫居住。阴后的父亲阴纲听说了自己儿女的下场后，自杀身亡。阴皇后和邓朱的家属均被流放到日南郡比景县（今属越南），其他的宗亲也都被贬为庶民。阴氏家族就此没落。失意的阴氏遭受了如此多的打击，没多久也在冷宫中死去。

当邓绥听说皇后阴氏被废的消息时，曾上书进行过劝阻，请求皇帝三思。

大臣们在阴皇后被废之后，纷纷请求和帝再立皇后。和帝一直对邓绥欣赏有加，便下了诏书："皇后之尊，与朕同体，承宗庙，母天下，岂易哉！唯邓贵人德冠后廷，乃可当之。"邓绥连忙上书进行推辞，这反而让和帝更加欣赏邓绥的品德。最终邓绥还是接受了册封，在她二十一岁的时候，成为和帝的第二任皇后。邓绥做了皇后以后，第一件事就是下令取消进贡珍玩。她认为这是一种不好的奢靡风气，因此规定每年只能供些纸墨，其他珍奇异宝一概不得进贡。和帝对邓绥的家人也是格外照顾，几次都想封赏邓氏家族，却都被邓绥婉言谢绝了，所以她的哥哥邓骘在和帝朝时，始终是虎贲中郎将，职位没有任何变化。

元兴元年（105 年），汉和帝突然感觉身体不适，卧床不起，且多日不见好转，病情也日渐加重。十二月不治身亡，时年二十七岁，在位共十七年，死后葬在慎陵（今河南偃师市寇店镇白草坡村东南），庙号穆宗（后除庙号），谥号孝和皇帝。

邓氏揽权

元兴元年（105 年），汉和帝突然去世。朝堂顿时乱成一团，大臣们所担忧的是皇帝临终前并没有立下储君，且后宫多年来并没有留下子嗣。正当大臣们一筹莫展之时，临时听政的邓皇后却向天下宣布："和帝并非没有皇子，只是一出生就送出宫去，在民间抚养。"大臣们将信将疑。邓皇后解释说，后宫嫔妃曾先后为和帝诞下十余名皇子，均早夭。久而久之，后宫被视为不祥之地，在和帝的默许下，后宫再有皇子降生，就立即让乳媪将新生儿抱出宫外在民间抚育。

作为后宫之主，邓皇后对这一切安排极为清楚。如今和帝去世，皇帝的继承人当然要从寄养在宫外的皇子们中选择。邓皇后将他们都接了回来，一共是两位皇子。一位是八岁的长子刘胜，另一位少子刘隆，此时才刚满百日。按照儒家"嫡长制"的传统例制，刘胜既为皇帝长子，就理应被立为新皇帝。可偏偏这位皇长子，一出娘胎，就"痼疾"缠身，无法担当国家重任。但多数大臣仍认为应该坚持儒家礼仪，迎立刘胜为帝。

邓皇后却对此坚决反对，她坚持迎立少子刘隆为帝，甚至不惜与群臣对抗。邓皇后希望将幼帝完全掌控在自己的手中。费尽心机和曲折才登上和帝皇后位置的邓绥，此刻完全抛开了和帝在世时的温良贤德，她深知掌握宫廷中至高无上的权力是多么重要。虽然自己没有亲生儿子可以登上帝位，但一定要选择一个能顺从自己的新皇帝。刘胜已经八岁，与尚在襁褓中的刘隆相比，显然不易控制。于是邓皇后最终以刘胜患有"痼疾"为理由，毅然否决了群臣的提议，将少子刘隆立为新帝，而刘胜被册立为平原王。她本人则以皇太后的名义临朝听政。

106年，邓绥皇太后下诏将这一年改为延平元年，升太尉张禹为太傅，任命司徒徐防为太尉，参与主管尚书事务。因为皇帝还是个婴孩，邓绥还特意下诏，让朝中重要的大臣都常居宫中，尤其是张禹，只准他每五天离宫回家一次。每次上朝，都专门为其唱名，并为其安排一个特殊的位置，坐于"三公"之上。

汉和帝共有四个兄弟，即前废太子清河王刘庆、济北王刘寿、河间王刘开及常山王刘章。在为和帝举行了葬礼之后，按照惯例，诸位藩王就带着家眷前往各自的封国就位。但是就在他们去向邓太后辞行之时，清河王刘庆却接到了邓太后的旨意，要求他把十三岁的长子刘祜留在京城。邓太后一向对刘庆特别优待，待遇各方面总是比别的藩王要好。如今更是看中了聪明伶俐的刘祜。邓太后说自己非常喜欢这个孩子，想把他留在身边。实则邓太后担心皇帝幼小瘦弱，恐将来发生不测，到时候可以有个准备。清河王刘庆答应了这个要求，并将刘祜的嫡母清河王妃耿姬也留在了京城，住在清河国设在京城的官邸中。

幼小的刘隆在邓绥皇太后的怀抱中开始了名义上君临天下的生活，而大权在握的邓绥则开始按照自己的心思安排朝政。她深知娘家人是自己的坚实后盾，106年四月，刘隆继位后不久，邓绥皇太后即下诏大肆提拔兄长邓骘及弟弟邓悝、邓弘、邓闿。当初和帝在位时，曾多次要按成例封赏邓氏外戚，封邓骘为侯，都被邓绥辞谢。如今邓骘从一个中级武将直接连升几级，被封为车骑将军，待遇地位等同于三公，成为群臣之首，同时执掌兵权。邓悝、邓弘、邓闿也同时被封为侯。邓悝原为黄门侍郎，现接替邓骘为虎贲中郎将，助其掌控军事。邓弘、邓闿也都晋封为侍中。然而邓绥皇太后立和帝幼子而不立长子，毕竟有违儒家礼教和皇室传统，朝中还是有很多大臣不断上书反对。

正如同邓绥皇太后所担忧的那样，刘隆继位不过八个月的时间，就于延平元年（106年）八月染上风寒而夭折，死时年仅一岁，史书上以"殇帝"称之。满朝大臣们都以为，这一回平原王刘胜作为唯一的继承皇位的候选人应该顺理成章地当上皇帝了吧。谁知早有准备的邓绥皇太后依然将群臣的建议当成耳旁风。她将邓骘召进宫中，将自己打算立刘祜的想法全盘托出。邓骘又找太傅张禹、太尉徐防等大臣们商议，并得到了他们的支持。随即邓骘

玉辟邪

在古人的心中，玉辟邪自古以来就有趋利避害的功用，预示着吉祥如意。此玉辟邪威武神奇，四周刻有卷云纹，是迄今为止发现的最大的一件玉辟邪。

宫阙画像砖

此画像砖中部为重檐宫殿式建筑，殿门外有两个执戈武士守卫。宫殿两边为对称双阙，具有典型的汉代建筑风格。

连夜亲自持节，用皇室诸王才能乘坐的青盖车将刘祜悄悄地接进了皇宫。

次日一早，邓绥皇太后便来到了崇德殿，亲手将皇帝玺绶奉送到刘祜手中，并正式向天下臣民宣布：这位十三岁的清河王子刘祜登基为帝，是为汉安帝。因为刘祜尚未成年，所以仍由邓绥皇太后临朝听政。

早在殇帝延平元年（106年）六月，也就是邓绥当上皇太后不久，"郡国三十七雨水"。当时东汉共有一百余个郡国，竟有近三分之一的地方都遇到水灾，随之而来的就是严重的疫情。邓绥皇太后不仅下诏大赦天下，而且颁布诏书，大幅度削减各级官员按照级别配置的官服、车马、仪仗，往年太官、汤官的开销费用每年将近两万万钱，此时也被大幅削减至数千万钱。同时诏令禁止使用过于奢靡的物品和食用珍馐美味，还特意指出除了供奉皇陵祠庙以外，其他场合都不能食用精致的大米和麦面等。

元初六年（119年），邓太后又下诏设立学校，将和帝的弟弟济北王、河间王家中五岁以上的孩子及邓氏家族中的子孙共七十多人召集起来读书。她还为幼童专门配置了老师和保姆，这些孩子每天一早就进宫上学。邓太后亲自监督教育，有时还负责监考。但邓太后过世之后，这所学校也就停办了。

邓太后临朝听政一共十六年，在安帝朝就达十五年。虽说是独揽朝政，但她却勤政爱民，知人善任，从不纵容外戚。她还曾亲自手书《令知司法官员说》，要求司法部门对邓氏子弟犯法者不可网开一面。因而在史书记载中，也颇为肯定她的历史贡献："自太后临朝，水旱十载，四夷外侵，盗贼内起。每闻人饥，或达旦不寐，而躬自减彻，以救灾厄。故天下复平，岁还丰穰。"

安帝除邓氏

汉安帝刘祜即位四个月后，清河王刘庆就一病不起。永初元年（107年）十二月，刘庆去世。邓太后诏令按照光武帝废太子刘彊的葬礼规格将其隆重安葬。这时的邓太后和少年安帝之间，母子关系较为亲近。邓太后一心提防和帝的长子刘胜，直到永初七年（113年），年仅十五岁的刘胜没有留下子嗣就死去了，邓太后这才放下心来。可渐渐长大成人的安帝希望能够亲政时，已经习惯大权在握的邓太后却没有还政的意思，这对母子为争权位，关系日渐紧张起来。

邓绥自当上皇太后之日起，便一改往昔温柔的做派，对那些胆敢反对自己的大臣绝不手软。早在永初元年（107年），司空周章因看不惯大长秋郑众干涉朝政，而直言进谏。周章还多次上书，恳请邓绥皇太后还政于安帝。几次三番后，周章意识到单凭进谏根本改变不了现状，于是决定谋反。他暗中联络了一些支持立刘胜的大臣，和他们商议，准备买通皇宫门禁守卫，将邓骘兄弟及郑众等人捕杀，将邓太后囚禁在南宫，废安帝为远国王，将平原王刘胜立为新帝。然而正在他们筹划此事准备行动时，却被人揭发。邓骘派兵捉拿参与者，周章闻讯后畏罪自杀，其余多位被牵连其中的大臣、皇宫侍卫也被捕下狱，处以酷刑。

之后又有大臣不断上书请求邓太后归政，邓太后每每读到臣子有关归政的奏疏，便会对其严加惩处。郎中杜根曾经与一位郎官共同上书，请求邓太后让安帝亲自主理国政，"帝年长，宜亲政事"，因而惹恼了邓太后。邓太后当堂下令将他们二人装入白绢制的袋中，在殿上活活打死，然后用车运出宫，弃于京城郊外。多亏杜根命大，又慢慢苏醒了过来，但他怕被邓太后知道，仍然装死躺着一动不动。整整三天后，邓太后派人去察看。察看的人见他的眼眶里生了蛆，才放心地回宫复命了。杜根逃到湖北宜城山中，隐姓埋名，在一家酒店里做酒保，直到十五年后邓太后去世，他才敢重新露面。

诸如此类的事件屡屡发生，邓太后对于胆敢提议归政的人都施以严惩，吓得众人绝口不敢再提归政之事。安帝虽然内心十分不满，但没有大臣们的支持，势单力孤的他也只能一忍再忍。与此同时刘氏皇亲及大臣们对邓氏外戚的不满也日益加深。

建光元年（121年）二月，邓太后身染重病，竟至吐血，卧床不起，可她仍强撑着身子起床，"乘辇于前殿"。为求早日康复，邓太后于是大赦天下，但其病情仍然毫无起色。三月邓太后驾崩，享年四十一岁。安帝尊谥邓绥为"和熹皇后"，将其与和帝合葬在一起。

邓太后去世后，汉安帝终于得以亲政。他的乳母王圣早就对邓太后心怀不满。当年邓太后曾经将河间王的儿子刘翼也留在京城。王圣因此怀疑邓太后不愿归还政权，是有废黜安帝的打算，于是她经常和中黄门李闰在安帝面前大说邓太后的坏话，这令安帝心中恐慌和愤恨不已。邓太后尸骨未寒，一位受过邓太后责罚的宫人，心怀怨恨，就向安帝诬告说："邓后在日，曾经暗中与邓悝、邓弘、邓阊及尚书邓访欲谋害陛下，策划改立平原王刘翼为皇帝。臣等欲告陛下，奈其贵宠，禁不敢言。希望陛下圣明详察，严惩奸臣，以告诫天下，以为后世法。"安帝怒不可遏，但因为邓悝、邓弘、邓阊三人均已过世，安帝也只能将怒气发泄到他们的后人身上。于是将西平侯邓广德、叶侯邓广宗、西华侯邓忠、阳安侯邓珍、都乡侯邓甫德均以大逆不道之罪罢官降为庶人。邓骘因为没有参与此事，只是被免去所官特进，赶出京城，出就所封上蔡侯国。至于邓氏家族的其他人，也多半受到牵连，"皆免官归故郡，没入骘等资财田宅。徙邓访及家属于远郡"。不久在地方官员的逼迫下，邓广宗、邓忠自杀身亡。安帝又下诏将邓骘改封为罗侯。建光元年（121 年）五月，邓骘和儿子邓凤一起绝食而亡。邓骘的从弟、河南尹邓豹，度辽将军、舞阳侯邓遵及将作大匠邓畅也都被迫自杀。只有邓广德兄弟因是阎皇后亲属才得以留在京师。之后安帝下诏将平原王刘翼贬为都乡侯，遣回河间封地。刘翼黯然离开京城，从此不出大门，不再会见宾客，自省谢罪。

大司农朱宠对邓骘等人无辜受死十分痛心，曾上书安帝，请求安帝允许将他们的尸骨还葬故土祖坟，并对邓家的遗孤好生对待。安帝看到奏章后很不高兴，下令朱宠免官返乡。随后天下百姓群起呼应，为无罪受牵累的邓骘等人喊冤，安帝这才有所觉悟，经过一番思量后，下诏斥责将邓氏诸人迫害致死的地方官员，还特准邓家人将邓骘等人的尸骨运回洛阳北芒山旧茔安葬，并允许那些被流放的邓氏族人重返京城。

安帝之政

汉安帝亲政之后虽然下令灭了邓氏一族，同时也重用了一些有才能的人士，但是仍然没有改变帝后和外戚干政的局面，以致祸乱朝政，使正直的良臣受到迫害。

重用有道之士

二十七岁才真正掌权的汉安帝，也曾想做出一番卓有成效的事业，让东汉王朝更加富强、辉煌。建光元年（121 年）四月，安帝下诏命上至三公九卿，下至郡太守、各封国相，都要广泛为朝政提意见，并举荐一位"有道"之人，即品学兼优的人。

尚书陈忠担心安帝不能接受一些激烈言辞而迁怒于提意见的人，因此上书提醒安帝，他在奏章里说道："臣闻仁君广山薮之大，纳切直之谋；忠臣尽謇谔之节，不畏逆耳之害。……若嘉谋异策，宜辄纳用。如其管穴，妄有讥刺，虽苦口逆耳，不得事实，且优游宽容，以示圣朝无讳之美。若有道之士，

陶盘彩绘禽鱼人畜图
此陶盘中部画一圆圈，圈内水禽与大鱼相对，中杂水草。圈外环形部分画有侧身的四人，四人之间穿插鸡、猪、鸭、羊四种家禽家兽。整个画面用笔简约，富于变化，形象生动。

对问高者，宜垂省览，特迁一等，以广直言之路。"他劝安帝效仿前朝汉高祖、汉文帝、汉武帝及汉元帝的宽阔胸襟，接受百家之建议，重用有德之人。安帝读罢奏章，深受感动，当即下诏，任命有道之士沛国人施延为侍中。

同时陈忠还向安帝举荐了"隐逸"及"直道"之士杜根、成翊世等人。这些人都是当年敢于提议邓太后归政而受到迫害的人。安帝全部接纳并对他们予以重用，任命杜根为侍御史，成翊世为尚书郎。有人问大难不死、隐匿民间多年的杜根说："以前你直言进谏，惹来杀身之祸，天下臣民无不敬佩你。而你为什么要躲在民间吃苦，而不去朋友故交那里呢？"杜根说自己"周旋民间，非绝迹之处，邂逅发露，祸及亲知，故不为也"。

正直之臣杨震

安帝执政初期，很想成就一番事业，但他执政时多受亲信宦官、乳母王圣及圣女伯荣等人的影响，以致祸乱朝政，使正直的良臣受到迫害。

延光二年（123 年），安帝下诏罢免太尉刘恺，升司徒杨震为太尉。杨震出身世家，"明经博览，无不穷究"。元初四年（117 年）入京做官，三年后升任司徒。杨震为人正直，不屑与小人为伍。

在杨震升任太尉之后，大鸿胪耿宝去找杨震，希望他能向安帝举荐中常侍李闰的哥哥，并说："圣上器重李常侍，想让三公征召他的哥哥当官。我来找你，就是转达圣上的意思。"杨震却拒绝说："要是圣上确实有意让李常侍的哥哥当官，那应当令尚书下诏。"耿宝碰壁而返，将此情形告诉了李闰。李闰对此十分恼恨。

安帝的乳母王圣，依仗着皇帝的宠幸，和女儿伯荣在宫廷内外活动，收取贿赂，干预朝政，串通奸恶。杨震先后两次上书，请求安帝"速出阿母，

正史史料

永宁元年，代刘恺为司徒。明年，邓太后崩，内宠始横。安帝乳母王圣，因保养之勤，缘恩放恣。圣子女伯荣出入宫掖，传通奸赂。

——《后汉书·杨震列传》

令居外舍。断绝伯荣，莫使往来"。杨震的一片苦心，却未能得到安帝的认可。安帝还把奏章拿给王圣等人传阅。原本就对杨震有诸多不满的王圣母女和宦官们，由此更加仇恨杨震。

当年十二月间，京城发生了地震。杨震再次上书安帝，指出现今天灾频发，百姓受难，这是上天给我朝的警示，希望皇上能够不为身边中臣左右，"奋乾刚之德，弃骄奢之臣"。杨震还为刚刚发生的地震主动自责，上书说："臣蒙恩备台辅，不能奉宣政化，调和阴阳……。"

然而，杨震的奏章并没有打动安帝，反而令安帝十分反感。而中常侍樊丰及侍中周广、谢恽等人见安帝并不听信杨震的进谏，因此更加胆大妄为，公然结党营私。延光三年（124 年）二月十三，安帝带领文武大臣东巡。二月二十八，临幸泰山、东平，后到达东郡，经魏郡、河内而返回京城。就在安帝巡视地方期间，樊丰等权阉竟私下以安帝的名义发布诏书，"调发司农钱谷、大匠见徒、材木"，各自兴建豪华奢靡的私宅府邸，所费劳役、钱财无法估算。

杨震把这些情况都写入奏章，等待安帝回京后上报。樊丰等人听说后，大为惶恐。他们也知道伪造皇帝诏书罪无可赦，因而决定先下手为强。恰好此时，太史上报说星象出现了奇异的逆行现象。樊丰等人便以此为借口，派人去禀告安帝，大肆诋毁杨震说："这是上天所给的警示，杨震对赵腾之死心有怨恨，何况他还曾与邓氏家族交好，现在一定是对圣上不满。"三月二十九，安帝巡游归来后，并没有马上回宫，而是住在京城的太学里。当夜安帝就派遣使者颁策，将杨震的太尉印信收回。此后杨震闭门不出，也不会见任何宾客。这又给了樊丰等人诬告的理由，他们指使耿宝上书安帝说："杨震是当朝重臣，现在闭门不出，是因为他对陛下心怀怨恨，不愿意服罪。"

安帝听后更加气恼，遂下诏命杨震遣归原郡。杨震奉旨离开京城洛阳，来到城西夕阳亭。他慨然而叹，对他的儿子和随从们说："死者士之常分。吾蒙恩居上司，疾奸臣狡猾而不能诛，恶嬖女倾乱而不能禁，何面目复见日

容车侍从画像砖
上图所绘为容车。车上坐两人，左为御者，右为一妇人。车旁有一马夫，扶辕而进。车后有两名侍从，夹毂而行。据此可知，此为古代妇女所乘之车。

月！身死之日，以杂木为棺，布单被裁足盖形。勿归冢次，勿设祭祀！”随即饮鸩而卒，享年七十余岁。

安帝听说杨震服毒自尽后，并没有丝毫悲伤之情。樊丰等人仍不肯罢休，竟指使弘农郡太守移良派人破坏丧仪，拦截杨震的丧车回故乡，迫使停棺道侧，并罚杨震的儿子们为驿站传递文书、充当苦力。路人皆知杨震之冤，见棺者不禁泣下。《后汉书》中如是评价杨震：“抗直方以临权柱，先公道而后身名，可谓怀王臣之节，识所任之体矣。”

外戚、宦官在安帝的纵容下，越发横行无度，恃宠妄为，扰乱天下。安帝亲政的几年间，朝政日渐腐败，奸佞小人春风得意，忠良大臣虽然气愤填膺，却也只能摇头叹息，无可奈何。东汉王朝在安帝手中逐渐走向没落，邓太后执政时的繁荣不复存在。

阎氏专权

元初元年（114 年），安帝二十一岁时，阎姬被选入宫。根据史书记载，阎姬并没有东汉以往几位皇后那样显赫的家庭背景。在当时皇后出身名门望族似乎已经成为汉代皇室的惯例，阴皇后、马皇后、窦皇后和邓皇后无一例外都是大户出身。从阎姬这一代上溯祖上，有些名望的只有她的祖父阎章。阎章在明帝时期曾经担任过尚书之职。阎章的两个妹妹都曾被明帝选中作为贵人，这应该是以往阎家历史上最光耀的一件事情了。但明帝是个大公无私的皇帝，他的姻亲会被有意地限制权力，得不到任何加官晋爵的机会。因而阎章虽然有能力，工作又勤奋，也有足够的资历，但在明帝朝始终未能得到升迁和任何封赏。

然而正是因为阎姬家世不够显赫，才使她有机会成为皇后的人选之一。安帝刘祜一直宠幸着李氏。他本打算立李氏为皇后，但立后这么大的事情，作为皇帝，刘祜也有很多无奈。他并没有独自做决定的权力，因为他要顺从邓太后的想法。阎姬是邓绥皇太后的娘家亲戚，这就使她占有一定的优势。而阎姬更加被邓太后看好的是她的低微出身。因为阎家无论从哪个方面来说，与邓氏家族相比都是远远比不了的，即使阎姬成为皇后，也不会对邓氏家族构成威胁。这是邓太后立阎姬为皇后的主要原因。

元初二年（115年），安帝遵照邓太后的意旨，把贵人阎姬册立为皇后。一开始安帝对阎皇后也是宠爱有加，甚至许诺说，等阎皇后生子后就将其子立为皇太子。但阎皇后入宫以后，五六年都没有一点怀孕的迹象。而安帝后来所宠爱的妃嫔李氏，却十月怀胎，为安帝诞下了一位龙子。安帝大喜，给这个孩子取名叫作刘保。刘保不仅是安帝的长子，也是他在位多年唯一的皇子。永宁元年（120年），安帝立刘保为太子。阎皇后为此妒忌不已，她设计将李氏用毒酒鸩死，使刘保变得无依无靠。但因为阎皇后和邓太后的特殊关系，谁也不敢彻底追查此事，于是李氏悄无声息地从皇宫中消失了。

建光元年（121年），邓太后病死，安帝亲政。阎姬顿时来了精神，连忙要求安帝在对付邓氏外戚的同时，将她的四个兄弟加官晋爵。这样阎显、阎景、阎耀、阎晏并列为卿校，典掌禁兵。事隔不到一年，到延光元年（122年），又将阎显加封为长社侯，食邑一万三千五百户，并追封其早死的母亲为荥阳君。连阎显兄弟家年幼的孩童，也全都官拜黄门侍郎。

延光三年（124年），阎皇后暗中勾结安帝的乳母王圣、大长秋江京、中常侍樊丰等人诬陷皇太子刘保的奶娘王男、厨监邴吉等人，最终害死了二人。而对已经失去了亲生母亲的太子刘保来说，王男和邴吉无疑是他最亲近的人，一下子失去了他们，使刘保伤心不已。江京、樊丰因为惧怕皇太子日后复仇，就想斩草除根，彻底断了刘保的后路。他们和阎皇后用莫须有的罪名诬陷太子和太子宫的属官，凭空伪造证据向安帝汇报。安帝自然非常生气，于是召集了所有大臣来讨论废黜太子的事情。

耿宝等人表示赞同安帝的想法，一致认为应当废黜刘保的皇太子之位。而太仆来历、太常桓焉、廷尉张皓则提出反对，说："太子年龄尚小，还是个孩子，没有足够的能力来识别好与坏。况且太子并不一定知道王男、邴吉的阴谋，所以不应该以此惩罚他，而应该挑选忠诚厚道的有识之士做他的老师，传授给他必要的知识和礼仪。况且废黜太子不是一件小事，不应该轻易地做出决定。"然而安帝并没有听进他们的劝告，大臣们也只好无奈地退出。

废黜了太子之后，阎皇后及其同党的篡权之心更是变本加厉。她的三个兄弟阎显、阎景、阎耀，都担任了卿校，统御皇家禁军，同时被安帝封为侯。帝舅耿宝也被封为大将军。并同江京、樊丰等宦官、内侍勾结起来。安帝时期，由于外戚和宦官狼狈为奸，朝政腐败，社会黑暗，民不聊生，外忧内患连绵不绝，社会危机日益加深。

延光四年（125年）三月，安帝在南巡途中，突然发病死于叶城（今河南叶县），年仅三十二岁，葬于恭陵（今河南洛阳市孟津县三十里铺村南），庙号恭宗（后除庙号），谥号孝安皇帝。阎皇后为了使阎氏家族长期把持朝政，便与江京、樊丰决定拥立一个年幼不懂事的皇族成员为帝。最后他们选中了汉章帝的孙子济北王刘寿的儿子北乡侯刘懿。三月二十八，北乡侯刘懿即位，史称少帝，尊阎皇后为太后。

绿釉熊足仓
此仓为圈钮伞形盖，筒形体，上宽下窄，平底承以三熊足。仓体上有三组四重线弦纹装饰，使单调的熊足仓具有了韵律感。

阎太后任命阎显为车骑将军，掌握军政大权。以阎显为首的阎氏家族开始打击排斥异己，他们诛杀安帝的亲信宦官，外戚耿宝，中常侍樊丰，侍中谢恽、周广，安帝的乳母王圣等陆续被贬或被杀。阎氏家族逐步控制了东汉的朝政大权，东汉王朝也由此进入了外戚阎氏擅权的时代。

顺帝时宦官得势

汉顺帝刘保之所以能登上帝王宝座要归功于宦官，因此在他即位后，对有功的宦官大肆封赏，宦官成为汉顺帝的亲信重臣。一时间宦官权倾朝野，地位显赫。

凭宦官之力继位

汉顺帝刘保是汉安帝唯一的儿子，理应是皇位不可置疑的唯一继承者，可是刘保登上皇帝之位的历程却颇为坎坷。他所凭借的完全是宦官的力量，这也注定了在顺帝朝，宦官成为了操纵东汉朝政的举足轻重的一股力量。

延光四年（125年）二月十七，安帝带领文武大臣南巡地方。三月初三，当安帝抵达宛城时，感觉身体不舒服。初八日安帝抱病离开宛城。初十抵达叶城时，突然病死了，这时他才年仅三十二岁，亲政尚不足五年。

击鼓说唱俑

该说唱俑踞坐在一土台上，其头戴软小冠，并以长巾围绕一匝，前额上打一花结。上身光赤，下身着长裤，赤脚，双眼微开。其右手拿鼓槌，高举齐眉，左臂抱一扁鼓，两臂上均有饰物。右腿平抬，左腿蜷曲，活泼诙谐的表演中透露着憨厚之态。

安帝刚一病死，阎皇后及阎显、阎景、阎耀以及宦官江京、中常侍樊丰等人就秘密商议起来，他们认为如果立刻向天下宣布安帝的死讯，那留守京城的王公大臣们势必会将皇宫中的济阴王刘保拥立为皇帝，那样一来，他们这些人的处境就岌岌可危了。为了避免大权旁落，他们密谋决定，封锁安帝的死讯，秘不发丧，一切都等回到京城再作安排。

阎皇后下诏称安帝病重，除了阎显兄弟、江京等人外，别人不得求见安帝。他们将安帝的尸首安置在皇帝车驾上，所过之处，饮食、供奉照旧，每天还装作问候安帝起居，一切都和安帝活着时一样。这样一路遮掩，一路快赶。四天后他们终于回到京城洛阳，然后悄悄把安帝的尸体运进了皇宫，并以安帝身体不适的名义禁止任何人拜见。

次日早上，阎皇后还一本正经地下诏，派司徒刘熹前往郊庙拜祭，为安帝祈福，祝他早日恢复健康。宫里人与大臣们虽然觉得疑惑，但还是被蒙骗了。在一切准备就绪后，当晚他们诏告天下，宣布安帝驾崩。阎皇后被尊为皇太后，临朝执政。她任命阎显为车骑将军。此时有大臣提出应当由济阴王刘保继承帝位。早商议好对策的阎太后认为济阴王刘保早已经被废黜，不适合当皇帝。随即宣布将汉章帝的孙子、济北惠王的儿子、年幼的北乡侯刘懿接进皇宫继位。

延光四年（125年）三月二十八，北乡侯刘懿即皇帝位，史书称其为少帝。阎太后临朝执政，大肆册封阎氏家人以及那些亲信的宦官、随从，就连乳娘、厨师等人也都受封当上了朝廷命官。阎氏外戚和宦官之间相互勾结，为了共同的利益联起手来，祸乱朝纲。朝廷名义上是阎太后执政，而实际掌握政权的则是她的兄弟阎显。为了独揽朝权，清除障碍，阎显首先就拿安帝的舅父大将军耿宝开刀。耿宝多年来执掌兵权，为阎显所嫉恨。阎显指使人诬告耿宝对朝廷不满，图谋不轨，让阎太后下诏剥夺了耿宝的兵权和官职，并将其遣回原籍。阎显又将中常侍樊丰、虎贲中郎将谢恽、侍中周广等人以与耿宝合谋的名义抓入大牢处死。并声称安帝乳母王圣也牵扯其中，因为阎太后不敢过于迫害她，遂下诏将王圣母女赶出京城，流放到遥远的雁门地区。清除了皇宫内外的反对势力后，阎太后和阎显的兄弟们变得更肆无忌惮，在朝堂上威风不可一世。

正当他们春风得意之时，少帝刘懿却病倒了，此时距他继位不过两百余天。眼看少帝病情一日重甚一日，没有康复的可能，阎太后等人也不免忧心忡忡。宦官江京建议阎显说："眼看着少帝的病情愈来愈重，难以治愈，应该及早再作打算，不然一旦济阴王刘保继承皇位，必然会报复我们。还是赶紧征召诸王之子，从中选择一个可以继位的人吧。"阎显对此十分赞同，并赶去和阎太后商议。延光四年（125 年），少帝刘懿即位仅七个月就病死了。阎太后还是秘不发丧。阎显带兵将宫门关闭，屯兵自守，准备征召诸王之子进宫，再从中挑选一个年幼便于控制的新傀儡皇帝。几番斟酌之后，阎太后和阎显、江京等人征调济北王、河间王的王子入京。而王子们还在赶往洛阳的路途中时，东汉皇宫内就发生了一起宦官夺权、拥立新帝的宫廷政变。

当初汉安帝死后，济阴王刘保因为是被废的皇太子，阎太后等人竟然不允许他上殿拜祭安帝。刘保伤心不已，失声痛哭，一连几日茶饭不思，内外大臣无不为之感动。如今少帝早亡，皇宫内的宦官都略有听闻。中常侍孙程找到济阴王谒者长兴渠，曾经担任太子府史的中黄门王康，以及长乐太官丞、京兆王国等人说："济阴王是皇帝唯一的后裔，并没有任何过失，先帝却偏偏听信奸臣谗言，废黜了他。如果我们现在联手杀掉江京、阎显等人，拥立济阴王登上皇位，我们必为有功之臣。"众人对此都十分赞成。

十一月初二，孙程、王康、王国分头联络了十九个人，即中黄门黄龙、彭恺、孟叔、李建、王成、张贤、史泛、马国、王道、李元、杨佗、陈予、赵封、李刚、魏猛、苗光等，他们一同来到皇宫西钟楼下秘密聚会，每个人都撕下衣襟对天发誓，密谋共同发动政变。

十一月初四，京城洛阳与十六个郡和封国同时发生了地震。当天晚上，按照预先商议的计划，孙程等人聚集在崇德殿，随后手持兵刃进入章台门。当时江京、刘安和李闰、陈达等人恰好都围坐在禁门下聊天，见此情形大惊失色。不待他们有所反应，孙程和王康急忙奔上前，挥刀斩杀了江京、刘安和陈达，却没有杀害李闰。因为李闰在内宫具有一定威信，宫内的人都很听他的话。孙程打算让李闰助他们一臂之力，因而他举刀胁迫李闰说："你必须

单阙画像砖

画像砖正中浮雕一重檐单阙，阙顶左右对称，屋顶与阙身比例恰当，使此阙显得宏伟端庄。阙两旁各有一人躬身而立，左者执棨戟，右者捧盾。上檐两端各悬一玩戏小猴，为隆重的迎谒场面增添了情趣。

答应和我们一起拥立济阴王刘保为皇帝，不得动摇，否则就别想活命。"李闰赶紧答应道："好，一切都听从你们的吩咐。"

于是他们找到济阴王刘保，把他带到皇宫西钟楼下，在那里他们草草地拜十一岁的刘保为新帝，改元"永建"，这就是东汉历史上的汉顺帝。紧接着他们就以顺帝的名义传令，将尚书令、仆射等官吏召集来，全体簇拥着新帝刘保的车驾，拥进南宫，直奔云台。同时孙程派虎贲和羽林军卫士驻守于南宫和北宫的所有宫门，任何人不得外出或进入，以断绝内外交通。随即顺帝刘保登上云台，发布诏文，号令王公贵族、文武百官。

此时有宦官前往阎太后那里禀报发生了政变，正在宫中的阎显也已经听闻，不禁吓出了一身冷汗，一时之间竟不知如何是好。阎太后身边的宦官樊登说："请太后马上下诏，发兵诛杀谋反之人。"并提议让宫中护卫军官冯诗和阎崇带兵前来保护阎太后。阎太后依此行事，还宣布说："如果抓到济阴王刘保的人可封为万户侯，抓到李闰等叛乱主谋可封为五千户侯。"阎太后希望以重爵悬赏来达到平息叛乱之效。

冯诗等人虽都许诺，但又说："因仓猝被召，带兵太少。"阎显派冯诗等和樊登去左掖门外迎接增援的将士。冯诗趁机斩杀了樊登，回到自己的军营固守。

掌握兵权的卫尉阎景此时也听到宫廷发生政变的消息，他急忙召集下属军队，准备进皇宫救援阎太后和阎显。然而他带兵刚刚来到盛德门，就遇到了尚书郭镇。原本称病在家休养的郭镇听说刘保被立为新帝，大为欣喜，随即接到孙程派人送来的顺帝诏令，命他带兵抓捕阎显、阎景等人。郭镇即率领羽林军把守在皇宫大门外等待。两军相对，剑拔弩张。阎景的手下首先抽刀大喊："让开，不要挡道！"郭镇手下也举起了武器。郭镇持节宣读新帝诏书阎景轻蔑地说："这是什么诏书？"举刀向郭镇砍去。郭镇闪身躲过，拔剑刺中了阎景。阎景倒在了地上，然后羽林军蜂拥而上，用长戟抵着他的胸脯，将其生擒活捉。一看主将被擒，阎景手下的将士们也纷纷投降。阎景被关押进了廷尉大狱，当天夜里就被杀死。

第二天，即十一月初五，孙程等人派遣使者进入皇宫北宫，将皇帝玺印拿到，随后他们保护顺帝刘保来到嘉德殿。由刘保发出诏书，命侍御史持符节，前往抓捕阎显及阎耀、阎晏，将他们三人关入大牢，随即处死，阎氏族人全都被流放至偏远地区。至于阎太后，刘保还算客气，只是让她迁往离宫居住。

十一月初六，孙程等人命令将皇宫禁门打开，守卫军队撤回军营。初九日顺帝下诏给司隶校尉，称："惟阎显、江京等人祸乱朝政，应当被诛杀。其他臣子，均可宽大处理。"以赢得群臣的拥护和安心。十一岁的刘保就在宦官的簇拥下登上了东汉皇帝的宝座，他成为自西汉以来，又一次历经宫廷政变才登上帝位的刘氏皇族，同时也是汉王朝数百年历史上第一次由宦官发动政变拥立的皇帝。这一场宦官主导的宫廷大内乱，不仅改变了顺帝刘保的一生，也彻底改变了东汉王朝的命运。从那以后，东汉王朝彻底沦入了衰亡败落的局面。

宦官十九侯

年仅十一岁的顺帝刘保登基之后的第一件大事，就是报答有功之臣，而宦官孙程等人更是功居首位。于是顺帝下诏将孙程等十九人全都封为列侯："孙程食邑万户，王康、王国各食邑九千户，黄龙食邑五千户，彭恺、孟叔及李建各食邑四千二百户，王成、张贤、史泛、马国、王道、李元、杨佗、陈予、赵封、李刚各食邑四千户，魏猛食邑二千户，苗光食邑千户，号为十九侯。"并按照他们分封的等级，赏赐车马仪仗，至于金银、锦帛的封赏更为优厚。同时擢升孙程为骑都尉，为十九侯之首。因为李闰是半路参加的政变，并不在首谋之列，所以顺帝没有给他封侯。

顺帝又下诏任命将作大匠来历为卫尉，提拔朱伥、施延、陈光和赵代等人，就连已经故去的闾丘弘等人的儿子也都入朝为官。顺帝也没有忘记当初蒙冤而死的乳娘王男和厨监邴吉，下诏令他们的家属返回京城，不仅亲自接见安抚，还给予其丰厚的赏赐。

在顺帝册封的十九侯之中，苗光的爵位最低。政变之初，孙程等人进入章台门时，只有苗光一人没有随同前往。当顺帝准备封赏有功之人，命王康

乐舞百戏图

此图出土于内蒙古和林格尔汉墓。图以建鼓为中心安排人物的构图位置，将观者放置于上角，在余下的大面积中尽情地描绘场中乐舞杂耍之人，纪实式地展现了汉代社会生活的场面。

向上呈报功臣名单的时候，和苗光关系不错的王康就谎报苗光也随他们进入了章台门。在顺帝封赏过后，苗光因为心虚而终日不安，没过多久就主动向黄门令坦白交代了事实真相。黄门令上书顺帝，弹劾王康和苗光欺君犯上，理当严惩。顺帝却没有生气，而是下诏安抚说，对此事不再追究。

当初顺帝刘保被废黜皇太子之位时，负责服侍他的小黄门籍建、傅高梵、长秋长赵熹、丞良贺、药长夏珍等人都受到了牵连，坐罪流放到朔方郡。之后顺帝诏令他们全部返回京城，并都擢升为中常侍。

这样一来，孙程等十九位封侯受爵的宦官，大受顺帝的宠信，成为朝廷中的新贵。后来顺帝还下诏准许宦官将爵位传给其养子。在顺帝的宠信和纵容下，宦官们不仅在后宫内任意妄为，还兼做朝官把持朝政。一时间宦官势力空前膨胀，东汉朝政不再掌控在外戚阎氏手中，而是转为宦官擅权。宦官权势炙手可热，东汉王朝的统治则愈加黑暗腐败。

宦官干政

顺帝继位之时，虽然年少，尚能明智地听取大臣的意见行事。但由于他性格软弱，做事犹豫不决，因此对待亲信宦官始终不能痛下决心整治。因而在朝政方面也深受其扰，未能做出大的成就。

对于群臣的进谏，顺帝大多能够采纳实行。虞诩被顺帝任命为司隶校尉，几个月后他上奏弹劾太傅冯石和太尉刘熹，顺帝接受了他的奏章并下诏将二人免官。随即虞诩又上书顺帝，弹劾中常侍程璜、陈秉、孟生、李闰等人。这就激起了宦官们的不满，朝中大臣也多有议论，认为虞诩过于苛刻。三公联名弹劾虞诩，指责其违反常法，于盛夏之季，大肆逮捕和关押无罪的人，使吏民深受其害。

虞诩上书顺帝辩解说："法禁者俗之堤防，刑罚者民之衔辔。"他指出如今朝臣和地方官员大多推卸职责，使得百姓有冤无处申诉。且当今风气"以苟容为贤，尽节为愚"。虞诩所查出的案件牵连者甚众，三公担心自己也因此受累，所以先来诬陷他。虞诩宁愿以死来向顺帝尸谏。顺帝读阅了虞诩的奏章后，感慨不已，不但未对虞诩降罪，反而从此对他更加器重。

不久虞诩上书顺帝，请求惩办中常侍张防，控告其利用权势，接受贿赂，贪赃枉法。顺帝一看是弹劾自己最宠信的宦官，心中不悦，就将奏章压下不予表态。虞诩一连写了几次奏章，都没有得到顺帝的答复。为了表示愤慨，他自投廷尉监狱，而后再次上书顺帝，指出以往安帝重用樊丰，"交乱嫡统，几亡社稷。今者张防复弄威柄，国家之祸将重至矣"。顺帝被奏章所感动，心中稍有动摇。这时张防却跑到顺帝面前痛哭流涕，大说自己冤枉。顺帝怜惜他，便立刻将虞诩的奏章弃置一旁，并下诏将虞诩遣送到左校罚做苦役。

对于这样的结果，张防仍不满足，为了断绝后患，他一定要将虞诩置于死地。在张防的指使下，刑狱官员在两天之内，接连传讯虞诩四次，对其严刑拷打，百般虐待。一位狱吏劝说虞诩自杀，免得再受折磨，虞诩却拒绝说："我宁愿受尽折磨，被斩于街市，以警示世上之人，也不愿默默自杀。否则世人又怎能明辨是非呢？"

张防残害忠臣虞诩的事情在朝野中掀起轩然大波，大臣们多半愤怒，但碍于顺帝对张防的宠信，而不敢为虞诩进言，伸张正义。倒是浮阳侯孙程和祝阿侯张贤听说此事后，先后入宫求见顺帝。孙程直言不讳地指出，当初顺帝在政变之时，"常疾奸臣，知其倾国"。如今却和先帝一样纵容和包庇奸佞。虞诩忠心耿耿，却遭到如此下场。而中常侍张防"臧罪明正"，罪恶多端，却逍遥法外，甚至残害忠臣。今日观看天象，示意说宫中有奸臣，请求顺帝将张防打入大牢，以防止天降灾变。孙程慷慨陈词之际，张防就站在顺帝身后。顺帝也很尴尬，还没来得及表态，孙程就气愤地呵斥张防说："奸臣张防，何不下殿！"张防无奈，只得赶紧退进了东厢。

接着孙程又请求顺帝马上下令逮捕张防。顺帝迟疑不决，只好征询大臣们的意见。尚书贾朗素来与张防私交很好，因而争辩说虞诩诬告张防，确实犯了罪。顺帝一听，更加犹豫，就让孙程等人先退出宫去，自己要好好想一想。

没想到孙程等人刚退下，颇受顺帝宠信的中常侍高梵也来求见。原来虞诩的儿子带着虞家门生一百多人，打着旗子，将高梵的车驾团团围住，向高梵不停叩头，直至流血，述说虞诩实属被张防陷害的冤屈。高梵大受感动，答应入宫将此事禀报给顺帝。顺帝正在左右为难之时，高梵的话终于让他下定了决心，随即下诏将张防流放到边疆，处死或罢免了尚书贾朗等六人，当

玉熊虎相门纹板饰

此玉料呈白色，正面以浅浮雕加阴线刻饰图案。左侧饰一螭虎，中部饰一前两足张开的熊，右侧饰一向熊猛扑的斑虎，其他部分饰以流云纹。整个画面形象、精致，显示出其高超的刻画水平。

天就将虞诩释放出狱。

接着孙程又上书顺帝，言辞激烈地陈述虞诩有功而无过，希望顺帝能够再次重用虞诩。顺帝深受触动，随即任命虞诩为议郎，几天之后，又下诏将虞诩擢升为尚书仆射。重获启用的虞诩不改以往风范，依然直言进谏。并向顺帝举荐南阳郡人左雄，赞其尽忠尽职，"宜擢在喉舌之官，必有匡弼之益"。这一次顺帝马上就接受他的提议，任命左雄为尚书。

虽然在虞诩这件事上，顺帝接受了孙程等人的进谏，但顺帝心中已经对孙程有些不满。大臣中有善于见风使舵者借机弹劾孙程等人，说孙程和王国等人结党营私，扰乱朝政。顺帝也正想打击孙程等人，于是随即下诏罢免了孙程一干人的官职，并将他们的封地全都改到偏僻贫瘠的地区。紧接着顺帝又下诏命令十九侯必须在一定限期内离开京城，各自回到他们的封国去，还派洛阳令监视督促他们按时出发。

司徒掾周举不满顺帝的做法，于是劝说司徒朱伥出面劝说顺帝。朱伥遂上表劝谏，盛怒过后的顺帝也正在后悔自己的决定，于是他立刻接受了朱伥的建议，下诏将孙程改封为宜城侯。孙程抵达封国后，心里怨恨不满，将印信和符策都派人退回给顺帝，自己擅自违背圣旨，来到京城郊外的山林中。顺帝听闻后，心中懊悔不已，急忙下诏寻找孙程，在找到之后，诏令恢复孙程原来的封爵和食邑，并赏赐车马和衣物，将其送回封国。永建三年（128年）十二月，顺帝想念孙程，遂将孙程等十九侯又全部召回京城，让他们参与朝政。

永建四年（129年）正月初一，顺帝下诏大赦天下。十一日顺帝行成年加冠礼。阳嘉二年（133年），京城宣德亭突然发生地裂，长八十五丈。顺帝不安，特意召集王公大臣们所举荐的贤人能士，询问有关对策及当朝的政治利弊。李固直言不讳地指出，应该以前朝安帝为鉴，放宽胸襟，谋求实行善政，审慎加以选任，使尚书能辅佐君王，推行善政。并请求顺帝罢黜宦官，削减他们的权力，仅保留品德方正的常侍二人，在左右听候驱使。再保留有才智和高雅的小黄门五人，在殿中供职。顺帝读之，深以为然，当天就命乳母宋娥搬出皇宫，回到她自己的私舍。而宦官们闻听大患临头，都向顺帝叩头请求恕罪。顺帝终于还是没有下狠心按照李固的提议去做，只是提拔李固为议郎。但宋娥和宦官们却都对李固恨之入骨，于是伪造书信，捏造罪名来诬陷李固。顺帝信以为真，下令查办李固，而宦官们竟然不将诏书送抵尚书台，而直接传达下去。大司农黄尚、尚书仆射黄琼进行挽救，并求助于梁商，请顺帝派人重新查明事实。结果李固被关押了很久才被无罪释放，但从此不再受到顺帝重用，而是被调任为洛县县令。于是李固便辞官回乡。

阳嘉四年（135 年）二月十六，顺帝下诏将孙程的养子封为侯，这也是中国历史上首次允许宦官以养子继承爵位。因为感激宦官发动政变拥立自己为帝，顺帝允许他们参与朝廷政事。御史张纲上书反对，但顺帝毫不理会。

在顺帝的纵容下，乳母、宦官频频贪赃枉法。永和二年（137 年）五月初六日，有人揭发山阳君宋娥勾结奸佞，以不实之词诬陷他人。顺帝查实后，下令收缴了宋娥的印信，并遣送其回封国。而黄龙、杨佗、孟叔、李建、张贤、史泛、王道、李元、李刚等九侯，因与宋娥互相贿赂，谋求高官和增加食邑，顺帝下诏将他们也一律遣回各自封国，并以减少其所享用的封国租税的四分之一作为惩戒。

顺帝在位时期，官员选拔的不正之风越发严重，外戚和宦官各自安排自己的亲信，结党营私，使得大批有识之士不能进入官场为国家效力。为此阳嘉元年（132 年），尚书令左雄对人事制度进行了一系列改革。修建太学，扩充生员，任用清白儒生为官吏。左雄还直谏顺帝诏告天下，鼓励群臣举荐贤良、正直之士，并对明经者进行考试，通过者可为太学生。因为地方官员在举孝廉时最易舞弊，所以左雄针对这些弊端，建议对地方上举荐的孝廉进行复试，再由尚书台举行二次复试。根据复试的成绩来任命官吏，对于那些不合乎才能要求的被举之人一概遣回原籍，而举荐人也要受到严惩。这样一来，便加强了各地方官员对举荐孝廉的责任心，使他们再也不敢随意贪污受贿。顺帝遂诏令各郡国举孝廉。

汉安二年（143 年），尚书令黄琼认为，先前左雄所上奏的关于孝廉的选举制度，只限于推荐精通"儒学"和"文史"，在选拔人才上还有不足之处。于是上奏顺帝请求增加"孝悌"和"能从政"两科，一共四科，作为考核内容，得到顺帝的批准。

正史史料

阳嘉元年春，有司奏立长秋宫，以乘氏侯商先帝外戚，《春秋》之义，娶先大国，梁小贵人宜配天祚，正位坤极。帝从之，乃于寿安殿立贵人为皇后。

——《后汉书·皇后纪下》

梁氏乱政

汉顺帝时期，外戚梁氏开始登上政治舞台。汉顺帝死后，梁氏势力如日中天，掌控了朝中大权。此后梁氏外戚利用手中的权势胡作非为，扰乱朝政，甚至废立皇帝。外戚乱政给皇权带来了严重的威胁，也引发社会的不安，成为当时社会的一大祸害。

初露端倪

阳嘉元年（132年），十八岁的汉顺帝打算从宠爱的四个贵人中选立皇后，但这四个贵人各有千秋，顺帝也犹豫不决，不知道选哪一位更好。于是有人提议说用抽签的方法，由上天决定，抽到谁就是谁。时任尚书仆射的胡广与尚书郭虔、史敞联名上书进谏。他们认为，选立皇后是一件大事，皇帝本人不愿意自己来决定，是皇帝谦恭的表现，但是用抽签的方法让上天来决定，未免有些欠妥。这种方法自古没有先例，而且选择皇后应该以她的德行为依据，德行好的人自然有不同于其他人的气质。同时他们向皇帝建议，除了四位贵人外，再增选几位良家女儿，从其中物色品德最好的。品德一样好，物色年龄较大的；年龄一样大，挑选外貌美丽的。然后再稽查典籍，最后由陛下考虑决定。顺帝接受了这个建议。

有一位梁贵人，是汉和帝刘肇的母亲梁贵人的侄女，乘氏侯梁商的女儿。顺帝对她有着特别的好感，因此顺帝决定选立她为皇后。阳嘉元年（132年）正月二十八，梁贵人被顺帝封为皇后。阳嘉四年（135年）其父梁商被拜为大将军。梁商就任大将军后，开始总揽朝政。之后顺帝又任命执金吾梁冀为河南尹，梁商的少子梁不疑为侍中、奉车都尉。自此梁氏家族越来越多的人进入朝廷之中做官。

梁皇后膝下无子，顺帝只有虞贵人为他生的一个儿子叫刘炳。建康元年（144年）四月，顺帝立皇子刘炳为太子，并大赦天下。

建康元年（144年），汉顺帝在玉堂前殿驾崩，年仅三十岁，安葬在宪陵（今河南洛阳西），庙号敬宗（后除庙号），谥号孝顺皇帝。顺帝刘保在位十九年，昏聩无能，任由宦官与外戚专权，使得东汉王朝在宦官与外戚的争斗中加速了衰落的进程。

汉顺帝驾崩后，年仅两岁的太子刘炳即位，次年改元为"永憙"，刘炳就是汉冲帝。梁皇后被尊为皇太后，并临朝主持朝政。她任命太尉赵峻为太傅，大司农李固为太尉。冲帝在位只有半年，便夭折了。为了实现长期掌权的目的，梁太后又将另一个年仅八岁的皇族成员刘缵迎入宫中，于永憙元年（145年）正月立为皇帝，改元"本初"，这就是汉质帝。质帝刘缵是汉章帝的玄孙。质帝即位后，朝政仍旧由梁氏家族把持。东汉王朝向着衰败的深渊又下滑了一步。

几经辗转的帝位

建康元年（144年），年仅三十岁的汉顺帝刘保病逝，此时他唯一的儿子太子刘炳不过两岁，即位后不过半年也死了。因帝位空虚，把持朝政的梁太后和梁冀就在刘氏皇族中挑选，最后挑了一个八岁的孩子，并于永憙元年（145年）正月立其为皇帝，改元"本初"，这就是东汉历史上的汉质帝。

汉质帝名叫刘缵，是汉章帝的玄孙，他年纪虽小，却聪明伶俐。质帝每日坐在朝堂上，看着梁冀对群臣发号施令，对恣意蛮横的梁冀很是不满。小孩子并不懂得遮掩，有一天梁冀又在呵斥文武大臣，质帝就指着梁冀大声说道："此跋扈将军也。"梁冀非常恼怒，又不好公然发作。梁冀觉得质帝不是个好掌控的人，一旦他长大后亲政，更不会将自己放在眼里，因而暗起杀心。

本初元年（146年）闰六月初一，梁冀命令质帝身边的内侍把鸩毒放在汤饼中，送给质帝吃。不一会，药性发作，质帝感到十分难受，就让人赶紧去传太尉李固。李固来到质帝卧榻前，询问详情。质帝挣扎着说："我刚才吃了汤饼，现在觉得肚子里很难受，嘴巴很干，给我点水喝，我还可以活。"站在旁边的梁冀连忙阻止说："恐怕会呕吐，不能喝水。"梁冀的话还没有说完，年幼的质帝已经痛苦地咽气身亡。李固大为伤心，伏在质帝的尸体上恸哭，并怒斥服侍质帝起居健康的御医。梁冀担心下毒的真相被揭穿，心里十分痛恨李固。

汉质帝突然去世，东汉王朝在极短的时间里再一次面对皇位继承人的问题。李固与司徒胡广、司空赵戒，联合给梁冀写了一封书信，信中说："天下不幸，频年之间，国祚三绝。"希望梁太后和梁冀大将军能够像过去前朝一样，广泛征询王公大臣们的意见，以找到一位"令上应天心，下合众望"的新皇帝。并郑重

庖厨俑

该庖厨俑头挽发髻，身着长裙，面带微笑。
案上置有蔬菜和鱼。其席地而坐，管袖挽起，
正在动手加工案上的菜肴。该雕塑手法写
实，风格细腻，给人以亲切之感。

指出："悠悠万事，唯此为大。国之兴衰，在此一举。"

梁冀读信后，心有不悦，但还是和梁太后商议，将朝中三公、俸禄二千石的官员及列侯都请到宫中，一起讨论继承皇位的合适人选。太尉李固、司徒胡广、司空赵戒、大鸿胪杜乔提议由"明德著闻，又属最尊亲，宜立为嗣，朝廷莫不归心"的清河王刘蒜继承皇位。不想这个提议却遭到了宦官曹腾的破坏。

曹腾听说三公提名刘蒜，赶紧连夜去拜访大将军梁冀说："大将军您位高权重，几代都是皇亲国戚，门客下属遍布朝廷、地方，难免有一些过错，落下不少埋怨。清河王以严厉明察著称，如果立他为帝，大将军您的日子恐怕就不好过了，还有可能会大祸临头！您不如拥立蠡吾侯为帝，这样就可以长保富贵。"这番话说得梁冀心惊肉跳，如梦方醒。说起来他原本和梁太后打算立为新帝的就不是清河王，而正是蠡吾侯刘志。当初平原王刘翼被贬逐回到河间国，他的父亲河间王刘开上书顺帝，请求将自己封地中的蠡吾县分给刘翼，顺帝批准，并将刘翼封为蠡吾侯。刘志是刘翼的儿子，章帝的曾孙，继承父亲的侯位成为现任蠡吾侯。此时刘志正在京城洛阳，因为梁太后想把自己的妹妹嫁给他，特意下诏把他叫来的。

梁冀急忙进宫去找梁太后，两人合谋还是立刘志为新帝。于是第二天一早，梁冀重新召集王公大臣们讨论。梁冀为恐吓众人，故意摆出凶神恶煞的样子，司徒胡广和司空赵戒及大部分的大臣都心生畏惧，不敢坚持前一天的建议，而是唯唯诺诺地表示："但凭大将军做主，我们愿意听从！"只有李固和杜乔坚持立刘蒜为帝。梁冀恼羞成怒，宣布散会，让众大臣回去等通知。

李固回府后，又给梁冀写了一封信重申其立帝的想法。

这下可彻底惹恼了梁冀，并于初四日，劝说梁太后下诏免去了李固的太尉之职。初五日梁太后又下诏，将胡广升任为太尉，任命赵戒为司徒，和梁冀一起主管朝廷事务，随之又将太仆袁汤升为司空。又过了两天，即本初元年（146 年）六月初七，梁太后正式下诏，派大将军梁冀亲自持符节，用帝王乘坐的青盖车迎接蠡吾侯刘志，将其迎进南宫。当天时年十五岁的刘志即皇帝位，改元"建和"，是为东汉桓帝，梁太后仍然临朝听政。她将朝廷大权交给三公等辅佐大臣，但实际执掌朝权的还是大将军梁冀。

七月初二，汉质帝被安葬于静陵（今河南洛阳东南）。同年九月，汉桓帝追尊皇祖父河间孝王为孝穆皇，祖母赵氏为孝穆后，追尊父亲蠡吾侯刘翼为孝崇皇。祭庙名为烈庙，陵园名为博陵。并设置令、丞等官员负责掌管，派司徒以隆重大礼举行祭祀。十月汉桓帝尊亲生母亲耿氏为博园贵人。

梁冀独霸朝政

汉桓帝即位后，为感谢梁冀的拥立之功，下诏"增封梁冀食邑一万三千户"。由此大权在握的梁冀变得更加飞扬跋扈，为所欲为。

因为喜欢兔子，梁冀就在洛阳城西建立了一处兔苑，面积竟达数十里。他还公开发布文书，向各地官府征收兔子。每只兔子都被剃掉一撮兔毛，以识标志。要是有人伤害了梁家兔苑里的兔子，必受严惩，甚至被判以死罪。有一位来自西域的商人不知道这个禁令，误杀了一只梁氏兔苑的兔子，以致被杀，且不少人遭到株连，最后因罪致死的竟达十多人。

对于朝中大臣，梁冀也是任意处置。当时朝中有一位年轻的郎中名叫袁著，年轻气盛，因看不惯梁冀的狂妄行为，直言上书，请求桓帝下诏削减梁冀的权限，收敛其威风。桓帝不置可否，梁冀知道后，暴跳如雷，马上派人追杀袁著。袁著终于体会到梁冀一手遮天的厉害，被逼无奈之下，他只得装成暴病而亡，让家里人安排后事，抬着棺材举行了葬礼。谁知这一招并没能瞒过梁冀的门客，袁著最终还是被梁冀手下的兵丁抓了起来，被活活地打死。

建和元年（147 年）八月十八，汉桓帝按照梁太后的意思，册封梁太后和梁冀的妹妹梁女莹为皇后。梁冀本打算以厚礼迎亲，可杜乔却说此与礼制不合，予以反对。之后杜乔还回绝了梁冀推荐的尚书人选，因此梁冀越发憎恨杜乔，总想找个机会除掉他。而宦官唐衡、左一道也一向嫉恨杜乔，于是就在桓帝面前诬告说："以前杜乔和李固反对陛下即位，认为您不能侍奉汉朝宗庙的祭祀。"桓帝由此也讨厌起杜乔和李固来。

随后梁冀诬称李固、杜乔暗地里和刘文、刘鲔等人互相勾结，图谋不轨，欲将二人逮捕治罪。梁太后素知杜乔为人正直，因此拦住梁冀，不让他为难

男墓主与男侍仆图
汉代习俗视死如生，以厚葬为德，薄殓为鄙。此壁画描绘了墓主人生前宴饮的生活场景。

杜乔，梁冀只好将李固抓入大牢。为给李固申冤，他的门生王调，身戴刑具上书桓帝，赵承等数十人闻讯，也都带着腰斩所用刑具一起聚集到皇宫外。梁太后听说此事后，下诏将李固释放，京城的百姓无不欢欣雀跃，为李固庆贺。梁冀大为吃惊，没想到李固竟然如此深得民心。他担心日后被李固报复，再次上书桓帝弹劾李固。桓帝不分青红皂白，下令严查李固。

刚出牢狱没多久的李固再次被捕，被关进了监狱。大将军长史气愤填膺，去找梁冀理论，劝其不要再迫害李固。梁冀非但不听，还甩袖而去。虽然有几位忠臣仗义执言，梁太后也力图挽留，但是梁冀不依不饶，而桓帝也任由他发威。几天后李固便冤死在狱中。

李固死后，梁冀再次将矛头对准了杜乔。他派人威胁杜乔说："你还是赶紧自杀吧，这样可以保全你的妻子、儿女。"杜乔不肯答应。第二天梁冀又派人骑马来到杜乔家门口，细细倾听，没有听到里面有悲伤痛哭的声音。梁冀进宫要求梁太后下诏逮捕杜乔。这一次梁太后没有再保护杜乔，没几天杜乔就冤死狱中。

和平元年（150年）正月初二，梁太后下诏，告知天下，自己不再临朝听政，正式将朝政大权归还给已经年满十九岁的汉桓帝。仅仅一个多月后，梁太后便去世了。桓帝隆重地安葬了梁太后，谥号为顺烈皇后。

借助宦官铲除梁氏

延熹元年（158年），梁冀执掌朝政已有十五年时间，而汉桓帝刘志也已经继位十三年，是二十七岁的成年人了。但是梁冀对权力的欲望随着年龄的增长而愈发强烈，他对桓帝也越来越轻视。每逢地方上进贡财物，梁冀总是先挑选上品留给自己享用，挑剩下的才派人进献给桓帝。

汉安帝的嫡母耿贵人病死后，梁冀竟派人向耿贵人的侄子耿承索求耿贵人遗产中那些珍稀的宝物。耿承身为列侯，身份显赫，对梁冀的无理要求自然不予理会。梁冀大怒，竟然找了个理由将耿承一家十多口人全都杀害了。类似的事情一再发生，致使汉桓帝对梁冀的不满日渐增多。

这一年的五月二十九，天上出现了日食之象，这在古代被视为大不吉，是上天在警告当朝皇帝"为政有过"。太史令陈授派小黄门徐璜上报桓帝说："这次的日食之变，罪过在于大将军梁冀。"梁冀听闻后，授意洛阳令逮捕和拷打陈授，最后将其杀害在大牢中。一向宠信太史令的桓帝由此更加憎恨梁冀。

　　未曾有机会掌权的桓帝终于不堪忍受梁冀的跋扈凶残，下决心要除掉他。但他的身边，宦官、宫女、羽林军大多是梁冀的亲信或眼线，桓帝深知必须谨慎行事。延熹二年（159 年）七月的一天，汉桓帝刘志趁上厕所的机会，把亲信宦官小黄门唐衡召进去，问他朝廷内外有哪些人和梁冀不合。唐衡回答说有中常侍单超、徐璜以及黄门令具瑗、横门左悺等。桓帝就对唐衡和盘托出自己打算铲除梁冀的想法，唐衡表示一定倾力支持。八月桓帝在内殿秘密召见单超、徐璜等人，桓帝对他们说："大将军兄弟专权，威慑天下，我现在打算铲除他们，你们意下如何？"单超等人连声附和，都大骂梁冀篡权误国，早应诛杀。桓帝赞同道："奸臣胁国，当伏其罪，何疑乎？"于是桓帝与五位宦官合谋如何发动羽林军一举击败梁冀。

　　此时梁冀也得到眼线来报，说桓帝和单超等人正在密谋除掉他，于是他马上派中黄门张恽带禁军入宫把守。张恽刚进入宫中，正巧遇到具瑗带羽林军而来。具瑗指责张恽"辄从外入，欲图不轨"，并且将其抓住，并迅速报给桓帝。见事情已经泄露，桓帝决定事不宜迟，立刻开始行动。桓帝亲自来到御前殿，诏令诸位尚书入宫见驾，并指派羽林军守卫皇宫，同时派具瑗与司隶校尉张彪一起率一千多名羽林军将梁冀府邸团团围住，立即收缴其大将军印绶。往日狂妄自大的梁冀自知难逃一死，即和老婆孙寿服毒自尽。而梁氏、孙氏家族中的男女老少，全都被抓到街头当众斩首。

　　紧接着桓帝又下诏杀掉与梁冀素来亲近的王公大臣数十人，太尉、司徒、司空均免死而被废为庶人。其余大小官员被罢黜者达三百余人，以致"朝廷为空"。梁冀全部家产被没收，最后一统计，发现没收的梁冀家产的总价值竟然达到"三十余万万"，全都上激国库，减收当年全国租税的一半，占用的民田仍旧归还给当地农民耕种。百姓闻之，无不欢欣鼓舞。

　　在彻底铲除梁冀及其党羽之后，汉桓帝大肆封赏有功之臣，首先就是参与主谋的单超、徐璜、具瑗、左悺、唐衡这五名宦官。他们都被封为侯，世人合称其为"五侯"。因为单超死得较早，余下四侯依仗桓帝的宠信，肆无忌惮，横行于朝野。当时京城中流传这样的顺口溜："左回天（左悺）、具独坐（具瑗）、徐卧虎（徐璜）、唐雨堕（唐衡）。"根据史书记载，桓帝亲政后"中官近习，窃持国柄，手握王爵，口含天宪"。桓帝借助宦官的力量铲除了外戚梁氏，换来的却是比梁冀更加贪婪骄纵、独裁奢靡的宦官专权。

与边境各族和海外的交往

　　东汉时期，朝廷与各民族的交往进一步发展，不仅出现了汉人与边境地区的各民族的交往，而且出现了汉人与海外一些民族国家的交往。这一时期，汉人与边境的匈奴、西域、羌人、鲜卑等民族交往密切，对这些民族地区的统治也逐步加强。与海外的国家如倭国、天竺等国的交往也逐渐频繁，这些交往促进了航海和造船技术的发展。

汉匈奴归义亲汉长印
此为东汉朝廷颁发给匈奴首领的官印。此类官印的钮为俯跪着的骆驼，示意匈奴向汉朝臣服。

胡汉战争画像砖
此画像砖出土于河南新野樊集。砖为长方形，边框饰菱形花纹。图中战马在山间疾驰，反映了胡汉双方交战时激烈而残酷的场面。

匈奴弱势

由于匈奴内部争斗不断，后来一部分归附东汉，称为南匈奴，一部分留居漠北，称为北匈奴。南、北匈奴相互攻打，匈奴的势力大大被削弱，最后东汉派兵征服了北匈奴，北匈奴五十八部降汉。

南匈奴与北匈奴

新莽时期，与匈奴的关系就很紧张。王莽政权被绿林军推翻后，时隔一年，更始帝刘玄派使者到匈奴，授单于玉绶，以改善关系。刘秀建立东汉后，又于建武六年（30年）再次派王飒出使匈奴，以通旧好。汉匈关系虽然得到了改善，但匈奴贵族内部斗争激烈，一再分裂内战，对汉朝也一再侵扰。刘秀为了防御的需要，将幽、并二州边区的百姓迁到常山关（今河北正定）和居庸关以东。在长城一带修筑亭候、烽燧，以加强防御。建武二十二年（46年），匈奴贵族为争夺单于王位而分裂为南、北两部。建武二十四年（48年），匈奴日逐王比被南边八部拥立为单于。日逐王比的祖父呼韩邪单于曾与汉朝交好，得到过汉朝的帮助，统治稳定。日逐王比也称呼韩邪单于，他率部众归附东汉朝。之后单于比向东汉"奉藩称臣"，并请求使者监护。屯居于五原塞（今内蒙古包头一带），南下归附东汉的称为南匈奴，留居漠北的称为北匈奴。

此后南、北匈奴互相攻打，匈奴势力大大削弱。建武二十六年（50年），光武帝刘秀派遣中郎将段彬等人授南匈奴单于玺绶，立单于庭于五原西部，后又内迁到云中（今内蒙古托克托）。此后东汉正式设置使匈奴中郎将，派兵监护匈奴。南匈奴率部众迁徙到云中后，继续向内徙居到西河美稷（今内蒙古准格尔旗北），以美稷为南单于庭。汉朝每年赏赐给匈奴贵族金银珍宝，向匈奴提供粮食。南匈奴单于还派贵族子弟到洛阳学习汉朝文化。

南匈奴归附汉朝，而北匈奴则与东汉为敌，经常对南匈奴和东汉民众进行掠夺。当时东汉刚刚建立，国力尚在恢复中，因此直到汉明帝时，才发动了对北匈奴的反击战。永平十六年（73年），明帝派窦固、耿忠等人分兵四路，进攻北匈奴。窦固、耿忠追至天山，攻击匈奴呼衍王，斩首匈奴兵千余级。又追至蒲类海（今新疆巴里坤湖），攻占伊吾卢（今新疆哈密西），设置宜禾都尉，留官吏士兵屯田伊吾卢城。章和元年（87年），北匈奴为鲜卑所破，北单于被杀，北匈奴五十八部降汉。

窦宪燕然山勒铭

永元元年（89年），朝廷任命窦宪为车骑将军，联合南匈奴一同讨伐北匈奴。窦宪"佩金印紫绶，比照司空规格配备属员"，以执金吾耿秉和耿夔为副将，奉命出征，"发北军五校、黎阳、雍营、缘边十二郡骑士，及羌胡兵出塞"，与北匈奴军队大战于稽落山。汉军大破北匈奴军，"斩首一万三千级，受降二十万人"。窦宪率军一鼓作气，出塞三千余里，将北匈奴的残余部队一直追击至私渠海。经此一役，北匈奴的军事势力土崩瓦解。窦宪"登燕然山（今蒙古杭爱山），刻石勒功"，才班师回朝。

窦宪平定北匈奴立下大功，窦太后喜出望外。在窦太后的要求下，当年九月，汉和帝下诏，派中郎将持节到五原任命窦宪为大将军，同时犒劳赏赐三军将士，军中凡"各郡二千石长官子弟，都升任太子舍人"。永元二年（90年）六月，和帝在窦太后的授意下，再次下诏，册封窦氏四兄弟侯爵之位，窦宪封爵为武阳侯，食邑二万户；窦笃为郾侯，窦景为汝阳侯，窦瑰为夏阳侯，各食邑六千户。窦笃、窦景、窦瑰均接受了封赏，唯有窦宪坚决辞让封爵，仍领大将军之职。按照汉朝官员级别配置，大将军的官位在三公之下，官属标准与太尉相同。如今窦宪北伐成功，手握重兵，满朝文武都唯他马首是瞻。为讨好权倾朝野的窦宪，王公大臣们竟然联合起来，上书奏请朝廷，将窦宪的大将军之位置于"三公之上，太傅之下"，并将其设置官属的档次提升。

永元三年（91 年），窦宪决定彻底消灭北匈奴，遂派右校尉耿夔、司马任尚、赵博等人率领汉军出征。从居延塞至金微山（今阿尔泰山），"大破北单于，斩首匈奴兵五千余级，北单于遁逃，不知去向，其国遂亡"。这一场大战令北匈奴彻底从西域消失了。

经营西域

班超出使西域，说服了西域各国归顺汉朝。汉和帝特任命班超为西域都护，由其负责西域各国的管理。经过多年的征战，班超最终完成了统一西域的伟大使命。汉安帝时，西域各国反叛势力重新抬头。安帝下诏任命班勇为西域长史，率兵五百人，驻扎在柳中。东汉政府与西域各国又重新交好。

班超投笔从戎

班超，字仲升，扶风平陵（今陕西咸阳东北）人。他的父亲班彪、长兄班固、妹妹班昭都是闻名于世的史学家。班超"有大志，不修细节"，博览群书，明察事理，不辞劳苦，孝敬恭谨。

永平五年（62 年），班固奉召入京担任校书郎。班超和母亲随同前往。因为家境贫寒，班超就在官府里找了一份文书工作，每天伏案抄抄写写。他常常投笔而立长叹道："大丈夫无它志略，犹当效傅介子、张骞立功异域，以取封侯，安能久事笔研间乎？"

有一次汉明帝无意向班固问起班超现在何处，班固回答说："他在官府当文书，赡养母亲。"明帝当即下诏任命班超为兰台令史，掌管奏章和文书。可没过多久，班超因犯了过错而被免职，后来投到窦固帐下为假司马，跟随窦固出击匈奴，多有战功，深得窦固信任。

永平十六年（73 年），班超接受窦固的指派，和从事郭恂带着三十六名随从人员出使西域。他们一行来到了鄯善（今属新疆），鄯善王一开始热情相待，可没几天，却对他们明显地冷淡了。班超不由得警觉起来，他猜想一定是北匈奴也派了使者前来，鄯善王迫于北匈奴的强势而不再和汉朝使者亲近。正在此时鄯善王的仆人前来安排酒食。班超做出早已知晓的样子，突然问道："匈奴使者来了几天？现在住在什么地方？"鄯善王的仆人以为汉朝使者知道了匈奴使者前来的消息，一时惊慌，竟脱口说出了实情："他们已经来了三天，就住在距此十五公里的营地。"

班超随即下令将这个仆人严加看管起来，以防其向鄯善王通风报信。此时班超心里已经有了决断，但他深知郭恂胆小谨慎，不会同意他的做法，因

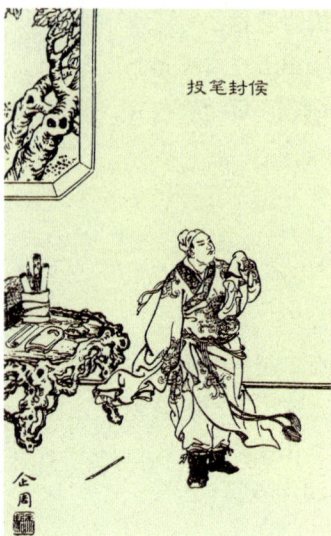

投笔封侯

班超由于家境贫寒，经常以替官府抄写文书维持生计。有一天他把笔往桌子上一扔，感叹地说："大丈夫无他志略，犹当效傅介子、张骞立功异域，以取封侯，安能久事笔研间乎？"永平十六年（73年），窦固出征匈奴，征用班超为假司马，从此打开了班超立功边疆的大门。

此班超只将三十六名随从召集起来饮酒。痛饮几杯后，班超举起酒杯说道："你们和我一起出使西域，为的就是'立大功，以求富贵'。如今匈奴的使者也来到这里，鄯善王对我们不再友好，极有可能会把我们抓起来送给匈奴。我们现在的处境岌岌可危，恐怕性命难保，你们打算怎么办呢？"大家一听，都愤慨激昂，纷纷表示说："如今我们身处险境，生死都跟随司马。"班超说："不入虎穴，焉得虎子。现在我们只有一个选择，那就是趁夜火烧匈奴使者，让他们不知道究竟有多少人来偷袭，将他们全部消灭。这样一来，匈奴必然迁怒于鄯善王，鄯善王害怕，必然归顺我朝。"大家都点头赞同。于是班超带领三十六名随从直奔匈奴使者的营帐。

此时夜色渐深，刮起了大风。班超安排了十名随从拿着鼓藏在营帐后面，叮嘱他们一旦看见火光就猛敲战鼓，大声呐喊。另外安排二十名随从拿着武器埋伏在营帐前。班超亲自带着余下的六名随从顺着风向纵火焚烧营帐。大火一起，那十个名随从就敲鼓大喊起来。营帐内的匈奴使者惊恐不已，纷纷探出身子来察看发生了什么事情。还没等他们回过神来，班超就带着埋伏的二十名随从冲杀进了营帐，将匈奴使者及其三十多名随从全都斩杀，烧毁了所有的营帐。

第二天一早，班超带领众人回到自己的营帐，派人去请鄯善王。鄯善王尚不知发生了什么事情。班超将被杀的匈奴使者的首级拿给他看。鄯善王惊恐不已，脸色大变。班超见他心生惧意，便上前好言安抚。鄯善王当即表示归顺汉朝，还愿意将王子送到汉朝做人质。

班超顺利地完成了使命，窦固更加欣赏他，还将班超出使的经过上奏给汉明帝。明帝也赞叹班超足智多谋。此时于阗王国（今新疆和田）已取代莎车王国在那一地区的霸主地位，北匈奴派遣了使者和于阗王国交好，于是明帝打算派班超出使于阗王国。临行前明帝担心他的安危，吩咐他多带些随从人员。班超拒绝说："于阗王国距离遥远，兵力强盛，我就是多带几百个人同去，也起不到什么作用。"最终班超仍然只带着原来的三十六名随从出发了。

班超抵达于阗王国后，于阗王见汉朝使者人员很少，心中轻视，对他们并不热情。班超劝说他与汉朝交好，脱离匈奴。于阗王犹豫不决，便求助于本国的巫师，请求神的指示。在于阗王国，巫风炽盛，而于阗王所信任的巫师早已被北匈奴使者收买。他故意对于阗王说："天神生气，责问你为何要与汉朝交好？汉朝使者带来一匹'骟马'，神要你将此马杀掉来祭天。"

于阗王一听是天神的意见，不敢违抗，连忙派国相向班超讨要那匹马。班超已经知晓是巫师在捣鬼，还是欣然答应了，只是要求由巫师前来亲自把马牵走。巫师不知何意，他刚来到马前，班超立即下令随从将巫师斩首，把其首级送到于阗王面前。于阗王大惊失色，因为他对班超在鄯善国诛杀匈奴使者一事早有耳闻。为了避免班超采取更加严厉的行动，于阗王赶紧下令将北匈奴的使者处死，并表示愿意归顺汉朝，永世交好。

鄯善和于阗王国是当时西域的主要国家，另外还有龟兹（今新疆库车）、疏勒（今新疆喀什噶尔）等国家。龟兹王国一向和北匈奴关系最为密切，还依借北匈奴的军事力量攻击疏勒王国，并将其国王杀死，将龟兹籍的大将兜题立为疏勒新王。班超劝服于阗王国之后，继续出使西域各国。他派部将田虑先行出使疏勒王国，劝说兜题归顺汉朝。兜题当然不肯答应。对此心中早有准备的田虑突袭兜题，将其抓住囚禁在自己的营帐内。此时班超也赶到疏勒，主持大局，将疏勒已故先王的侄儿忠立为新王，疏勒从此归顺了汉朝。没过多久，龟兹王国也臣服于汉朝王室。至此"西域南道诸国，全部归顺"。

东汉西域图

西汉武帝时期，西域内属，有三十六国，汉为置使者校尉领护之。宣帝时改称都护。东汉和帝时，西域大小五十余国全部归属汉王朝。此即为东汉时期西域各国的分布情况。

永元三年（91 年），汉和帝为表彰班超多年的功绩，特任命他为西域都护，由其负责西域各国的管理，驻守在龟兹的它乾城。任命有功之臣徐干为长史，驻扎在疏勒，和班超互为呼应。就任西域都护后不久，班超还做出了一个大胆决定，派遣甘英代表东汉政府出使大秦（即罗马帝国）。甘英率领的使团一直前行到西海（即波斯湾）才返回西域。这是中国和外国交好的一件重大历史事件。

经过多年征战，班超以疏勒为根据地完成了统一西域的伟大使命。永元十二年（100 年），思念家乡的班超上书汉和帝，表示说："不敢望到酒泉郡，但愿生入玉门关。"和帝深为感动，随即下诏，将时年七十一岁的班超调回京城洛阳，任为射声校尉，并封他为定远侯。回京一个月后，班超不幸病逝。和帝感怀不已，时常表示对他的思念之情。

尼雅护膊织锦

该织锦出土于新疆民丰县尼雅遗址的一座双人合葬墓中。锦为长方形，采用经线提花的织造制作方法，以宝蓝、绛红、草绿、明黄和白色等五组色经织出星纹、云纹、孔雀纹、仙鹤纹、辟邪纹和虎纹。花纹之间贯穿着"五星出东方利中国"八个字。边缘用白织物缝边，两边下面各缝出三条长带。其出土时位于尸体的臂肘腰部。"五星"为占卜用语。"中国"应指中原地区。整句话主要表达了汉晋时期天象占星术和乞求强盛吉利的思想意识。

班勇再通西域

汉安帝即位后不久，西南部的蛮夷接连请求"内属"，接受东汉王朝的统治。北匈奴也再次向汉朝提出和亲的请求，但邓太后认为北匈奴早已不成气候，因而没有答应其请求，只是赏赐来使，以礼相送。北匈奴单于被拒，觉得很没面子，又听信了韩琮虚报的消息"关东水潦，人民饥饿死尽，可击也"，于是决定起兵反叛东汉的统治，而这也随即引发了西域诸国的连锁反叛。永初元年（107年）六月，邓太后与大臣们开会商讨西域问题，认为维持在西域的统治所耗费用巨大，决定放弃对西域诸国的统治权，撤销西域都护。

延光二年（123年）四月，北匈奴与车师国联合，入侵东汉所辖河西地区。有朝臣上书汉安帝，建议关闭玉门关和阳关，以杜绝外患。敦煌太守却认为"弃西域则河西不能自存"，并提出有关西域的上中下三策："西域各国受北匈奴呼衍王的控制，入侵我朝。呼衍王常辗转来往于蒲类海和秦海之间。我朝可派酒泉属国军队两千人直进昆仑塞，除掉呼衍王，令西域各国失去首领。之后再调集鄯善国军队五千人进逼车师国后方，此为上策。中策则是我朝不出兵，但设置军司马，领兵五百人，由河西四郡武威、酒泉、张掖、敦煌供给犁、牛、粮食，出塞进据柳中。还有一种是下策，就是放弃交河城，将鄯善国愿意归顺我朝的民众迁入塞内定居。"

汉安帝召集群臣商议，众人议论纷纷。陈忠上书说："西域大部分国家还是向往汉朝的，只是由于受到北匈奴的胁迫，不得不服从他们。如今北匈奴已经打败了车师国，下一步就是收服鄯善国。如果我们不派军援救，那其他国家也会相继归附北匈奴。这样一来，北匈奴的实力就会增强，并会步步进逼南羌地区。若一旦他们与羌人联合，势必会对河西四郡造成极大的威胁。到那时我们必然要派军救援河西地区。而那样就要征发百倍徭役，耗费巨大。既然目前敦煌告急，朝廷理应施以援手，不然如何面对天下臣民和各异族。这不仅有损朝廷威信，也会减少我朝的疆土，实非良策。"安帝觉得有理，就问陈忠有何良策，陈忠回答说："依我所见，朝廷应该在敦煌设置校尉，依照旧例增加河西四郡的驻军，以镇抚西域各国。"安帝深以为然，宣布照此办理。随即安帝下诏任命班超少子班勇为西域长史，率兵五百人西出塞外，驻扎在柳中。

班勇，字宣僚，扶风平陵（今陕西咸阳东北）人，其父为东汉名将、西域都护班超，其母为疏勒国王室之女（即疏勒夫人）。他生长于西域，自幼习学汉语言文学和西域诸国语言文字。遍访西域诸国，每有见闻，以笔志之。后随父回到长安，颇有父亲班超的风范。

班昭

班昭，又名姬，字惠班，她的父亲是东汉时的大文豪班彪。班昭才学渊博，经常被召入皇宫，教授皇后及诸贵人诵读经史，宫中尊之为师。因班昭嫁与同郡曹世叔为妻，因此人们又称其为"曹大家（gū）"。

延光三年（124 年）的正月，班勇一行抵达楼兰。他带给归顺东汉朝廷的鄯善王三条特赐的绶带印信。但此时龟兹王白英还犹豫不决，不知是否归附。班勇"开以恩信"，打动了白英。于是白英带着姑墨、温宿两国国王，把自己五花大绑，来到班勇面前表示愿意诚心归降。

班勇觉得这是进一步行动的大好时机，当即答应了龟兹王白英和姑墨、温宿两国的归降，并从龟兹等国征调了步骑兵一万多人，和汉军一同奔赴车师前王国。在伊和谷赶走了入侵的匈奴伊蠡王，收编车师前王国军队五千余人。而后车师前王国重新与东汉王朝交好。班勇率众返回柳中，在那里垦田屯戍。东汉王朝与西域诸国暂时恢复了平稳安定。

与羌人、鲜卑、高句丽及海外交往

汉安帝在位期间，虽然与有的民族发生过征战，但并未影响到东汉王朝对边境的控制，与各边境少数民族的往来还是友好的。交通的发展，也使得东汉与海外国家的交往变得更加密切和频繁。

宁城幕府
此图描绘了墓主人护乌桓校尉幕府内的设置和活动情况。建筑风格独特，对研究我国古代衙署建筑有着重要的参考价值。

羌人起义

永初二年（108 年），羌人不满东汉朝廷的统治，揭竿而起，发动了东汉历史上最为严重的一次叛乱。邓太后派邓骘和征西校尉任尚率五万军队平定羌人之乱。没想到邓骘大败，"死者八千余人"，羌人叛军一直打到陕西、山西一带，直接威胁到中原地区。邓骘上书邓太后，请求放弃因羌叛而残破不堪的凉州（今甘肃），退守陕、山。邓太后找来大臣们商议，迫于邓骘的威慑，满朝文武大臣竟都同意这样做。只有郎中虞诩坚决反对，并且竭力说服了太尉张禹，这才没有答应邓骘的请求。不久邓太后和邓骘的亲生母亲阴氏去世，邓骘以此为由，再次上书邓太后，提出免除军职为母亲守孝。邓太后不愿意使军权旁落他人，但也知道邓骘的能力不足以平定叛乱。左右为难之际，邓太后请教自己的老师班昭。班昭回答说："邓骘为母亲守孝是合情合理的要求，如果您不能应允，将来怎能留下谦让之名呢？"邓太后领悟过来，当即批准了邓骘的奏请。经过几次调换后，任尚成为东汉军权的掌控者，并很快平定了羌人的叛乱。

邓太后听说任尚所用兵法，均出自虞诩的建议，遂任命虞诩为武都太守，"入甘肃平羌"，安抚民心，治理地方。

与鲜卑、高句丽等国修好

安帝在位期间，与各边境少数民族的往来友好。虽然与西域各国之间处在不断的和平与征战之中，但并未影响到东汉王朝对边境的控制。

永初元年（107 年）至永初七年（113 年），居住在今内蒙古地区北部的鲜卑族首领燕荔阳主动提出与东汉朝廷交好，为示诚意，他还亲赴东汉京城面见汉安帝朝贺。安帝热情地接待了他，还特赐鲜卑王印绶，并下诏允许汉民与鲜卑族在上谷郡的宁城（今河北宣化西北）通市，互相进行商业贸易。元初五年（118 年）春，北匈奴单于逢侯，带领一百多名骑将来到朔方塞，归顺东汉朝廷。安帝下诏将其安排在颍川郡（今河南中部）。

建光元年（121 年）秋，高句丽国侵扰东汉边境，国王宫亲自率领马韩、涉貊数千骑兵包围了东汉的玄菟郡。夫余国国王派儿子尉仇台带领二万军队和当地官府军队一起抵抗，大败高句丽国军队。不久高句丽国国王宫去世，由其子遂成即位。玄菟郡太守姚光上书汉安帝，请求乘高句丽国新旧国王交替之际，发兵进攻高句丽。安帝询问大臣们的意见，大多数人都赞成姚光的提议，只有陈忠反对说："高句丽国的前任国王宫生性狡猾，姚光不能彻底讨伐。如今宫去世，如果我们乘机进攻，这是不义之举。宜遣使吊问，因责让前罪，赦不加诛，取其后善。"安帝觉得言之有理，遂听取陈忠的建议，派使者前往高句丽国吊丧以示友好。建光二年（122 年）七月，高句丽国国王遂成将当初从东汉境内所劫掠的俘虏、牲畜还给东汉，并亲自到玄菟郡投降。涉貊也随之归顺了东汉朝廷。此后东汉东部边境与邻国相安无事，互通友好。

海外交往

东汉时期的海外交通进一步发展，与各国间的往来更加密切。光武帝时期同日本、天竺（今印度）、叶调国（今爪哇岛或苏门答腊岛）、大秦国（即罗马帝国）的关系密切，往来频繁。建武中元二年（57 年），倭奴国派使臣来赠送方物，刘秀赐以印绶。1784 年，日本人在九州志贺岛（今日本福冈县志贺町）发现了一枚汉制金印，金印刻有"汉倭奴国王"五个篆字。这枚金印很可能就是光武帝刘秀当时所赐的金印。汉和帝时，天竺多次派遣使者前来赠送方物。汉安帝永初元年（107 年），倭奴国王帅升派使臣献奴婢一百六十人。汉顺帝永建六年（131 年），叶调国王派遣使臣师会赠送方物，汉顺帝封师会为汉归义叶调邑君，还赐国王金印紫绶。汉桓帝延熹九年（166 年），大秦国王安敦也派使者送来象牙等器物。

桓、灵帝时期的腐朽统治

桓、灵帝时期，宦官专权，发生了两次迫害儒生的"党锢之祸"。"党锢之祸"后，宦官的权力更是达到了顶峰。他们卖官鬻爵，横行乡里，甚至鼓动皇帝建造园林，铸造新币，最终致使民众不断反抗，加速了东汉王朝的灭亡。

鎏金兽形盒砚

此砚出土于江苏徐州。其做工十分考究，砚盒作伏兽形，首似龙，躯似蛙，背有一钮。通体鎏金，饰以云气纹，并有珊瑚、绿松石等镶嵌。盒内有石砚，附柱形研石。虽然这方铜砚并不比后来的端、歙等石砚好用，但作为文物及工艺品，仍旧具有很高的历史价值和欣赏价值。

士大夫"清议"

东汉宦官专权不仅使朝政日益黑暗，而且也阻断了当时读书人的仕途。这时的选举、征辟制度，都要按照宦官的意愿行事，这就严重地侵夺了当时读书人的仕途之路。这一时期，太学生已发展到三万余人，各地方的儒生也众多，他们入仕无门，就与当朝不满宦官专权的士大夫结合，在朝野形成反对宦官专权的社会政治力量。他们"激扬名声，互相题拂；品核公卿，裁量执政"，形成了所谓的"清议"。

所谓"激扬名声，互相题拂"，主要是比较廉正的官吏、士人、太学生等互相标榜。当时最善于评论人物的是名士郭泰，"泰之所名，人品乃定，先言后验，众皆服之"。许邵、许靖也善于评论人物，"俱有高名，好共核论乡党人物，每月更其品题"。曹操未仕之前，许邵曾评之曰"清平之奸贼，乱世之英雄"。

所谓"品核公卿，裁量执政"，就是批评朝中的高官，表扬优秀之人，以树立他们的威信。如他们十分推崇反对宦官专权的士大夫李膺、陈蕃、王叔茂，就编成谚语说："天下模楷李元礼（李膺），不畏强御陈仲举（陈蕃），天下俊秀王叔茂（王畅）。"如批评当时的察举、征辟制度，就说："举秀才，不知书。举孝廉，父别居。寒素清白浊如泥，高第良将怯如鸡。"

"清议"这种舆论起初兴于地方，后来迅速传播，"流言（品评之言论）转入太学，诸生三万余人，郭林宗、贾伟节为其冠"。于是太学成为京师洛阳的清议中心。

"清议"这种政治舆论力量，在揭露当时宦官专权的黑暗，反映民生疾苦，维护封建统治秩序等方面都起到了一定的积极作用。但是在当时宦官专

皇甫规

皇甫规，字威明，安定朝那（今甘肃平凉西北）人，东汉名将。他出身于武官世家，博文强识，熟习兵法，其一生最大的功绩就是招抚羌人，安定羌变，缓解了东汉朝廷与羌人之间的矛盾。

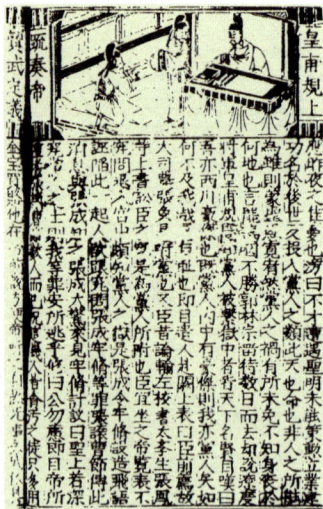

皇甫规上疏奏帝

皇甫规为官廉洁，不畏强暴，不与权臣宦官同流合污，曾多次向皇帝举劾朝廷中的贪官污吏。另外皇甫规还经常为朝廷推举贤士，他所推举的贤士都刚正清廉，名满天下。

权的情况下，"清议"这股政治舆论力量又使他们成为被清理的对象，最终酿成了党锢之祸。

第一次党锢之祸

汉桓帝刘志顺利地诛杀了权倾朝野的大将军梁冀之后，就想效仿前朝贤明君主，好好治理国家，成就东汉王朝新的辉煌。可是桓帝的远大志向很快就在其宠信宦官的影响下慢慢磨灭了，而他也渐渐习惯了由宦官们把持朝政，指点江山。

桓帝亲政后，除了重用宦官，也颇为器重不少当朝的名人志士。其中最著名的当属被任命为太尉的陈蕃和担任司隶的李膺。《世说新语》中对他们的评价极高，评价陈蕃为"言为士则，行为示范，登车揽辔，有澄清天下之志"。而评价李膺"风格秀整，高自标持，欲以天下名教是非为己任"。桓帝朝的读书人都以与他们二人结交或拜访为荣。在人们心目中，若是得到李膺的亲自接待，那无异于喜跃龙门，会得到世人的艳羡和敬佩，身份地位也会大大提高。

早在梁太后执政期间，太学就得到了迅猛发展。她曾诏令自大将军以下至六百石官员家中的孩子都必须送往太学学习，各地学子也纷至沓来。至汉桓帝亲政时，学子日盛，太学生已经达三万多人。他们对宦官专权深感痛恨和悲哀，同时也为自己黯淡的政治前途表示不满。也正基于此，太学生们才和"清流"官员们结成同盟，共同对抗宦官专权的黑暗现状。

永兴元年（153年）七月，全国有三十二个郡和封国同时发生了严重的蝗灾，"黄河河水上涨，泛滥成灾"。百姓饥寒交迫，生活无以为继，流离失所，最多时竟有数十万户在外逃荒。其中尤以冀州的情况最为严重。接到灾情的相关报告后，汉桓帝十分忧心，下诏命侍御史朱穆为冀州刺史前往察看。还在路上时，朱穆就听闻冀州所属的各地方官员已经有四十多名解下印信绶带自动离职而去。及至到任，朱穆便据实向桓帝报告并弹劾了那些贪官污吏。不久宦官赵忠的父亲去世。赵忠将棺材运回故乡安平国安葬，并逾制偷偷地制作了只有皇帝和王侯才准许穿的玉衣来装殓其父。朱穆知道后，命当地郡太守核实。郡太守左右为难，最后还是迫于朱穆的威严将赵忠父亲的坟墓挖开，劈开棺木验看。赵忠大怒，向桓帝哭诉。桓帝下诏将朱穆送至廷尉治罪，判处他到左校罚做苦役。此事引起一片哗然，太学学生刘陶等数千人集体在皇宫前上书请愿，为朱穆申冤。他们指出朱穆秉公处事，而宦官们目无国法，恣意妄为。朱穆为民除害，伸张正义，才受到宦官们的痛恨和迫害。他们上奏说："只是因为他深感朝廷的纲纪不振，畏惧国家法令长久丧失，所以竭尽忠心，报答国家，为皇上深谋远虑。我们愿意接受黥刑，在脸上刺字，脚戴铁镣，代替朱穆去服苦役。"桓帝被奏章所打动，经过一番考虑后，将朱穆释放了。

永寿元年（155年），天降灾荒，冀州等地的农田颗粒无收，灾情严重，人们食不果腹，甚至发生了人吃人的悲惨事件。刘陶直言上书，指责桓帝"妄假利器，委授国柄"。指出朱穆、李膺等人"履正清平，贞高绝俗"，应当予以重用，"宜还本朝，挟辅王室"。可这篇措辞激烈的奏章并没有引起汉桓帝的反思，桓帝甚至根本没有理会。

延熹五年（162年），在平定羌人之乱中立下大功的皇甫规却被宦官们合谋陷害，于是在朝野之间引发了一次大的风潮。皇甫规对待羌人不仅是靠武力收服，更取得了他们的信任，羌人数十万人主动投降，基本解除了多年来东汉朝廷深感头疼的一个大问题。但由于皇甫规"恶绝宦官，不与交通"，就连"五侯"中的徐璜、左悺都亲自表示友好，"欲从求货，数遣宾客就问功状"，婉转地向他索取贿赂。但他"终不答"，全都不卑不亢地回绝了。这就惹恼了不可一世的徐璜等人。为报复皇甫规，他们指使人诬陷皇甫规"贿买羌人降汉"。汉桓帝竟不问事情的真相，就将皇甫规打入大牢，"论输左校"。有功之臣反被奸佞小人陷害，这样黑白不分的事情激怒了太学生和那些正气尚存的官员们。因此"诸公及太学生张凤等三百余人诣阙讼之"。桓帝见激起了众怒，也清楚自己对待皇甫规的事情过于草率，很快就下诏将他无罪释放了。

延熹八年（165年），桓帝开恩，特批李膺官复原职。李膺与当时担任太尉一职的陈蕃仍坚持与专权的宦官集团做斗争。当时宦官张让的弟弟张朔在李膺属下任县令，有人告发张朔"贪残无道"。张朔害怕李膺严办自己，赶紧逃到京城藏匿在哥哥张让家中。李膺亲自带领兵士到张让家搜查，从夹墙中搜出了张朔，将其抓进监狱。在案情审理清楚后，立刻将张朔处决。张让痛心疾首，向桓帝哭诉。桓帝心有不忍，随即招来李膺，责怪他"不先请便加诛"。李膺毫不畏惧，据理力争。桓帝确知张朔犯下了该杀的罪行，也不好降

庖厨画像砖

画像砖的左边两人席地于长案后，边切割食物，边交谈。案后设一支架，架上系有肉。画像砖的右边有人在烧火。远处有放碗盘等物的厨架，将整个庖厨的活动场面形象地表现了出来。

罪于秉公执法的李膺。张让见桓帝放过了李膺，心中愤恨不已，暗暗发誓一定要为自己的弟弟报仇。

延熹九年（166 年），"素以方伎交通宦官"的河南方士张成，得知朝廷即将颁布大赦令，于是唆使他的儿子杀人。当时担任司隶校尉的李膺执法严厉，将张成父子"督促收捕"。谁知没几天，朝廷果然颁布了大赦令，张成洋洋得意，等待和儿子一起安然无恙地回家。李膺激愤之极，不顾赦令，竟将张成父子就地正法。这件事情一下轰动了整个京城。素来和张成交好的宦官们乘机唆使张成的学生牢修，上书控告李膺"养太学游士，交结诸生徒，更相驱驰，共为部党，诽讪朝廷，疑乱风俗"。昏庸的桓帝闻之震怒，立即下令逮捕李膺，并将其囚禁在黄门北寺狱。接着又一连串地逮捕了林密、陈翔、范滂等二百多人，并且"布告天下，使同忿疾"。并根据各地方郡、县的举报，"班下郡国，逮捕党人"，又一举抓捕了一百多人。宦官集团希望借此机会，重创或消灭与之对立的官员群体，遂"使者四出，相望于道"，甚至"悬赏金购募"，并动用酷刑逼供，迫使被抓的人"钩谓相牵引也"。也正因为此，这些党人也被称作"钩党"。而太尉陈蕃不肯签署逮捕党人的官文，并上疏抨击宦官"肆行贪虐，奸媚左右"，请求桓帝大赦正直之臣，并"割塞近习与政之源，引纳尚书朝省之士，简练清高，斥黜佞邪"。但已被宦官们挑拨得一肚子怒火的桓帝根本听不进去，宦官们也"由此疾蕃弥甚"。最终陈蕃非但没有改变桓帝的想法，还因此被罢免了官职。永康元年（167 年），有一位颍川人贾彪自告奋勇赶到京城为党人鸣冤，恰好此时，李膺在牢狱中也改变了策略，他在应付审讯时，故意将一些宦官子弟牵扯其中。宦官们听说后，心里十分不安，生怕受到什么牵累。他们就对桓帝建议说："如今天象总是不正常，看来到了大赦天下的时候。"大将军窦武出于对宦官专权的不满和对党人的同情，也上书劝谏桓帝，不要严惩连坐天下党人，以免臣民失望。窦武在奏章里还着意请桓帝吸取以往宦官专权祸国的教训，不要重蹈秦二世灭亡的覆辙："今不虑前事之失，复循覆车之轨。臣恐二世之难，必将复及；赵高之变，不朝则夕。"桓帝终于改变了原来的打算。永康元年（167年）六月初八日，桓帝下诏改元，同时大赦天下，将李膺等党人全部罢官"赦归田里"，但把他们的名字记录在三府，禁锢终身不得为官。这就是历史上著名的第一次党锢之祸。虽然李膺被贬官遣返故乡，却赢得了世人的尊重和敬佩，家乡父老夹道欢迎他的归来，世人赞誉这些正义的党人，还为他们起了各种美号，如窦武、陈蕃、刘淑被尊为一代宗师"三君"，李膺、杜密等八人被称作一代精英"八俊"。此外，还有"八顾""八及""八厨"等。

其后东汉朝廷虽几次宣布大赦天下，但都特意注明"党人不赦"。由此党人成为东汉王朝中特殊的政治分子，而桓帝也因为在宦官的怂恿下制造了第一次党锢之祸而在中国历史上留下了一笔浓重的记录。

桓帝后位三迁无子嗣

在桓帝刘志的一生中共册立过三位皇后。第一位皇后梁女莹，是梁太后和大将军梁冀的妹妹。说起来要不是当初梁太后早就看好刘志，打算把妹妹嫁给他，恐怕刘志也未必能够成为皇帝。本初元年（146年），十五岁的桓帝继位后，就按照梁家的安排册封梁女莹为皇后。而梁皇后依仗梁太后和梁冀的势力，也是极尽奢靡，其居住的宫殿和朝服仪仗都超过前朝任何一位皇后。她生性好妒，不能容忍桓帝宠幸其他妃嫔，但她侍奉桓帝多年，都没有怀过身孕，因此她更加嫉恨受宠的妃嫔怀孕。只要她听说有哪一位妃子或宫人有妊娠之征，她就一定要想办法将此人整死，心里才能痛快。这样一位凶残暴戾的皇后，桓帝自然对她没什么感情，只是碍于梁太后和梁冀的面子，经常去梁皇后那里。等到梁太后去世后，桓帝就很少涉足她的居所，逐渐疏远冷落了她。梁皇后气恨交加，于延熹二年（159年）因病去世。

梁皇后死后，汉桓帝终于摆脱了束缚，于是他立即下诏，让宦官们从民间选取美女进宫供其淫乐。当时最受宠爱的邓猛女后来就成为桓帝的第二任皇后。邓猛女是汉和帝皇后邓绥的侄女，她的母亲改嫁给了梁冀的族人梁纪，邓猛女也因此改姓梁。梁冀的妻子孙寿无意中见到邓猛女，觉得此女容颜秀丽动人，就举荐她入宫，没想到她竟然颇受桓帝的宠幸。在铲除了梁冀外戚之后，她非但没有受到影响，还因为是邓家女儿，而被桓帝正式册立为皇后。但是身为皇后的她却和桓帝的宠妃争风吃醋，且始终没有子嗣，终于也被桓

宴饮观舞

此为巨幅百戏图中的局部画面。图以严谨的布局，众多的形象与富丽的色彩，描绘了宴饮观舞的欢快景象。

帝废除，贬死于冷宫。

延熹八年（165年），郎中窦武的长女窦妙被选入宫当了贵人。窦武是窦融的后代，也是世族大家。大臣们因而都举荐窦贵人为新任皇后。而桓帝这会儿正宠信采女田圣，并打算立她为皇后。司隶校尉应奉上书反对说："皇后之位非同小可，它关系到国家的兴衰。前朝曾经立赵飞燕为皇后，以致皇室后嗣断绝。恳请陛下虑及《关雎》，而疏远五种禁忌。"太尉陈蕃也反对册立出身卑微的田圣，而力荐窦贵人。桓帝无奈，只得顺从大臣们的意愿。延熹八年（165年）冬，桓帝下诏册立窦贵人为皇后，擢升其父窦武为特进、城门校尉，封为槐里侯，食邑五千户。窦妙成为桓帝的第三任皇后，但是桓帝几乎从没有宠爱过她，而是迷恋于宦官们推举的那些采女，因此窦皇后十分憎恨那些宦官。

永康元年（167年）十二月二十八，汉桓帝刘志于德阳前殿去世，时年三十六岁。汉桓帝虽然有过三位皇后、无数妃嫔，却没能留下一个可以继承皇位的皇子。在他死后第二天，窦妙就以太后身份临朝执政。侍御史刘儵推举河间王刘开的曾孙刘宏继承皇位。刘宏是汉章帝的玄孙，河间孝王刘开的曾孙，解渎亭侯刘淑之孙，刘苌之子。于是窦太后与父亲窦武派人迎接年仅十三岁的刘宏入宫，于168年正月拥立刘宏为帝，改元"建宁"，是为汉灵帝。

错银牛灯

上图错银牛灯出土于江苏邗江甘泉山。
牛俯首探角，牛背设灯座，上有短柄灯盘。
灯罩有窗棂，并加环耳，可以转动。灯
顶有烟管，与牛首相通。通身饰错银云纹。

承明门之变

汉灵帝刘宏继位时，东汉王朝危机四伏，民间疾苦，奸佞作乱，天下已
处于风雨飘摇之中。作为一个十三岁的少年，灵帝哪有治理国家的能力，而
这一切自然要由窦太后来担当。

临朝听政的窦太后"欲振兴刘氏天下，挽大厦于将倾"，从桓帝死后，她
就立即采取了一系列举措。168年正月初三，窦太后将自己的父亲城门校尉
窦武升任为大将军，任命桓帝朝的太尉陈蕃为太傅，和窦武及司徒胡广一起
"参录尚书事"，主理尚书台的政务。并任命前长乐卫尉王畅为司空。此外窦
太后还重新征用李膺等天下名贤参与政事。这些举措无疑反映了窦太后想让
士大夫重新掌权，打击宦官专权势力的决心，因而赢得了天下贤士的向往，
也给当时昏暗已久的朝政带来了一线希望。

建宁元年（168年）六月十七，汉灵帝依照窦太后的懿旨，"录定策
功"，册封窦武为闻喜侯，窦武的儿子即窦太后的兄弟窦机为渭阳侯，窦
武的侄儿窦绍为鄠侯，窦靖为西乡侯，中常侍曹节为长安乡侯，共封侯爵
十一人。

临朝执政之后，窦太后决定铲除宦官集团，陈蕃早已对宦官当道深恶痛
绝，此时更是积极响应。有一天天上出现日食，百姓们祈祷呼喊。陈蕃遂赶
往大将军府，窦武言道："日乃阳气，君王之象。月乃阴气，臣下之象。今苍
天示以日食，当有君侧小人作奸弄权，太傅必为此事而来吧？"陈蕃也直言

门卫

此为墓室的门卫形象，其头戴平巾帻，身着蔽膝长衣，双手握一棨戟，神态较为文雅。画面仅以粗犷简率的线条描绘，却十分形象生动。

不讳地说："我今年已经八十岁，只想助扶将军一臂之力，除掉朝廷祸害，斥退废黜宦官，以消除上天的警示。"于是窦武上奏窦太后，请求"将宦官全部诛杀或废黜，以肃清朝廷"。窦太后大为吃惊，回答说："汉来故事，世有宦官，但当诛其有罪者，岂可尽废邪！"见窦太后不批准，窦武只好请准先行逮捕中常侍管霸及苏康等，并坐罪处死。其后窦武又多次上书请求诛杀曹节等，但窦太后不忍批准。陈蕃专门写了一份奏章，希望窦太后和灵帝下定决心，将侯览、曹节、公乘昕、王甫、郑飒等人全部诛杀，以免他们危害国家，并请求将这份奏章昭告天下。窦太后还是拿不定主意。

建宁元年（168年）九月初七，负责主管奏章的中官先将此事报告给了长乐五官史朱瑀。朱瑀偷看了陈蕃的奏章后，气得大骂说："那些掌权宦官放任犯罪，自然可以诛杀。可是我们又没有犯罪，为什么要受到株连呢？"于是他大呼道："陈蕃、窦武奏请皇太后废黜皇帝，大逆不道！"并连夜召集长乐从官史共普、张亮及中黄门王尊、长乐谒者滕是、长乐食监王甫等十七人歃血为誓，决意诛杀窦武、陈蕃等人。

曹节赶紧跑去叫醒灵帝说："现在情况紧急，请陛下速往德阳前殿。"并让灵帝拿着佩剑，在乳母赵娆和宦官的保护下，前往德阳前殿。睡得迷迷糊糊的灵帝并不知道发生了何事，就按照曹节的话去做了。宦官们关闭宫门，威逼尚书拟写诏书，任命王甫为黄门令，随即持节到北寺狱，逮捕尹勋、山冰等人。山冰怀疑有诈，不肯受诏，被王甫杀害。之后王甫率领兵士将窦太后劫持，抢到了皇帝印玺。宦官又逼迫尚书拟诏给窦武，要求他服罪。窦武拒不受诏，和他的侄儿窦绍，共同射杀使者，并集合手下士兵数千人，与王甫对抗。

陈蕃听闻事变，就带着门客、学生八十余人，拿着武器闯入承明门，一直来到尚书台，正好遇到王甫。陈蕃被拘捕，送到北寺狱囚禁，当天就被杀害。而王甫向窦武手下出示了所谓的皇帝诏令，命令手下不断向窦武军中呼喊："窦武反叛，汝等皆为禁兵，当宿卫宫省，为何随之造反？先降者有赏！"窦武手下将士信以为真，纷纷跑到王甫一方。窦武和窦绍只得撤走，后被追兵包围在都亭，窦武长叹一声，拔剑自刎，窦绍也自杀身亡。他们的首级被砍下，悬挂在洛阳都亭示众。为绝后患，宦官们又大肆搜捕窦武的亲族、门客、姻戚，大肆屠杀。窦武的家人全部被流放到日南郡，朝中大臣但凡是窦武、陈蕃所举荐的，全都被免官，永世不得录用。就连窦太后，也被迁到南宫云台。

宦官主谋的这场宫廷政变大获成功，汉灵帝稀里糊涂地以为自己避过了大灾祸，而对宦官们感激不尽，很快就大肆封赏亲信宦官。建宁二年（169年）正月，十四岁的汉灵帝大赦天下，并下诏册封中常侍、长安乡侯曹节为长乐卫尉，改封育阳侯；长乐食监王甫迁为中常侍，仍照旧兼任黄门令；长乐五官及其从官史共普、张亮等六人，皆封为列侯；护匈奴中郎将张奂迁大司农并封侯。此外还有十一名宦官与官吏被封为关内侯。原本是小黄门的张让因平息窦武、陈蕃有功升为中常侍。在汉朝初年，中常侍没有固定的编制，但一般都设四人，每年俸禄一千石。可是灵帝却一口气封了十二位中常侍，他们就是张让、赵忠、夏恽、郭胜、孙璋、毕岚、栗嵩、段珪、高望、张恭、韩悝、宋典。其中以张让、赵忠为首，"皆贵盛无比，分封为侯"，与两位大宦官时任大长秋和领尚书令的曹节及黄门令王甫"相为表里，把持朝政"，为所欲为，朝堂之上群小得志。

光和四年（181年），曹节去世，中常侍赵忠代领大长秋，张让升任宫廷总管。他们的权势达至顶峰，其家族中的人也皆鸡犬升天，被任命为重要的地方官职。世人把张让、赵忠为首的中常侍专权称作"十常侍"。灵帝对"十常侍"百依百顺，非常依赖，甚至在大臣面前表示说："张常侍乃我公，赵常侍乃我母。"令大臣们啼笑皆非，叹息不已。

第二次党锢之祸

昏庸无能的汉灵帝倚仗宦官的力量，赶跑了窦氏外戚，却又使东汉王朝沦落入混乱不堪的宦官专权时期。这更加激起了社会上贤能之士的强烈不满，最终再一次引发了"党锢之祸"。

在梁太后执政期间，太学获得了迅速的发展，全国各地奔赴来京城学习的学生人数猛增至三万多人。在灵帝执政期间，这个人数有增无减。灵帝还曾诏令当代名儒蔡邕、马日磾等正定五经文字。由蔡邕以八分隶书书写镌刻于石碑上，以相参检。碑高一丈许，广四尺，共四十六枚。骈罗相接，立于太学门外，以瓦屋覆之，四面栏樟，开门于南，河南郡设卒看守。一时间太学生"观视摹写者，车乘日千余辆，填满大街小巷。经学之盛，于斯为美"。太学的繁盛本是一件好事，但儒生们对宦官把持朝政的不满，却令太学很快就受到宦官的打击而迅速败落下去。

正史史料

是时（张）让、（赵）忠及夏恽、郭胜、孙璋、毕岚、栗嵩、段珪、高望、张恭、韩悝、宋典十二人，皆为中常侍，封侯贵宠。父兄子弟布列州郡，所在贪残，为人蠹害。

——《后汉书·宦者列传》

大宦官侯览的母亲及家人在老家山东为非作歹，气焰嚣张，山东名士、督邮张俭上书汉灵帝弹劾侯览，奏章却被侯览扣下。气急败坏的侯览指使无赖朱并诬告张俭与同郡二十四人"互相别署称号，结成朋党，图谋社稷，而以张俭为领袖"。灵帝不问青红皂白，立即下诏追捕张俭等人。张俭在逃亡途中受到了很多人的帮助，最后成功地逃到塞外。宦官们借机大肆抓捕帮助张俭逃跑的人，受牵连者甚众。

建宁元年（168年）十月，曹节上奏汉灵帝，逮捕、拷杀虞放、杜密、范滂等百余人，其妻子家人皆受到流放边境的处置。在第一次党锢事件中幸存的李膺被捕后死于狱中，其子弟、亲戚全部被削职为民。此外"借机报私怨和地方官滥捕牵连，以至死、徙、废、禁者又有六七百人"。宦官们又几次兴风作浪追捕党人，以至党人之狱遍及全国。熹平元年（172年），宦官又指使司隶校尉抓捕党人和太学诸生千余人。熹平五年（176年）闰五月，永昌太守曹鸾毅然上书，欲为众"党人"讨个公道，要求赦免党人。掌权的宦官们认为这是替党人翻案，竟然胁迫灵帝立即下令益州用槛车将曹鸾从永昌押解到了司隶所属的槐里县，用棒槌将其活活打死。灵帝又诏令各地方州郡，"凡党人的门生、故吏、父子兄弟及族亲，都被免官禁锢"，永远不许再做官。这就是东汉末年的第二次党锢之祸。官僚、儒生反对宦官专权的斗争，最后以失败而告终。

窦太后之死

建宁四年（171年），汉灵帝认为窦太后当年拥立自己为帝有功，便于十月初一率领文武百官，专程来到南宫拜见窦太后，并亲自为窦太后进食和祝寿。见灵帝对窦太后仍然很关爱，黄门令董萌借机多次为窦太后申冤，灵帝

熹平石经

据《后汉书·蔡邕列传》中记载，当时蔡邕认为古代经籍年代久远，俗雅穿凿，文字多有谬误，贻误后学，遂与杨赐、张训、韩说等人，奏求正定六经文字。灵帝许之。熹平石经初立于洛阳，后因变乱，屡经迁徙，散失殆尽。石经文字为隶书，其严谨规范、雍容端整、点画平厚、骨气洞达，表明当时的汉隶已经发展到相当成熟的阶段。

绿釉陶水亭

此水亭出土于陕西西安，用细泥制成红陶，表面施有绿釉。水亭位于圆形水池之中，池周环绕人物、马、鹅等。亭身为两层，脊端与檐角均饰禽鸟。整个水亭结构细密，在汉代尚属罕见。

也颇有感触，于是接受了董萌的建议，下诏增加给窦太后的财物供奉。但曹节、王甫却非常气恼，为了除掉不和他们站在同一阵线的董萌，他们大肆诬陷董萌，直到灵帝深信不疑，诏令将董萌下狱处死。

　　熹平元年（172 年），窦太后的母亲于比景病故。窦太后因为过度忧伤，思念成疾，一病不起，于当年六月初十病逝于南宫云台。因为宦官们对窦氏家族积怨甚深，竟然不顾皇宫礼仪，用一辆简陋的运载衣服的车子装着太后的尸体，放在了城南的一个院子里。几天之后，曹节、王甫打算用贵人的礼节为太后发丧，灵帝不肯。曹节等人又打算将窦太后埋葬到别处，不和汉桓帝合葬，而把冯贵人的尸体移来和桓帝合葬。灵帝虽然心里不情愿，但又不想直接反对，于是诏令王公大臣们开会讨论，命中常侍赵忠监督集议。与会者数百人，大臣们多半不愿开口，以免得罪了宦官。互相观望了很久，赵忠催促说："议案应该迅速确定下来！"最后廷尉陈球说："皇太后以盛德良家，母临天下，宜配先帝，是无所疑。"赵忠暗含威胁地请陈球执笔起草议案，太尉李咸也表示支持，王公大臣们也纷纷附和，赵忠极为恼怒。曹节、王甫听说后，争辩说："窦家罪恶如此深重，怎么能和先帝合葬呢？"李咸上书灵帝劝说道："（太）后尊号在身，亲尝称制，且援立圣明，光隆皇祚。"同时他还尖刻地指出："太后以陛下为子，陛下岂得不以太后为母！"灵帝看了奏章，大为感触，当即同意了将窦太后合葬宣陵的意见。七月初二，灵帝诏令将窦太后葬于宣陵，谥号为桓思皇后。

关于窦太后葬礼的争执是宦官和外戚及官员们的再一次较量，虽然最终灵帝接纳了官员们的建议，但从召开公卿会议讨论这件事，就可知灵帝的昏庸无能及宦官对他的掌控。整个灵帝朝，朝政大权都在宦官势力的垄断之中。

光和五年（182年），司徒陈耽向灵帝上疏揭露张让、赵忠与地方官员互相勾结、结党营私、狼狈为奸的犯罪事实，而灵帝竟不予理会。但张让等宦官却怀恨在心，两个月之后，陈耽就被诬陷而屈死狱中。以张让、赵忠为首的"十常侍"更加嚣张狂妄、肆无忌惮。

卖官鬻爵

汉朝选拔官员的方式主要是征辟，也就是每年各地方向朝廷推荐贤良之才，再通过考试得以录用。汉安帝刘祜时，东汉买官卖官的歪风已经滋生。汉桓帝时期，执掌朝权的大宦官更是暗中买卖官爵。到了灵帝朝，干脆就公开设定了买卖制度。光和元年（178年），宦官怂恿灵帝公开出卖官爵，灵帝欣然应允，就在西园第一次开设"西邸"机构，专门公开出卖官爵，按照官位高低标出不等的价钱。俸禄为二千石的官职价钱为两千万，四百石的官职价钱为四百万，甚至可以指定买某县的县令、长吏的官职，而且根据每个县的大小、贫富等不同，官职的价格也不等。且可以有钱的先交钱，没钱的人到任以后照原定价格加倍偿还。卖官价格十分昂贵，官吏的任期却很短，这样一来，新官上任后根本无心为民办事，而是想方设法掠夺财富，搜刮民脂民膏，以捞回买官的本钱。

汉桓帝时期只是把一些低级官吏秘密买卖，而现在已是"自关内侯、虎贲、羽林"等都可以买卖。在满足灵帝贪欲的同时，作为"西园卖官"开创者的张让，私自叫宦官亲信出买三公、九卿等朝廷重臣的官职，公的价钱是一千万，卿的价钱是五百万。等到了中平二年（185年），汉灵帝朝堂上三公九卿、地方刺史、太守等官职，都被中常侍、阿保（即保姆）用钱买得。地方官员大多是富绅豪强买得，那些原本可以通过征辟踏入仕途的读书人却因为没钱而得不到官职。

后来张让不满足于在西园买卖官爵，他又向灵帝建议说："以后官员升迁、调任或新官上任，都必须按照买官的价格再支付三分之一到四分之一的钱。"很多官员倾家荡产也拿不出这么高昂的费用，好多人只得弃官而去。

灵帝和张让等人肆无忌惮地买卖官职，使得本来已经很尖锐的宦官与官

正史史料

是岁帝作列肆于后宫，使诸采女贩卖，更相盗窃争斗。帝着商估服，饮宴为乐。又于西园弄狗，着进贤冠，带绶。又驾四驴，帝躬自操辔，驱驰周旋，京师转相放效。

——《后汉书·孝灵帝纪》

僚、太学生之间的矛盾进一步激化了。

聚敛钱财

光和三年（180年），沉迷于吃喝玩乐和赚钱乐趣中的汉灵帝刘宏已经二十七岁。他不满于现有的皇家园林，决定建造新苑。张让等人当然是拍手赞成，文武大臣们也对此不闻不问，只有光禄勋杨赐直言上谏，请求灵帝不要劳民伤财。灵帝心里有些犹豫，便询问张让等人。张让便鼓动说："陛下您自己用的园林，并不是很大，不会耗费多少财力。"于是灵帝下令动工在洛阳宣平门外建造毕圭苑。

汉灵帝早先当解读亭侯时，日子过得比较清苦，现在拥有了天下还觉得不满意，他偏爱积蓄私房钱，并将各郡、国向朝廷进贡的奇珍异宝，都精挑细选出来一部分自己最喜欢的珍品，存放到皇帝私人的宝库中署内，叫作"导行费"。灵帝觉得钱财放在宫中也不稳妥，遂派人回到河间老家购买良田，建造府邸。不久灵帝又想出了一个新主意，让人在西园建造万金堂，将大司农所管国库中的金钱、绸缎以及自己所收的钱财宝物统统藏在里面。之后灵帝为了更稳妥，干脆将自己的巨额"私房钱"分别寄存在他最宠信的宦官张让、赵忠等人家中，每家寄存几千万钱不等。中常侍吕强上书规劝说："全天下的财富，无不生于阴阳，皆归陛下您所有，这难道还有公私之分吗？"可视钱如命的灵帝根本听不进去，还是横征暴敛，东藏西放。

光和四年（181年），汉灵帝在后宫中呆腻了，便突然提出要"微服私访"。张让、赵忠一听，根本不敢让灵帝出宫亲眼看到他们那些逾制的府邸。而要拦住灵帝对张让而言再容易不过了，他告诉灵帝近来京城盗贼猖獗，恐怕外出有危险。灵帝担心自己的安危，也就打消了出宫的念头。为了让灵帝感受宫外的生活，张让在宫内仿照外面的街市，修建了许多店铺，并让一部分宫女扮成各种商人在叫卖，另一部分人则扮成顾客购买。还有的扮成卖唱、耍猴的等等各行业的人，然后请灵帝穿上商人的服装，与众人一起玩乐。

中平二年（185年），皇宫南宫遭了一场大火灾，足足烧了半个月才熄灭，南宫被毁。没过多久，京城西面的广阳门又倒塌了。灵帝打算将这些宫殿重新修复，可是一想到要动用国库里的钱，他就觉得心疼。张让明白灵帝的心思，就提议说："现在国用不足，但修复宫殿也是大事，不可不为。请陛下命令加征全国耕地的田税，每亩十钱，那样就足够用来修复南宫的了。"灵帝一听说不用动自己的钱财，当然喜出望外，遂令各州郡除了正常赋税之外，每亩多上缴十钱，用以修缮宫殿。而各级地方官员借此名义，往往多收钱财以中饱私囊，这就更加重了普通百姓的负担。

为了修建豪华宫殿，除了每亩地多征收十钱，灵帝还下诏调发太原、河东（今山西南部）、狄道（今甘肃临洮）诸郡向朝廷进献木材及精美的石料，定期运送到京城来，限期内不能完成任务者将予以重罚。张让指示手下的宦官在验收这些物料时，百般挑剔，故意将好的评定为次品，借口不符合要求而拒绝接收。因这些材料无法再运回原地，他们就强迫各地方官员予以贱卖，自己则用原价的十分之一来收购。各地方官员为了完成任务，只得再次采购木材、石料，而宦官们仍然是百般挑剔，以致宫殿连年未能修成，朝廷就年年征收修缮宫殿的赋税，弄得百姓们苦不堪言。

汉灵帝对此十分不满，遂命皇宫卫士分别到各地方官府去督促，这些人也受张让、赵忠的指使向各州、郡官府索取大量的贿赂。灵帝还下诏，但凡刺史、俸禄二千石官员以及茂才、孝廉在升迁和赴任时，都必须先去西园交纳"助军"和"修宫"钱，方能赴任。很多清正廉明的人即便不愿升迁而想要辞去官职，也要被迫去交纳这两项费用才能得到批准。一次司马直被任命为巨鹿太守，因为张让等人也知道他极为清廉，还把他应交的款数额减少了三百万。司马直捧着诏书长叹不已道："身为父母官，我怎能忍心剥削百姓去迎合弊政。"于是他借口身染疾病而辞职，但却没有获得批准。无奈司马直只好赴任。在他途经孟津时，详细直率地写了一份陈述当朝各种弊政的奏章送给灵帝，随后就服毒自尽了。灵帝读了奏章之后，大为震动，遂下诏暂时停止征收"修宫"钱。

中平三年（186年），贪得无厌的灵帝还是觉得自己的钱财太少。这时张让又想出了一个新主意，他怂恿灵帝下诏铸制新货币"四出文钱"。汉朝多年来通行的都是五铢钱，而新行的"四出文钱"比五铢钱小，但充五铢钱使用。这样一来，不仅朝廷变相搜刮了天下的财富，而张让等宦官也借此大赚了一笔。

铜镜木梳刺绣锦袋

此锦袋出土于新疆和田洛浦县的山普拉地区。上下两头用蓝地十字纹经锦制作。中部用红棕、黄棕、白三种绢缝拼成横条，上加菱形网纹。里子为蓝色绢制作。锦袋外缘有绛红色镶边。

在昏聩、荒淫的汉灵帝带动下，再加上宦官上下弄权，文武大臣也无心于国事，纷纷热衷于聚敛钱财，沉醉于侈靡的风气之中。

灵帝牡丹花下死

汉灵帝继位后，先立宋氏为皇后。宋皇后是扶风平陵人，性情温和善良，与世无争。因为过于正统端庄，未能得到灵帝的宠爱，后宫中那些受宠的妃嫔也都欺负她，甚至联起手来诬陷和诋毁她。而在宦官那里，宋皇后也没有强有力的支持者。中常侍王甫曾经枉杀渤海王刘悝及他的王妃宋氏，而宋氏正是宋皇后的姑母。王甫惧怕宋皇后因她的姑母被诛杀而怨恨他，就和太中大夫程阿诬陷宋皇后在宫廷里采用巫蛊、方术等邪门左道诅咒皇帝。这在汉代宫廷里可是最严重的罪行。原本就不喜欢宋皇后的灵帝怒不可遏，在光和元年（178 年）收缴了宋皇后的皇后印信，宋皇后也没有辩解，而是自行来到暴室监狱。没过多久，她就在狱中忧郁而死。她的父亲宋酆以及她的兄弟们，也都先后被诛杀。

汉灵帝是东汉历史上出了名的追求淫欲的皇帝。一年盛夏，为了避暑，灵帝命人建造了"裸游馆"，让人采来绿色的苔藓覆盖在台阶上，又命人沿着殿堂挖凿沟渠，引来渠水环流整个"裸游馆"。渠水中种植着莲大如盖的荷花，"高一丈有余，荷叶夜舒昼卷，一茎有四莲丛生"，取名叫作"夜舒荷"。因为这种莲荷只在月亮升起以后才将叶子舒展开，故又名"望舒荷"。灵帝命年纪在十四岁以上十八岁以下的宫女都浓妆艳抹，除去身上一切衣饰与他一

月神羽人画像砖
此画像砖中的羽人为月神，其人首鸟身，胸部圆轮中有桂树、蟾蜍。它与日神相对，是日月行天的形象化描绘。

同裸浴。当时西域进献了一种茵墀香，灵帝命宫女以此香沐浴，并将沐浴后漂着脂粉的水倒在渠水中，世人称之为"流香渠"。灵帝找来肌肤玉般柔滑的歌女执篙划船，他和众人于船上寻欢作乐。有时他还命人将船弄沉，然后观看那些落入水中的裸体美女们，同时伴以《招商七言》的歌曲来衬托情境。灵帝与那些裸体美女在裸游馆中日夜饮酒作乐，还举杯叹息道："假如一万年都如此，那就如同天上的神仙了。"灵帝常常喝得不省人事，连天亮了也不知道。为了把自己从醉梦中叫醒，灵帝又让宦官们争相学鸡叫，还在裸游馆北侧修建了一座鸡鸣堂，里面放养了许多只鸡。有一天灵帝醉得实在厉害，就连宦官们学鸡叫的声音也未能将他唤醒，直到一个宦官无意间将一支大蜡烛扔到殿堂外，才惊醒了灵帝。

汉灵帝终日耽于淫乐，不思立后之事。朝中大臣们一再上书说，宋皇后被废已经有两年的时间了，还请陛下尽快确立中宫。光和三年（180年）十二月初五，灵帝册封何贵人为皇后，并下诏将何皇后的哥哥、颍川郡太守何进升为侍中。何皇后出身低微，她只是南阳郡一个屠户家的女儿，后来根据选择宫女的制度被选进后宫。据史书上记载，她"身高七尺一寸，肌肤如雪，亭亭玉立"。进宫之后，颇受灵帝的宠爱，并诞下了灵帝的皇长子刘辩，因而才有机会被册立为新皇后。

除了何皇后所生皇子刘辩之外，汉灵帝的诸多妃嫔也曾生育了多个儿子，但大多都没能存活下来。最后仅留有两位皇子，另一个就是王美人所生的次子刘协。何皇后听说王美人也生下了皇子，妒性大发，竟然派人用毒药毒死了王美人。灵帝大怒，打算废掉何皇后，何皇后又惊又怕，急忙以重金贿赂张让等宦官，让其帮忙求情，这才让灵帝打消了废后的念头。但灵帝从此不再理会何皇后，而且也嫌恶何皇后生的皇长子刘辩，觉得他"轻佻无威仪"，

龙形金片饰

此金饰出土于江苏邗江甘泉山二号汉墓。饰片用细小的金珠和金丝作出龙首和龙身，颇为精细，表明当时的掐丝和镶嵌等细工工艺的技术已经相当成熟。

不是当皇帝的适宜人选。灵帝害怕何皇后再下手害死刘协，就把他寄养到永乐宫。在董太后的精心呵护下，刘协才得以顺利地长大。而在灵帝心目中，只有刘协才是日后皇帝之位的继承人。

中平六年（189年）四月十一，三十四岁的汉灵帝刘宏驾崩于嘉德殿，葬于文陵（今河南洛阳西北），谥号孝灵皇帝。"灵"在谥法中解释为"乱而不损曰灵"。这是对他二十二年在位的中肯评价。汉灵帝死后，四月十三日，何皇后与其兄何进一起拥兵入宫，临朝听政，拥立时年十四岁的皇长子刘辩为皇帝，史称汉少帝。少帝尊何皇后为皇太后，主持朝政，并大赦天下，改年号为"光熹"。并将其九岁的弟弟刘协封为渤海王，任命何进为大将军，与太傅袁隗共同辅政，负责国家军政要务。

乱世而亡

　　东汉中期之后，外戚与宦官交替把持朝政，社会矛盾日益尖锐，地主豪强称雄，政治日趋黑暗、腐朽，最终导致黄巾起义爆发。此后地主豪强割据，曹操"挟天子以令诸侯"，将汉献帝完全掌控在自己手中。曹操死后，曹丕逼迫汉献帝将帝位禅让给自己，东汉灭亡。

正史史料

中平元年春二月，巨鹿人张角自称"黄天"，其部帅有三十六方，皆著黄巾，同日反叛。安平、甘陵人各执其王以应之。

——《后汉书·孝灵帝纪》

黄巾起义

汉灵帝昏庸无耻，阉宦流毒于天下，官府横征暴敛，百姓受到层层压榨，国库空虚，民不聊生，民愤民怨极大，社会矛盾严重激化，全国各地不断爆发起义。从建宁元年（168年）到中平元年（184年）之间，有文字记载的农民起义就有十几起。这些大大小小的起义，预示着东汉王朝的命运已不可避免地走到了尽头。而中平元年（184年）开始的黄巾军农民大起义，则为东汉王朝敲响了灭亡的丧钟。

黄巾军的发起人是巨鹿人张角。他信奉黄帝、老子，并擅长法术和咒语，广收门徒，自称"太平道"。他用念过咒语的符水为人治病，竟然治愈了不少病人。人们都十分崇拜他，将他奉若神明。张角走遍各地，不过十多年的时间，青州、徐州、幽州、冀州、荆州、扬州、兖州和豫州等八州信徒竟达数十万人之多。各地方官府皆以为张角"教民向善，因而为百姓所拥戴"。只有太尉杨赐察觉到不妥，上书灵帝，建议捉拿张角等人，但灵帝却不以为然，将奏章弃于一旁。

光和六年（183年），张角设置三十六个"方"，"方，犹如将军。大方统率一万余人，小方统率六七千人，各立首领"。他公开宣称："苍天已死，黄天当立。岁在甲子，天下大吉。"并指派门徒用白土在京城各官署及各地方官府的大门上都写上"甲子"二字。张角和大宦官张让等人共同信奉道教老子，而张让等人也认识到东汉王朝的统治已不再稳固，为求得退路，他们和张角之间的关系往来密切。张角和众人密谋，由大方马元义等先集结荆州、扬州的信徒数万人，在邺城会合先行起事。计划制定后，马元义多次前往京城，秘密接洽中常侍封谞、徐奉等人，以他们为皇宫内应，约定在次年三月初五，于京城内外同时发动起义。

中平元年（184年），黄巾军起义正式爆发，这是东汉历史上规模最为宏

张角

张角，河北巨鹿人，黄巾起义军首领，太平道的创始人。张角早年信奉黄老学说，对民间医术、巫术十分熟悉。

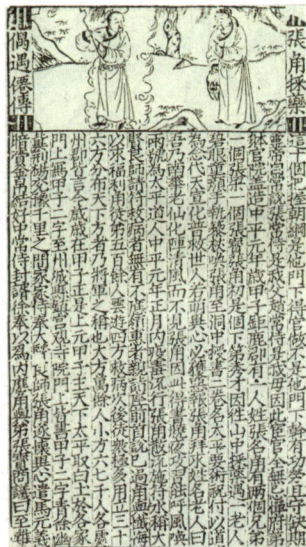

张角采药偶遇仙传

张角早年因入山采药，遇到一名碧眼童颜、手持藜杖的老人。老人将张角唤至洞中，并授予其《太平要术》，并嘱咐他以道为念，代天宣化，普救世人。张角得书后，晓夜攻读，终有所成。

大的一场农民起义。灵帝惊慌失措，赶紧让大臣们想办法剿灭，但黄巾军起义就如大火燎原一般，很快烧遍了全国。

黄巾起义军越演越烈，朝廷的军队难以降服。此时郎中张钧上书汉灵帝说："张角之所以兴兵作乱，而能够聚集百姓部众数十万，都是因为以张让为首的'十常侍'为害朝廷和天下，百姓生活无以为继，只得铤而走险，谋议造反。如今应该斩杀'十常侍'，并将他们的头颅悬挂在城门外，向天下百姓谢罪，再公告天下。百姓们消除了满腹怨恨，也就不会再起义了。"灵帝读了奏章，并不表态，反而将张钧的奏书拿给张让、赵忠看。张让即刻表现得痛心疾首，大呼冤枉，还表示愿意把自己的全部财产拿出来供给朝廷剿灭叛匪。灵帝被他的一片真诚所打动，因此对张钧的奏章不理不问。

张让等人合谋买通了廷尉、侍御史，并反咬一口，诬陷张钧与黄巾军有勾结。灵帝偏听偏信，遂将张钧打入牢狱，不久以叛逆罪将其处死。豫州刺史王允在镇压黄巾起义军时，从缴获的物品中发现了一些宦官及张让的门客与黄巾军往来的信件，就上奏给灵帝。灵帝恼火之极，怒斥张让道："你们总说党人不轨，如今国家陷于危难，你们却和黄巾军暗中串通，你们是不是该杀？"张让赶紧谢罪，并把事情都推到已经死去的中常侍王甫、侯览身上。在张让的巧言安抚下，灵帝没有继续追究他。但张让对王允怀恨在心，先后两次在灵帝面前大进谗言，中伤王允，并将王允抓入牢狱。幸而有大将军何进、太尉袁隗等联名上书，请求灵帝宽恕，这才救得王允一条性命。

中郎将卢植率领官军在巨鹿（今属河北）地区讨伐黄巾军，连续打了几个大胜仗，斩杀和俘虏黄巾军一万余人。张角不敌，只能退守广宗县城。卢植率领军队将广宗城团团围住，并修筑长墙，挖掘壕沟，制造攻城用的云梯，准备下一步进攻广宗城。就在这时，灵帝派小黄门左丰到卢植军中视察。左丰其人乃是张让的心腹宦官，于是有人建议卢植备上一份大礼送给左丰，这样左丰回京城复命时，就会在张让面前"言好事"。然而卢植生性耿直，不喜阿谀奉承，还说："竖阉成名，天下岂不可悲！"左丰其人听说后，暗怀怨恨。等回到京城后，就故意在灵帝面前造谣

玉座屏

此玉器由镂空的两侧支架和上下两块玉屏板卯合而成。上层屏板正中饰盘膝高坐的东王公，其下部和两侧有跪着的妇人及凤、兽等纹。下层屏板正中饰盘膝而坐的西王母，其头部两侧饰日、月纹，两侧各跪一妇人，四周饰龟、蛇、熊等。其纹饰形象地反映了汉代人们崇拜神仙的思想。同时，此玉器是将人物、景色、动物组合在一起的最早实物。

说："广宗贼易破，而卢植修建坚固的堡垒，不愿尽力克敌，下令让部队休息，坐等天时诛灭张角等贼人。"灵帝大怒，当即要下诏治卢植的罪。司空张温婉言相劝，希望灵帝给卢植一段时间用以克敌。可是张让却在一旁不依不饶，极力怂恿严惩卢植。昏庸的灵帝遂下诏说："卢植按兵不动，未能建功。速派槛车押回京师，减死一等。"卢植被关在囚车中押解回洛阳，灵帝判处了他比死罪轻一等的刑罚。而后派董卓接替卢植的职位，继续围剿张角的黄巾军。

中平二年（185年），汉灵帝以讨伐张角有功，将中常侍张让等十二人封立为列侯。而此时东汉王朝已经岌岌可危、朝不保夕，灵帝却毫不自知，依旧沉迷在荒淫奢华的生活之中而不能自拔。

何进之乱

中平六年（189年）四月十一，三十四岁的汉灵帝刘宏驾崩于皇宫嘉德殿。由于他生前没有确立皇太子，因此引发了东汉末年最为激烈的皇权争夺之战。灵帝的妃嫔们曾经为他生下了好几名皇子，却接连夭折，只剩下何皇后所生的刘辩及王美人所生的刘协。

灵帝在世时，文武百官曾多次请求灵帝册立皇太子，虽然灵帝心中倾向于刘协，但总是犹豫不决。灵帝曾亲手组建了一个以"西园八校尉"为主的亲卫部队，并任命小黄门蹇硕为上军校尉，统领这支部队。蹇硕嫉恨何进掌握兵权，因而力劝灵帝立刘协，但灵帝一再拖延，没有正式下诏。直到灵帝重病卧床不起，自知将不久于人世，才单独召见蹇硕，叮嘱他拥立刘协为皇帝。蹇硕临危受命，但他也深知这件事操作起来困难重重，遂打定主意，先下手将何进除掉，再立刘协为皇帝。

汉灵帝病逝之后，蹇硕指示左右，先秘不发丧，随即假传圣旨让大将军何进入宫面圣，并在宫殿四周密布伏兵。何进接旨后立刻赶往皇宫，刚到宫门口，便与蹇硕手下的司马潘隐相遇。两人素来交好，潘隐用眼神和手势示意何进不要入宫，何进不解，就跟着潘隐退出到宫门外。潘隐急忙告诉他说："蹇硕埋伏了人马，打算诛杀您，再迎立刘协为皇帝，您赶快想对策吧！"何进闻言大惊，迅速返回自己所辖的军营，并分派兵马控制住各封国驻京的官邸。随后何进匆匆赶到何皇后宫中，告知蹇硕欲图谋反。何皇后与何进商议后，觉得事不宜迟，于是马上召集群臣，宣布灵帝驾崩，于同月立十四岁的皇长子刘辩为皇帝，史称汉少帝，改元"光熹"。何皇后被尊为皇太后，临朝听政，封何进为大将军，与太傅袁隗共同辅佐朝政，负责军国事务。

蹇硕见大势已去，十分懊恼。这时何进让黄门令将蹇硕引入后宫，当场将蹇硕杀死，而饶恕了其他人，同时将蹇硕统领的亲卫部队收归到自己帐下。蹇硕死后，何进下一个要对付的目标就是骠骑将军董重。董重是董太后的侄子，与何进素来不合。董太后曾和董重商议，劝说灵帝立刘协为皇太子。如今何家掌握了大权，董太后和董重心有不甘。为绝后患，何进指使三公及自己的弟弟车骑将军何苗联手上奏，弹劾董太后，并指责说董太后为封国王后，应该住在封国里，不可滞留在京城皇宫。何太后立即准奏，威逼董太后立即出宫。同时何进亲率兵马包围了董重的府邸，董重被迫自杀。董太后也不知何故，突然暴病身亡。处理完这些隐患之后，何太后才下诏为灵帝发丧，葬于文陵（今河南孟津），并将九岁的渤海王刘协改封为陈留王。

何进接管了蹇硕统领的亲卫部队。这时汉灵帝所宠信的宦官张让、赵忠等人，惶惶不可终日。他们深知何进要诛灭宦官的决心，便拿出大笔金银财宝送到何太后的母亲舞阳君及何苗府上，求他们为自己说情。果然在母亲和兄弟的劝说下，何太后犹豫不决，不准何进轻举妄动。

何进很着急，又不能公然违抗何太后。袁绍看出了他的心思，便建议他召集各地方的军队入京，迫使何太后同意清除宦官。主簿陈琳反对说，那样做只会"授人权柄，不但无功，反而会招来祸患。将军只要当机立断，便可成功"。典军校尉曹操也赞同陈琳的建议，并说："如果召外兵入京，反而会令宦官有所警惕，后果堪虞。"但何进却一意孤行，曹操见劝说无用，只得失望地离去。于是何进即刻拟写了密诏，派人连夜送往各地驻军营地，召集他们带军入京诛杀宦官。

豪强纷起

东汉末年，政治腐朽，社会矛盾尖锐，最终爆发了黄巾军农民大起义。各地豪强地主也纷纷起兵，配合官军镇压起义，其中著名的有董卓、袁绍、袁术、公孙瓒、曹操、孙坚、刘备等，一时间军阀林立，称王称帝，割据一方。他们之间相互混战，百姓陷于水深火热之中，更加痛楚不堪。

董卓专权

董卓是陇西临洮人，出生于汉顺帝永建七年（132 年）。自幼习武，曾经游历羌地，结交了一批羌人朋友，被称作"健侠"。桓帝延熹四年（161 年），朝廷在汉阳、陇西、安

铜独角兽

在古代传说中，独角兽为神兽，它可以驱邪避祟。此独角兽通体刻满鳞甲纹，其颈部弓起，独角前挺，四足用力蹬地，更加显得猛厉、威武而雄健。

定、北地、上郡、西河等六郡挑选羽林军兵士，董卓在段颎的推荐下，来到京城洛阳担任羽林郎。后来在平定汉阳羌人的暴动事件中，董卓因为熟悉羌地情况，又了解羌人的生活习性而获得重用，随后一路升迁。但因为党锢之灾的牵累，董卓被迫卸职还乡。直到黄巾军起义爆发，他才再次被朝廷启用，任命为中郎将，并在镇压农民军起义过程中大获全胜，被封为邰乡侯，食邑一千户。几经沉浮，此时的董卓已经羽翼丰满，坐拥数万大军。正逢东汉末年，社会局势混乱，皇权不稳，野心勃勃的董卓意识到只要自己拥兵自重，就可能获得更大的利益。

恰在此时，坐镇河东的董卓收到了何进的密诏，喜出望外，认为"此乃天赐良机"，于是立即派兵赶往京城洛阳。听说董卓带兵进京，侍御史郑泰对何进说："董卓是豺狼之辈，他进入京城，一定会有大祸。"卢植也劝何进赶紧传令让董卓退兵返回。可何进仍然不听劝告，反而再次劝说何太后下诏诛杀宦官，但何太后与何苗还是迟迟不能下决心。何苗还劝说何进与宦官讲和，不要轻举妄动。何进也有些犹豫，赶紧派种邵带着新诏书阻止董卓入京。在极力劝阻下，董卓驻兵在河南夕阳亭，静待局势变化。

此时只有袁绍仍然坚持诛灭宦官。他假传何进命令，传书各地方州郡，将宦官家属统统拘捕入狱，归案定罪。这样一来，何进不得不采取进一步的行动。他入宫面见何太后，请她批准诛杀中常侍以下的宦官。可是何太后仍然不肯答应，何进只得退出。而宦官张让、段珪、毕岚等中常侍听说何进入

宫，心里有些害怕和怀疑，于是特意派人偷听，才惊悉是何进要除掉他们这些人。张让等人不愿意任人宰割，被动等死，于是派了十几个人埋伏在嘉德殿外，等到何进一出殿门，就一拥而上，将他训斥了一通，随即命尚方监渠穆将何进刺死。之后张让又伪造圣旨任命前太尉樊陵为司隶校尉，原少府许相为河南尹。尚书省的官员对此产生了怀疑，遂提出要见何进。张让干脆叫人将何进的头颅扔到众人面前，并宣布说："何进谋反，已伏诛矣。"

何进的部下吴医等人听说何进被杀，遂率兵包围了皇宫。袁绍听说后，也派弟弟虎贲中郎将袁术率兵去攻打皇宫，并放火烧了南宫九龙门及东西宫。随后袁绍带兵冲入宫中，并下令只要是宦官一律斩杀。因为来不及辨明身份，只要见到没长胡须的男子就杀掉，以致误杀了不少没有胡须但并非宦官的男子。转眼之间，竟然屠杀了二千多人。张让、段珪等人吓得魂飞魄散，慌忙来找何太后，没敢说何进已经被杀死，只是告诉何太后说大将军的下属要谋反发动了叛乱，放火焚烧了宫室。何太后一听，也不知如何是好，和少帝及陈留王刘协一起，任凭张让、段珪等人挟持，从皇宫的北门逃出，一直跑到了小平津（今河南孟津东北）。尚书卢植、河南中掾闵贡得知后紧追不放，卢植一马当先，先砍倒了几个宦官，并厉声对张让、段珪等人呵斥道："今不速死，吾当杀汝。"张让、段珪自知难逃一死，转身先跪拜少帝，之后投身于黄河之中，自杀身亡。

袁绍早已派人催促驻守在夕阳亭的董卓速速赶到京城洛阳。远望京城，董卓隐约看到了宫中的火焰，心知大事已经发生。正在他带兵行进之时，竟在北芒山遇到了何太后及少帝一行人。董卓赶紧上前拜见少帝。少帝惊魂未定，又看到一个骠勇健硕的将军，心情更加紧张，一时间竟结结巴巴地说不出话来。而陈留王刘协却镇定自若，厉声呵斥董卓说："你既然是前来勤王救驾的，见了皇上为何不下跪？"董卓暗自感到意外，不禁对这位九岁的藩王高看一眼。接着刘协又简单扼要地说明了宫廷事变的经过，由此赢得了董卓的好感。

董卓带领军队护送汉少帝一行人回到京城，他运用强有力的手腕，很快就平息了京城内的动乱，全盘掌控了局势。随即董卓指使人弹劾司空刘弘，由自己取而代之。又过了几天，中平六年（189年）九月，董卓废黜了生性懦弱的少帝刘辩，贬封其为弘农王，改立刘辩之弟刘协为帝，并改元"永汉"，是为汉献帝。同时他将何太后迁到永安宫居住，不久派人将其毒死。

董卓自封为郿侯，不久升为相国，将朝中大权紧紧地掌握在手中。同时他还赶跑了反对他废立皇帝的袁绍。在朝堂之上，董卓不可一世，唯我独尊。经过这一场宫廷大动乱，祸国殃民猖狂了很久的以张让、赵忠为首的宦官集团最终彻底覆灭，东汉王朝终于摆脱了持续近百年之久的宦官专权的政治局面。年幼的刘协就是在这样的大背景下被推上了东汉末代皇帝的宝座，而实际上执掌政权的却是以董卓为代表的地方豪强势力。从此天下四分五裂，东汉王朝气数已尽，后来的数十年不过是在苟延残喘。中国历史从此开始进入了一个四方枭雄并起的三国时代，而汉献帝刘协不过是一个连自己的命运都不能左右的傀儡皇帝。

董卓执掌朝权以后，横征暴敛，大开杀戒，引起了天下人的不满，各路豪杰纷纷讨伐董卓。而年幼的汉献帝也不甘心受董卓的摆布，但他所能依赖的只有以王允为首的文官集团。于是东郡太守桥房假传三公密令，给地方州郡，征集各地强兵，铲除奸臣董卓，以解国家于危难之中。当时被赶到渤海担任太守的袁绍首先起兵响应，很快就集结起十四路人马。因为起兵的地方多在关东一带，因此史书上称其为"关东军"。袁绍成为众望所归的关东军盟主，分几路大军向京城洛阳奔来。

眼见大军压境，董卓自知不是对手，决定离开洛阳，迁都长安。文武大臣都不同意，但迫于董卓的淫威，也只能跟随同行。初平元年（190年）正月，董卓将已废为弘农王的少帝刘辩毒死。二月董卓威逼汉献帝答应从洛阳迁都长安，数百万百姓也随之背井离乡，颠沛流离，一路上冻死、饿死的百姓不计其数。在离开洛阳之前，董卓还下令对洛阳进行了一次空前的大洗劫，将富家财产没收归为己有，并放火焚烧了城内所有的皇宫、殿宇、官府、民舍，使洛阳二百里内的房屋荡尽，鸡犬不留。最令人发指的是，贪得无厌的董卓竟然指使部将吕布摧毁汉室帝王陵墓和王公贵族的坟墓，挖掘并盗取了墓冢中陪葬的金银珠宝。

初平三年（192年），司徒王允、吕布、士孙瑞三人共谋除掉董卓。四月吕布将董卓杀死，天下臣民无不拍手称快。汉献帝下诏命王允"录尚书事"，任命吕布为奋威将军，封温侯，由他们两位共同主持朝政。

汉献帝流离失所

铲除董卓之后，王允实行株连政策，当时百姓传言说"当悉诛凉州人，卓故将校遂转相恐动，皆拥兵自守"。李傕、郭汜等人原是董卓手下的部将，现在上书汉献帝，请求赦免，但遭到王允的拒绝。李傕、郭汜不知如何是好，于是索性把心一横，干脆率兵十万将长安城团团围住。献帝命吕布率兵亲自守卫，两军对峙长达八天，而胜负未决。

玉夔凤纹樽
此樽质地为新疆和阗青玉，局部有褐色和紫红色浸蚀。体圆，由樽体和盖两部分组成。盖顶中央凸起一纽，边沿作凸出的三花瓣形。盖面有三个立雕羊首凸脊等距排列。樽身饰勾连云纹为锦地，锦地上隐起变形的夔凤纹。樽柄上饰一兽面纹。此樽底有三个蹄形状足等距分立。此玉樽设计新颖，纹饰精美，琢磨细润，为玉质器皿中的佳作。

历史细读

印和系的绶带，可以作为官印的统称。汉代规定，凡是专职官员，都有颁发的印绶，以表示其职权受命于皇帝。有金印紫绶、银印青绶、铜印黑绶等区别，代表了官职级别的大小，后来被历代所沿用。

谁知吕布的部下突然发生兵变，偷偷将长安城门打开，李傕、郭汜立刻带领军队攻入城内，长安城顿时陷于一片厮杀声中。吕布猝不及防，虽奋力抵抗，无奈叛军人多势众，难以招架。吕布冲到王允面前，请他和自己一起逃走。王允却长叹一声说："承蒙社稷威名，辅佐幼主，安定国家，是我的愿望。即便不能，我也甘愿一死。请你转告关东诸公，多为国家安危尽力，那我将死而无憾！"吕布只好带着几百名残兵败将，杀出一条血路，离开了长安城，投奔袁术去了。

吕布一走，李傕等人更是势如破竹，直扑皇宫而来，将宫门围得水泄不通。王允把汉献帝扶上宣平门楼，望着下面数以万计、杀气腾腾的叛军，献帝却没有表现出一丝的惊恐和胆怯。他镇定地大声喝问李傕："你们带兵来袭，意欲何为？"

李傕抬头，看到是汉献帝在发问，也不敢造次，当即跪拜在地，叩头请求献帝宽恕。他回答说："董卓被吕布所杀，臣等前来，是为董卓报仇，并非造反。随后我们会自行前往廷尉处请罪。"献帝说："吕布已经逃走，你们为何不去追赶，却来包围宫门？"李傕回答说："司徒王允与吕布是同谋，我们想找他问个明白。"只见王允自己走出宫门，来到李傕面前，毫不畏惧地问道："我王允在此，你们想要问什么？"李傕指着他问董卓究竟犯了什么罪过，以致被杀。王允怒目圆睁，大声回答说："董卓死有余辜，百姓们无不欢欣雀跃、拍手称快，难道你们不知道么？"李傕又问道："即使是董卓罪大恶极，那我们又有什么罪过，而你却不肯赦免我们？"王允厉声喝道："你们和他一起坑害民众，如今又拥兵进入京城，不正是欺君之罪吗？"李傕被顶得说不出话来，恼怒之极，他手下的将士蜂拥而上，将王允抓住当场砍死。随后李傕等人大开杀戒，将汉献帝身边的文武大臣斩杀殆尽。据史书上记载，这一场浩劫"吏民死者万余人，狼藉满道"。

汉献帝对此也无可奈何，并且知道自己已经落入李傕、郭汜的手中，成为了他们二人所控制的傀儡。汉献帝被迫册封李傕为扬武将军，郭汜为扬烈将军。初平三年（192年）九月，献帝在李傕、郭汜的暗示下，下诏将二人再次封侯。李傕晋升车骑将军，郭汜为后将军，朝政完全由他们两人共同决断。两年之后，即194年，汉献帝行加冠礼，改年号为"兴平"。但对他而言，仍然没有掌控朝权的可能。

实际上根据史书的记载，汉献帝并非昏庸无能之人。他颇有智慧，且极为关切民间疾苦。据《后汉书》所载，兴平元年（194年），献帝还留居在长安时，就办过一件令百姓交口称赞的事情。那时的长安，历经多年动乱之后，又遇上一连几个月的大干旱，农田颗粒无收，一斛谷竟然能卖到五十万钱的高价。穷人吃不起粮食，为求得生存，长安城里甚至出现了人吃人的现象。献帝听说后，十分痛心，立即令侍御史侯汶打开国家粮库救济灾民，用米、豆混合为饥民熬粥。可是一段时间后，饿死的人还是很多。献帝渐渐产生了怀疑，认为所用的米、豆和上报的数额不相符合。于是献帝决定亲手试一试，他按照侯汶所上报的数量，派人取出米、豆各五升，放在自己面前，然后亲自监督熬粥，最后只得到两盆粥，这显然是不够城中灾民们分食的。这也足以说明粮食发放中确实存在着严重的克扣现象。献帝大怒，当即命人责打侯汶五十大棍，并召集京官们责问为何粮食发放下去，却还是有那么多的百姓被活活饿死？从那以后，赈济灾民的粮食才得以如实发放，百姓们也才真实地受到了国家的救助，减少了死亡数量。那一年献帝不过刚年满十四岁，但却已经显露出他对国计民生的关心，也显示出他颇具治理天下的才能。

兴平二年（195年）三月，李傕和郭汜因相互猜忌，以至于兵戎相见，刚刚安定下来的长安城再次变成拼杀的战场。李傕和郭汜都想把汉献帝挟持在自己手中，以便"挟天子以令诸侯"。李傕抢先一步，派他哥哥的儿子李暹带领数千人马将宫门围住，逼迫献帝出宫跟他们走。太尉杨彪出来喝问李暹说："自古以来，从没有皇帝徙居于臣子家中的。你们怎么能如此草率，做出这样大逆不道的事情呢？"李暹却反问道："我们是担心郭汜叛逆入宫，才来保护陛下，迎接圣驾到安全的地方暂避凶险。你竟然胆敢阻挡，难道你是郭汜的同谋吗？"杨彪一听，再也不敢多说话，只好回禀献帝。献帝也不知如何是好，只得听从李暹的安排，带着皇后等人坐上了李暹安排的大车，一起来到了李暹大营。

听闻长安发生了兵变，镇东将军张济赶紧带领兵马来到长安城，前往拜见汉献帝，并奏请献帝亲自调和李傕与郭汜之间的矛盾，还说自己愿意一路护送献帝到弘农去。献帝当然也希望李傕和郭汜讲和，不要再互相攻打。在汉献帝苦口婆心的劝说下，李傕和郭汜答应彼此既往不咎，和平共处。郭汜当即释放了自己拘捕的大臣们。于是张济履行自己的承诺护送献帝启程前往

孔融

孔融，字文举，鲁国（今山东曲阜）人，东汉末年文学家，建安七子之一。由于他曾任北海相，亦称孔北海。他与曹操在政治上颇有分歧，每多乖忤，终于在建安十三年（208年）被曹操所杀。

弘农。谁知就在路上，郭汜突然又改变了主意，劝说献帝转去高陵。之后献帝一行终于抵达华阴，驻守当地的宁辑将军段煨亲自出营迎接，并细心打理献帝及皇后等人的饮食、服装。后来张济也心生邪念，竟然联合郭汜、李傕两人，一同追赶献帝等人。负责护卫献帝的杨奉、董承等人寡不敌众，丢盔卸甲，所带奇珍异宝也都在仓皇之中丢弃在路上。而汉献帝和皇后两人分乘两辆车子，在董承的拼死保护下，才终于逃脱。他们逃入曹阳境内，一路继续东进，好不容易才摆脱追兵。

不久汉献帝和众人渡过了黄河，步行数里，终于来到了大阳。因为找不到合适的代步工具，他们只能用一辆牛车载着献帝和皇后，其他人就跟在后面步行。他们吃尽了苦头，终于赶到安邑，河内太守张杨、河东太守王邑都前来接驾。献帝感激他们的忠心，下诏拜授张杨为安国将军，封王邑为列侯。而当地的其他文臣、武将也不甘于后，纷纷要求献帝给他们加官晋爵，献帝也都一一答应。这样一来，就连官员的印章都不能发放齐全，负责此事的后勤官员实在没有办法，只好用锥子在普通的石块上刻字以充当印章。献帝住在破烂不堪的房子里，和大臣们商议国事，室外人来人往，士兵们也在一旁列席参观，时不时还取笑一番，汉献帝也可以称得上是东汉朝最狼狈的皇帝了。杨奉等人主张在安邑建都，而太尉杨彪等人主张献帝东还，仍然以洛阳为京城。双方争执不休，公说公有理，婆说婆有理，谁也说服不了对方。而汉献帝也拿不定主意，只好暂时留在安邑。

在此期间，李傕与郭汜没完没了地打仗、和好。趁着这混乱的局势，建安元年（196年）七月，汉献帝终于在杨奉的保护下重返已经残破不堪的京城洛阳，而洛阳皇宫早被董卓的一把大火烧成了废墟，新的宫殿还没来得及修建，到处瓦砾成堆，荆棘满目。因此献帝只得暂时住在中常侍赵忠留下的府邸中，作为行宫。不久杨安殿修缮一新，献帝暂时入住在那里。而朝廷百官没有住所，无处安身，只能栖身于破壁残垣之中。因为京城中粮食奇缺，几乎人人都吃不上饭，有的大臣一连数日粒米未进，竟然还有官员被活活饿死。献帝派人向各地州郡求救，征集粮草，但"十无一应"。无奈之下，自尚书郎以下的官员只好亲自去京城外的田地里采集野谷子充饥。

曹操挟天子以令诸侯

汉献帝回到京城洛阳后，一切百废待兴，加上董卓余党的威胁，令献帝坐立不安。为了彻底消灭董卓的残余势力，汉献帝"饮鸩止渴"，招来兵强马壮的曹操为己所用，以对抗其他的军事集团。而在这一时期，曹操早已占据兖州，不断发展壮大，成为一支不容小觑的军事力量。

曹操的父亲曹嵩，是当年受宠的中常侍曹腾的养子。曹操从小狡猾，善于谋略与权术，得到了太尉桥玄的另眼相看。桥玄曾经对曹操说："天下即将发生大的动乱，掌握时代命运而平息这场大乱的人，莫非就是你了。"桥玄还劝说曹操要提高自己的名望，应该结交当时的著名人物许子将，也就是许训的侄子许劭。许劭和他的堂兄许靖都有很高的声望，他们喜欢评点名士，并常常根据这些人的所作所为而更新评点。曹操听从桥玄的劝告，特意前去拜访许劭，询问他对自己有何评价。许劭对曹操的为人早有所闻，心中不悦，因而闭口不答。曹操极为恼火，竟然出言相威胁，许劭这才被迫说："子治世之能臣，乱世之奸雄。"曹操听了以后，反而不再恼怒，呵呵大笑着离开了。

如今曹操接到了汉献帝的诏书。他感觉这是上天赐给自己的一个大好机会，惊喜之余，他立刻做了周密的安排，并亲自率领军队赶到京城，入宫朝见献帝。在清除了献帝身边的武将后，保卫京城和献帝的重要责任都由曹操负责。献帝还特意赐给曹操节钺。节钺在古代是非常重要的物品，代表着极深的含义。"节"即符节，是古代君王派遣将相委以重任时，用作凭证的一种信物。获得它的人，就意味着皇帝准许他自行做主，斩杀违反军规者。而"钺"是古代一种和斧子相似的兵器，它通常是君王所专用，是权力的象征。献帝想借此表示自己对曹操的信任与敬重。而这样的安排，也使得军政大权完全被曹操一人所把持，曹操的权欲不断膨胀，为其后曹氏家族称帝埋下了伏笔。

汉献帝虽然坐在龙椅上，但在他身边指点江山并做出一系列治国决策的却是曹操。他不仅借献帝的名义，处死了侍中台崇、尚书冯硕等人，同时还封卫将军董承、辅国将军伏完等十三人为列侯。曹操处心积虑，想先稳固自己在朝野中一言九鼎的地位，进而做到"奉天子以令不臣"。在董昭的提议下，曹操决定把汉献帝从洛阳迁到自己的地盘许都（今河南许昌东）。虽然这招致了驻守在梁县的杨奉的阻挠，但曹操还是顺利地将献帝迁移到了许都。献帝虽然不情愿再次改换都城，无奈自己没有决策的权力，只好默默听从。因为仓促搬来，许都尚无宫殿，因此献帝只好暂住在曹操的军营之中。等到宫殿、宗庙全都建造好之后，建安元年（196年）六月，献帝才正式进入许城内。九月曹操被献帝任命为大将军，封武平侯，权限在三公之上。按照朝廷的旧制，曹操也几次上书表示谦让。其《上书让增封》表说："无非常之功，而受非常之福，是用忧结。比章归闻，天慈无已，未即听许。臣虽不敏，犹知让不过三。所以仍布腹心，至于四五，上欲陛下爵不失实，下为臣身免于苟取。"但也只是做做谦让的样子而已。

曹操所信任的荀彧晋升为侍中，代理尚书令。每当曹操外出征伐时，就将朝政大权交予荀彧执掌。而汉献帝依然不过是曹操手中的一个傀儡皇帝。因为献帝迁都许后，关中地区纷纷归附，曹操由此控制了黄河以南的大部分地区。不久袁绍提出许都气候不宜久居，建议曹操请献帝迁都鄄城，却遭到曹操的拒绝。而且在曹操升任大将军后，以献帝名义任命袁绍为太尉，封邺侯。可太尉官职虽高，还是要受大将军节制。于是袁绍上表献帝推辞，不愿意担任太尉。

汉献帝有些为难，但曹操却上书说自己愿意辞去大将军一职，改由袁绍担任。其实这是因为曹操看到袁绍此时的实力远强于自己，为了保持暂时的安定，曹操才决定对袁绍做出让步。建安二年（197 年）三月，曹操以献帝的名义，正式下诏："派将作大匠孔融持节到冀州策命袁绍为大将军，并赐给弓矢节钺、虎贲百人，兼督冀、青、幽、并四州。"诏令一下，袁绍这才心理平衡，不再对曹操指手划脚。

建安元年（196 年）十一月，曹操在辞让大将军一职之后，又借献帝之口改封自己为司空，并代理车骑将军。车骑将军在将军中略次于大将军和骠骑将军。虽然曹操让出了大将军之位，但袁绍远在许都之外，在献帝身边统控全局的仍然还是曹操。袁绍得到了大将军的职位，却并未能发挥其作用。

曹操终于如愿以偿，开始了"挟天子以令诸侯"的时代。但是对于汉献帝刘协而言，当一名傀儡的滋味并不好受，他并不甘心受制于曹操或其他任何人。当朝一些正直之臣也纷纷提出质疑。太尉杨彪不满曹操专权，愤然辞职而去。献帝企图先削弱曹操的兵权，而后将他一举铲除。建安五年（200 年），献帝下诏"以董承为车骑将军"，并用自己的鲜血写了一封密诏，将其藏在衣带之中，赐给董承，让他与刘氏宗亲刘备商议如何诛杀曹操，这就是历史上有名的"衣带诏"。这也是汉献帝刘协试图收回皇权所做的一次努力，但非常不幸的是，这次计划还没有开始实施就遭到了惨败。密谋泄露，被曹操得知。而这时刘备已经借故离开了许都，也幸亏如此，刘备才幸免于难。

曹操听说汉献帝竟然要诛杀自己，怒不可遏，当即派兵将董承等人抓入牢中。他自己提着宝剑，冲进了皇宫。此时汉献帝正在和伏皇后闲谈，突然看见怒气冲冲的曹操，不由得大惊失色。曹操直言道："董承心怀不轨，竟敢谋反，请陛下即刻下诏治他的罪。"献帝疑惑地问道："董承是朝廷重臣，又是皇亲，他怎么会造反呢？"曹操却回答说："董承想要谋害我，而这么做势

"摆亮子"曹操发兵（局部）
"摆亮子"在皮影戏中是亮箱的一场戏。此为《三国演义》剧目《当阳桥》
影戏中的一个场面，表现了曹操发兵时的场景。

必会影响到陛下的安危，那不是谋反又是什么呢？"

汉献帝又问是否有什么确实的凭证，曹操一听更加生气，怒目圆睁地大声说道："证据确凿，不容置疑。难道陛下想袒护董承，也想把我杀了吗？"献帝不免有些慌乱，他担心的是给董承的密诏被曹操发现，这下也不敢再多问，只得说："若董承确实犯下大罪，当然应该依法处置。"接着曹操马上要求献帝把董承的女儿董贵人交出来，要将其一并连坐处置。献帝一听，难过不已，哭着说："董贵人已经怀有身孕，不如等她把孩子生下来之后再行治罪。"曹操却置若罔闻，坚持要把董贵人抓走，还恶狠狠地说："就算她把孩子生下来，也要一并处死，以免留有后患。"

汉献帝惊骇得说不出话来，只得任由曹操命令士兵将身怀六甲的董贵人拖出皇宫去，而他只是不停地落泪哭泣。曹操随即命令士兵将董贵人活活勒死，并将几个主谋董承、王服、种辑等处斩，夷灭三族。曹操借此杀掉了一大批忠于汉献帝的臣子，并加强了对献帝的控制。朝廷上下安排的都是他的亲信，就连献帝"左右侍卫莫非曹氏之人者"。曹操深知献帝的重要性，因而对献帝本人倒不敢轻举妄动，但献帝的生活却变得更加凄惨。

建安五年（200年），曹操和袁绍的军队在官渡进行了一场历史上有名的大决战，在此战役中，曹操以少胜多，击败袁绍，获取了北方地区的大片土地，奠定了统一北方的基础。此后，曹操继续挥师前进，相继占领北方各地方州、郡。建安十二年（207年），曹操降服了乌桓，从而统一了整个北方地区。第二年六月，曹操又罢去三公，改设丞相、御史大夫，并自立为丞相。同年七月，曹操亲率军队南征，与孙权、刘备的联军在赤壁大战，结果大败而返。此时天下已初步形成三国鼎立之势。建安十八年（213年），曹操自立为魏公，加九锡。

当初曹操残忍地杀害了董承和董贵人，伏皇后对此十分怨恨。她曾经写了一封书信秘密地送给父亲伏完，她在信中诉说了曹操的残暴和自己的担心及恐惧，历数曹操的种种罪恶，并请求伏完找机会将曹操这个大奸贼除掉。可是曾当过辅国将军的伏完对朝政毫无兴趣，也不想和曹操发生冲突。因此他将女儿的书信放在一边，并没有采取任何行动。伏皇后虽内心焦急，但却毫无办法。伏完去世后，建安十九年（214年），伏家的一个仆人为了受到封赏，竟将伏皇后给伏完的这封书信偷了出来，交给了曹操。曹操读罢，雷霆震怒，立刻冲进皇宫，逼迫汉献帝下诏废去伏皇后。献帝又惊又忧，他和伏皇后的感情一向很好，实在不忍心将她废掉。献帝还在犹豫之时，曹操已经擅自命令尚书令华歆起草废后的诏书，献帝被逼无奈，只得亲手盖上了皇帝的印玺。曹操立即派人送给伏皇后。伏皇后听闻后，正收拾细软准备搬出居住的后宫，却忽然听到殿门外面人声嘈杂，竟是华歆奉曹操的指令，带着士兵来抓捕她。伏皇后心知不妙，也不敢出去，赶紧躲到了宫殿墙壁的夹层中，结果还是被华歆搜到。华歆一把揪住伏皇后的头发，一直将她拖到大殿外面。此刻汉献帝和御史大夫郗虑却只能坐在殿外，愁眉不展，唉声叹气。伏皇后光着双脚，披头散发，对献帝哭泣说："陛下，我真的难以活命吗？"献帝泪流满面，叹息着回答说："我也不知道自己还能活多久！"伏皇后又问郗虑说："郗公！天下竟然有这样的事情吗？"不待伏皇后和献帝最后告别，华歆就将伏皇后拉走，关进了监狱，最终幽闭而亡。就连伏皇后所生的两名皇子也被曹操下令毒死，伏氏家族受株连被处死的有一百多人。献帝竟然不敢稍做劝阻，眼睁睁地看着自己的亲生骨肉变成了冰冷的尸体。皇帝当到这般地步，汉献帝也算是古往今来第一位窝囊皇帝了。伏皇后死后不久，曹操就暗示献帝再立新皇后，而人选只有两个，那就是曹操早就送入宫中被封为贵人的两个女儿。建安二十年（215年）正月，献帝将曹操的女儿曹节册立为皇后。

然而曹操"挟天子以令诸侯"的如意算盘并没有达到他预期的效果，遭到各地方诸侯的强烈抵制，大骂曹操"托名汉相，实为汉贼"。曹操也曾想过将汉献帝抛弃，自立为帝，却又担心自己"匡扶汉室"的大招牌就此毁于一旦，因而遗臭万年。同时在他的强权压迫下，汉献帝也时有反抗。当初"议郎赵彦常为献帝陈说时事，曹操恶而杀之"。随后当曹操上殿朝见献帝时，献帝终于忍耐不住，对曹操说："君能相辅，则厚；不尔，幸垂恩相舍。"这无异是在说我的忍耐也是有限度的，你要是不想辅佐我，就把我抛弃了吧。这番话让曹操大吃一惊，一时间竟然不知道如何应答。从此之后，曹操就很少再去朝见献帝。

曹丕称帝

曹操挟持汉献帝，征战一生，并实行"唯才是举"和开垦屯田的政治、经济政策，统一了中国的北方，占有了半壁江山，和刘备、孙权等人三足鼎立。虽然他心中无数次想过要取汉献帝而代之，却始终缺乏称帝的勇气。曹操在不甘心和犹豫之间又做了多年汉臣，直到建安二十五年（220年）正月，曹操病死，他的儿子曹丕袭爵为魏王。

闻听曹操的死讯，汉献帝满心欢喜，他以为多年的忍耐终于到了尽头，自己可以堂堂正正地坐在殿堂之上，亲自执掌政权了。于是献帝即刻下令，将建安二十五年（220年）改为延康元年。

可是汉献帝的希望再一次化为了泡影，曹丕和父亲曹操不同，他早就想尝尝当皇帝的滋味，如今终于轮到自己当家做主，当然就要尽快实现这个宿愿。曹丕指派人假造各种祥瑞，并大传谣言说汉代的气数已尽，将由魏曹来代替。魏相国华歆、太尉贾诩、御史大夫王朗、禁卫军左中郎将李伏等大臣，未经通报，就带领全副武装的士兵，闯入献帝的寝宫，胁迫他自动让位，并言之"汉室国运已终，气数当尽，望陛下效法尧、舜，以江山社稷，禅让魏王"。献帝闻言大惊，眼泪不由自主地流了下来，他想不到自己隐忍了多年，等来的却是这样的结果。他慌忙逃往后宫，曹皇后听到嘈杂声，出来查看，献帝哭述说："皇后，你的哥哥想要自立为帝，谋害我呢！"曹皇后大怒。她

曹丕篡汉

曹丕，字子桓，沛国谯县（今安徽亳州）人。母亲为卞氏。建安二十二年（217年），曹丕在司马懿、吴质等大臣的帮助下，成功地被立为世子。延康元年（220年），曹操病死。曹丕继位为丞相，随后又逼迫汉献帝禅位，代汉称帝，改国号为魏，成为魏国的开国皇帝。

将献帝护在身后，横眉冷对追赶而来的华歆等人，大声呵斥道："你们竟然为了荣华富贵，想要谋害皇帝。我父亲功高盖世，也未敢自立为帝，仍然甘为汉臣，兄长为何做出如此乱逆之事？他继位不久，即思篡汉，天必不保尔等长久！"毕竟曹皇后是曹丕的亲妹妹，华歆等人一时也不敢有所举动，只得灰溜溜地带着士兵们退出宫去。

几天后曹丕即将抵达许都，华歆等人上奏请汉献帝上朝，献帝被逼无奈只好上朝面见群臣。接着华歆马上将已经拟好的退位诏书递给献帝，逼他亲自昭告天下。献帝不敢不答应，只得派御史大夫张音将诏书送给正在曲蠡的曹丕，曹丕心中大喜，但故意推辞不受。华歆等人连忙上书曹丕，劝说其应天下臣民之请，登基称帝。同时加紧胁迫献帝将皇帝玉玺交出来。献帝哭着说："玉玺一向由皇后保管，不在我身边。"华歆带人向曹皇后索要玉玺，曹皇后拒不肯交。曹丕听说后，派曹洪、曹休领兵逼迫曹皇后。曹皇后见兄长对自己毫无怜惜之情，绝望之极，甩手将皇帝玉玺扔到宫殿外。之后华歆又逼着献帝下达了第二道诏书，连同玉玺一起送给了曹丕。曹丕仍然摆出一副不答应的架势，而将玉玺和诏书退回。献帝只得再次下诏，曹丕觉得时机已经成熟，这才做出勉为其难的样子答应了。曹丕在接受汉献帝"禅让"后，曾说"舜禹受禅，我今方知"。然而汉献帝与曹丕这出"三让三辞"的把戏，根本瞒不过世人的眼睛。

220 年十月，曹丕在繁阳亭登上受禅坛，接受玉玺，改延康元年为黄初元年，国号为魏，是为魏文帝。随即追尊其父曹操为魏武帝，将废献帝封为山阳公，曹皇后为山阳公夫人，逼令他们立即搬出皇宫，但允许其在封地山阳城（今河南焦作东南）内奉汉正朔和服色，建汉宗庙以奉汉祀。魏文帝曹丕还安抚刘协说："天下之珍，吾与山阳共之。"

东汉王朝历经一百九十六年，至此终于在汉献帝朝宣告灭亡。十四年后，即魏青龙二年（234 年）三月，亡国之君刘协病死在封地，终年五十四岁，以汉天子礼仪葬于禅陵（今河南修武北），谥号孝献皇帝。据《谥法》所说："聪明睿智曰献。"这说明汉献帝在天下人眼中，确实不是一位糊涂无能的皇帝，可惜"献生不辰，身播国屯"。汉献帝在东汉末年黑暗混乱的社会中连年流离迁徙，不能自主执掌朝政，而被迫受不同的军事力量操纵。他的聪明才智难以施展，更难有能力挽救被外戚和宦官搅和得乌烟瘴气、遍体鳞伤的政治局势，只能眼睁睁地看着东汉王朝一步步地走向灭亡的结局。

东汉的文化、科技和医学

　　东汉时期的文化具有多样性，在文学领域，这一时期以散文、赋和诗歌为主。在经学领域，古文经学因谶纬之风的影响而日趋盛行，成为当时儒生、学者主要研究的对象。在哲学领域，王充是这一时期出现的唯物主义代表人物。宗教领域，道教和佛教思想的广泛传播，使其信奉之人也逐渐增多。在史学方面，班氏兄妹撰写了《汉书》。

　　东汉的科学技术得到了很大的发展，这一时期，南阳太守杜诗发明了水排，从而大大促进了冶铁手工业的发展。蔡伦总结了前人的经验，在其基础上制造出了质量更好并适合书写的植物纤维纸，他造出的纸被世人称为蔡侯纸。在天文学领域，张衡发明的浑天仪和地动仪，是当时科学技术的一大成就。在医学领域，张仲景、华佗代表着东汉医学所取得的最高成就。

讲学画像砖

图为汉代经师授徒的场景。老师在榻上凭几而坐，学生手捧简册居于席上，腰间还都挂有刮削简册用的书刀。其中一人面向老师，像是在回答问题。

唯物论、佛教和史学

博学奇儒王充

东汉奇儒王充，字仲任，会稽上虞人，其年少时就成为了孤儿，后来他来到京师洛阳游学。当时洛阳是全国政治、经济、文化的中心。东汉的开国皇帝刘秀夺得天下后，特别注重文雅，尤喜儒术，史称他"未及下车，先访儒雅"，收集典籍，征召遗隐，"于是四方学士，莫不抱负坟籍，云会京师"。为了安抚这些饱学之士，光武帝建太学，设博士，用他们来传授知识，造就人才。太学既是当时全国的最高学府，而且典籍丰富，名流辈出，也是全国学术活动的中心。

王充到太学拜扶风（今陕西咸阳东）人班彪为师。当时太学受今文经学的影响，盛行章句之学。传经注重家法师承，先生们将先师的遗教记下，章有章旨，句有句解，称为"章句"。先生教弟子们反复记诵"章句"，并恪守师训，不敢越雷池一步。加之光武帝刘秀迷信纬书谶记，事无大小，都取决于图谶，使谶纬神学充斥学坛。而太学教育，不仅方法僵化刻板，而且内容虚诞。好在郑众、桓谭、班彪等人都在京师，他们都是古文经学家，博学多通，号称大儒。在数家之中，王充受班彪和桓谭二人的学风影响最深。

王充对班氏父子十分赞赏，说："班叔皮（班彪，字叔皮）续《太史公书》百篇以上，记事详悉，义理完备，观读之者以为甲，而太史公乙。子男孟坚（班固，字孟坚）为尚书郎，文比叔皮，非徒五百里也，乃夫周召鲁卫之谓也。"王充以班彪为师，以班固为友，日诵诗书，在学问文章、立身

白马驮经图

相传一天夜里，汉明帝梦见了金人，博士傅毅为其解梦说是西方的佛，于是明帝派遣大臣蔡愔、秦景等前往西域寻求佛法。永平十年（67年），蔡愔等会同迦叶摩腾和竺法兰两位印度高僧，用白马驮着佛经、佛像，返回京城洛阳。汉明帝盛情地接待了他们，并在洛阳建造了中国历史上第一座佛教寺院白马寺。

道德上都大受其影响。当时班彪并未在太学任职，王充是他的私淑弟子。王充"好博览不守章句"，正是师承于班氏"博而不俗"，"不为章句，举大义而已"的风格。

在思想方法上，王充又得益于桓谭。桓谭是两汉之际的著名学者，著有《新论》一书。他治学的特点也是"训诂举大义，不为章句"，与班氏父子学风相同。在思想方法上，颇具求实精神，爱好古文经学，常与刘歆、扬雄"辨析疑异"，尤其反对当时盛行的谶纬神学。他曾在光武帝面前"极言谶之非经"，被光武帝视为"非圣无法"，险遭处斩。他对俗儒的鄙俗见解更是反对，常常调笔讥讽，"由是多见排抵"。桓谭求实的治学精神，王充特别赞赏。受桓谭的影响，王充对神学迷信、虚妄之言也深不以为然，他后来撰写《论衡》一书，其主旨也是"解释世俗之疑，辨照是非之理"，与桓谭《新论》的主旨如出一辙。

当时在京师的青年学者除班固之外，还有贾逵、傅毅、杨终等，俱曾为官兰台，王充也与他们有交往。兰台是东汉的皇家图书馆，在那里读书作文，皆由皇家供应纸墨，条件优越，因此时人称进入兰台为登蓬莱，并以此为荣。

王充在洛阳除了师从名师，结交朋友之外，还博览群书。《后汉书》说王充在洛阳，"家贫无书，常游洛阳市肆，阅所卖书，一见辄能诵忆，遂博通众流百家之言"。在熟读经史之余，王充还广泛地涉猎诸子百家之学。浅学俗儒多拘于经本，认为经为圣人所创造，是真理之所在。一经之中，又专守一师之说，抱残守缺，排斥异己。而王充通过对儒学与诸子百家之学的对比研究，则认为诸子百家之学与儒经同等重要，有时子书甚至比经书还要可靠。他认为五经遭到秦朝焚毁，文有遗缺，而诸子无缺文。孰劣孰优就不辩自明了。

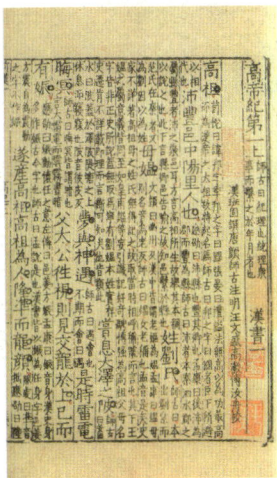

《汉书》书影

《汉书》，东汉班固撰，是我国的第一部纪传体断代史，包括帝纪十二篇，表八篇，志十篇，列传七十篇，共一百篇。主要记述了汉高祖元年（前206年）至王莽地皇四年（23年）共二百三十年的史事，是继《史记》之后我国又一部重要史籍。

曹大家授书图

班昭，班固、班超之妹，因嫁与曹世叔为妻，又被称为"曹大家"。其文采出众，常被召入宫中，教授皇后及诸贵人诵读经史。其主要成就是帮助哥哥班固撰修《汉书》。班昭逝世后，皇太后邓绥亲自为她素服举哀。

　　和所有的封建时代的读书人一样，王充学成之后回到家乡，也曾走"学而优则仕"的路子。可是王充在官场的境遇是屡屡受挫，《后汉书》说他"仕郡为功曹，以数谏争不合去"。后来曾做过从事之类的小吏，由于对政务经常提出批评和建议，因此不被上级看重，屡遭黜斥。以后又携家至彤阳郡（今安徽宣城）、九江郡（今安徽寿县，一说今安徽凤阳南部）、庐江郡（今安徽庐江西部）、扬州（今安徽和县）等地，担任一些较小的官职。后辞职回家，潜心写作，终成《论衡》等著作。

　　王充写作的《论衡》一书，就是针对当时的儒术和具有神秘色彩的谶纬学说进行批判。《论衡》细说微论，解释世俗之疑，辨照是非之理，即以"实"为根据，疾虚妄之言。"衡"字本义是天平，《论衡》就是评定当时言论价值的天平。它的目的是"冀悟迷惑之心，使知虚实之分"。因此它是中国古代一部不朽的唯物主义的哲学典籍。

班氏兄妹撰《汉书》

　　汉和帝即位之初，窦宪请命攻打北匈奴，在他的军队中，有一位中护军班固，"参与军中谋议"。班固乃扶风安陵人，他的父亲班彪是东汉著名的史学家。班固因"雅好文章"颇受汉章帝器重。窦宪出塞三千余里，追击北匈奴余寇至燕然山，"登燕然山，刻石勒功"，而刻在石碑上的正是班固所作的《封燕山铭》，史称"燕然勒铭"。因为此事，班固成为窦宪重用的官员，但班固并没有参与窦氏兄弟的谋反计划。

班固的父亲班彪曾作《史记后传》六十五篇，是续补司马迁的《史记》，用以纪录汉武帝太初之后的事情。班固继承父志，在《史记后传》的基础上，着手编写"包举一代"的史书《汉书》，历经二十余年，终于完成了《汉书》的主要部分。可恰在此时，窦氏垮台，已经六十一岁的班固因受政争牵连，而被罢免了官职。因为班固曾经得罪过洛阳令种兢，被公报私仇，抓入牢狱并迫害致死。

汉和帝得知班固是蒙冤而亡，雷霆大怒，不仅下诏严惩以权谋私的种兢，还处死了害死班固的狱吏，以告班固在天之灵，也算是给班家人一个交代。同时为了完成班彪和班固父子二人几十年来的心血，完成最后八表和《天文志》的部分内容。和帝还特意下旨，令班昭继承父兄遗志，完成《汉书》后半部分的文字整理工作。班昭，又名姬，字惠班。她大约出生在 49 年，扶风安陵人。班家"家有藏书，内足于财"，是当地有头有脸的富贵人家。父亲班彪、长兄班固都是著名的史学家、文学家。班昭还有一位二哥，更是位了不起的人物，那就是出使西域的名将班超。班昭从小就受到家庭环境的熏陶，再加上天生聪颖，悟性很高。班昭接受和帝之命，潜心续写，补撰了八表。后在马续的协助下，班昭还写出了《天文志》，最终完成了《汉书》的撰修工作，这也是中国历史上第一部断代史。和帝大喜，对其予以嘉奖。《汉书》完成后，和帝特许班昭在东观藏书阁讲解《汉书》，那里是皇室的图书馆，不少人奉诏跟她学习。

班昭深得和帝赏识，和帝多次召她入宫，让皇后邓绥和其他嫔妃拜她为师，在皇宫内讲习经史。邓皇后还开办了一所专门给王公贵族家子弟学习的学校。及至邓太后临朝执政时，班昭以师傅之尊，参议朝政，对邓太后影响很大。当时人们把学识渊博、德高望重的女子称为"大家"，班昭的丈夫姓曹，故世人都恭敬地称她为"曹大家"。

科技发明

蔡伦造纸

在汉和帝在位时期，蔡伦还对中国古代四大发明之一的造纸术进行了技术改进。最初人们把文字刻写在龟甲或牛、羊等动物的兽骨上，后来人们发

造纸工艺图

蔡伦，字敬仲，桂阳人。十多岁时被选入宫，成为一名小太监，曾任小黄门、中常侍、尚方令等职。其在任尚方令时，改进了造纸工艺，利用树皮、碎布、麻头、渔网等原料精制出适合书写的植物纤维纸，并于元兴元年（105 年）奏报朝廷，受到汉和帝的称赞。造纸术也因此得到推广。此图为汉之后更加完善的造纸工艺图，体现了造纸技术的提高。

明了简牍，即竹简、木简。"竹生于山，木长于林，截竹为简，破以为牒，加笔墨之迹，乃成文字"，"断木为椠，析之为板，力加刮削，乃成奏牍"。再后来就出现了以缣帛（一种丝织品）为纸来书写的方法，《后汉书》中记载："自古书契多编以竹简，其用缣帛者谓之纸。缣贵而简重，并不便于人。"和以往的甲骨、简牍相比较，缣帛轻便柔软，更适宜于书写和保存。但它的造价却非常昂贵，一般人家根本用不起，因此缣帛也只运用在小范围的富贵之家，得不到普及推广。直至汉和帝年间，有一位名叫蔡伦的宦官，根据前人的经验，研制发明了成本较低的真正纸张，受到和帝的称赞，蔡伦的大名也因此被载入史册，成为中国古代科技史上闻名的人物之一。

蔡伦是桂阳人，出生于汉明帝永平四年（61年），他"有才学，尽力敦慎"。永平十八年（75年），十五岁的蔡伦被选入洛阳皇宫，成为明帝宫中的一个小太监。第二年任小黄门。此后任黄门侍郎，掌管宫内外公事传达及引导诸王朝见、安排就坐等事。汉和帝继位后，窦太后临朝听政。蔡伦被提拔为中常侍，常伴在年幼的和帝左右，并参与国家政事，俸禄二千石，地位与九卿等同。和帝亲政之后，蔡伦投靠了邓皇后，兼任尚方令，负责管理宫内御用器物和宫廷御用手工作坊。"监作秘剑及诸器械，莫不精工坚秘，为后世法"。蔡伦在任职尚方令期间，总结了西汉以来的造纸经验，潜心研究、改进造纸工艺，终于利用树皮、碎布（麻布）、麻头、渔网等原料精制出了质量更好并适合书写的植物纤维纸张，并于元兴元年（105年）将此成果上报给和帝。"帝善其能，自是莫不从用焉，故天下咸称蔡侯纸"。从此在全国得到推广，人们开始普遍使用这种造价较为低廉的纸张，我国的文字记录历史逐步脱离了竹简时代。

张衡发明浑天仪与地动仪

张衡，南阳西鄂（今河南南阳北）人，东汉历史上有名的天文学家、哲学家和文学家。张衡博学多才，为人却谦逊温和，有着很高的声望，很多人举荐他去做官，都被他婉言谢绝。汉安帝刘祜是一个爱才的人，他听说张衡学识渊博，于是"公车"征召张衡，封张衡为太史令，专门负责天文和历法方面的工作。

张衡非常勤奋，上任不久，他就以前人的设计为基础，制作出了一种新的浑天仪。由于浑天仪没能流传后世，因此现代人不知道它究竟是什么样子。只能从张衡所著的《浑天仪图注》《漏水转浑天仪注》的资料中，了解到其中的一些信息。专家们认为，张衡制作的浑天仪是由一个支架和一个遍布星座的球体组成的，是用来演示天象的仪器，和近代的天球仪有些相像。浑天仪的球体与报时的漏壶相连，缓慢运转。这样就可以通过浑天仪了解到在某一时刻，某星的运动轨迹，或升起，或消没，或中天，或偏斜。

东汉顺帝阳嘉元年（132年），张衡发明并制造出一种专门用来观测地震的仪器地动仪。它的形状像一个酒坛，直径八尺，全部用精铜铸成，表面饰有篆文、山龟、鸟兽等图案。地动仪的中心是一根立柱，立柱与八条龙相连。八条龙的龙头分别对准东、西、南、北、东南、西南、东北、西北八个不同的方向。龙嘴是可以活动的，每个龙嘴中都衔着一颗小铜球。每个龙头正对的方向下方，分别配置有一个张开嘴的铜制蛤蟆。如果哪个方向发生了地震，那么这个方向相对的龙嘴就会自动张开，将铜球吐出，落进铜蛤蟆的嘴里。地动仪制成之后，一直没有得到验证，大家都对地动仪的作用有所怀疑。永和二年（137年）的一天，一条龙把口中的小铜球吐进了铜蛤蟆口中。然而并没有发生地震，人们因而觉得这个仪器毫无价值。就在人们议论纷纷之时，陇西传来了地震的消息，恰好是吐出铜珠的龙头所指的方向，这时候人们才开始佩服张衡和他的地动仪。张衡发明的地动仪不仅在当时是令人惊叹的科学仪器，而且也是世界上最早用于观测地震的仪器，它比欧洲制造的类似仪器早了一千七百多年。地动仪在地震报告上的精确性和可靠性，不仅显示了设计者的智慧和才能，而且它的精良制作也反映了我国当时的冶金、铸造和计量技术已经达到了很高的水平。

在科学上，张衡有着令人瞩目的成就。在政治上，张衡同样也很有所作为。张衡虽然淡泊名利，但对国家大事非常关心，曾两次任太史令，后又任侍中这样的内职，为顺帝提出了不少建议，后因遭到宦官的排挤而出京。永和元年（136年），顺帝任命张衡为河间相。当时的诸侯王刘政荒淫无度，无视国法，和郡内的豪强地主们互相勾结，狼狈为奸，举国上下民不聊生，怨声载道。张衡来到这里之后采取了一系列强硬措施，使局面有了彻底改观。据《后汉书》中载："衡下车，治威严，整法度。阴知奸党名姓，一时收擒，上下肃然，称为政理。"

医学的发展

医圣张仲景

东汉末期，我国出现了一位伟大的临床医学家，这就是被世人称之为医圣的张仲景。张仲景，名机，字仲景，南阳郡涅阳（今河南南阳）人。张仲景自幼好学，博览群书，尤其喜好医学。年轻时曾拜名医张伯祖为师。

张伯祖医术高明，在当时享有盛名。张仲景听说张伯祖医术高明，便

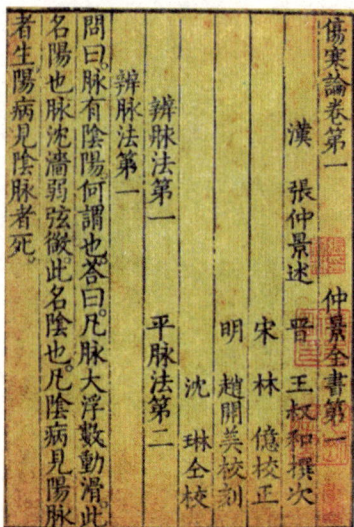

《伤寒论》书影

张仲景原著为《伤寒杂病论》，在流传过程中，后人将其中外感热病的内容整理编纂结集为《伤寒论》。它是我国医学史上影响最大的古典医著之一。

前往拜师学医。张伯祖刻苦钻研医学，善于把握病证，因此治愈了很多病人，在当地很受百姓尊重。张仲景跟他学医非常勤奋，无论是外出诊病，还是上山采药，从不觉得累。张伯祖非常器重这个学生，便把他积累了一生的行医经验，毫无保留地传授给了张仲景。此后张仲景学习更加刻苦，在博览医书，广泛吸收各代医家经验的基础上，把学到的知识用于临床诊断，进步极大，很快就成为一个具有名气的医生，以至于超过了他的老师。当时的人称赞他"其识用精微过其师"。

他曾仔细研读过《素问》《灵枢》《难经》等数种古代医书，其中《素问》对他以后钻研医学的影响最大。《素问》说："夫热病者，皆伤寒之类也。"又说："人之伤于寒也，则为病热。"张仲景根据自己的实践经验对这个理论做了新的发展，他认为伤寒是一切热病的总名称，也就是一切因为外感而引起的疾病，都可称之为"伤寒"。他还对前人留下来的"辨证论治"的治病原则，认真地加以研究，从而提出了"六经论伤寒"的新见解。

除了"勤求古训"，他还"博采众方"，广泛搜集古今治病良方，甚至民间验方也囊括其中。他对针刺、灸烙、温熨、药摩、坐药、润导等多种具体治法都一一加以研究，广积资料。

为了更好地"博采众方"，与同行交流经验，张仲景到了繁华的都城洛阳一带行医，和当时文学史上号称"建安七子"之一的王粲交往密切。在与王粲的接触中，张仲景凭着自己多年看病行医的经验，渐渐发现年轻的王粲隐藏着"疠疾"的病源。有一天他对王粲说："你已经患病了，应该及早治疗。如若不治，到了四十岁，眉毛就会脱落。眉毛脱落后半年，便会死去。现在服药，还可以挽救。"王粲听了他的此番话很不高兴，自认为身体又没有出现不舒服状况，便没有听从他的话，更不会去吃药。过了几天，张仲景又见到王粲，就问他："你吃药了没有？"王粲骗他说："已经吃了。"张仲景认真观察一下他的神色，就对王粲说："你并没有吃药，你的神色跟往常一样。你为什么讳疾忌医，把自己的性命看得如此轻呢？"王粲始终不相信自己患病，二十年后他的眉毛果然渐渐地脱落，半年后就去世了。

张仲景把所吸收的医学知识，运用在临床诊断的实践中，时时"平脉辨证"，认真总结自己的临床经验。张仲景在长沙做太守时，也时刻不忘救治患病的百姓。他规定每月初一和十五两天，专门给百姓治病，并分文不取。他坐在大堂之上，挨个仔细地给百姓治病。时间久了，便形成惯例。每逢初一和十五两天，他的衙门前就聚集了各地的病人等候看病。这就是"坐堂"一词的由来。他在治病过程中，不断地吸收和总结临床经验，丰富和发展临床医学。

那时张仲景虽然位居太守，但他并不热衷于功名利禄。后来他专门总结经验，从事医学著作的撰写。

通过几十年的行医经历，张仲景收集了大量的医学资料，包括他个人在临床实践中的治疗经验，写出了《伤寒杂病论》这部医学著作。这本书的问世，标志着我国的临床医学和方剂学发展到了较为成熟的阶段。

神医华佗

华佗，字元化，是沛国谯县（今安徽亳州谯城区）人，又名旉。华佗自幼刻苦攻读，习诵《尚书》《诗经》《周易》《礼记》《春秋》等典籍，具有了较高的文化素养。幼年的华佗在攻读经史的同时，也留心医药。

当时大多数读书人都以入仕为荣，而华佗则淡泊名利，无意于仕途，终生以医为业。在他青少年时期，正值东汉桓帝、灵帝时代外戚和宦官交替专权之际，国家政治黑暗，统治阶级和官僚阶层腐败不堪，广大黎民百姓饱受剥削和压榨之苦。华佗目睹官场腐败和百姓的苦难，决心不入仕途，以医济世。当时朝廷中的一些官员，对华佗较为赏识，沛国相陈珪推荐他为孝廉，太尉黄琬征召他为官，都被他婉言谢绝了。

华佗行医，并无师传，主要是精研前代医学典籍，在实践中不断地钻研、探索。当时我国医学已经取得了一定成就，《黄帝内经》《神农本草经》等医学典籍已经流传于世，望、闻、问、切四诊原则和导引、针灸、药物等诊治手段也已基本确立和广泛运用。在行医过程中，他得益于研习前人的医学典籍，并在此基础上进行实践。

在华佗多年的医疗实践中，他非常善于区分不同病情和脏腑病位，对症施治。一天有两个军官，都身热头痛，症状相同，但华佗的处方，却大不一样，一个用发汗药，另一个用泻下药。两个人感到奇怪，但服药后全都治愈。原来华佗诊视后，已知一个为表症，用发汗法可治愈；一个为里热症，不用泻下药难以治愈。

对于民间的治疗经验，华佗常吸取后再加以提炼，以治疗一些常见病。当时黄疸病流行地区较广，他花了三年时间对茵陈蒿的药效做了反复试验，决定用春三月的茵陈蒿嫩叶施治，结果救治了许多病人。民间因此而流传一首歌谣："三月茵陈四月蒿，传于后世切记牢。三月茵陈能治病，五月六月当柴烧。"华佗还以温汤热敷治疗蝎子蜇痛，用青苔炼膏治疗马蜂蜇后的肿痛，用白前治咳嗽，用黄精补虚劳等。这些方法既简便易行，又疗效神速。如果

五禽戏图

五禽戏，相传是东汉名医华佗模仿虎、鹿、熊、猿、鸟五种动物的动作创编的一套防病、治病、延年益寿的健身方法。明代罗洪先所撰的《仙传四十九方》中，有五禽戏图的相关绘画。

有病邪郁结在体内，针药都不能达到，他就采用外科手术的方法治疗。他所使用的"麻沸散"，是世界医学史上最早应用的麻醉剂。华佗采用酒服"麻沸散"施行腹部手术，开创了全身麻醉手术的先例。华佗十分提倡导引养生，还创编了"五禽戏"，即模仿五种动物的形态、动作和神态，来舒展筋骨，畅通经脉。五禽分别为虎、鹿、熊、猿、鸟。常做"五禽戏"可以使手足灵活，血脉通畅，还能防病祛病，从而达到强身健体的目的。

华佗中年以后，曾到徐州游学。徐州是江淮重地，首府为彭城（今江苏徐州）。民间传说他住在彭城附近的沛国（今江苏沛县）。其实华佗的行医足迹，遍及当时的徐州、豫州、青州、兖州各地。由于行踪地域广阔，又深入民间，因此华佗成为了我国历史上民间传说最多的名医。

华佗经过数十年的医疗实践，已熟练地掌握了养生、方药、针灸和手术等治疗手段，精通内、外、妇、儿各科，临症施治，诊断精确，方法简捷，疗效显著，被誉为"神医"。